101 GRANDES VILÕES E VILÃS DA TELENOVELA BRASILEIRA

Editora Appris Ltda.
1.ª Edição - Copyright© 2025 do autor
Direitos de Edição Reservados à Editora Appris Ltda.

Catalogação na Fonte
Elaborado por: Dayanne Leal Souza
Bibliotecária CRB 9/2162

C794g
2025
	Cordeiro, Gil Marcel
	    101 grandes vilões e vilãs da telenovela brasileira / Gil Marcel Cordeiro. –
	1. ed. – Curitiba: Appris, 2024.
	    465 p. : il. ; 23 cm.
	
	    Inclui referências.
	    ISBN 978-65-250-6971-5
	
	    1. Vilões. 2. Vilãs. 3. Novelas. 4. Telenovelas. 5. Teledramaturgia.
	6. Ficção. 7. Entretenimento. 8. Televisão. 9. Comunicação. I. Cordeiro,
	Gil Marcel. II. Título.
	                                                  CDD – 302.2345

Appris _editora_

Editora e Livraria Appris Ltda.
Av. Manoel Ribas, 2265 – Mercês
Curitiba/PR – CEP: 80810-002
Tel. (41) 3156 - 4731
www.editoraappris.com.br

Printed in Brazil
Impresso no Brasil

GIL MARCEL CORDEIRO

101 GRANDES VILÕES E VILÃS DA TELENOVELA BRASILEIRA

artêra
editorial

Curitiba, PR

2025

FICHA TÉCNICA

EDITORIAL	Augusto Coelho
	Sara C. de Andrade Coelho
COMITÊ EDITORIAL	Marli Caetano
	Andréa Barbosa Gouveia (UFPR)
	Edmeire C. Pereira (UFPR)
	Iraneide da Silva (UFC)
	Jacques de Lima Ferreira (UP)
SUPERVISORA EDITORIAL	Renata C. Lopes
PRODUÇÃO EDITORIAL	Adrielli de Almeida
REVISÃO	Stephanie Ferreira Lima
DIAGRAMAÇÃO	Gil Marcel Cordeiro
	Andrezza Libel
CAPA	Gil Marcel Cordeiro
REVISÃO DE PROVA	Stephanie Ferreira Lima
	Jibril Keddeh

*Para Lidia e Sidnei,
com quem tive os primeiros
papos de novela.*

*Para Márcia, minha mãe,
a heroína dos meus dias.*

*Para Guilherme, com quem
as palavras nunca terminam.*

"O belo tem somente um tipo; o feio tem mil."

(Victor Hugo, escritor e poeta francês,
em O Prefácio de Cromwell)

PREFÁCIO

Eu era criança em 1953 quando acompanhava, na Rádio Nacional, *Jerônimo, O Herói do Sertão*, de Moysés Weltman. A produção, de grande repercussão, contava com um vilão inesquecível: coronel Saturnino. Essa era uma figura marcante — provavelmente uma das primeiras memórias que me vêm quando penso em vilões de novela — e aquela voz ficou gravada em minha memória. Anos depois, o mesmo personagem foi interpretado pelo inesquecível Ítalo Rossi, na adaptação televisiva de 1972, na TV-Tupi, que também se tornou um sucesso.

Com o passar do tempo, fomos conhecendo outros vilões igualmente bem-sucedidos, até hoje. Cada um desses personagens — surgidos numa época em que o brasileiro aprendia a acompanhar religiosamente as telenovelas — possui um magnetismo único, movimentando a dinâmica que seus criadores utilizam para prender a atenção da audiência a cada novo título.

Iniciei minha carreira como ator profissional, tanto no teatro quanto na TV, em 1963. Na televisão foi no Grande Teatro, dirigido por Sergio Britto e Fernando Torres — que havia começado na TV-Tupi e na época era na TV-Rio. Anos depois, já como diretor de teatro, passei à função de diretor de televisão, na TV-Globo, com *Carga Pesada*, em 1979.

Durante as décadas que viriam, na TV, os vilões manteriam uma constante em cada nova empreitada, tornando a tarefa de mencionar todos eles praticamente impossível.

Podemos dizer que praticamente todas as novelas apresentam um conflito entre o bem e o mal. Isso significa que a presença de um ou mais vilões é quase sempre indispensável. Na literatura ou no cinema — *Os Miseráveis, O Mágico de Oz, Ben-Hur, O Silêncio dos Inocentes, Star Wars* etc... etc... — assim como nas novelas — *Escrava Isaura, Mulheres Apaixonadas, Vale Tudo, O Dono do Mundo* etc... etc... —, os vilões marcaram suas presenças e ficaram para sempre na memória do público. Mas, talvez, nenhum personagem tenha se destacado de forma tão especial para mim quanto a Nazaré, de *Senhora do Destino*. Tive o privilégio de dirigir muitas das cenas da novela — escrita por Aguinaldo Silva — e testemunhar o trabalho magnífico de

Renata Sorrah, cujo desempenho foi inesquecível. Nazaré é um exemplo perfeito de como um vilão pode ser complexo e multifacetado, tornando-se um verdadeiro ícone — talvez maior que a própria obra. O que me faz refletir também sobre como esses personagens são engrenagens fundamentais para esse que é, talvez, o gênero mais brasileiro e certamente o mais popular de todos.

O maior cuidado que um diretor deve ter ao dirigir um ator fazendo um personagem que é um vilão é não deixar que sua representação fique óbvia demais e que não precise recorrer a estereótipos, que não use elementos exteriores para reforçar a ideia de que é um vilão. Não precisa fazer cara de mau, pelo contrário, é sempre mais interessante que o ator — ou a atriz — busque dentro de si elementos que surpreendam o espectador. Cito novamente a Nazaré de Renata Sorrah. O texto de Aguinaldo Silva já deixava claro para o público a característica do personagem, Renata é uma grande atriz e lembro que a gente conversava muito sobre isso, para que fosse evitada, sempre, a obviedade, pelo contrário, para que fossem criadas sutilezas que instigassem o público. Renata foi brilhante e conquistou o público, mesmo fazendo o papel de uma vilã terrível.

Tanto a história do cinema ou do teatro e, claro, da televisão — estamos falando das novelas — passou por um processo de evolução, seja no que diz respeito ao ato de contar uma história quanto, por consequência, na estrutura dos personagens. E, claro, os chamados vilões acompanharam essa evolução, são mais sutis, mais engenhosos, ardilosos, às vezes até mesmo simpáticos. É certo que nos dias de hoje é bastante complicado para o público, que assiste aos telejornais, que lê jornais, que está acompanhando o que está acontecendo à nossa volta, perceber quem são os verdadeiros heróis ou quem são os verdadeiros vilões. Como disse o genial dramaturgo inglês Harold Pinter, em seu discurso de agradecimento pelo prêmio Nobel de Literatura, em 2005, aqui adaptando ligeiramente suas palavras sobre a sua condição de dramaturgo: isso poderia ocorrer em uma peça (mas também filme ou a novela), mas é crucial que as pessoas se esforcem para perceber, na vida real, onde está a verdade – o bem – e onde está a mentira – o mal. Falar de vilões é, também, estar diante dessa complexidade: a da telinha e a de fora dela.

Por fim, acho este livro bastante importante, não apenas como um documento, contando a história e a evolução dos vilões nas telenovelas — algo ainda inédito neste universo editorial de temáticas sobre a televisão —, mas também como um retrato do desenvolvimento da teledramaturgia brasileira.

Ary Coslov

É diretor de TV e teatro, além de renomado ator brasileiro. Distingue-se por sua habilidade em dirigir produções televisivas de grande sucesso, contribuindo para o panorama da dramaturgia nacional. Entre seus principais trabalhos na TV, estão direções em novelas que se tornaram referências, como *Pátria Minha* (1994), *Explode Coração* (1995), *Por Amor* (1997), *Mulheres Apaixonadas* (2003) e *Ti-Ti-Ti* (2010). Além da atuação na televisão, também possui carreira sólida no teatro. Em 2008, venceu os Prêmios Shell e APTR (concedido pela Associação de Produtores de Teatro), na categoria Melhor Direção, pelo espetáculo *Traição*, de Harold Pinter, estabelecendo seu legado como um dos nomes mais influentes no cenário cultural brasileiro.

Sumário

2010 a 2019: Depois da #AvenidaBrasil, curva acentuada à direita   346

2020 a 2024: Resgates, reprises e *remakes* na TV sob demanda   400

INTRODUÇÃO

Relembrando meus primeiros anos como um jovem espectador de televisão, fã do *Xou da Xuxa* e dos enlatados de super-heróis japoneses da extinta TV Manchete, minha lembrança mais antiga de um vilão de novela é a de Ney Latorraca, usando as próteses afiadas e lentes de contato coloridas de Vlad, na reprise de *Vamp*, em 1993. O conde vampiro imortal liderava uma galeria de grandes intérpretes que entraram naquela brincadeira proposta pelo autor Antônio Calmon e sendo dirigidos por Jorge Fernando. É claro que eu, no abrolhar dos meus seis anos de idade, não tinha qualquer consciência disso. O que eu sabia era que, em todo fim de tarde, a vampirada estaria lá, dentro da televisão, na cozinha da casa onde cresci, mordendo alguns pescoços e tocando o terror. Com *Vamp*, nasceu uma espécie de afeto eterno por artistas, como Patrícia Travassos, Otávio Augusto e Cláudia Ohana, além do insubstituível Sr. Latorraca. Cláudia, inclusive, voltou a fazer minha alegria de noveleiro-mirim dois anos depois, ao viver Isabela, a "bambina" assassina de *A Próxima Vítima*. A novela de Silvio de Abreu (também dirigida por Jorge Fernando) prendeu minha atenção pelo seu teor investigativo, além de ser a primeira vez em que conseguia sentir o calor da experiência coletiva de se acompanhar, debater e teorizar sobre uma obra ficcional exibida regularmente na televisão.

A Próxima Vítima também acendeu uma paixão pelo suspense policial, em especial o *Whodunnit*, subgênero que gira em torno do "Quem Matou", que passou a ser uma das minhas predileções enquanto leitor ou espectador aficionado por filmes de suspense e terror, inclusive na vida adulta. Na minha linha do tempo, a novela sobre as vítimas do assassino do horóscopo chinês veio muito antes de eu conseguir explorar os livros de investigação da Agatha Christie, os volumes de mistérios nacionais da coleção Vaga-Lume (todo o meu amor para *O Mistério do Cinco Estrelas*, *Um Cadáver Ouve Rádio*, *A Turma da Rua Quinze* e *O Escaravelho do Diabo*) ou os filmes clássicos de Alfred Hitchcock — em especial, *Psicose* (1960). Depois, vieram *Quem é Você* (1996), *A Indomada*, *Anjo Mau* e *Por Amor* (as três de 1997), *Era Uma Vez...* e *Torre de Babel* (ambas de 1998) e, no finalzinho da década, a monumental *Força de um Desejo* (1999). Olhando agora, em retrospecto, percebo que essas obras tão diferentes entre si, seja na temática, ritmo ou até no estilo da escrita, foram as responsáveis por moldar minha infância e meu paladar como jovem apaixonado por narrativas divididas em capítulos.

É claro que esse interesse me levou a pesquisar mais sobre o gênero. Numa era pré-internet, minha bagagem começou a ser formada pelas revistas, especialmente a *Contigo!*, e as conversas que costumava ter em casa, com meu tio e minha avó, dois noveleiros de carteirinha. Sídnei, em particular, possuía uma coleção de LPs e fitas cassete de dar inveja e, naqueles anos 1990, já andava migrando para os moderníssimos *CDs*, que ocupavam menos espaço e proporcionam a melhor qualidade de som que a tecnologia da época poderia oferecer. Perdi a conta de quantas vezes entrei no quarto dele escondido só para ficar admirando as capas e os encartes dos álbuns!

O que também percebi desde cedo era que grande parte daquele meu fascínio por essas histórias derivava de um elemento essencial para manter a trama tão cativante quanto elástica, capaz de se esticar por meses a fio: a presença de bons — ou, melhor, terríveis — vilões. Enquanto minha família se reunia ao redor do fogão à lenha e torcia pelos mocinhos, eu encontrava diversão nos malvados, mesmo antes de compreender como eles contribuíam, na prática, para a dinâmica de uma obra aberta tão suscetível à audiência, como é o caso da telenovela.

Na essência da narrativa, o vilão, ou *antagonista*, é a antítese do herói, seu contraponto na trama. É ele ou ela quem desafia, questiona e até mesmo corrompe a figura central, servindo como um catalisador dos conflitos que impulsionam o enredo. Ao confrontar o seu opositor por meio de adversidades e dilemas morais, o vilão não apenas coloca à prova a força e a determinação do herói,

mas também oferece uma lente de aumento pela qual o público pode examinar e valorizar as conquistas do personagem. Enquanto os bons personificam virtude e uma busca pelo bem e justiça, os maus exploram os recantos mais sombrios da alma humana, revelando desejos obscuros, crueldade e ambições desmedidas. Munidos de malícia e inteligência, vilãs e vilões não apenas instigam o medo e provocam raiva e desconforto, mas também exercem um fascínio irresistível sobre o leitor ou espectador.

Grandes histórias trazem sempre a presença de uma força antagonista convincente e sedutora, que contribui para uma maior profundidade e impacto emocional no enredo, seja ele contado nas páginas de um livro, no palco ou em algum formato de tela. Por isso, quanto mais convincentes no grau de *malignitude* (tomando emprestada a rubrica de um texto do insuperável Artur da Távola, "*sei que a palavra não existe, mas deixa assim mesmo, editor!*") – melhor!

Com o passar dos anos, as telenovelas foram se aglomerando na minha vida e, consequentemente, impactando o meu senso de comparação. Até hoje, minhas maiores referências vêm das novelas, e essa admiração pelo gênero influenciou diretamente no desejo de me tornar um roteirista. No entanto, até pouco tempo, me incomodava a forma com que o gênero era subestimado, especialmente quando comparado ao cinema e muitas vezes rotulado como uma forma de arte inferior. Para demonstrar como como essa visão era simplista, sempre argumentei que bastava ter uma noção básica do processo de produção de uma obra audiovisual desse porte, cujo objetivo é manter o interesse de um público tão heterogêneo ao longo de um período prolongado, noite após noite, ultrapassando centenas de capítulos (nos EUA, algumas obras desse tipo se estendem por anos!). Enquanto o roteiro de um longa-metragem tem, em média, 100 páginas, uma novela das seis tem, em apenas uma semana, em torno de 180. Se compararmos ao de uma trama das nove da noite, o número quase dobra, podendo ultrapassar 300 páginas!

Mas esse texto não é uma queda de braço a respeito da superioridade de uma forma de arte sobre a outra. Inclusive, porque muitos e muitas de nós conseguimos perfeitamente alternar entre o cinema e a televisão, da mesma forma que podemos aproveitar, em igual proporção, o teatro e a literatura. No fundo, o que queremos é mergulhar em boas histórias. E os vilões são uma parte fundamental delas. Hoje, diante de um mercado que produz para a TV do *streaming* e para o *streaming* da TV, numa era de produções televisivas na qual a qualidade e a profundidade de narrativas e personagens são tão valorizadas quanto no cinema, esse complexo de inferioridade da telenovela ficou no passado. Já exportada para os quatro cantos do mundo desde muito antes de *Avenida Brasil*, a nossa ficção evoluiu para uma espécie de grife, um produto identitário parte integrante desse cenário diversificado e em constante evolução, como é o audiovisual brasileiro. Mesmo diante de tantos desafios, especialmente os orçamentários, o entretenimento de qualidade *made in Brazil* continua a encontrar o seu lugar em qualquer tela — incluindo as estrangeiras.

Novela é motivo de orgulho, sim! Afinal, que outro país pode se vangloriar de ter personagens tão entrelaçados à nossa essência e memória coletiva? Odorico Paraguaçu, Sinhozinho Malta, Perpétua, Carminha e, para não dizer que não falei das flores, figuras brasileiras bem-aventuradas como Beto Rockfeller, João Coragem, Maria Faz-Favor, Tina Pepper, Viúva Porcina, Jorge Tadeu, Sassá Mutema, Juma Marruá, Tonho da Lua, Mocotó e Cabeção, Catarina e Petruchio, Dona Jura, Giovanni Improtta, Foguinho, Norminha, Nilo e mãe Lucinda, Crô, Bibi Perigosa, Dona Lurdes, Sol, Zefa Leonel e tantas outras que incorporaram esse nosso DNA criativo *felomenal*.

Dito isso, acredito inteiramente — e essa foi uma das razões que me fizeram escrever este livro — que nossas *Nazarés*, *Floras* e *Odetes* não ficam devendo em nada para os *Hannibals*, as *Cruellas* e os *Darth-Vaders* da tela grande. Nossos vilões são tão populares quanto aos personagens que o melhor da ficção *Hollywoodiana* foi capaz de criar e ainda por cima enfrentam uma progressão narrativa muito mais intensa! Ao longo de meses, elaboram planos mirabolantes e armadilhas, na tentativa de sabotar a felicidade dos protagonistas da história.

Com todo respeito aos fãs de *Star Wars*, é difícil imaginar que o Lorde Sombrio teria a destreza (e a paciência) de enganar os telespectadores por dois meses consecutivos, todas as noites, como fez a arqui-inimiga de Donatela, em *A Favorita*. E o que dizer de um vilão caótico como o Coringa, vendendo *hot dog* na 25 de março? Já imaginou?! Isso somente Félix de *Amor à Vida* foi capaz de encarar! Tenho total convicção de que Adriana Esteves poderia interpretar a enlouquecida Baby Jane Hudson sem nenhuma dificuldade. Mas e o contrário? Teria Bette Davis, a grande malvada do cinema norte-americano, a malemolência e elegância necessárias para encarnar a Sra. Tufão?!

Todas essas comparações podem soar esdrúxulas, mas fazem completo sentido para os apaixonados por esse patrimônio que é tão nosso quanto o futebol e o carnaval. E com uma vantagem competitiva enorme que é, no caso dos vilões, a possibilidade de pronunciar os maiores absurdos em bom português! Exceto, *of course*, se estivéssemos a falar de Dona Maria Altiva, a bruxa má do Nordeste, que gostava de misturar, na língua, o português e o inglês britânico.

O magnetismo irresistível que sentimos pelo "lado obscuro da força" daquela figura que desafia as convenções e age conforme suas próprias regras reflete nosso fascínio pela complexidade da condição humana. Essa atração nos leva a explorar, por meio da ficção, as profundezas de nossos próprios limites morais, desafiando-nos a confrontar, desde muito cedo, nossa própria dualidade. Aprendemos a compreender e reconhecer o papel vital da vilania na engenharia das histórias, a antítese que ela proporciona, ao nos ensinar sobre as nuances da moralidade e da ética, e a complexidade humana, desde nossos primeiros encontros com contos e lendas, já durante a infância.

Quando examinamos as sutilezas das diversas personalidades (tanto a nossa quanto a do outro) no terreno do real, é evidente que elas abrigam uma parcela de obscuridade e uma certa dose de vilania, mesmo que embaladas em pequenos frascos e disfarçada em nuances sutis. É como se todos nós, em algum momento da vida, nos defrontássemos com esses aspectos sombrios, embora eles possam se revelar de maneiras diferentes e em diferentes níveis de intensidade. Desconsiderar essa realidade seria negligenciar uma parte fundamental da condição humana, condenando nossa sociedade a uma fragilidade emocional, vulnerável a manipulações e ideologias de qualquer natureza. A ideologia da pureza da alma, aquela que busca retratar os indivíduos como seres essencialmente virtuosos, é, portanto, fundamentalmente equivocada. Isso porque nossa profundidade psicológica transcende qualquer simplificação que busque enquadrá-la em uma dicotomia entre o bem e o mal.

Somos dotados de (e estamos sempre propensos a desenvolver) uma série de características que refletem tanto aspectos mais nobres quanto eventuais imperfeições de comportamento e caráter. Sujeitos a impulsos, pensamentos e emoções de todo o tipo, nem sempre altruístas ou benevolentes. Ignorar esse quesito é, em essência, negar nossa própria humanidade.

Do mesmo modo, ao visualizarmos a vilania e a maldade exclusivamente no outro, estamos nos colocando no papel de vítima, uma condição que, longe de nos proteger, joga-nos aos lobos da vulnerabilidade e da fragilidade emocional. Não somos um espelho que reflete apenas uma imagem específica ou que se ajusta a um único ângulo de visão. Quando pensamos sobre essas representações, somos desafiados também a examinar nossos próprios impulsos e motivações, desenvolvendo uma compreensão mais ampla do mundo ao nosso redor.

O inferno são os outros, mas o outro também reside em nós.

Todas essas questões sobre essência e dualidade dos vilões foi fundamental no processo de escrita deste livro que você está lendo agora. Na verdade, foi justamente a seriedade dessa temática que me inspirou a escrever um texto que colocasse o antagonista no centro da narrativa, compreendendo como ele pode assumir múltiplas faces e personalidades, com complexidades e dimensões tão diferentes. Essa foi a fagulha da missão de elencar 101 grandes personagens, relembrando maldades e nuances que tornaram cada um indispensável para este guia.

Ao dedicar minha atenção à análise de 101 grandes vilões e vilãs da telenovela brasileira, distribuídos nas mais de

seis décadas de exibição diária, decidi aderir ao formato das listas. Optei por essa abordagem pela sua praticidade e familiaridade, especialmente considerando a popularidade de listas em outros contextos, como aquelas que abrangem os universos de filmes, músicas e discos. Acreditei desde o início que esse recorte específico oferece uma oportunidade valiosa para explorar a diversidade de perfis e o impacto de algumas das figuras mais vilanescas que habitam o universo das telenovelas.

Entretanto, é preciso ressaltar que a lista que você irá desbravar a seguir não se propõe a ser um compêndio definitivo dos "101 *melhores* antagonistas *de todos os tempos*". Isso, além de impossível, seria pretencioso demais. É provável que você note algumas ausências, e elas ocorrem por um dos motivos que explicarei a seguir. Talvez alguns vilões relembrados aqui tenham feito parte de novelas que você não acompanhou ou com as quais não tenha tido tanta identificação; enquanto outros integraram tramas que você adorou, mas ficaram de fora, devido à preferência por personagens de maior destaque, que acabaram sendo incluídos na lista. Isso aconteceu algumas vezes. Felipe Barreto (Antonio Fagundes), de *O Dono do Mundo*, está aqui, mas sua mãe, Constância Eugênia (Nathalia Timberg), de quem ele herdou o mau-caratismo, não passou na peneira. Timberg, no entanto, aparece com outras duas personagens: Juliana, de *A Sucessora*, e Dona Idalina, de *Força de um Desejo*. Tive que fazer essas escolhas ao longo do processo para incluir o maior número possível de intérpretes diferentes. Foi assim que escolhi Taís, de *Paraíso Tropical*, ao invés de Paula, de *Anjo Mau*, ambas vividas por Alessandra Negrini. E quando preteri a tresloucada Renata Dumont, de *Louco Amor*, em favor da suntuosa Rainha Valentine, de *Que Rei Sou Eu?*, duas vilãs inesquecíveis de Tereza Rachel.

Para chegar aos nomes definitivos dos 101 perfis, adotei uma abordagem que se desdobrou em quatro níveis: inicialmente, recorri à minha memória e experiência acumuladas como espectador e consumidor do gênero ao longo das últimas três décadas. Essa primeira etapa de seleção, responsável por definir cerca de 30% dos nomes, foi permeada pela nostalgia, mas também levou em consideração a memória coletiva. De cara, incluí aqueles antagonistas mais vivos na lembrança do público, como Leôncio, de *Escrava Isaura*, Bia, de *Belíssima*, Alexandre, de *A Viagem*, Jezebel, de *Chocolate com Pimenta*, além dos que figuram praticamente em todas as listas publicadas na internet.

No segundo estágio, ainda apoiado pela atmosfera nostálgica, busquei selecionar papéis que não apenas reverenciassem alguns dos meus atores e atrizes favoritos, mas que também destacassem o impacto transformador de cada interpretação. Nomes como Laura Cardoso, Léa Garcia, Yoná Magalhães, Luis Gustavo e Ary Fontoura foram incluídos nessa etapa. Ao assumirem esses papéis, eles não apenas deram vida às tramas, mas também adicionaram muito de suas próprias autenticidades, tornando seu antagonista uma figura, no mínimo, digna de destaque.

Para preencher a segunda metade da lista, mergulhei ainda mais a fundo no território da pesquisa, recurso fundamental que me guiou ao longo de todo o processo. Nesse estágio, imergi numa variedade de fontes, desde arquivos históricos até notícias de jornais e revistas, especialmente os disponíveis nos acervos digitais de jornais como *O Globo* e *Folha de S. Paulo*, a coleção insubstituível da *Hemeroteca Digital*, portal de periódicos disponibilizado pela Fundação Biblioteca Nacional, e o catálogo disponibilizado pela PUC no *Projeto TV-Pesquisa*. Assisti e reassisti a capítulos, trechos e cenas e me diverti lendo e assistindo a entrevistas de atores, atrizes e profissionais do vídeo. Foi assim que me apaixonei por alguns perfis com os quais não tinha tanta familiaridade, e nomes como os de Juliana de *Os Inocentes* e Catucha, de *Coração Alado*, passaram a fazer parte da seleção.

Por fim, no quarto nível, que assim como os anteriores desdobrou-se em paralelo aos demais, procurei ampliar a diversidade de perfis e garantir uma experiência de leitura variada e abrangente. Da mesma forma como no cinema, no qual os vilões são frequentemente categorizados de acordo com a variedade de critérios psicológicos e sociais, as telenovelas também oferecem uma riqueza de personagens que refletem a complexidade da condição humana. Nesse sentido, adotei uma abordagem para classificar os antagonistas em múltiplos aspectos. As características desse estudo me permitiram mapear características básicas (como idade, nacionalidade e contexto geográfico e social), até sua relação histórico-ficcional e seu grau de ressonância na narrativa. Partindo do mapeamento, identifiquei arquétipos e subarquétipos presentes na nossa filmografia televisiva, compreendendo também que, quanto maior a profundidade dos personagens na estrutura da narrativa, maior é a quantidade de interconexões entre as diferentes classificações.

Ainda que não tenha incorporado essa classificação de forma explícita nos textos, especialmente para evitar torná-los excessivamente técnicos ou rígidos em termos de taxonomia, essa estrutura foi útil para ampliar o espectro da lista e explorar toda essa diversidade, contribuindo para uma compreensão mais profunda e uma apreciação mais consciente dessas nuances. Personagens como Dark Esteban, de *Kubanacan*, Bruno Baldaracci, de *Pai Herói*, Fedora Abdala, de *Sassaricando*, O Cadeirudo, de *A Indomada*, e Xeique Aziz, de *Órfãos da Terra*, foram alguns dos destaques deste mapeamento.

É fundamental destacar que o foco deste trabalho recai, primordialmente, sobre a figura do vilão: sua essência, interações com os outros personagens, motivações e inclinações para a maldade e suas façanhas dentro da narrativa. A pesquisa e os textos também me permitiram direcionar certa atenção para o papel do ator e a relação daquele desempenho com fatores externos à própria interpretação, tais como a concepção e repercussão da obra e o modo como ela foi recebida pelo público. Ainda, ao distribuir os

personagens de acordo com os interlúdios das décadas (iniciando em 1963, ano da primeira telenovela diária, até chegarmos em 2024), emoldurei cada período com um texto introdutório, relembrando eventos significativos que tiveram forte impacto na vida do brasileiro e que acabaram por influenciar nossa relação com a televisão e, especialmente, com o gênero ao longo do tempo.

Entendo e me alegro com a familiaridade e a acessibilidade que o número de textos deste livro proporciona. Considerando que toda lista traz consigo um estímulo desafiante de ser completada, quem sabe a leitura possa inspirar e motivar leitores — seja você um aficionado graduado no gênero, um noveleiro ocasional ou um entusiasta da boa ficção — a explorar mais sobre as maldades e a infâmia de cada personagem, lendo ou revisitando as obras originais, na íntegra no *streaming* ou em trechos compartilhados pela internet, nas redes sociais ou no *YouTube*. Ou, até quem sabe, em outras plataformas, caso você esteja consultando este livro num futuro distante, no qual certamente muita coisa deve ter mudado, menos a nossa paixão por assistir grandes histórias.

1963 a 1969

A novela diária e o nascimento de uma nação televisiva

Espécie de evolução natural dos folhetins impressos, publicados e consumidos em capítulos, a telenovela brasileira também bebericou das fontes da radionovela, com seus efeitos sonoros dramáticos e um convite para a imaginação, e do teleteatro, cujo formato se expandia ao longo da década de 1960, paralelo às exibições das primeiras produções diárias. Com *2-5499 Ocupado*, "um arrojado lançamento do Canal 9" patrocinado pela Colgate-Palmolive[1], o folhetim em *videotape* exibido às segundas, quartas e sextas-feiras foi entrando despretensiosamente nos lares brasileiros. Sucesso na programação das estações de rádio, as novelas demoraram a engrenar na televisão durante as primeiras tentativas na década de 1950, quando ocupavam horários vespertinos. Só em 1963 é que a receita vingou. A partir daí, o rápido e crescente interesse do público pelas histórias divididas em capítulos (diários e exibidos à noite)[2] fez com que novos anunciantes e orçamentos mais substanciais passassem a ser destinados às futuras novelas feitas para a TV.

Além do seu caráter comercial (entreter o público com histórias distribuídas em blocos, com intervalos comerciais de menor duração inseridos entre eles), as *soap operas** roteirizadas e televisionadas diariamente por aqui — primeiro pela Excelsior e, depois, em outras emissoras como a TV Rio, TV Tupi e a recém-inaugurada TV Globo — carregavam também um objetivo nobre. Conforme compreendia o ator e diretor Benjamin Cattan, que assumiu o conceituado *TV de Vanguarda* (programa famoso por adaptar espetáculos teatrais clássicos e que sofreu com a debandada de boa parte do elenco que almejava fazer novelas na Excelsior[3]), a televisão era um veículo que, além de ser consumido como entretenimento, deveria ser assistido tendo, como finalidade, a cultura em geral. Cattan arriscou prever que a tevê dificilmente teria "uma linguagem própria, uma vez que ela é um produto completamente híbrido"[4], espécie de "meio-termo" entre o cinema e o teatro.

---

* As *soap operas* são programas televisivos que se destacam por apresentar narrativas dramáticas contínuas, focadas principalmente em interações e conflitos pessoais e familiares. O termo, que remonta ao início da televisão norte-americana, diz respeito à prática inicial de patrocínio das produções por empresas de produtos de limpeza, devido à associação histórica desses programas com a publicidade de sabonetes e outros produtos de higiene. Além disso, reflete o formato serializado das tramas e sua intensidade emocional, semelhante às óperas.

A década seguinte provaria, no entanto, que Cattan equivocou-se na previsão e que o tal "meio-termo" seria consolidado como um produto audiovisual bem-sucedido em vários aspectos, entre eles comportamental, linguístico e artístico. Em resumo, uma de nossas principais forças narrativas identitárias.

Naquele período em que o gênero mergulhava em sua própria essência e o país afundava nos primeiros anos de uma Ditadura civil-militar (instaurada com o golpe de estado de 1º de abril de 1964), a novela foi se tornando, aos poucos, o ponto de encontro da família brasileira diante da maravilhosa caixa mágica, ao menos naqueles lares que já dispunham do aparelho. E, na falta de uma televisão, tinha sempre um "televizinho". Com a consolidação do formato, tornamo-nos uma nação televisiva.

Assumindo o papel de uma vitrine lucrativa entre o mercado e o seu público, a novela logo passaria a ser vista como um veículo de conteúdo e mídia e que estava, por sua vez, inserido num meio de comunicação em constante evolução. Não demorou muito para surgirem os *merchandisings* que integravam produtos e marcas à narrativa de forma estratégica e criativa, com os próprios personagens tornando-se os porta-vozes das marcas, utilizando e recomendando itens de forma contextualizada à cena. Essa estratégia Ganha-ganha entre emissoras e anunciantes gerou um novo nível de interesse e desejo entre mercado e consumidor, impulsionando engajamento e venda.

A popularidade das narrativas seriadas também estimulou um fascínio crescente por aquelas produções. Essa paixão deu origem a um novo nicho de mercado: as publicações especializadas a esse público. Com circulação iniciada em 1963, a *Intervalo* foi pioneira no segmento de cobertura televisiva no país. Nas páginas semanais da revista, entrevistas exclusivas com autores, atores e profissionais envolvidos na produção, fotos dos bastidores, análises, dicas e curiosidade sobre o universo das novelas. Publicado no jornal *O Globo*, em 1963, antes mesmo das novelas diárias se tornarem uma realidade, o primeiro anúncio da *Intervalo* já demonstrava a proposta do periódico: "Como nasce uma telenovela? Como se produz e se representa?"[5].

Na programação noturna, o que se via eram histórias adaptadas de *scripts* de textos latinos e radiofônicos, como *Alma Cigana* (1964), a primeira produção diária da TV Tupi (e a primeira a ser exibida no disputado horário das 20h), *Uma Sombra em Minha Vida* (1964), trama que transformaria Glória Menezes e Tarcísio Meira no casal queridinho do público, e o megassucesso *O Direito de Nascer* (1964), que mobilizou multidões em seu último capítulo.

Para harmonizar com a intensidade emocional e as ambientações em locais distantes das ondas perpendiculares do calçadão de Copacabana e do tropicalismo, os primeiros enredos apresentavam personagens imbuídos de soturnidade. Eram pais, maridos e homens poderosos em riqueza ou posição social, pertencentes a cenários distantes da realidade brasileira. Assim, tivemos um cruel oficial nazista (Emiliano Queiroz, em *O Sheik de Agadir*), um gângster da Chicago dos anos 1920 (Geraldo Del Rey, em *A Gata de Vison*) e até um conde mexicano do século XIX (Paulo Gracindo, em *A Rainha Louca*). Curiosamente, todos esses foram vilões criados por Glória Magadan, famosa pelas tramas mirabolantes que escrevia.

No campo da representatividade, mesmo quando algum personagem, por necessidade narrativa, conseguia adotar uma aparência mais convencional, ainda era perceptível a preservação de uma certa essência teatral. Desde maridos solenes em trajes formais e até figuras autoritárias como coronéis, generais, senhores de escravos e aristocratas, todos desempenhavam sua função primordial: tentar separar o casal protagonista. E essa pompa folhetinesca já começava nos títulos, que mais se assemelham aos das capas de romances literários: *Corações em Conflito* (1963), *Melodia Fatal* (1964), *Ilusões Perdidas* (1965), *Abnegação* (1965), *Eu Compro Esta Mulher* (1966), *Meu Filho, Minha Vida* (1967), *Angústia de Amar* (1967) e *Anastácia, A Mulher Sem Destino* (1967) foram apenas alguns títulos que contribuíram para a aura formal e apelo dramático das produções.

Às atrizes eram destinadas as vilãs sofredoras, ciumentas e loucas, vítimas de suas próprias emoções e subjugadas aos caprichos dos homens ou à sua própria instabilidade emocional. Essa representação da maldade feminina, marcada por uma paixão descontrolada e muitas vezes infantilizada, não se limitava apenas às telas da televisão, mas também frequentemente retratada no cinema da época. Tais estereótipos reforçavam uma narrativa mais simplista, na qual o conflito central era frequentemente reduzido a uma batalha entre o bem contra o mal, perpetuando numa visão binária das relações humanas. Resistente ao tempo, seria uma característica ainda perceptível em diversas antagonistas femininas dos folhetins, muitos anos depois.

Antes do final da década, no entanto, surgiria *Beto Rockfeller*, a primeira ruptura entre a receita das histórias açucaradas e a novela-realidade do presente[6], numa narrativa que passava a dialogar abertamente com o povo brasileiro. "Antes de *Beto Rockfeller*", diria Lima Duarte, que dirigiu o folhetim da Tupi, "a novela brasileira vivia a fase do folhetim com histórias pairando acima da realidade. *Beto Rockfeller* teve a importância de fazer a dramaturgia aterrissar, colocar o pé no chão."[7] Conquistando um espaço cada vez mais expressivo na programação das emissoras, as novelas continuaram a explorar diversas linguagens e narrativas, desafiando as audiências e evoluindo em profundidade e contexto social, até seu amadurecimento, consolidado na década seguinte. Ao lento e aos ventos, os caminhos se abririam.

Arlete Montenegro
como Belinha
(Foto:
Reprodução/Excelsior)

1 Belinha

Arlete Montenegro
Ambição
(1964 – TV Excelsior)

Nos tempos em que a telenovela diária era a maior novidade, representar uma vilã era bem diferente de hoje. A atriz e dubladora Arlete Montenegro, intérprete da primeira malvada das novelas brasileiras, sentiu na pele essa diferença.

Também, pudera: somente 28 capítulos de *Ambição* — produção da extinta TV Excelsior — foram suficientes para que a jovem Belinha provocasse indignação nos espectadores, que passaram a descontar na intérprete toda a raiva que sentiam pela personagem gananciosa e que fazia jus ao título da trama assinada por Ivani Ribeiro:

"São Paulo inteira tinha ódio de mim. Uma mulher me bateu no supermercado, ela me pegou pelo pescoço. Se não fosse o meu namorado me acudir, ela tinha acabado comigo"[9], relembrou a atriz, em entrevista concedida em 2019.

Arlete, que desde pequena sonhava em se tornar uma estrela de Hollywood[10], iniciou sua carreira no rádio, firmando-se anos depois como um dos grandes nomes da nossa televisão. Convidada por Edson Leite, um dos principais executivos da Excelsior, a atuar em *2-5499 Ocupado*, a primeira telenovela diária e gravada da TV, Arlete precisou recusar a proposta por questões contratuais (o papel acabou sendo feito por Glória Menezes). O acordo com o canal 9 de São Paulo só seria firmado dois anos mais tarde, quando ela saiu da Record

> **"**
> **Durante a novela inteira, eu vivia caindo na rua sem querer, vivia com gripe, com espinha na cara de tanta energia ruim que me mandavam.**
> **"**
>
> — **Arlete Montenegro,**
> sobre a experiência de
> interpretar Belinha[8]

e foi fazer a caçula do trio jovem de *As Solteiras* (também escrita por Ivani), emendando os breves 22 capítulos da novela com a estreia de *Ambição*.

Mas se engana quem pensa que as armações de Belinha poderiam figurar entre os planos vilanescos mais cruéis da ficção: a jovem, que seguia o estilo de Becky Sharp, protagonista do romance *Feira das Vaidades*, tinha fome de fortuna e decidia fisgar o pretendente abastado (Tarcísio Meira) da irmã inocente (Lolita Rodrigues), separando o casal apaixonado. Não é difícil pensarmos em, pelo menos, uma dúzia de tramas que seguiram a mesma receita. Entretanto, como o território da narrativa novelesca ainda era praticamente inexplorado, o público embarcava fácil nessas experiências televisivas com as emoções afloradas, como se estivesse diante da realidade.

Arlete também concordava que as maldades cometidas beiraram as provocações juvenis (como destruir um vestido da irmã ou fazer com que o pai perdesse o emprego).[11] Belinha nunca seria capaz de matar ou encomendar a morte de ninguém, por exemplo. Sua perversidade era, em essência, comedidamente cênica.

Contudo, a indignação da audiência fez alterar os ânimos até no final: "A gravação do último capítulo foi na igreja da Consolação, o casamento da Lolita com o Tarcísio. Queriam que eu estivesse lá fazendo caras e bocas atrás de uma coluna", relatou, relembrando que escapou de um linchamento público por conta da personagem: "O Dionísio [Azevedo, diretor da novela] queria a minha presença na igreja, mas a gravação tinha sido anunciada, o público tinha sido convidado a comparecer. Fiquei com medo e disse:

'Eu não vou Dionísio, eles vão me bater'. Ele insistiu, disse que tinha chamado a polícia, que eu seria protegida. [...] Não fui. [...] Ficamos assistindo pela TV e vimos muita gente gritando pela Belinha que não foi e deixou muitos revoltados. Terminado o capítulo, essa multidão foi até a porta da Excelsior [...] e continuaram os protestos. Já tinham quebrado parte do altar na igreja. Foi a primeira grande malvada e o primeiro grande sucesso na TV. A novela explodiu".[12]

E tinha quem, já naquela época, duvidasse da força do bom folhetim.

Dom Rafael Zamora de Juncal 2

Elísio de Albuquerque
O Direito de Nascer
(1964 – TV Tupi – SP / TV Rio)

Elísio de Albuquerque
como Dom Rafael
Zamora de Juncal
(Foto: Reprodução/Blog
Astros em Revista)

Oriunda da radionovela cubana escrita pelo dramaturgo Félix Caignet e adaptada para a TV por Talma de Oliveira e Teixeira Filho, *O Direito de Nascer* é considerado o primeiro marco da teledramaturgia brasileira.[14]

A novela permaneceu nove meses no ar, período significativamente menor que os dois anos de sua versão radiofônica original, e que teve Paulo Gracindo na voz do jovem protagonista.

> **Numa época conturbada marcada pelos dias da ditadura no Brasil[15], o dramalhão clássico da Tupi tornou-se "uma paixão avassaladora e uma febre alucinante"[16], impactando a rotina dos brasileiros e driblando até mesmo a onda de apagões e cortes diários de energia, que apavoravam moradores de cidades do Rio e de São Paulo[17].**

Salas de cinema e estádios de futebol vazios, queda vertiginosa no consumo de água e até diminuição no fluxo de automóveis entre 21h30 e 22h eram o reflexo dos mais de 5 milhões de espectadores[18] que não faziam nada além de ficar em frente à tevê acompanhando as reviravoltas nos destinos de Soror Helena (Nathalia Timberg), Alberto (Amilton Fernandes), Jorge Luís (José Parisi) e do austero Dom Rafael, interpretado pelo amazonense Elísio de Albuquerque.

"
Ninguém gosta de mim.
"

— **Elísio de Albuquerque,**
em entrevista à *Revista Intervalo*[13]

Filho mais jovem entre 20 irmãos, Elísio "começou" a carreira aos 7 anos, brincando de circo no quintal de casa, em Manaus.[19] Além de um currículo que incluía 15 participações em filmes, escreveu algumas peças infantis, como o espetáculo amador *O Médico de Borboletas*, encenado no Centro Português, em 1960.[20] Na televisão, o ator vinha de outro sucesso recente da emissora, *Alma Cigana*, no qual interpretou um personagem homônimo ao de *O Direito de Nascer*. Sempre alegre e divertido nos bastidores[21], era conhecido como um típico "teleator coadjuvante" por seu conjunto de interpretações nos teleteatros da Tupi.[22] Fazia questão de evidenciar que não possuía "nenhum ponto de contato com os métodos patriarcais" do vilão que interpretava: na trama ambientada em Havana, nos períodos finais do século XIX e início do século XX, D. Rafael emergia como um magnata dos negócios, uma "criatura cheia de preconceitos anacrônicos, com distorcido senso de dignidade", e que não hesitava em "mandar assassinar uma criança para salvar as aparências da família."[23]

Ao descobrir a gravidez da filha com o herdeiro de seu maior adversário, ele tratava de exilar a jovem numa fazenda com a intenção de eliminar o recém-nascido. No entanto, a empregada Dolores (Isaura Bruno) conseguia salvar a criança e fugia com o bebê, separando-o da mãe, que passaria a viver em um convento. Anos depois, os destinos de Albertinho Limonta, o menino já crescido, e de suas duas mães se entrelaçavam novamente ao do avô insensível.

Adotando a estrutura dramática da radionovela e explorando as doses cavalares de coincidências inerentes ao folhetim tradicional, Albertinho era o médico que, inadvertidamente, salvava a vida de D. Rafael ao realizar uma transfusão de seu próprio sangue, sem nem desconfiarem do parentesco. A revelação a respeito do rapaz ser o seu verdadeiro neto levava o milionário de voz cavernosa a um derrame, deixando-o paralisado na cama e incapaz de revelar a verdade.

Os espectadores testemunharam a luta de Albertinho com os avós e vibraram como nunca quando, mesmo depois de descobrir sobre os verdadeiros pais, o jovem não relutou em chamar de "mamãe" a mulher negra que cuidou dele durante a infância. Isso alterou, inclusive, o texto original de Caignet, em que o médico era menos "sentimental" com sua mãe de criação. "Quem manda são as multidões"[24], instituía uma reportagem de capa da revista *Intervalo*, semanário de sucesso publicado pela Editora Abril. Mesmo com o gênero ainda tomando forma, quem produzia já sentia o peso da vontade popular.

No último capítulo, Maria Helena reencontrava o filho e D. Rafael, antes inflexível, pedia perdão ao neto. O tão esperando final feliz reuniu uma multidão no Rio de Janeiro, dentro do estádio do Maracanãzinho, e em São Paulo, no Ginásio do Ibirapuera.[25]

Após o término da novela, no entanto, Elísio de Albuquerque mostrou-se ressentido pela maneira como a imprensa e o público o ignoravam por conta do papel, alegando que estaria pagando pelos pecados de seu personagem: "Mesmo na época em que a telenovela estava no apogeu, os repórteres e toda a gente que vinha ao estúdio jamais me procuravam, embora o papel de D. Rafael, segundo o próprio autor de *O Direito de Nascer*, fosse o principal e tudo girasse em torno dele", ponderou o ator. "Agora, então, tanto o público como a imprensa, todo mundo, tratam de me esquecer. E isso dói, porque tenho interpretado o homem austero e mau, mas não sou nada disto, ao contrário."[26]

Apesar da repercussão, fazer vilão nunca foi tarefa fácil.

Marieta Severo
como Éden
(Foto: Reprodução/Globo)

3 O Rato

O Sheik de Agadir
(1966 – TV Globo)

A obra imaginativa da escritora cubana Glória Magadan é conhecida por abraçar a ludicidade visual nas exóticas produções de uma época em que as novelas brasileiras ainda tateavam forma e linguagem. As paixões e intrigas das tramas adaptadas por Magadan (a maioria inspirada em romances de autores mundialmente celebrados, como Alexandre Dumas, Giacomo Puccini e Vicente Blasco Ibáñez) se desenrolavam nos salões de castelos, na vastidão das areias do deserto e em reinos fictícios — cenários bem distantes da realidade do brasileiro da década de 1960.

No caso de *O Sheik de Agadir*, a ação se passava nas Arábias (as dunas eram as da Restinga de Marambaia) e na França ocupada pelos nazistas (ambientes recriados nos estúdios da então recém-inaugurada TV Globo, no Jardim Botânico).[28] Inspirada no romance histórico *Taras Bulba*, de Nikolai Gogol, a produção era estrelada pelo galã Henrique Martins no papel de Omar Ben Azir (o tal xeique que retornava à pátria de Agadir no primeiro capítulo) e Yoná Magalhães, que repetia o sucesso de *Eu Compro Essa Mulher*, outro êxito da mesma escritora, como seu interesse amoroso.

O elenco, que já era enxuto como boa parte das produções da época, foi minguando no avançar dos capítulos, graças aos crimes cometidos por um vilão misterioso que eliminava, de forma estratégica, uma série de personagens: era conhecido como "o Rato" e surgia das sombras, sempre acompanhado de suas infalíveis luvas negras. E o assassino não poupava ninguém: matou, inclusive, o também vilão Hans Stauber (Emiliano

> **"**
> # Eu também fui surpreendida [com a revelação]. Eu estrangulava pessoas, e eu sou mignonzinha, frágil!
> **"**
>
> — **Marieta Severo,**
> ao programa *Encontro com Fátima Bernardes*[27]

Queiroz), jogando uma macabra coleção de aranhas caranguejeiras sobre o oficial nazista e espião que, em paralelo, também andava eliminando os heróis da resistência da trama[29].

A revelação da identidade do Rato veio no capítulo de 30 de janeiro de 1967, duas semanas antes do último, mas a resposta sobre o mistério do primeiro *serial killer* das novelas brasileiras acabou surpreendendo pelos motivos errados.

Isso porque a verdadeira culpada pelos crimes era a princesa árabe Éden de Bássora, interpretada pela jovem Marieta Severo. De fisionomia frágil e no alto dos seus 19 anos, a atriz não convencia ninguém de que seria capaz de cometer metade das atrocidades atribuídas à personagem.

A imprensa, claro, não perdoou. Choveram críticas sobre a falta de verossimilhança na escolha de quem era, de fato, o enigmático antagonista. Nada contra Marieta que, inclusive, figurava nas colunas sociais devido ao seu relacionamento com o cantor e compositor Chico Buarque. Além do óbvio, "o Rato" tinha braços, mãos e silhueta masculinas. A principal objeção dos críticos residia no fato de ser impossível, nas diversas ocasiões dos crimes, que o vilão e a princesa fossem a mesma pessoa, uma vez que estavam sempre em lugares diferentes e distantes. Como, afinal, Éden seria capaz de deslocar-se com tamanha agilidade de um lugar para outro? Ainda se não bastasse, em determinado ponto da história, a própria princesa havia sido ferida a tiros pelo assassino em série!

Um texto acalorado, publicado pelo *Jornal dos Sports* dois dias após a revelação, sugeria que os

brasileiros reivindicassem da autora um "Atestado de Besta"[30], por terem acompanhado o mistério até a resolução. Mas não adiantou reclamar: mesmo que a resposta tenha desapontado os fãs, a curiosidade aguçada já havia feito o trabalho de manter o público grudado na telinha ao longo dos sete meses de exibição da novela.

Anos mais tarde, Marieta Severo descreveria *O Sheik* como uma obra fantasiosa, totalmente desconectada da realidade[32]. O "temível" Rato até fez história, mas, depois de revelada a verdade, não botou medo em mais ninguém.

1970

a

1970 a 1979

Ver e fazer telenovela nos anos de chumbo

1979

Produzir uma obra de ficção à sombra de uma realidade opressora foi um desafio e tanto. Nos capítulos da ditadura militar, enfrentada pelos brasileiros desde os anos 1960, autores, diretores e equipes tiveram a responsabilidade de manter acesa a chama da criatividade para que a teledramaturgia, um gênero ainda relativamente novo, pudesse florescer. Nos chamados anos de chumbo, período marcado pela forte censura oficial (e pela autocensura das emissoras), foram impostas severas restrições à liberdade criativa, além da supressão de qualquer crítica social, especialmente àquelas que pudessem ser interpretadas como dirigidas ao governo.

Naquele período em que a televisão se estabelecia como principal meio de comunicação de massa (e também de propaganda do regime)[33], ao menos duas novelas foram canceladas antes da estreia — a primeira versão de Roque Santeiro, impedida de ir ao ar em 1975, e Despedida de Casado, cancelada por determinação da Censura Federal, no ano seguinte. Mesmo diante de todo o contexto repressivo, os profissionais encontraram maneiras de coexistir e driblar a repressão, abordando temas relevantes e questionando o regime, ainda que de formas sutis e inventivas.

Por outro lado, um dos fatores que mais estimulou o avanço do formato foi o investimento tecnológico. A partir de 19 de fevereiro de 1972, os beijos apaixonados dos pares românticos protagonistas e as armações de seus arquirrivais passaram a ser testemunhados a cores. Isso porque, um mês depois, em 31 de março, o novo formato de cores, chamado de PAL-M, era implantado em praticamente todo o país.[34] Embalados pelo Rock And Roll Lullaby*, as famílias precisavam desembolsar o valor de um novíssimo aparelho de televisão colorida com um moderno painel de controle integrado, contendo opções de brilho, contraste e saturação, opções para controlar a intensidade cromática das imagens.[35] Era o preço que se pagava para fazer parte da revolução do processo colorido. Enquanto os espectadores impulsionavam a demanda por novos aparelhos, as emissoras de TV precisavam abrir as carteiras, desembolsando altos investimentos em novos equipamentos de captação de imagem, e os profissionais corriam contra o tempo para dominar toda aquela nova tecnologia.

* Rock And Roll Lullaby, na voz de B. J. Thomas, era a canção-tema de Cristiano e Simone, o casal protagonista de Selva de Pedra, exibida em 1972.

O aumento nas vendas dos receptores de TV em cores trouxe sossego ao "televizinho" e pôs fim às discussões sobre as preferências das famílias. A possibilidade de ter dois aparelhos em casa permitia a alguns assistirem à televisão na sala, utilizando um receptor de tela maior, enquanto outros desfrutavam de uma programação diferente, no conforto de suas camas até altas horas. Era o advento da tevê no quarto.[36]

No campo narrativo, a década trouxe a consolidação da fórmula própria da telenovela. A receita que mais agradou o paladar foi a da TV Globo, com um acabamento mais cinematográfico e a mesma profusão de diálogos. Foram também os anos em que cada vez mais profissionais de teatro passaram a integrar, de forma frequente, os elencos das produções exibidas em mais de um horário (a novela das seis surgiu em 1971, com *Meu Pedacinho de Chão*, enquanto os horários das sete e das dez da noite, já exibiam produções desde 1965).

A busca por mentes criativas, capazes de segurar o ritmo frenético na escrita dos capítulos, oportunizou também que novos nomes que logo seriam conhecidos dos noveleiros: foi a época em que Gilberto Braga, Manoel Carlos e Cassiano Gabus Mendes assinaram suas primeiras tramas, enquanto outros nomes mais experientes como os de Janete Clair, Walther Negrão, Benedito Ruy Barbosa e Lauro César Muniz continuavam criando histórias cada vez mais conectadas às questões nacionais e aos dramas e alegrias do brasileiro.

À medida que os sucessos se multiplicavam, intensificava-se o diálogo entre quem assistia e quem escrevia as histórias, mesmo que esses dois personagens tão fundamentais para o êxito de uma obra aberta não estivessem tête-à-tête. Esse termômetro se manifestava por meio de inúmeras cartas, menções nos jornais e revistas ou de forma ainda mais sutil: pelo nível de emoção evocado pela história, fazendo com que ela se tornasse uma pauta recorrente nas filas, ônibus, bares e esquinas. Quanto mais intensa era a emoção, mais os brasileiros compartilhavam suas impressões sobre ela.

Para a "senhora do reino mágico das oito da noite", como Janete Clair era frequentemente referenciada, o público atuava como coautor do texto, mesmo que essa relação tenha sido abalada em algumas ocasiões, quando a novelista ousou escrever finais menos felizes a alguns queridinhos da audiência, como a morte de Jerônimo (Cláudio Cavalcanti), em *Irmãos Coragem*, e de Carlão (Francisco Cuoco), assassinado na última cena de *Pecado Capital*. Os dois desfechos foram um choque para quem acompanhava as respectivas obras.[37] Mesmo assim, a identificação massiva do público com as tramas escritas por Janete garantiu ao currículo da novelista a marca de 100% de audiência, índice alcançado no capítulo de *Selva de Pedra* exibido em 4 de outubro de 1972, quando Rosana Reis (Regina Duarte) revelava a Cristiano que era, na verdade, a ingênua Simone.[38]

Além da demanda pela hegemonia de suas vontades, outra prática curiosa dos telespectadores era o fato de que os homens que acompanhavam as novelas costumavam disfarçar ou ocultar o interesse nesse tipo de programa. Parte deles, especialmente os de classes sociais inferiores,[39] associavam o gênero à feminilidade. Quando admitiam assistir, alegavam acompanhar os capítulos informalmente, de soslaio. O comportamento refletia mais uma manifestação da sociedade machista, que atribuía às mulheres o melodrama e as emoções intensas, temáticas frequentemente abordadas nas obras.

Alguns escritores conseguiram "furar a bolha" e transcender as barreiras de gênero, atraindo uma fatia maior da audiência masculina, permitindo que os homens se identificassem com a trama ou com determinados personagens sem se sentirem constrangidos por acompanhar os capítulos. Bons exemplos ocorreram com os homens de Janete Clair, que disputavam por um diamante em *Irmãos Coragem* ou uma maleta cheia de dinheiro em *Pecado Capital*; a sofisticada crítica social[40], de Dias Gomes, por intermédio do realismo fantástico de *O Bem-Amado* e *Saramandaia*, e em dois dos primeiros trabalhos de Gilberto Braga: a adaptação romântica *Escrava Isaura* às seis da tarde (que também prenderia a atenção da homarada do mundo todo diante da TV nos anos seguintes) e a original efervescente *Dancin' Days* no horário nobre.

No terreno das vilanias, a ficção espelhou a realidade de maneira contundente, trazendo latifundiários e exploradores autoritários representando o típico coronelismo do interior, mulheres ambiciosas e astutas, impulsionadas por desejos de poder e riqueza, e até alguns indivíduos dissimulados que escondiam suas reais naturezas e intenções por trás de uma fachada de bondade e carisma. A década também não deixou de lado a presença do político corrupto e demagogo para satirizar o populismo e a facilidade com que se manipula(va)m as massas. A ficção dos anos 1970 nos presenteou com o exemplar mais inesquecível deles.

E quando Júlia Matos (Sônia Braga), a ex-presidiária que deu a volta por cima, rodopiou na pista da boate que dava título à *Dancin' Days* (talvez a novela que melhor capturou todo aquele *zeitgeist* da época), fez acender de vez a paixão por essas histórias emaranhadas de encontros e desencontros, segredos e mentiras, crimes e castigos, consolidando a telenovela brasileira como fenômeno cultural, eternizado na memória afetiva de uma geração que teve a coragem de sonhar por dias melhores.

Coronel Pedro Barros ▐4▌

Gilberto Martinho
Irmãos Coragem
(1970 - TV Globo)

Gilberto Martinho
como Pedro Barros
(Foto: Reprodução/Blog
Astros em Revista)

Considerada a primeira superprodução da TV por seu custo elevado para a época, além de ser a precursora a ganhar uma cidade cenográfica completa[41], *Irmãos Coragem* tornou-se o épico televisivo mais emblemático e adorado dos anos 1970.

Com longos 328 capítulos, a segunda novela contemporânea de Janete Clair (que inspirou-se em clássicos da literatura, como *As Três Faces de Eva*, de Thigpen e Cleckley, e *Os Irmãos Karamazov*, de Dostoiévski) foi grandiosa também nos números e na repercussão com o público, constituindo uma audiência masculina que, pela primeira vez, admitia ser fã do gênero.[42] O enredo girava em torno do trio protagonista de irmãos de sobrenome Coragem, vividos por Tarcísio Meira, Cláudio Cavalcanti e Cláudio Marzo, que desafiava os domínios do ambicioso coronel Pedro Barros, grande antagonista daquele faroeste romântico à brasileira.

Defendido por Gilberto Martinho, Barros era o maior latifundiário de Coroado, um pequeno povoado que ficava na divisa entre os estados de Goiás e Minas Gerais (a cidade cenográfica foi erguida pela produção em Marapendi, na estrada Rio-Santos[43]). Controlando os garimpos da região, o Coronel era mancomunado com seu grupo de jagunços — entre eles, o vingativo e instável Juca Cipó (Emiliano Queiroz), que era, na realidade, seu filho bastardo — e até com o delegado Falcão (Carlos Eduardo Dolabella), um comparsa oportunista que sonhava em se casar com a filha do todo-poderoso. O vilão passava a intensificar as ofensivas a João (Meira), o mais velho dos Coragem,

> **" Aqui em Coroado, quem erra, paga. "**
>
> — Coronel Pedro Barros

especialmente depois de descobrir o envolvimento amoroso do Robin Hood dos Garimpeiros com sua filha, a introspectiva Maria de Lara (Glória Menezes, vivendo uma personagem com tripla personalidade).

Dotado de uma presença imponente e aplicando uma crepitação vocal encorpada nos diálogos, Martinho personificou os maneirismos dos coronéis broncos, especialmente na carranca que exibia a todos que ousavam desafiá-lo.

Sua esposa, Estela (Glauce Rocha), por exemplo, o via como um roceiro grosseiro e descuidado[44]. Uma das artimanhas mais marcantes do déspota foi o roubo do imenso diamante que João encontrara no garimpo e que recusava vender ao coronel. Muitos capítulos à frente, a pedra preciosa que chegou a passar por diversas mãos retornava às do herói idealista, para a satisfação da audiência extasiada. Enganado por Falcão e abandonado por Estela, Pedro via-se destituído de seu poder e prestígio. Jogado à desgraça, o *Patrãozinho* (como era chamado por Cipó) urdia um último ato contra Coroado, ateando fogo na cidade, apenas para ser consumido pelo incêndio[45].

Encerradas as gravações, Meira e Martinho, rivais na ficção, ainda tiveram um último confronto: numa partida de futebol realizada no Estádio Municipal de Itu[46]. Em campo, o time de mocinhos de *Irmãos Coragem* trajava azul, enquanto os vilões vestiam um uniforme branco. Naquele dia, ao invés de tiros, como acontecia em cena, o que se ouviu foram os gritos da torcida na arquibancada. Depois do amistoso, o elenco aproveitou um churrasco patrocinado por Glória e Tarcísio, em comemoração à repercussão extraordinária da novela. Alguns deles, incluindo Martinho, já gravavam a próxima produção das 20h, *O Homem Que Deve Morrer*, sem tempo para um descanso. Coragem!

Dina Sfat
como Fernanda
(Foto: Reprodução/Globo)

> **"**
> **Eu quero que você seja apenas alguém. Alguém que veio do céu ou do inferno para atravessar no meu caminho e embaralhar as minhas ideias.**
> **"**

— **Fernanda,**
ao conhecer Cristiano

5 Fernanda Arruda Campos

Dina Sfat
Selva de Pedra
(1972 - TV Globo)

Em 10 de abril de 1972, quando estreou o "novo cartaz das oito da noite"[47] do canal 4, todas as atenções a *Selva de Pedra* estavam voltadas ao galã Francisco Cuoco, no papel de um homem dúbio que, na concepção do ator, saía em busca de sua individualidade por se sentir massificado[48]. Cristiano, seu personagem, era um tipo ambicioso que partia de uma cidade do interior decidido a ascender socialmente na grande metrópole. Aos poucos, a força-motriz de *Selva de Pedra* trocava de mão, passando a se concentrar nos conflitos vividos pelas duas antagonistas femininas da história: a mocinha Simone (Regina Duarte), que depois de sobreviver a um atentado retornava sob nova identidade, e a vilã ocasional* Fernanda (Dina Sfat), que, depois de ser ludibriada por Cristiano, passava a viver na base do ódio e de um intenso desejo por vingança.

Eleita a revelação feminina no Festival de Cinema de Cabo Frio por seu trabalho no longa-metragem *Três Histórias de Amor* (1966), de Alberto D'Aversa, a bela Dina Kutner de Souza — nossa Dina Sfat — permanece como um dos maiores nomes da dramaturgia brasileira. Ela, que saiu de cena em março de 1989 em decorrência de um câncer de mama, era casada com o também ator Paulo José, com quem dividiu intensamente os palcos. No mesmo ano de *Selva de Pedra*, inclusive, Paulo dirigiu *Dorotéia Vai à Guerra*, espetáculo em que a esposa entrava em cena ao lado Ítalo Rossi (no papel da mãe obsessiva e repressiva da personagem de Sfat), conforme

---

* Um "vilão de ocasião" é aquele que se torna mal por força das circunstâncias.

noticiado na coluna de teatro do Globo, assinada por Gilberto Tumscitz (ninguém menos que Gilberto Braga).[49] Naquela época, Dina e Paulo chegaram até a morar provisoriamente no apartamento antigo de Luiz Fernando Goulart e Yara Amaral, para que ela pudesse se concentrar nos textos da peça e da novela, sem a distração das filhas.[50]

> **Com Fernanda, a atriz pôde exercitar uma personagem multifacetada, que começava como a noiva humilhada ao ser abandonada no altar pelo protagonista e que, depois de uma fase pós-traumática por conta do ocorrido, era dominada por um lado perverso, que afetava profundamente o seu comportamento.**

Fernanda chegava a reatar o noivado com o jovem Caio (Carlos Eduardo Dolabella) e subia ao altar vestida de preto, ilustrando seu sentimento de luto emocional. Mais tarde, com o senso de lucidez já enfraquecido, a vilã sequestrava Simone, mantendo-a prisioneira por meses, até acabar internada num hospital psiquiátrico.

Selva de Pedra foi reconhecida como a novela a atingir a marca de 100% de audiência, um feito inédito e único na história da teledramaturgia brasileira, alcançado no capítulo 152, quando a verdadeira identidade de Simone era revelada durante julgamento.[51] Um sucesso indiscutível, representou uma forte sinergia entre um elenco talentoso, que se entregou aos respectivos papéis, e um roteiro que equilibrava com sensibilidade os elementos folhetinescos, característica marcante das obras de Janete Clair. Em relação à grande vilã, a autora demonstrou habilidade ao incorporar sintomas e manifestações visuais para intensificar a representação da perturbação mental de Fernanda.[52] Contudo, Dina Sfat ainda acreditava na sanidade de sua personagem: "Para mim, Fernanda não é doente, mas sim ultrassensível e bastante sofrida, inadaptada ao meio em que vive. Doentes são os outros: sua família e seus amigos, que vivem sobrecarregados de preconceitos e convenções", definiu a atriz. Ela também destacou os desafios e benefícios inerentes do trabalho:

> **"Fazer o papel de Fernanda foi o mais difícil de minha vida, pois ela tem muito pouco a ver comigo. Ela me angustia e me coloca em permanente tensão. [...] Não posso, entretanto, negar que Fernanda foi uma experiência maravilhosa e que, artisticamente, me acrescentou muitíssimo".[53]**

Apesar de criar uma personagem psicologicamente conflituosa e que foi escrita especialmente para a atriz, Janete não tinha maiores dificuldades em elaborar os diálogos da vilã, que permaneceu afetivamente carente até o fim: "O texto sai natural e fácil. Gosto muito dela. É uma mulher infeliz, que se considera ferida e frustrada em seu amor."[54] Ao retratar uma mulher aprisionada e dilacerada por um sentimento doentio, Dina Sfat demonstrou "a versatilidade e a profundidade de vivências múltiplas de que são capazes, apenas, os grandes artistas"[55], numa interpretação que permanece como testemunho duradouro de sua contribuição para o nosso gênero narrativo mais popular.

Nara Paranhos de Vasconcelos 6

Yoná Magalhães
Uma Rosa com Amor
(1972 - TV Globo)

Yoná Magalhães
como Nara
(Foto: Reprodução/IMDb)

Parafraseando o verso de Dorival Caymmi, "quem não gosta de Yoná Magalhães, bom sujeito não é". A atriz, que integrou o primeiro elenco formado pela TV Globo e protagonizou o primeiro par romântico de sucesso da emissora, ao lado do então marido Carlos Alberto, em *Eu Compro Esta Mulher* (1966), fez carreira interpretando mulheres exuberantes, divertidas e, acima de tudo, populares.[57] Apesar disso, seus primeiros anos como atriz de televisão fizeram com que o público se acostumasse a associá-la às damas chorosas e propensas ao melodrama, como a personagem-título de *Simplesmente Maria*, sua última passagem pela Tupi antes de retornar à Globo para gravar *Uma Rosa com Amor*.

Naquela comédia romântica assinada por Vicente Sesso, Yoná buscou dissociar-se do estereótipo da mocinha sensível: "Pelo que li nos dois últimos scripts que recebi, vou fazer um personagem diferente de todos os que já fiz até hoje", anunciou, há um mês da estreia. "Para mim esta será uma nova experiência, a maneira de quebrar a imagem daquela mulher que, geralmente quando aparecia em cena, todo mundo sabia que ia chorar"[58]. O penteado, no entanto, foi motivo de atrito com o diretor Daniel Filho. Acostumada a emprestar os cabelos morenos às suas personagens, surgiu em cena usando uma peruca loira avantajada:

"Ele [Daniel] disse que me queria loira, pedi para continuar morena, mas ele quis, dizia: a

> **"**
> **Fui amarrando uma novela à outra. Sem férias. Mesmo contra a bela [Marília] Pêra – papel que me foi destinado – fui bem. E minha imagem estava redimida.**
> **"**

— **Yoná Magalhães**, sobre o sucesso de Nara em seu retorno à TV Globo, em depoimento a Ronaldo Bôscoli[56]

Nara é loira, é loira!", relembrou Yoná, em entrevista para o programa *Damas da TV*, do Canal Viva. "E vendo as fotos que eu vejo hoje, acho bonita. O Daniel estava coberto de razão, tinha que fazer loira mesmo para ficar mais bonita, diferente."[59]

Descrita como "uma desquitada ambiciosa"[60], Nara era mãe de dois filhos: o rebelde Beto (Roberto Pirillo) e a extrovertida Elizabeth (Beth Barcellos). Cientes do caráter da mãe, os jovens sabiam que ela era capaz de vender a própria alma[61] para conquistar o coração e a fortuna do noivo, o francês Claude Antoine Geraldi (Paulo Goulart). Enquanto o divórcio dela com o ex-marido, Carlos (Gilberto Martinho), demorava para ser oficializado, Claude descobria que, por determinação da justiça, seria obrigado a deixar o país se não se casasse com uma brasileira. Impossibilitado de oficializar a união com Nara, o empresário propunha um casamento temporário com sua secretária, a encantadora Serafina Rosa Petrone (Marília Pêra).[62] Considerada uma solteirona (curiosamente, Pêra estava completando apenas 30 anos quando fez o papel), Serafina aceitava o falso matrimônio em troca de um bom dinheiro, utilizado para ajudar a manter a vila italiana onde a mocinha vivia com a família.[63] Gradualmente, o casal de mentirinha se via envolvido num romance de verdade e Nara, tomada pelo ciúme, não poupava esforços para tumultuar a vida dos dois.

Furiosa com o casamento, Nara planejou uma série de situações para ridicularizar a rival, incluindo uma festa de grã-finos para a qual persuadiu Claude a levar sua nova esposa.[64] Contudo, o que pareciam planos ideais para evidenciar sua superioridade em relação à Serafina, acabavam se tornando oportunidades para o mocinho se envolver pela simplicidade e beleza de sua esposa de mentirinha.

Encarnando uma perfeita perua má de nariz empinado, Magalhães agarrou com unhas e dentes[65] a possibilidade de apresentar algo fresco ao telespectador, ainda que sua representação extrovertida (uma de suas maiores marcas) e sua facilidade em externalizar as emoções também estivessem lá, impressas na antagonista possessiva.

Criador de tipos sensíveis e humanos, Vicente Sesso escolheu redimir sua malvada: na reta final, Nara demonstrou ser capaz de perdoar o pai, Dr. Egídio (Ênio Santos), o verdadeiro responsável por alimentar a chama da maldade na filha, que desistiu de atormentar o casal e escolheu cuidar de Carlos, depois que o ex-marido descobriu estar com os dias contados por conta de uma doença terminal.

Paulo Gracindo
como Odorico
(Foto: Reprodução/Globo)

7 Odorico Paraguaçu

Paulo Gracindo
O Bem-Amado
(1973 - TV Globo)

Exibida meio século atrás, *O Bem-Amado*, a obra-prima do imortal[66] Dias Gomes, ainda ressoa num texto tão atual que, não fossem as limitações técnicas da captação de imagens em resolução SD daquele início dos anos 1970, certamente faria o espectador mais desatento acreditar que se tratava de uma produção contemporaneíssima.

Ocupando a faixa das 22h da emissora, inaugurada seis anos antes com *Ilusões Perdidas*, a novela centrava seu enredo ao redor do rei da verborragia e da retórica, Odorico Paraguaçu, um sujeito que preenchia todos os requisitos de um homem do povo. Ambicioso e desonesto, praticamente não tinha escrúpulos quando o assunto era se tornar o chefe do poder executivo de Sucupira, uma pequena cidade do litoral baiano, "cognominada" Pérola do *Norte*, onde se desenrolava o novelo daquela sátira política:

"
O povo tem que ser feliz. E a felicidade do povo começa com um bom cemitério.
"

— Odorico Paraguaçu

"Na ambição de eleger-se prefeito, Odorico utiliza toda a astúcia de um político do interior", definiu Paulo Gracindo, intérprete do vilão-protagonista. "Além de pressionar o eleitorado e usar todos os meios imagináveis, [...] exerce enorme fascínio sobre as mulheres de Sucupira, como viúvo rico e charmoso que é."[67]

O personagem, no entanto, nasceu muito antes de se tornar um dos mais célebres da nossa dramaturgia. Escrita em 1962 e publicada um ano depois pela revista Cláudia, a peça *Odorico, o Bem-Amado e os Segredos do Amor e da Morte*, ensejava uma versão resumida do que viria a ser a primeira telenovela em cores da televisão brasileira. O espetáculo foi sucesso no período em que esteve em cartaz no Recife, Rio de Janeiro e depois em outros estados do Brasil, até o final da década de 1960. Já em sua versão original para os palcos, o enredo criticava o período do regime militar e satirizava a figura dos coronéis representados por fazendeiros e mandatários de pequenas cidades, que impunham autoridade sem qualquer demagogia ou escrúpulos.[68]

Mas *vamos botar de lado os entretanto e partir logo pros finalmente.*

Assim que ocupou o posto na prefeitura, Odorico buscou pôr em prática sua grande promessa de campanha, construindo o esperado cemitério da cidade, que era parte do slogan de sua candidatura: "Vote em um homem sério e ganhe um cemitério". O problema era que, depois de pronto, não tinha vivalma que batesse as botas para inaugurar o empreendimento memorável!

A partir daí, ele tentava todos os meios que pudessem justificar o fim de quem quer que fosse, desde trazer um homem desenganado pelos médicos — que, ao invés de morrer, acabava sendo curado — até persuadir o temido Zeca Diabo (Lima Duarte), um notório matador que, por enorme casualidade, havia recém-decidido abandonar a vida de crimes. Posteriormente, o prefeito instituiu o "Dia do Aperto de Mão", alegando reconciliar famílias rivais da região quando, na realidade, tratava de alimentar o ódio entre elas. E, mesmo nas ocasiões em que suas maquinações resultavam em tragédias, como no conflito entre os Cajazeiras e os Medrados, as vítimas acabavam sepultadas em algum município vizinho ou enviadas até Salvador.

Além dessas e outras, tentou impedir a chegada de vacinas durante uma epidemia de tifo, obrigou fazendeiros a colocarem fraldas em seus animais quadrúpedes e tramou para destruir o jornal oposicionista que denunciava os desmandos e escândalos da gestão do inimigo número 1 da chamada "*esquerda comunista, marronzista e badernenta*". E Odorico arranjou tempo até para seduzir não apenas uma, mas as três irmãs Cajazeiras: Dorotéia (Ida Gomes), Dulcinéia (Dorinha Duval) e Judicéia (Dirce Migliaccio). O malandro mantinha encontros secretos com cada uma delas, à revelia de qualquer suspeita entre as mulheres.

Quando já acuado por inúmeros escândalos, Paraguaçu recorria mais uma vez aos serviços do matador mais famoso da região, ao tentar simular um atentando contra si mesmo, no intuito de acusar a oposição. Como cabeça vazia era oficina de Zeca Diabo, o assassino decidia retornar para a criminalidade, vingando-se justamente de seu contratador: ao descobrir que o político havia sido o responsável por colocá-lo de volta na cadeia por um homicídio que ele não havia cometido, o cangaceiro disparava contra o prefeito em pleno gabinete. E o sono eterno de Odorico, acompanhado pelos concidadãos Sucupirenses durante o cortejo, finalmente inauguraria o cemitério.

Espécie de antecessor de Sinhozinho Malta (Lima Duarte), de *Roque Santeiro*, e Sabá Bodó (Welder Rodrigues), de *Mar do Sertão* e *No Rancho Fundo*, dois outros tipos *pretenciosos, cafonosos e, por que não dizer, ambiguidosos*, Odorico

Paraguaçu personifica como nenhum outro o maquiavelismo político brasileiro, tornando-se, ao mesmo tempo, arquétipo e paradigma dos que viriam a ser alguns dos nossos governantes.

Se acompanhar os noticiários repletos de casos de impunidade, continua sendo uma tarefa para os fortes, ao menos na redoma da ficção, vez ou outra, os cínicos e dissimulados recebem o castigo que merecem, e o público pode ver sua novelinha em paz e de alma lavada. Ou melhor: *Lavada e enxaguada.*

Ziembinski
como Max
(Foto: Reprodução/IMDb)

8 Velho Max

Ziembinski
Cavalo de Aço
(1973 – TV Globo)

Pouco antes do público conhecer as promessas de Odorico Paraguaçu, em *O Bem-Amado*, às 22h, a TV Globo Rio levava ao ar, na sua faixa das 20h, o primeiro capítulo do romance de vendetta *Cavalo de Aço*. A dupla de produções, estreada na noite de 22 de janeiro[71], fez parte de uma campanha veiculada nos jornais no início daquele ano de 1973, intitulada "Janeiro cheio de surpresas", e que tinha como slogan "Tudo Novo na Globo"[72]. Protagonizada pelo casal 20* Glória e Tarcísio, *Cavalo* tinha a ingrata missão de manter os números e a repercussão de sua antecessora, o megassucesso *Selva de Pedra*. Não segurou. Pelo menos até a reviravolta orquestrada pelo autor Walther Negrão.

A novela tinha como fio condutor a história de Ramiro Suarez (Meira), jovem misterioso que chegava à fictícia Vila da Prata pilotando seu "cavalo de aço", uma motocicleta Honda 750, modelo que acabou substituindo a icônica Harley-Davidson[73] original, "semelhante às usadas pela polícia e pelas forças armadas"[74], pensada para ser o veículo do protagonista, mas descartada por ser um modelo muito pesado. Disposto a desvendar os responsáveis pelo massacre que dizimou sua família anos antes, o motociclista forasteiro ficava diante de seu grande oponente,

---

* Popular nas décadas de 1970 e 1980, especialmente no contexto da televisão e do cinema, a expressão "Casal 20" era usada para descrever casais românticos considerados perfeitos ou ideais, muitas vezes retratados em séries de televisão e filmes da época. Esse termo era frequentemente associado a duplas que tinham uma química especial, além de serem visualmente atraentes, representando um modelo de relacionamento aspiracional para o espectador.

o inescrupuloso Maximiliano — ou velho Max, como era chamado pela maioria dos personagens. Líder de uma quadrilha que controlava a produção de madeiras na região onde era ambientada a trama[75], Max era pai da mimada Jô (Betty Faria) e sempre contava com os serviços de Atílio (José Wilker), seu fiel capataz.

Zbigniew Ziembinski, que na época se apresentava no Teatro Serrador com a comédia-dramática *Check-up*, dirigida por Cecil Thiré, definiu o cerne de seu personagem: "Max é a lei em Vila da Prata. É ele quem decide sobre todas as coisas."[76] O controle do vilão foi abalado quando a governanta Catarina (Sônia Oiticica) começou a delatar os segredos do patrão, desencadeando reviravoltas que fizeram acuar cada vez mais o poderoso-chefão da novela. A partir daí, Max passou a ver todos na cidade desafiarem sua autoridade[77]. Enquanto ainda tentava recuperar o prestígio, o personagem recebia uma visita misteriosa[78] e terminava assassinado em seu escritório na fazenda, no capítulo 121, exibido na noite de 9 de junho de 1973.

A atmosfera de suspense, que passou a envolver as investigações e permear os diálogos acusatórios entre os possíveis culpados, dinamizou as tramas secundárias e impulsionou os índices de audiência. A partir desse ponto, *Cavalo de Aço* tornou-se uma nova novela, "da concepção à ação"[79], ainda que sua grande força antagonista, mesmo fora de cena, continuasse a pulular como o centro nervoso da narrativa, atraindo mais noveleiros curiosos do que o convencional "quem vai terminar com quem" no final. Satisfeito com a resposta imediata, Negrão instigava o espectador ao afirmar que todos eram suspeitos: "Até eu, autor da novela."[80]

Quando o mistério estava prestes a terminar, Zimba (como o ator de origem polonesa era carinhosamente chamado pelos amigos e colegas) dissertou a respeito da ambição desmedida do vilão:

Carlos Vereza, intérprete de Santo, em *Cavalo de Aço*, relatou em 2002, ao projeto Memória Globo[84], a respeito de um episódio curioso ocorrido durante um dos períodos em que esteve sob a custódia do Departamento de Ordem Pública e Social (Dops). Ao ser questionado sobre o paradeiro de um dos guerrilheiros mais procurados do Rio de Janeiro, um amigo pessoal, Vereza foi surpreendido por uma pergunta inusitada durante o interrogatório: "quem matou o velho Max?". Mesmo com a intensa pressão vivenciada durante os oito dias de detenção no DOI-Codi, o ator não respondeu a nenhuma das indagações e retornou às gravações no mês seguinte.[85]

"É muito difícil julgar pessoas complexas como o velho Max e distinguir até onde vai a noção do seu maquiavelismo. A ânsia que guia o personagem nunca é calcada em cima da vontade gratuita de ser poderoso, mas é resultante [...] de fatores intimistas e de sofrimentos muito maiores do que aqueles que aplica aos outros".

Na mesma entrevista, teorizou ainda sobre as dicotomias que imperavam na psiquê do personagem:

"Se acrescentarmos a isso a teimosia senil, a incrível experiência de vida, os subterfúgios que o ensinaram a salvar a própria vida e que hoje pode usá-los para tirar a dos outros, teremos a imagem talvez mais justa do tipo poderoso e manso, bom e perverso, patriarcal e submisso, arrojado e covarde, como é a imagem verdadeira do velho Max."[81]

No penúltimo capítulo, transmitido na quarta-feira, 15 de agosto (e reprisado na quinta, 16[82]), o Brasil parou para descobrir que a verdadeira criminosa era Lenita (Arlete Salles): embora fosse considerada sobrinha de Max, a jovem era, na verdade, sua filha desconhecida, que ambicionava apropriar-se da fortuna do milionário. E Walther Negrão, devidamente inocentado do crime fictício de sua própria criação, saiu vitorioso da experiência. Mostrou-se habilidoso ao superar os perrengues de uma obra aberta e as restrições impostas pela censura do período sob o regime militar. De quebra, aprimorou ainda mais uma técnica que, até hoje, poucos dominam: a de fazer uma dramaturgia diária.[83] Mesmo assim, o autor nunca mais voltou a escrever para o horário nobre da emissora.

9 Juliana Azevedo

Cleyde Yáconis
Os Inocentes
(1974 - Rede Tupi)

Dois anos antes de Nice (Susana Vieira) colocar as manguinhas de fora e se transformar numa das protagonistas mais lembradas da televisão, Cleyde Yáconis incorporou uma personagem igualmente carregada de potência nociva ao viver a elegante e misteriosa Juliana, de *Os Inocentes*. A novela, produzida pela TV Tupi, estreou imbuída da responsabilidade de manter o interesse do público depois do êxito arrebatador da trama anterior no horário: *Mulheres de Areia*, também escrita por Ivani Ribeiro.

Tal qual a babá má e ambiciosa de *Anjo Mau*, a aparentemente doce nova moradora de Roseira, pequena cidade fictícia da trama, era uma figura perversa. Mas o mal praticado por Juliana era justificado pelos sentimentos de amor e devoção que nutria pela memória da mãe, a professora Maria Alice (Karin Rodrigues). Quando criança, Juliana testemunhou Alice sendo difamada injustamente pelos moradores conservadores da cidade. Criada no seio do amor, a menina acabou destinada a ser consumida pelo ódio e pela vingança.

Trinta anos depois, Juliana retornava disposta a disseminar a discórdia entre os habitantes e atingir os filhos e netos daqueles que destruíram a vida de sua família. As nove vítimas escolhidas eram os tais "inocentes" do título, por pagarem pelos pecados de seus antecessores. Uma delas, Lurdinha, vivida por Tereza Telles, chegou a cometer suicídio após ser influenciada pela vilã ressentida. Para marcar cada tramoia bem-sucedida, Juliana tinha o hábito de queimar um boneco de papel, representando o inocente eliminado da vez.

> **"**
> **Eu venci aquela confusão. Aquele redemoinho que havia na minha cabeça. Eu pus as coisas no lugar certo.**
> **"**
>
> – Juliana,
> em conversa com Jarbas
> (Jonas Mello), seu capanga

Cleyde, que estreou na TV na primeira adaptação de *Éramos Seis*, em 1958, mexeu com a opinião do público, dividido entre a torcida e a condenação de sua personagem. "Cleyde Yáconis, apesar de ter silvo de cascavel, não é boa nem má. É uma criatura doente"[86], analisava uma crítica da época. Sua personalidade obstinada a impediu até de perdoar Otávio (Rolando Boldrin), seu namorado de infância, por quem ainda era apaixonada. Para a atriz, aquela dualidade conflitante de Juliana tornou-se o ponto alto da novela:

> **"Foi um trabalho que me deu enorme prazer, porque encontrei, num texto de televisão, um personagem de rica complexidade psicológica, numa novela que quebrou outros tabus."[87]**

Inspirada em *A Visita da Velha Senhora*, de Friedrich Dürrenmatt (o mesmo material-fonte de novelas como *Cavalo de Aço*, *Fera Radical*, *Fera Ferida*, *Chocolate com Pimenta* e tantas outras obras[88]), *Os Inocentes* teve, na força de uma protagonismo seguro e refinado, a garantia de nunca se entregar ao maniqueísmo fácil. Mérito de uma artista compenetrada e talentosa que encabeçou um elenco que incluía nomes como Cláudio Corrêa e Castro, Luis Gustavo, Laura Cardoso e Tony Ramos.

> **De acordo com a jornalista e escritora Helena Silveira, em sua coluna *Videonário*, dedicada às críticas televisivas da época, o talento de Cleyde Yáconis, "[...] suas expressões fisionômicas, a elegância de seus gestos, o**

Conhecida pela agilidade e alta capacidade inventiva, a novelista Ivani Ribeiro era uma máquina de criar emoções. Para se ter uma ideia, somente durante os anos de 1973 e 1975, a autora trabalhou em cinco novelas: com o término de *Mulheres de Areia*, escreveu, quase simultaneamente, *Os Inocentes*, *O Machão* e *A Barba Azul* (primeira versão de *A Gata Comeu*). E logo depois da maratona, assinou um dos seus maiores sucessos: a primeira versão de *A Viagem*, sua última novela como contratada da Tupi[89]. Haja fôlego!

tato que possui e faz com que a novela não caia no dramalhão, é de se tirar o chapéu".[90]

O desejo frustrado de vingança fez com que a "Dona Majestade", tão rica e poderosa, partisse definitivamente de Roseira rumo a um sanatório e terminasse seus dias comportando-se como uma menina, tomada pela loucura[91], num mecanismo mental de regressão ao tempo em que sua vida era pacífica e plena. "Ao contrário de personagens históricos [...] faltava a Juliana a grandeza para o mal. À medida que o fazia, ela revelava a grandeza do seu amor. No fundo, Juliana é uma maravilhosa criança que foi envenenada. Depois da vingança contra toda a cidade, nada mais lhe resta senão voltar aos 12 anos"[92], decretou sua intérprete.

Nice 10

Susana Vieira
Anjo Mau
(1976 – TV Globo)

Susana Vieira
como Nice
(Foto: Reprodução/Globo)

Às vésperas da estreia de *Anjo Mau*, o autor Cassiano Gabus Mendes, com mais de 30 anos de experiência no rádio e televisão, fazia questão de assegurar que sua primeira novela seria, em resumo, "uma história simples". Ou, melhor, "a história de um equívoco", como constava na sinopse.[93] Inspirando-se no filme *O Criado*, de Joseph Losey, o novelista afirmava que só manteve uma preocupação quando começou a trabalhar o enredo: evitar o dramalhão.[94]

Misto entre mocinha e vilã, Eunice Noronha confundiu a audiência. A jovem filha do motorista se instalava no palacete da família Medeiros depois de conseguir o emprego de babá do pequeno Edinho (José Dias), unigênito do casal Stela (Pepita Rodrigues) e Getúlio (Osmar Prado). Ao apaixonar-se por Rodrigo (José Wilker), o mais velho dos herdeiros, e deslumbrar-se com a dinheirama dos patrões, ela decidia conquistar o rapaz e, de quebra, garantir um bom futuro. Ao longo do caminho, a moça nem sempre faria escolhas éticas para alcançar seu objetivo de subir na vida, até descobrir que o desejo de ser amada verdadeiramente era maior que a sua própria ambição. Tudo isso sem o tradicional excesso de lágrimas e suspiros, já que a personagem passava longe do arquétipo da mocinha sofredora.

A vilã simpática contava com a beleza e o apetite para o trabalho[95] da jovem Suzana Vieira (que grafava o nome artístico com Z, na época), uma atriz que, desde o início, fez questão de defender o caráter dicotômico do papel que interpretava:

> **"**
> **Todos vão gostar de mim. E quem não gostar, o bicho-papão vai comer.**
> **"**
>
> **— Nice,**
> confessando suas intenções ao bebê Edinho

> "Nice é uma pessoa muito carente, tem muito forte o sentimento de abandono, acha que só vão gostar dela quando tiver dinheiro. [...] Quer tirar o máximo de todo mundo para compensar o que nunca teve. Há momentos em que ela mostra tudo isto com a maior clareza. Por exemplo, quando diz: 'Eu sei o que eu quero. O que eu quero é muito, porque pouco eu já tenho.'"[96]

Encapsulado como um ser malvado, ambicioso e desprovido de caráter, o tal anjo malvado era, na prática, apenas uma mulher decidida a correr atrás daquilo em que acreditava para mudar a sua condição social e financeira. Curiosamente, o desejo do autor em evitar o reducionismo narrativo do melodrama foi esfacelado, não apenas por uma pressão moralista da audiência, mas principalmente pela imposição da censura.[97] Depois de fisgar o mocinho, Nice passava a ser infeliz no casamento. Grávida e com um marido que a tratava de forma ríspida, a protagonista morria durante o parto por conta de uma hemorragia, deixando Rodrigo com a responsabilidade de criar, sozinho, a criança. Para a censura, o desfecho trágico impunha uma vitória do bem contra o mal na ficção.

Em 2023, quando a novela estreou no catálogo do Globoplay, Susana Vieira comentou sobre a repercussão da morte de Nice: "Eu só senti o impacto de *Anjo Mau* no último dia. Foi um silêncio no Brasil na hora que eu morri, era um silêncio! O silêncio na cidade durante um capítulo. Isso não acontece toda hora! Nenhuma buzina tocava, e eu morrendo."[98] A atriz também afirmou não gostar do final escolhido para a personagem, justamente pelo fato da solução encontrada representar uma espécie de censura ao comportamento da babá.

> **"Sabe por que eu morri? Por causa da tradicional família mineira, que mandava na moral desse país e achava que uma empregada não podia casar com um patrão — só por isso eu morri".[99]**

Fosse ao ar hoje, assim como ocorreu no *remake* estrelado por Glória Pires, produzido pela Globo, em 1997, a babá terminaria seus dias bem longe de padecer. Parafraseando um trecho de *Sujeito de sorte*, canção contemporânea composta pelo violeiro e poeta paraibano Zé Limeira e creditada a Belchior[100], *ano passado Nice morreu, mas esse ano ela não morre.*

11 Leôncio Correia de Almeida

Rubens de Falco
Escrava Isaura
(1976 – TV Globo)

Sentimento capaz de guiar ações e definir personalidades, o desejo é um dos grandes elementos impulsionadores de uma narrativa. No contexto dos vilões, quanto mais difícil se torna alcançar um objeto de desejo — seja o dinheiro, poder ou amor —, mais insaciável costuma ser a sede de conquista do personagem. Poucos se afogaram tanto nessa sede quanto Leôncio, o tirano implacável que infernizou a vida de Isaura, escrava branca interpretada pela jovem Lucélia Santos.

Na opinião do próprio intérprete Rubens de Falco, aquele que viria a ser o maior papel da longa carreira do ator paulistano "era um louco, um passional, uma pessoa intrinsecamente má".[101]

> **"Pode imaginar o que é levar cinquenta chicotadas nas costas?"**
>
> — Leôncio,
> torturando Isaura
> amarrada ao tronco

De escola e formação dramática, Falco não possuía exatamente o fenótipo do galã tradicional, mas galgou espaço na televisão e atraiu o olhar das espectadoras, que identificavam nele um "ideal de romantismo contido, de distinção natural, de sofridas complexidades".[102] Era considerado elegante, inteligente e corajoso pelos colegas de classe, além de um exemplo de requinte e sensibilidade pelas inúmeras fãs que acompanhavam de perto cada novo trabalho[103]. Mas, mesmo passando a marca de 30 novelas no currículo (o ator faleceu em 2008), nenhum outro dos seus personagens na TV perdura tanto na memória do grande público quanto o do senhor de escravos, que abusava de seu poder absoluto para aterrorizar, humilhar e oprimir o próximo:

"O Leôncio ficou no imaginário popular, parece que só fiz isso na vida"[104], declarou o ator em 2004, pouco antes da estreia de uma nova versão da novela, produzida pela Record TV.

Das páginas do romance homônimo de Bernardo Guimarães, do qual o texto de *Escrava Isaura* foi adaptado, Leôncio herdou a representação de um ser degenerado e perverso. Ao retornar ao Brasil, no início da história, "se trazia o cérebro vazio, [...] a alma corrompida e o coração estragado por hábitos de devassidão e libertinagem".[105] Em outras palavras, era um *bon-vivant* aproveitador que durante anos gastou na esbórnia todo o dinheiro recebido do pai enquanto morava na Europa, com o pretexto de terminar os estudos de Física.

Porém, engana-se quem pensa que poderia haver qualquer fio de piedade ou compaixão pulsando nas veias do herdeiro da Fazenda dos Almeida, em Campos dos Goitacazes. Praticamente forçado pelo pai a se casar com a jovem Malvina (Norma Blum) como condição para administrar os negócios da família, passava a impor suas vontades, desafiando a esposa e até a própria mãe (Beatriz Lyra), que tentavam controlar seus acessos de raiva e a maneira brutal com que tratava os trabalhadores que viviam na senzala.

Movido pelo desejo de possuir Isaura a qualquer preço (e sendo desprezado constantemente por ela), passa a perseguir e punir os aliados da moça. O que Leôncio nunca aceitaria era que uma mulher, na condição de sua *propriedade legal*, ousasse negar-se a obedecê-lo, já que tantas outras da fazenda sempre se mostravam voluntariosas a atender aos caprichos do dono do engenho, como era o caso de Rosa (Léa Garcia).

Mesmo passados quase 50 anos desde sua exibição original, *Escrava Isaura* mantém o status de um dos grandes fenômenos do gênero, no Brasil e além-mar. Para se ter uma ideia do impacto da história da escrava branca maltratada por seu dono, em 1985, na Polônia, uma competição elegeu os melhores sósias de Leôncio e Isaura. O evento reuniu mais de uma multidão de 8 mil que lotou um estádio na cidade de Katowice.[106] Já os russos incluíram o verbete "fazenda" aos seus dicionários, depois que a novela virou mania nacional no país. E é ainda mais notória a informação de que o cubano Fidel Castro alterou os horários dos seus encontros presidenciais para não perder um só capítulo da novela pela qual era abertamente apaixonado.[107]

Depois de viúvo, intensificou suas investidas, propondo que Isaura escolhesse entre tornar-se a nova rainha da casa-grande ou se sujeitar a uma rotina excruciante nos canaviais. Com o tempo, ficou evidente que, quanto maior a rejeição da escrava, mais intenso o desejo de Leôncio (tal desejo era exemplificado por uma fantasia sua na qual Isaura o chicoteava no tronco, com os dois em profundo êxtase). Ela, virtuosa e convicta, jamais cedeu; ele (que, ao fim, tira a própria vida ao se ver falido, desmascarado e prestes a ser preso) morreu sedento.

Com o sucesso arrebatador da obra no exterior, criador e criatura passaram a ser reconhecidos em mais de 100 países, entre eles a China, Alemanha, Cuba e Rússia — Falco admirado como talento, e Leôncio odiado nos quatro cantos, como um dos maiores vilões-exportação das novelas brasileiras.

Rosa 12

Léa Garcia
Escrava Isaura
(1976 - TV Globo)

Léa Garcia
como Rosa
(Foto: Reprodução/Globo)

Uma das maiores expoentes da nossa drama-turgia e importante ativista na luta antirracista no Brasil, Léa Garcia fez história ao viver a primeira grande vilã negra das novelas. Quando convidada para interpretar a escrava Rosa na adaptação novelesca do romance de Bernardo Guimarães, escrita por Gilberto Braga, a atriz estava rodando *Ladrões de Cinema*. O longa-metragem funcionava como uma espécie de sátira metalinguística sobre um grupo de moradores de um morro carioca que, de posse de equipamentos de filmagem afanados de uma equipe norte-americana, decide encenar a sua própria versão sobre a inconfidência mineira[108]. No filme, Léa vivia uma atriz que precisava interpretar outra escrava, Carlota.

O sucesso de *Escrava Isaura* — uma novela relativamente curta, mas que acabaria se tornando o primeiro fenômeno mundial da TV Globo — contribuiu para que Rosa se tornasse seu trabalho mais conhecido pelo grande público — tanto que a atriz passou a considerá-lo o seu cartão de visitas na televisão[109].

Tal qual Isaura, Rosa era escravizada, mas a semelhança entre as duas mulheres parava aí. Ao contrário da protagonista — branca, de convicções idealistas, órfã desde o nascimento, tratada

> **"**
> **Eu não te odeio, Isaura. Só não gosto de ver ninguém ser tratado com privilégios demais.**
> **"**
>
> – Rosa

como o "doce de coco" de Sinhá Ester (Beatriz Lyra) e desprovida de sentimentos como ódio e rancor —, a serviçal era uma preta de sangue quente e temperamento forte, que circulava entre a casa grande e a senzala imbuída de inveja e rancor, atenta a cada passo de sua arqui-inimiga. É Rosa quem, por exemplo, esconde no quarto de Isaura um anel de esmeralda de Malvina (Norma Blum), esposa de Leôncio, tentando incriminá-la. A armação era o estopim de uma série de acontecimentos que culminam na morte de Malvina e Tobias (Roberto Pirillo), primeiro grande amor de Isaura, durante um incêndio no moinho, perpetrado por Leôncio.

Durante a exibição da novela, uma parcela da crítica especializada buscava justificar — e até redimir — o comportamento torpe de Rosa. Afinal, parte do tratamento condescendente recebido pela protagonista vivida por Lucélia Santos era puramente beneficiado pela cor da sua pele, enquanto o máximo que a vilã poderia aspirar era servir de objeto sexual ao vilão vivido por Rubens de Falco[110], especialmente nas situações em que ela precisava se livrar de algum castigo. Ainda de forma inconsciente, Rosa angustiava uma reparação.

Mesmo com a personagem alçada ao cargo de vilã coadjuvante, já que grande parte das maldades e tragédias afligidas à personagem-título eram de responsabilidade de Leôncio, Léa Garcia cumpriu o trabalho com exímia destreza, compondo uma figura lânguida, incitadora e desdenhosa. Odiada pelo público (a atriz chegou a ser agredida por espectadores), Rosa chegava a comemorar, inclusive, os castigos infligidos a outros escravos (principalmente aqueles aliados de Isaura), o que só fazia aumentar o enfurecimento da audiência.

O que ela não suportava — e é ainda mais fácil compreender hoje, quando assistimos à

novela no Globoplay — era que todos vissem Isaura como um caso excepcional, um ser com direito a regalias, enquanto a realidade cruel e hostil da escravidão era imposta e sentida na pele por todos os pretos no engenho dos Almeida.

Sua malevolência perdurou até o último capítulo: depois de Álvaro anunciar que os escravos seriam alforriados, Rosa afirmou à Rita (Neusa Borges) que preferia continuar escrava a conquistar sua liberdade *a esse preço* — o preço a que se referia era ver Isaura como a "dona da casa, mais rainha que nunca". Inconformada, ainda tentou envenenar a mocinha em plena festa de casamento, terminando vítima de sua própria armadilha, quando os copos eram trocados.

A personagem morreu, no entanto, sem nunca ter ido parar no tronco.

Dionísio Azevedo
como Salomão
(Foto: Reprodução/Globo)

> **"**
> **Você se diz enviado, um mensageiro de São Francisco de Assis. Uma balela! São Francisco de Assis vivia na pobreza, e você não aguentou a pobreza! Voltou correndo aqui pra casa, pedir socorro pro papai rico!**
> **"**

– **Salomão**,
durante discussão com Márcio, pouco antes do filho ficar nu diante de todos e deixar a mansão dos Hayala

⓭ Salomão Hayala

Dionísio Azevedo
O Astro
(1977 – TV Globo)

Dionísio Azevedo já era um veterano na TV quando escalado para o elenco da primeira versão de *O Astro*, em 1977. O ator iniciou sua carreira em 1941, na Rádio Record, e possuía um extenso currículo no cinema e no teatro. Azevedo já havia, inclusive, ocupado a cadeira de diretor de telenovelas, como a adaptação do romance *O Morro dos Ventos Uivantes*, que Lauro César Muniz escreveu para a TV Excelsior dez anos antes, e a primeira versão de *Meu Pedacinho de Chão*, produzida em 1971. Mas sua consagração maior veio aos 55 anos, no papel do arrogante e presunçoso empresário Salomão Hayala, dono de uma grande empresa de fiação e tecelagem.

De origem árabe, assim como seu intérprete (o nome verdadeiro de Azevedo era Taufik Jacob), Salomão encontrou um destino um tanto infortunado depois de acreditar impiedosamente que o destino dos outros lhe pertencia.

Nos poucos mais de 40 capítulos em que esteve em cena, controlou, oprimiu e esmagou em nome do amor sincero que costumava sentir pelos seus (principalmente Clô, a esposa dependente vivida por Tereza Rachel, e Márcio, o filho idealista interpretado por Tony Ramos).

Como definiu brilhantemente o escritor, jornalista e político Artur da Távola, no texto com ares de um obituário, em sua coluna publicada em 28 de janeiro de 1978, Salomão Hayala era um ser "mandão, autoritário, exigente, de difícil diálogo, de conceitos formados e não passíveis de mudanças [...]. Um homem que ocupava todo o seu espaço. E o dos outros."[111]. É até um pouco difícil compreender, passados quase cinco décadas, o impacto que a morte daquela figura, tão temida por boa parte dos personagens, teve sobre o público que acompanhava mais uma trama de repercussão escrita por Janete Clair, que havia acabado de emendar *Pecado Capital* e *Duas Vidas* na emissora.

Com a morte do empresário, encontrado carbonizado dentro do próprio carro em destroços no Alto da Boa Vista[112], morreu também "a cabeça, o suporte, a união, a força e o equilíbrio de toda uma família"[113]. A família, no caso, era o clã dos Hayala, que vivia ancorado na conta bancária da vítima milionária. Posteriormente, iria se descobrir que o que parecia acidente era, na realidade, uma tentativa do verdadeiro responsável de encobrir o crime. A investigação (lenta, na medida certa para esticar o mistério durante 144 capítulos diários) consagrou o que viria a ser um dos recursos mais recorridos pelo gênero: o "quem matou", inaugurado no gênero por *O Sheik de Agadir*.

Janete escolheu revelar o culpado quatro dias antes do capítulo final. Na noite de quarta-feira, 5 de julho de 1978, o país inteiro descobriu, numa cena de *flashback*, que o *playboy* Felipe Cerqueira (Edwin Luisi), jovem amante de Clô, era o verdadeiro autor do assassinato. No dia seguinte, em entrevista para o jornal *O Globo*, Luisi (que não assistiu ao capítulo da revelação por estar atuando em uma peça no teatro Glória[114]) comentou que, mesmo já definido ser o seu personagem o culpado, chegou a acreditar que o criminoso poderia ser outro. "Numa novela que dura seis meses, sempre há a possibilidade de haver mudanças. Mas a Janete manteve a ideia original"[115].

Curiosamente, a autora havia apontado Felipe como o responsável desde o início, mas o público se recusava a acreditar, pelo simples fato de o personagem continuar alegando que não era o culpado.

> **"Eu mostrei o assassino, ele se dizia inocente, é lógico que ele iria até o fim proclamando sua inocência, como na vida real. Achei isso curioso e inédito na minha carreira de novelista. Foi por isso que deixei em suspense até o final",[116] revelou Janete.**

Ainda que não fosse a principal força antagonista de *O Astro* (o malvado da história era Samir, irmão ambicioso vivido por Rubens de Falco), a figura de Salomão se transformou numa espécie de arquétipo *per se*, frequentemente replicado em produções posteriores — o do homem impiedoso e intransigente, firme no comando dos negócios e da família, aquele que coleciona tantos desafetos quanto admiradores e que, boa parte das vezes, está fadado a um fim trágico em nome do drama (e da audiência, claro). Além disso, é a prova de que nem sempre o mais cruel entre os vilões de uma mesma obra é o mais lembrado pelo grande público. Aliás, até mesmo neste quesito, a decisão do espectador é sempre soberana.

Yolanda Pratini 14

Joana Fomm
Dancin' Days
(1978 - TV Globo)

Joana Fomm
como Yolanda
(Foto: Reprodução/Globo)

Os telespectadores mais jovens (ou recém--aderidos ao gênero[117]) que colavam em frente à TV para acompanhar aos capítulos bacanas *pra chuchu* da frenética *Dancin' Days*, talvez tivessem certa dificuldade em associar o nome de Joana Fomm à pessoa. Também, pudera: durante os quase dez anos longe das produções da Globo, ela atuou em novelas da Tupi e da Record TV, ampliando também o portfólio de trabalhos no teatro e até no jornalismo, como colunista de cinema e variedades no jornal Última Hora,[118] a convite do próprio fundador, Samuel Wainer.

A estreia de Gilberto Braga na faixa de maior prestígio do Canal 4 representava, em parte, o grande retorno da atriz numa produção de destaque da emissora carioca, com direito a uma reviravolta: Fomm, que já estava escalada para outra personagem da novela, precisou substituir Norma Bengell às pressas, depois que esta se desentendeu com o diretor Daniel Filho. Em sete dias, precisou decorar os textos e dar conta de gravar os primeiros 21 capítulos.[119]

Foi um espanto: tanto a recepção da novela (que fez proliferar as discotecas e os modismos da era disco pelos quatro cantos do país) quanto a interpretação de Joana.[120] Proprietária da anarquia colorida[121] em neon na forma de casa noturna recém-inaugurada, onde as cenas mais quentes da história se desenrolavam, Yolanda de Souza Matos Pratini era uma matriarca cheia de elegância, sofisticação e perfídia. A grã-fina não demorou a abrir as asas e soltar as feras depois que a irmã, Júlia Matos (Sônia Braga), saía da penitenciária e tentava uma aproximação com Marisa (Glória

> **"Eu eduquei essa menina como se fosse minha filha. Ela vai fazer um casamento decente. Se Julia estiver por perto isso não é possível. Que rapaz ia se aproximar de Marisa sabendo que ela é filha de uma ex-presidiária?"**
>
> — Yolanda

Pires, que estourou para o grande público no papel), a filha adolescente que acabou criada por Yolanda enquanto a protagonista cumpria pena. Além de disputar o afeto de Marisa, precisou enfrentar seu divórcio com Horácio (José Lewgoy), um dos grandes nomes da *high society* carioca. Com seus instintos de carreirista ainda mais aguçados, precisou iniciar uma busca por um novo marido milionário que pudesse lhe garantir o antigo *status quo*.

A intérprete não mediu palavras ao relembrar a índole perversa, ainda que imbuída de sutilezas, da sua personagem:

> **"A Yolanda era péssima, má, interesseira e dissimulada. Ela se aproveitava das pessoas e infernizou a vida da irmã"[122], resumiu Joana Fomm, em entrevista ao programa *Vídeo Show*, em 2012.**

Sua composição "deslumbrante" (palavra do próprio autor[123]), reforçada pelo figurino assinado por Marília Carneiro, num dos melhores exemplos de uma novela que virou estilo,[124] deu tão certo que a atriz também declararia, anos mais tarde, que a persona da *socialite* metida à besta acabou por influenciar seus trabalhos seguintes, impactando no modo como o público a enxergava fora de cena. "Fiquei estigmatizada", afirmou. "A coisa só parou com Perpétua, em *Tieta*."[125]

Ao contrário das previsões de que o destino da antiga Sra. Pratini seria contentar-se com um "maridinho classe miséria com renda curta",[126] passando pelo sacrifício de enfrentar a feira na hora da xepa, Yolanda *transou* um final menos maniqueísta: terminou feliz, ainda que sozinha, constatando que casamento não é profissão, muito menos emprego.[127] O último capítulo ainda brindou os espectadores com um confronto final entre Júlia e Yolanda, inspirado na cena antológica de Anne Bancroft e Shirley MacLaine em *Momento de Decisão* (1977). Na *Dancin' Days* deserta, as duas protagonistas discutiam, despejaram mágoas e trocavam bofetadas, engalfinhando-se frenéticas pelo chão da boate. Em seguida, pediam desculpas, abraçavam-se e riam juntas,[128] naquele que se tornaria um dos momentos mais emblemáticos da nossa dramaturgia.

Nathalia Timberg
como Juliana
(Foto: Reprodução/Globo)

15 Juliana

Nathalia Timberg
A Sucessora
(1978 - TV Globo)

"
Lembre-se do que dizia Madame Alice: 'Não deixe que as pessoas percebam que os problemas podem ser resolvidos sem a sua presença. É um mal não ser necessário'.
"

– Juliana

Inspirada no romance homônimo escrito por Carolina Nabuco e publicado em 1934 pela Companhia Editora Nacional (fundada por Monteiro Lobato), *A Sucessora* foi, até então, um dos maiores investimentos a uma produção de época da TV Globo para o horário das 18h. Às vésperas do lançamento da novela, entretanto, um assunto diferente competiu com o *frisson* da estreia: o suposto plágio entre o livro de Nabuco e a obra *Rebecca*, escrita pela autora britânica Daphne du Maurier, lançada quatro anos depois da versão brasileira, em 1938. A espinha dorsal de ambas era a mesma: ao casar-se com viúvo milionário e mudar-se para a mansão do marido, a jovem protagonista era perseguida pelas lembranças de sua falecida esposa (na novela, Alice Steen; no filme, a tal Rebecca do título), venerada por todos mesmo depois de morta.

Alguns especialistas apontavam as semelhanças entre os dois livros. Um deles, o crítico Álvaro Lins, chegou a declarar que seria impossível "encontrar outras duas obras em toda a história da literatura"[129] que tivessem tamanha similaridade quanto *Rebecca* e *A Sucessora*. Mesmo dando o devido crédito ao livro como fonte para a escrita da novela, o novelista Manoel Carlos buscou esquivar-se de maiores polêmicas, definindo-se apenas como "um recriador" do romance:

"Há uma diferença grande entre adaptar e recriar", explicou. "O desenrolar e o desenvolvimento de *A Sucessora* como novela

de TV não pertencem mais à autora original da história, principalmente considerando o fato de que 300 páginas foram transformadas em 2.400"[130].

À Nathalia Timberg, que já havia exercitado seu lado vilanesco em *Rosa dos Ventos*, escrita por Teixeira Filho para a TV Tupi, coube o papel da governanta Juliana, antagonista da mocinha vacilante interpretada por Susana Vieira. Nutrindo uma paixão platônica pelo patrão interpretado por Rubens de Falco (aqui, nada lembrando seu perverso Leôncio de *Escrava Isaura*), *Mademoiselle* Juliana "alimentava" o fantasma de Alice Stein, a falecida esposa do novo marido da mocinha Marina, cujo retrato atribuído a um pintor francês fictício chamado Veron[131] permanecia emoldurado majestosamente sobre a lareira. Na concepção da criada, manter viva a memória de Alice era o ingrediente indispensável para adicionar ainda mais insegurança à nova patroa e, assim, erodir o relacionamento dos recém-casados. Sua estratégia consegue, inclusive, influenciar no comportamento de Marina, que passa a tentar se igualar à mulher inesquecível da vida de Roberto, emulando seu comportamento.

Meticulosa na composição de suas personagens, Nathalia combinou o olhar julgador e gestos delicados a uma postura altiva, representando uma mulher que acreditava que a lealdade deveria pairar acima de todas as coisas, inclusive da verdade.

Além do mais, a atriz tomou o cuidado de não se expor ao sol do verão carioca enquanto rodavam a trama. Para ela, uma pele bronzeada não

Em entrevista concedida quase 20 anos depois, Manoel Carlos lembrou-se com carinho do trabalho: "*A Sucessora* está entre os meus trabalhos mais gratificantes e harmoniosos, onde tudo funcionou com perfeição", definiu o autor. "É também importante porque me possibilitou conhecer dona Carolina Nabuco, uma mulher de sensibilidade e inteligência, ao lado de quem, em muitas tardes, assisti aos capítulos no casarão de Botafogo, em 1978/1979."[132] Os 126 capítulos da novela contaram com a "benção" da autora do livro. Na época com 88 anos, Carolina apoiou a produção da novela na pesquisa histórica e no minucioso trabalho de reconstituição do Rio dos anos 1920.

combinava com o perfil da vilã[133], que controlava a rotina da mansão com seus trejeitos austeros e uma elocução invejável (pronunciava o termo "madame" de forma afrancesada, como se a palavra flutuasse), e acreditava que Marina ocupava um lugar que não lhe era devido. Na reta final, a intérprete ainda declarou que sentiu muita raiva da personagem, ao receber os capítulos escritos por Manoel Carlos. Timberg também fez questão de constatar que o novelista conseguiu o feito de humanizar as ações da governanta perversa, fazendo com que uma parcela do público a considerasse digna de pena.[134]

A compaixão ditou o desfecho: dissociada de sua própria identidade, Juliana encerrou seus dias no comando da mansão ao partir para longe sob os cuidados do Dr. Moretti (Francisco Dantas). Personificada de Alice Steen, despedia-se de todos numa cena reminiscente a outro clássico, o longa *Crepúsculo dos Deuses*, de Billy Wilder. Para quem afirmou que, "para sermos leais até a morte a uma pessoa, precisamos necessariamente ser desleais a muitas outras", Juliana elevou a ideia de lealdade a outro patamar.

Bruno Baldaracci 16

Paulo Autran
Pai Herói
(1979 - TV Globo)

Paulo Autran
como Bruno
(Foto: Reprodução/Globo)

Noveleiro é sujeito que precisa de respostas. Que o dia Janete Clair, a autora de *Pai Herói*. Depois de instigar a curiosidade do público com o mistério em torno do assassinato de Salomão Hayala, dois anos antes, ela recorreu novamente à estratégia para segurar a audiência pelo pescoço, mas acabou sendo encurralada pelos espectadores.

A situação peculiar ocorreu porque, sempre em busca de inovação, a novelista escolheu encerrar a história sem revelar a identidade do assassino de César Reis (Carlos Zara), morto na última semana de exibição. Diante da repercussão imensa causada pelo desfecho em aberto e dos apelos de milhares de brasileiros sem a resposta tão aguardada, a autora precisou revelar o nome do culpado numa reportagem especial do programa *Fantástico*, exibida em 2 de setembro de 1979, duas semanas depois da exibição do último capítulo da novela: Janete apontou Bruno Baldaracci, como autor intelectual do crime, explicando que o italiano carcamano havia ordenado a um comparsa eliminar o empresário.[135]

Enquanto a revelação saciou a curiosidade de fãs e dos participantes de bolões em todo o Brasil, a fuga cinematográfica de Baldaracci, que evitou a eminente prisão ao embarcar num helicóptero vestido de Pierrô[136], ao som de *Canta*

"
Madonna da Achiropita! Eu sou um santo homem. Nunca fiz mal a ninguém, só faço o bem pra todo mundo!
"

– Nuno

Pierrot, na voz de Sergio Endrigo, deixou alguns espectadores furiosos. Paciência! Nas palavras da própria autora, o vilão encerrou seus dias desfrutando de bons vinhos em algum lugar da Sicília.

Bom para a novela (que teve certa dificuldade para conquistar a crítica, que a descrevia como "uma das piores produções do valorizado horário das 20h"[137]), melhor ainda para Paulo Autran, elogiado na pele do criminoso boa-lábia. Curiosamente, tanto _Pai Herói_ quanto seu grande vilão driblaram as críticas e continuaram a reverberar entre o público nos anos seguintes, especialmente depois do início de _Os Gigantes_ — esta, sim, marcada como um retumbante fracasso de audiência.[138]

Sendo Autran um estreante nas novelas da Globo (esteve no elenco de _Gabriela, Cravo e Canela_, primeiríssima adaptação do romance de Jorge Amado que a Tupi levou ao ar em 1961, exclusivamente para os espectadores do Rio), o ator nunca escondeu que sua verdadeira paixão era o teatro. Conhecido como "o senhor dos palcos", esteve pouquíssimas vezes diante das câmeras da TV: ao todo, foram apenas seis novelas, quatro delas na emissora carioca. Preferia a brevidade das minisséries. Curiosamente, sempre atuou como se estivesse no palco:

"O importante é que nem por um momento eu me preocupo em atuar 'para a televisão'", declarou, meses depois do fim da novela. "Interpreto meu personagem como o faria para

o teatro, sem a preocupação de
estar sendo focalizado
pela câmara".[139]

Elogiadíssimo como o mau-caráter italiano, Paulo Autran acumulou, também, a alcunha de "símbolo da representação"[140], por elevar à plenitude a capacidade de um intérprete em penetrar profundamente no interior de seu personagem. Hoje, quem decidir maratonar *Pai Herói*, vai conseguir captar com clareza o modo como ele se "apropriou" do papel conforme a trama avançava. A cada cena, em meio à prosódia italianesca, Nuno (como era chamado) ganhava corpo, acumulava facetas e revelava novas possibilidades, tanto para o intérprete que o representava quanto para a autora que tecia a narrativa. Alguns elementos continuaram os mesmos no transcorrer, especialmente o seu enveredamento para a violência, a ambição e a falta de escrúpulos. Sua composição era uma mistura de afetividade e agressão[141], tornando praticamente impossível não se envolver com aquele mafioso da Baixada Fluminense, dono de uma rede de lojas e motéis. Contudo, não se podia evitar o sentimento de inquietação, quando aquela figura aparentemente amabilíssima mudava o tom, tomando atitudes hostis — especialmente contra o enteado André (Tony Ramos), jovem que buscava resgatar a integridade da memória de seu pai; a esposa Gilda (Maria Fernanda) e seu grande amor do passado, Ana Preta (Glória Menezes), que costumava chamá-lo de "panetone".[142]

Negligenciado nas listas de grandes antagonistas do gênero, Baldaracci merece ser reconhecido como a figura grandiloquente que se mostrou em cena, quase mitológica, com sua teatralidade. Curiosamente, aquilo que tanto se procurou evitar na época, que era o estranhamento do espectador médio ao ver Paulo na telinha, dando a sensação de estar diante de algo "novo, ou diferente, ou raro"[143], é precisamente o que torna este trabalho ainda mais excepcional. Nuno não apenas se deu bem, mas transcendeu, servindo de inspiração para os Marco Aurélios, as Bias Falcões e outros malfeitores que, anos mais tarde, também encontrariam, na fuga, a solução dos seus problemas.

1980 a 1989

O jeitinho brasileiro e o discreto charme da vilania burguesa

Quando o Brasil entrou na efervescência dos anos 1960 a televisão já havia deixado de ser apenas um *hobby*. Para muitos, a diversão se transformou numa verdadeira paixão, e o aparelho virou artigo de primeira necessidade. Atentas às preferências do público, as emissoras passaram a diversifica suas programações de infantis. Nessa época, nasceram o *Bozo*, o *Balão Mágico* e o *Sítio do Picapau Amarelo* e humorísticos como *Os Trapalhões* e o *TV Pirata*. Também foi o apogeu dos programas musicais e de auditório, como o *Viva a Noite* apresentado por Gugu Liberato, e o psicodélico *Cassino do Chacrinha*, comandado pelo velho guerreiro. O gênero de ficção foi ainda ampliado por meio das minisséries, formato inaugurado na TV Globo com a exibição de *Lampião e Maria Bonita*, em 1982, e dos seriados, já consumidos e bem aceitos nos anos 1960 e 1970, com destaque para o descolado e vanguardista *Armação Ilimitada*, exibido entre 1985 e 1988.

A programação da década também inovou ao coloca no ar o que chamamos hoje de *spin-offs*, séries derivadas de outras obras originais. Isso aconteceu com alguns personagens que, após o término das novelas, ganharam sobrevida em produções independentes. Assim foi com o detetive particula desastrado interpretado por Luis Gustavo, que saiu de *Elas por Elas* e ganhou uma temporada-solo no semanal *Mário Fofoca* (1983), e o político Odorico Paraguaçu, que retornava dos mortos para novas desventuras nas cinco temporadas da versão semanal de *O Bem-Amado*, veiculadas entre 1980 e 1984.

Buscando consolidar suas respectivas audiências, as emissoras direcionaram atenções a um dos elementos mais importantes para se garantir uma relação consistente e duradoura com o consumidor de TV: a identificação. "Há envolvimento quando a mensagem atinge a intimidade dos sentimentos e dos valores mais importantes para as pessoas, grupos e para a coletividade", revelava uma pesquisa *Vídeo-Brasil*, realizada pela agência MPM-Propaganda. O conteúdo, publicado em 1986, era categórico ao afirmar que "existe envolvimento quando o vídeo se transforma num espelho."[144] Novamente as novelas ocupavam o centro dessa estratégia, atraindo a preferência da maioria dos telespectadores.

Para muitos, a televisão permanecia ligada especialmente nos horários noturnos, dedicados à transmissão dessas obras. Pensando nisso, a Globo já havia refinado sua fórmula e abor dagem, oferecendo estilos narrativos específicos para cada uma das três ou quatro faixas dedicadas: tramas românticas e adocicadas às 18h, comédias leves às 19h e enredos mais densos e complexos às 20h. Isso reforçava a ideia do "espelho", ao refletir o desejo de uma audiência que ansiava por tramas e personagens que dialogassem com sua própria realidade e expectativas. Ainda, a variedade de ofertas em cada horário permitia que diferentes tipos de espectadores se identificassem com os mais variados segmentos narrativos, conectados por aquelas histórias de vida desenvolvidas em pequenas doses diárias. Em suma: tinha novela para todos os gostos. Especialmente o dos detetives amadores de plantão.

Com Água Viva, o noveleiro pôde sentir mais uma vez o clima de "quem matou" de O Astro, ao tentar decifrar uma pergunta que movimentou a trama. Afinal, quem teria sido o culpado pela morte de Miguel Fragonard (Raul Cortez)? O assassino confesso era Kleber Simpson, vivido por José Lewgoy, ator que era considerado o maior vilão do cinema brasileiro[145] e rei das maldades na era das chanchadas. Com mais de 100 filmes no currículo, Lewgoy ficaria conhecido pelo público da televisão ao interpretar sujeitos abastados, como o confuso viúvo Edgard Dumont, de Louco Amor, que rendeu ao ator um contrato como garoto-propaganda.[146]

Outro elemento que agradou a gregas e troianas foi a representação da mulher independente, que rompia com a imagem da esposa submissa e companheira incondicional do marido, características frequentes nas produções da década anterior. A figura feminina que assume o seu protagonismo desempenhou um papel fundamental para desafiar (e seguir quebrando) os estereótipos e abrir espaço para novas representações no gênero. Esse empoderamento também se manifestou nas vilãs, que passaram a exercer um maior controle de suas relações

> **amorosas e em suas próprias ambições e interesses, afastando a concepção de que, por ser antagonista, a mulher deveria ser retratada como ciumenta e possessiva — traços de personalidade que, invariavelmente, levavam esse tipo de personagem à loucura.**

Um bom exemplo desse empoderamento foi a dinâmica entre Maria de Fátima (Glória Pires) e César (Carlos Alberto Riccelli), em *Vale Tudo*. A dupla de interesseiros costumava jogar em pé de igualdade, subvertendo a dinâmica tradicional de poder nas relações, especialmente quando se tratava de dois antagonistas. Ao discutir sobre o sucesso da novela (que também rendeu o "quem matou" mais famoso da história), o autor Gilberto Braga enfatizou que a relação entre aquele "casal de pacto de safadeza" foi sua grande realização artística de *Vale Tudo*, algo que ele sonhava em escrever, mas que só pôde desenvolver após o fim da censura.[147] Outras malvadas da ficção que fugiram da obviedade em composição e comportamentos foram a governanta Frau Herta (Norma Blum), de *Ciranda de Pedra* (1981), a implacável Chica Newman (Fernanda Montenegro), de *Brilhante* (1981), a inimiga mortal do envelhecimento Santinha Rivoredo (Eva Todor), de *Sétimo Sentido*, a farsante Marcela (Elizabeth Savalla), de *Plumas & Paetês*, e a espinhenta Perpétua (Joana Fomm), de *Tieta*.

Se, do ponto de vista econômico e social, os anos 1980 ficariam conhecidos como a década perdida, devido a uma inflação astronômica que surgiu após 20 anos de ditadura, dissipando o clima de otimismo da população, a realidade social inspirou escritores a explorarem uma prática cultural de se encontrar soluções não ortodoxas para contornar obstáculos: o "jeitinho brasileiro". Caracterizado pela esperteza e pela busca por atalhos, o recurso se tornava recorrente nos enredos, especialmente por meio de vilões que passaram a explorar os limites entre o certo e o errado, a ética e a malandragem. Alguns se tornaram referência nesse tipo de artimanha.

Além dos passadores-de-perna profissionais de *Vale Tudo*, o jeitinho brasileiro correu solto nas veias da esnobista Loreta (Rosamaria Murtinho) e do cafajeste Carlito (Raul Cortez), de *Jogo da Vida*, mas também da dissimulada Carolina (Lucélia Santos), de *Guerra dos Sexos*, e da ardilosa Andréia (Natália do Vale), de *Cambalacho*, três comédias do horário das 19h criadas e escritas por Silvio de Abreu. *Cambalacho*, o primeiro texto desenvolvido pelo autor sem as imposições da Censura Federal[148], trazia no cerne dos protagonistas (Gianfrancesco Guarnieri e Fernanda Montenegro), dois trambiqueiros de bom coração, as discussões a respeito da moral e da fama do brasileiro em querer levar vantagem em tudo.

> **Outra característica foi um certo apogeu de uma vilania burguesa. Nas telas, emergia um tipo de antagonista que expunha as extravagâncias da elite do país, personificando o mel e o fel da alta sociedade. Em contraste com a realidade da maioria da população, ostentavam (ou procuravam ostentar) riqueza, ambição e poder desenfreado, sempre envoltos de charme e elegância. Eram exemplos extremos do que a busca incessante por status e fortuna poderia gerar, ao mesmo tempo em que estimulavam reflexões sobre questões de classe, moralidade e ética.**

A temática da ascensão social passou a predominar nas obras, influenciando na construção dos próprios protagonistas. O "ser" estava associado ao "ter", ao subir e ao prosperar, e a ânsia do êxito financeiro passou a se sobrepor à busca pela identidade pessoal.[149] O senso de impunidade evidenciado nos noticiários se refletiu na ficção, resultando em desfechos que fugiam do tradicional receituário do gênero, no qual o bem triunfava sobre o mal. Naquela atmosfera de vale tudo geral, alguns criminosos terminaram bem distantes da prisão ou sequer de um castigo moral.

A virada de década trouxe consigo outra crise política. Após celebrar a promulgação da Constituição Cidadã de 1988 e descobrir quem havia liquidado a maior inimiga do ufanismo Odete Roitman (Beatriz Segall), o povo enfrentou as consequências inesperadas da primeira eleição direta do país. Em menos de 100 dias de governo, o recém-eleito Fernando Collor de Mello implementou o controverso plano econômico que levava seu nome, resultando no confisco de cadernetas de poupança e no bloqueio de milhares de contas correntes e aplicações financeiras, sob o pretexto do combate à inflação.[150,151] Nem Fátima, Odete e Marco Aurélio juntos teriam sido capazes de causar tanto prejuízo nos ideais e na moral do brasileiro.

Apesar dos pesares e, como diria Odorico, ao menos para a Instituição Brasileira da Novela, foram tempos de "dar braçadas num mar de euforia."[152]

Beatriz Segall
como Lourdes
(Foto: Reprodução/Globo)

17 Lourdes Mesquita

Beatriz Segall
Água Viva
(1980 – TV Globo)

Sempre existiu certo magnetismo em Beatriz Segall, e Lourdes Mesquita, personagem que interpretou oito anos antes de sua incursão em *Vale Tudo*, é só mais uma evidência de que seu talento ia muito além de Odete Roitman.

Mesmo sendo a teledramaturgia um gênero já consolidado no país, a linguagem ainda era relativamente nova (para se ter uma ideia, foram menos de 17 anos desde a estreia da primeira produção diária e a exibição de Água Viva). E até então, nenhuma figura feminina havia encarnado a vilania com tanta intensidade na TV. Apesar de várias delas terem despertado o ódio das telespectadoras, como ocorreu com Joana Fomm, em *Dancin' Days*, e Léa Garcia, em *Escrava Isaura*, foi Lourdes, uma satânica organizadora de festas da alta sociedade,[153] quem fez brotar o furor coletivo por uma grande vilã.[154]

Uma vez que atuar em televisão sempre foi uma arte de olhares (alternados entre os enquadramentos médios e closes), Segall soube utilizar esse domínio a seu favor, com o seu "olho de esfinge e de aristocracias interiores, implacáveis". Nas palavras de Artur da Távola, Segall tinha o olhar "de amizades firmes e de inesquecíveis musas dos pintores de impressionismo."[155] A novela, portanto, possibilitou o encontro ideal entre personagem e intérprete.

Parceria inusitada na escrita, Água Viva passou a ser elaborada a quatro mãos depois que o autor-titular Gilberto Braga, sofrendo pelo excesso de trabalho, pediu à direção da Globo um profissional que pudesse ajudá-lo na escrita dos capítulos. A partir do capítulo 60, as tramas

> "
> # Uma mulher inteligente leva os homens aonde quer.
> "

— Lourdes Mesquita

dos irmãos Fragonard (Raul Cortez e Reginaldo Faria), da menina órfã Maria Helena (Isabela Garcia) e dos outros 30 personagens foram escritas com o auxílio de Manoel Carlos. Ao contrário do que se viu em *Partido Alto*, novela que reuniu Aguinaldo Silva e Glória Perez num casamento inusitado e desastroso, o encontro da dupla em Água Viva (a primeira novela com a figura de um colaborador)[156] mostrou-se harmônico até o final.

Originalmente escalada para viver o papel da *socialite* extravagante Stella, Beatriz acabou trocando de personagem com Tônia Carrero, que havia se mostrado receosa em interpretar uma antagonista.[157] A dança das cadeiras feita às pressas exigiu a regravação de diversas cenas[158] ao longo dos primeiros dez capítulos.[159] Foi uma dessas trocas providenciais: Stella viria a ser o melhor trabalho de Tônia nas novelas, enquanto Lourdes se transformaria na segunda malvada mais notável de Beatriz. Relembrando o trabalho numa entrevista concedida em 2014, a atriz considerou a personagem a precursora da grandessíssima vilania na ficção nacional:

> **"A partir da Lourdes Mesquita é que as pessoas descobriram que era muito bom fazer papel de má, porque tomava conta da novela", revelou. "É a partir do vilão que as histórias acontecem. A Lourdes Mesquita mostrou que o vilão pode ser muito simpático. Acredito que inaugurei essa temática."[160]**

Antipática e controladora, Lourdes era incapaz de respeitar a individualidade alheia, especialmente do caçula, Marcos (Fábio Júnior). Determinada a destruir o romance do filho com a "estudante suburbana" Janete (Lucélia Santos), a aspirante a grã-fina recorria a um ato cruel, obrigando a moça a denunciar o próprio pai por contrabando, levando-o à prisão. Conforme a própria intérprete definiu, Lourdes era "uma pessoa má, egoísta, que vive os dias de hoje [o início da década de 1980] com uma mentalidade dos anos 50."[161] Atormentou tanto que se tornou o arquétipo da mãe-terrível[162], devoradora da personalidade dos seus, oprimindo e torturando sem renunciar à sutileza, à altivez e às doses de maniqueísmo (tão necessárias à sustentação dos grandes folhetins).

Beatriz, no entanto, fazia questão de declarar publicamente que nada tinha em comum com aquela mulher egoísta e orgulhosa. Não gostava de interferir na vida dos três filhos, Sérgio, Mário e Paulo, nem de desrespeitar a individualidade do marido, o pintor Maurício Segall, de quem manteve o sobrenome mesmo após a separação, em 1982: "Há simplicidade na minha maneira de viver. [...] Meu trabalho só será válido se eu conseguir passar uma mensagem aos telespectadores, capaz de fazê-los sentir que existem Beatriz e Lourdes, como duas pessoas distintas", afirmou.

> **"Meu desejo é que não me parem nas ruas e me cumprimentem pelo meu desempenho, sem me agredir. Não quero ser confundida com a personagem."[163]**

Nos trabalhos que viriam nas décadas seguintes, Gilberto Braga acabaria por reciclar o tipo arrivista-posuda já exercitado anteriormente com Yolanda Pratini (Joana Fomm). Assim nasceram, por exemplo, Lídia Laport (Vera Fischer), em *Pátria Minha*, e Marion Novaes (Vera Holtz), em *Paraíso Tropical*, duas descendentes de Lour--des, reincorporadas com eventuais ajustes finos para se adequarem às suas respectivas intérpretes. Mas nenhuma delas alcançou tão alta escala no *odiômetro* do público, nem o mesmo fascínio que aquela jararaquenta[164] fútil, vazia e esmagadora de *Água Viva*. Sem dúvida, a grande demonstração da maldade em sua forma mais fina, elegante e sincera.

Débora Duarte
como Catucha
(Foto: Reprodução/Globo)

18 Catucha Karany

Débora Duarte
Coração Alado
(1980 – TV Globo)

Não há nada como ser a vilã da segunda produção no horário nobre da década e chocar a parcela mais conservadora da audiência protagonizando uma cena de masturbação feminina. Foi o que aconteceu com Débora Duarte, na 15ª novela escrita por Janete Clair.[166]

Lançada sob uma aura de romance e mistério, *Coração Alado* tinha a oportunidade de despertar o interesse do público pelas artes plásticas.[167] Tanto que o título provisório, praticamente consolidado como *Vernissage* até bem pouco antes da estreia, buscava evidenciar essa conexão. A trama narrava a ascensão artística de Juca Pitanga (Tarcísio Meira), escultor nordestino que, chegado ao Rio de Janeiro, envolvia-se com diversos personagens. Entre elas estava a determinada Vivian Ribas (Vera Fischer), por quem ele se apaixonava, e a desmedida Camila (Duarte, substituindo a atriz Maria Claudia[168]), com quem o artista acabava se casando.[169] Filha braço-direito de Alberto Karany (Walmor Chagas), renomado *marchand* e proprietário de uma cerâmica artística, a jovem Catucha, como era conhecida, transformava-se na maior incentivadora de Juca,[170] desenvolvendo uma paixão obsessiva pelo artista. "Ninguém pode negar que Camila é bom caráter. Ela faz e assume as consequências", defendeu Débora, admitindo o contraponto perverso da personalidade de sua personagem.

> "
> **Eu não entrego! Não vou entregar nada! O Dudu é meu! Eu mato ele e me mato! Ele é meu!**
> "
>
> — Catucha, quando se vê obrigada a entregar o filho de criação à Vivian, mãe biológica do menino

"É uma mulher que provoca situações e, entre o papel de vítima e algoz, prefere ser sempre a que castiga."[171]

Apesar do apelo vanguardista no tema e na embalagem elegante, que contou com cenas iniciais rodadas em Nova York, em locações como Cooper Hewitt e Smithsonian Design Museum,[172] e um uso excessivo de transições e recursos visuais de edição[173] (como narrações em *off,* efeito *wipe*´, congelamentos´´ e câmeras lentas), *Coração Alado* custou a engrenar. A baixa repercussão abriu espaço para alguns tipos secundários, como a dupla cômica formada pelo boa-lábia Tácio Von Strauss (Jardel Filho) e a cobradora de ônibus Maria Faz-Favor (Aracy Balabanian), que roubaram a cena. Do fio principal, o destaque ficou mesmo para o desempenho de Débora Duarte, que encarnou uma Camila arrojada, personalidade reforçada pelo figurino de Helena Gastal e pelo corte pigmaleão curto e volumoso que a atriz ostentava.

Altiva e autoritária, Catucha era também uma mulher de muita coragem. Tanto que não teve medo de abrir as portas de sua casa e oferecer emprego à Vivian, quando a antiga paixão de Juca confessou que procurava pelo filho perdido.[174] Na realidade, a mocinha havia sido estuprada por Leandro (Ney Latorraca), seu cunhado mau-caráter, e o bebê gerado a partir disso foi entregue à adoção. A criança acabou indo parar nos braços de Juca e Catucha e criado pelo casal sem que ninguém soubesse daquela enorme coincidência.

´ A transição *wipe* é um efeito visual em que uma imagem desaparece da esquerda para a direita (ou vice-versa), revelando outra cena. Era comumente usado em produções cinematográficas e televisivas das décadas de 1960 e 1970, para criar transições suaves entre cenas.

´´ O congelamento de imagem ou *freeze frame* é um recurso de edição de vídeo que pausa uma cena, interrompendo o movimento de uma imagem específica por um período. É muitas vezes usado para enfatizar momentos importantes da história, como a entrada de um personagem. Durante esse congelamento, efeitos visuais, como a conversão para preto e branco, podem ser aplicados para criar maior impacto visual.

Vários foram os momentos em que Débora deu um "baile de interpretação",[175] como na fase em que a vilã, já perdendo a noção de seus atos, acusava o marido de ser o culpado pelo assassinato de sua mãe, interpretada por Bárbara Fazio. No penúltimo capítulo, quando a sentença a respeito da guarda de Dudu foi favorável à mãe biológica, Camila esperneou aos prantos que seria capaz de matar o filho adotivo só para não vê-lo nos braços da rival.[176] Dias antes, no capítulo 176, veiculado em 3 de março, plena terça-feira de Carnaval[177], ela matou a saudade que sentia pelo ex-marido (àquela altura, Juca estava em Lisboa, foragido da polícia) curtindo um momento de autoprazer: sozinha, recostada numa cadeira com os braços estirados, ela se movimentava em expressões de êxtase, até chegar ao clímax.

A polêmica foi imediata, gerando críticas que afirmavam que o estupro de Vivian e a masturbação de Camila indicavam a "entrada da exploração sexual no combate pelo Ibope"[178]. Para além dos julgamentos, o trecho (que acabou apagado dos arquivos da emissora), novamente evidenciou o talento e a entrega de sua intérprete, dando vida a uma personagem como poucas atrizes de TV conseguiriam sustentar de forma coerente por muitos capítulos.[179]

Duarte recordou a gravação e sua repercussão, que quase resultou numa suspensão para ela e Roberto Talma, diretor geral da novela:

Ela tinha tanto prazer naquilo [em separar Juca e Vivian], que o Talma fez a cena toda em close, e [...] era eu pensando nisso como quem se masturba. No fim, ela chegava a um orgasmo [...]. Apesar de não mostrarmos, foi um barulho."[180]

Mesmo marcada por polêmicas e pela baixa repercussão, a atriz sempre enfatizou a importância de seu trabalho em *Coração Alado* (considerada por Paulo Ubiratan, um dos diretores, "uma novela triste"[181]) e que ainda permanece como um de seus grandes trabalhos na televisão: "Catucha, pra mim, é um troféu."[182]

Para nós, também.

Fernanda Montenegro
como Chica
(Foto: Reprodução/Globo)

19 Chica Newman

Fernanda Montenegro
Brilhante
(1981 – TV Globo)

A data de 28 de setembro de 1981 é uma dupla efeméride na carreira de Fernanda Montenegro. Nos cinemas, era lançado em circuito nacional,[183,184] o drama operário *Eles Não Usam Black-Tie*, adaptado da peça de Gianfrancesco Guarnieri, vencedor do Leão de Ouro no Festival de Veneza. No longa, Fernanda interpretava o papel dramático de Romana, mulher que alternava entre a esposa-cúmplice, e a mãe compassiva em meio a uma rixa entre pai e filho, defendidos por Guarnieri e Carlos Alberto Riccelli. Quem não foi ao cinema e ficou em casa teve o prazer de ver Fernanda na TV, no papel de Francisca Newman, na estreia de *Brilhante*, seu segundo trabalho em novelas da Globo. Dona Chica, como era chamada, era o oposto de Romana: mulher elegante, implacável e de mentalidade aristocrática[185], proprietária de um império de fabricação e vendas de joias, que tinha verdadeiro horror à pobreza; por isso, costumava usar de todos os meios e artifícios para manter o status da família.

> **"**
> **Nós escolhemos por você. Quisemos viver a sua vida. Que loucura isso, meu filho! E não foi por falta de amor, não! Isso é que é o mais terrível.**
> **"**
>
> — Dona Chica,
> ao se desculpar
> com o filho, Inácio

Em *Brilhante*, Gilberto Braga buscava uma nova forma de aprimorar a concepção da psicologia dos seus personagens. Para isso, contou com a colaboração dos próprios atores, que elaboraram textos sobre seus respectivos personagens tendo como base os primeiros 12 capítulos da história.

Braga elogiou a qualidade dos textos criados pelo elenco e revelou que uma cena do capítulo 18 foi elaborada totalmente a partir dos escritos de Fernanda.[186]

Esposa e cúmplice de Vitor (Mário Lago) nos negócios, Chica alimentava uma grande preocupação no início da trama: a provável incapacidade de Inácio (Dennis Carvalho), o herdeiro introvertido, em assumir as rédeas da empresa. Já no capítulo de estreia, Chica confrontava o filho, ao som da ópera Tristão e Isolda, de Wagner. Descrito como um rapaz com "problemas existenciais", Inácio era, em realidade, um homossexual enrustido, uma informação velada ao público, mencionada sempre de forma subliminar[187] no roteiro (Gilberto foi assombrado pelo olho vigilante da censura que recrudescia na época, rígida para o horário).

Disposta a solucionar a "indecisão" de Inácio da forma mais tradicional, Chica aproximava do filho à designer de joias Luiza (Vera Fischer), que logo se dava conta da sexualidade do rapaz. Entrava em cena, então, a oportunista Leonor (Renata Sorrah), seduzindo e convencendo Inácio a se casar com ela, sempre com o aval da futura sogra. Sua pressão em relação à vida privada de seu herdeiro só fazia crescer a polêmica em torno da vilã poderosa e articulada:

"Esse antagonismo no coração do público faz de Chica Newman uma pessoa viva, sempre em movimento", refletiu Fernanda. "Ela é o verdadeiro detonador de todas as situações da novela, o que vem a ser um estímulo para mim como atriz."[188]

A animosidade de parte da audiência não impediu o desejo pela redenção da malvada mais querida do público, suscitado pelo desempenho

⊕

Terminada a odisseia de escrever os 155 capítulos de *Brilhante*, Gilberto Braga revelou-se vitorioso por ter conseguido driblar os inúmeros imprevistos de sua última obra aberta, a exemplo da recepção morna do público (que custou a embarcar na história, pela falta de heroísmo entre os personagens). A maior hecatombe foi causada pelo corte *à la garçonne* (curto e cacheado) de Vera Fischer. O penteado foi execrado pelo público, resultando num atrito entre a intérprete de Luiza e o músico Tom Jobim, que compôs a música-tema da novela especialmente para a atriz. O autor acabou atribuindo o triunfo da novela a Fernanda Montenegro, reafirmando o talento e magnetismo da intérprete da vilã: "Podem fazer muitas críticas às novelas, esta ou outras", ponderou, "mas todo mundo há de concordar comigo numa coisa: dentro da nossa casa, pagando só a conta de luz (se a prestação do aparelho já terminou de ser paga), ligar um botão e poder ver a interpretação de Fernanda Montenegro é muita."[189]

sensacional de sua intérprete. A felicidade de Chica — àquela altura já viúva de Vitor — dependia de dois homens: Carlos (Cláudio Marzo), o chofer particular que se apaixonou pela madame, e Gilberto Braga, que precisava decidir se o *affair* palpitante alteraria o castigo imaginado para a vilã durante a feitura da sinopse.

Ainda que muitos torcessem para que ela terminasse perambulando sozinha no casarão (inclusive o próprio autor, que achava mais coerente a separação dela com o seu par romântico[190]), a mão soberana da audiência venceu a queda de braço: Chica terminou ao lado de Carlos, tornando-se a primeira grande antagonista da carreira de Fernanda Montenegro nas novelas, depois de ter flertado com a vilania quando interpretou a ambiciosa Lisa Montebelo em *Redenção* (até hoje, a segunda novela brasileira com o maior número total de capítulos).* Para a atriz, o final escolhido foi coerente às inúmeras cartas, flores, telefonemas e apelos que recebeu, desejando que Chica terminasse feliz ao lado do homem que amava — o que, por entendimento, a tornaria uma pessoa melhor. Apesar do comportamento intransigente até a reta final, seria "tirânico", na opinião de Fernanda, privar a felicidade de alguém, mesmo que se tratasse de Chica Newman, viúva e desimpedida: "Como é que se pode negar a uma mulher o direito de amar e de ser amada?"[191], questionou.

O mesmo valeu para Inácio, que, depois de tanta repressão e escapismos, fez as pazes com a mãe[192]. Entretanto, o filho escolheu ir embora para o exterior, onde foi amar e ser amado longe dela.

---

* A adaptação brasileira de *Chiquititas* detém o maior número de capítulos (807, no total). No entanto, possui uma estrutura dividida em cinco temporadas. Já *Redenção* terminou com 596 capítulos e manteve sua narrativa linear e sem uma divisão por temporadas, além de não ter alterações no elenco.

Loreta Pires de Camargo 20

Rosamaria Murtinho
Jogo da Vida
(1981 – TV Globo)

Rosamaria Murtinho
como Loreta
(Foto: Reprodução/Globo)

Anunciada como uma "novela para as mulheres" construída em três fases, *Jogo da Vida* estreou caracterizada por ser a primeira obra desenvolvida por um autor (Silvio de Abreu) com base na ideia original de outro novelista (no caso, um argumento de Janete Clair).[193]

Na história sobre a corrida do ouro por quatro estátuas de cupidos de bronze e uma fortuna de um milhão de dólares escondida em um deles, Rosamaria Murtinho deu vida à sua primeira grande antagonista (Eunice, sua personagem contraventora de *Pecado Capital*, ficou mais para pecadora arrependida). Ao contrário de alguns profissionais da atuação que evitam se ver em cena, Murtinho gostava de comparar as nuances de dois dos seus trabalhos: com *Jogo da Vida* passando às 19h e *Pecado Capital* sendo reapresentada depois das 22h como parte do festival que comemorou os 15 anos da TV Globo. A atriz fazia questão de gravar os capítulos em seu moderníssimo *videotape*.

"Gravar nosso próprio trabalho é fundamental. [...] minha grande distração é passar as duas novelas seguidas e descobrir os detalhes de interpretação das duas personagens. Estou satisfeita!" declarou. "Nem um só gesto que faço em *Pecado Capital* é repetido pela Loreta de *Jogo da Vida*."[194]

"

Eu tenho cara de pagar alguma coisa adiantado?

"

— Loreta

⊕ Ainda hoje, *Jogo da Vida* é uma das poucas obras bem-sucedidas em todos os aspectos sobre os quais deve se propor uma telenovela: o artístico, o mercadológico, o de entretenimento e o ideológico.[206] Destaque para as inovações do trio de diretores, Roberto Talma, Jorge Fernando e Guel Arraes, como uma aura surrealista que encorpava o entrecho da comédia pautada no real, e os momentos em que os atores falavam diretamente para a câmera, quebrando a quarta parede* (recurso ainda mais presente na dinâmica cênica de *Guerra dos Sexos*).

* A quebra da quarta parede é um recurso no cinema e na televisão em que um personagem se comunica diretamente com o público, rompendo a ilusão da narrativa ficcional. Popularizado em séries como *Os Normais* e *Fleabag*, é usada para envolver a audiência, permitindo que os personagens compartilhem pensamentos íntimos e estabeleçam uma conexão mais direta com o espectador.

O público também notou a diferença. Dondoca esnobe e pretensiosa, Loreta Pires de Camargo carregava traços caricatos, no melhor estilo das vilãs das animações da Disney,[195] combinando perfeitamente com o semblante elegante e sofisticado da atriz. A socialite, apesar de muito bem relacionada com a grã-finagem, tinha no próprio passado o seu calcanhar de Aquiles: detestava sua origem pobre, não gostava de ouvir o nome do irmão, Lafaiete (Carlos Vereza), um pilantra carismático de codinome Badaró, nem a alcunha de Filomena Madureira (Norma Geraldy), a tia que julgava não ter um tostão.[196]

Com a morte da tia e a posterior descoberta a respeito de suas estátuas afortunadas, Loreta aliava-se ao esperto e sedutor Carlito Madureira (Raul Cortez), vindo do exterior para reivindicar sua parte na herança da falecida. A química de Rosamaria e Raul em cena foi explosiva — era a primeira vez que atuavam juntos numa novela depois de 18 anos, desde que dividiram o palco no espetáculo *Os Pequenos Burgueses*, no Teatro Oficina.[197]

A trama da novela, ágil e envolvente, incendiou o interesse do público desde a primeira semana de exibição.[198] Em meio a uma narrativa que concentrava o mau-caratismo nos tipos masculinos, coube à Loreta equilibrar um pouco aquele jogo. Na segunda metade, quando o humor pastelão já se condensava ao texto, Loreta contava com os préstimos de dona Aurélia Creonte (Renata Fronzi), uma aliada ardilosa nas artimanhas para depenar toda a herança que dona Mena havia deixado à protagonista Jordana (Glória Menezes)[199].

A criatividade de Silvio de Abreu (que, com *Jogo da Vida*, decidiu abandonar o cinema e seguir firme como autor de telenovelas) somada à originalidade de Jorge Fernando na direção garantiu cenas e situações inusitadas — inclusive, para Loreta, que se viu até no meio de um tiroteio, quando o criminoso Arnaldão (Ricardo Petraglia) invadia sua mansão e entrava em conflito armado com Badaró.[200] Em outra armação amalucada, ela precisou usar tutu e sapatos especiais para dança.[201] Até alemão a atriz precisou aprender a falar e a toque de caixa, para rodar uma cena em que a farsante tentava contratar um advogado de origem germânica, buscando recuperar um castelo europeu de tia Mena.[202] E a jornada ainda era dupla: entre um capítulo e outro, ela também se apresentava em *Corrente pra Frente*, no Teatro Senac[203], espetáculo protagonizado ao lado do marido, Mauro Mendonça (que também realizou uma participação especial na novela).

E a atmosfera descontraída persistiu até o *grand finale*, quando os atores surgiam no cenário do casarão de Jordana, agradecendo ao público como se estivessem num palco. Como uma boa comédia, os personagens se esforçavam e se acotovelavam para gesticular em direção à câmera, como indicava o roteiro: "Uma delícia a ideia de um ficar querendo passar na frente do outro, como pessoas que nunca apareceram na televisão e estão loucas para passar por esta experiência"[204], relatou Rosamaria, uma das mais animadas durante as filmagens, ainda que sua Loreta tenha terminado na maior pindaíba, morando com Carlito no cortiço e batendo carteira no metrô. A atriz soube resumir bem o espírito da coisa: "*Jogo da Vida*, do começo ao fim, foi uma perfeição!"[205]

Para além da estética, Silvio de Abreu conseguiu executar a ideia original de trabalhar os dois primeiros terços como uma "comédia humana"[207], na qual o melodrama e o desenvolvimento dos personagens cimentavam a base, enquanto a última fase permitiu uma comédia mais rasgada, elemento que viria a se tornar uma de suas marcas como novelista e uma de suas maiores contribuições para formatar a receita das produções no horário das 19h.

Lucélia Santos
como Carolina
(Foto: Reprodução/Globo)

21 Carolina Mangiacavallo Carneiro

Lucélia Santos
Guerra dos Sexos
(1983 - TV Globo)

Após dois anos longe da TV e do teatro, período em que permaneceu imersa no papel mais feliz de sua carreira — o de mãe de primeira viagem do pequeno Pedro Neschling —, Lucélia Santos voltou com tudo naquele ano de 1983.

A atriz havia acabado de rodar *A Dama das Camélias*, episódio do semanal *Quarta Nobre*, e estava à toda com os ensaios do espetáculo *Agnes de Deus*[208], quando recebeu um convite irrecusável para viver sua segunda antagonista nas novelas. Depois do êxito como Fernanda em *Locomotivas*, papel que a ajudou a "exorcizar" a mocinha Isaura, foi imbuída de uma nova dose de maldades com Carolina (*loba em pele de*) Carneiro, de *Guerra dos Sexos*. A novela, uma comédia-sensação das 19h sobre o embate entre machistas e feministas dos anos 1980, tornou-se um verdadeiro *cult* ao reunir nomes antológicos dos palcos e das telas. Além de Fernanda Montenegro e Paulo Autran, davam o ar da graça os medalhões Tarcísio Meira e Glória Menezes, Edson Celulari e Maitê Proença, entre outras pratas da casa. Em meio a tantos figurões, Lucélia era um dos chamarizes do elenco mais jovem.

Enquanto os irrequietos Charlô e Otávio protagonizavam a antológica guerra de comida no café da manhã, Carolina entrava em cena tímida e discreta. Filha inteligente e culta de Nieta (Yara Amaral) e Dinorah (Ary Fontoura), tinha um certo ar de menina sonsa, com olhar curioso e penteado volumoso cafona (e que causou estranheza do público[209,210]). Tudo para esconder uma personalidade de carreirista de mão cheia, que buscava ascender socialmente a qualquer preço e dar adeus à vila da Mooca, onde morava.

> **"**
> **A vida já devia ter lhe ensinado que só quem vence é quem se cuida muito bem.**
> **"**
>
> – Carolina

Foi o papel perfeito para exercitar "o anta-gonismo latejante dentro" de Lucélia, na corda bamba "entre a danação e a angelitude."[211] Com a vilã, o autor Silvio de Abreu pôde expandir o perfil da "má-ingênua" já esboçado em seu trabalho anterior, *Jogo da Vida*, com Mariucha, interpretada por Elizângela.[212] Além do talento, Lucélia emprestou muito de sua coragem, que contrastava perfeitamente com sua aparente fragilidade física. Mesmo com a correria das gravações — sempre que havia externas em São Paulo, ela fazia questão de viajar diariamente para amamentar o filho no Rio —, o clima era de entusiasmo sobre o papel:

> **"Carolina tem a ver com personagens de Nelson Rodrigues [...]. Ela é pobre, discriminada, mas usa a sexualidade como poder", descreveu a atriz. "Uma menina mal comportada, que assusta, e muito estimulante do ponto de vista de composição."[213]**

Mestra em provocações, Carolina seduziu Felipe (Tarcísio Meira), sabotou desfile, engalfi-nhou-se com Vânia (Maria Zilda Bethlem), uma de suas maiores inimigas, e tentou não cair, nova-mente, nos braços do ambicioso Zenon (Edson Celulari), sua antiga paixão. Sob o comando dos diretores Jorge Fernando e Guel Arraes, parti-cipou de algumas "cenas de pé-de-guerra" bem criativas, como a batalha com bolas de boliche (feitas de isopor, muito bem disfarçadas), gravada no antigo Cassino Royale[214], um dos símbolos da noite carioca da época. Afirmando ser leiga no esporte, Lucélia aprendeu a arremessar e até apaixonou-se pela brincadeira.

Quanto mais aprontava a danada (e danada no sentido etimológico de "possuída por impulsos dos infernos"[215] mesmo), mais divertida se tornava a vilã. "As pessoas me olham na rua, mas não sinto manifestarem agressividade", tranquilizou. "Minha personagem é engraçada e todos sentem a farsa que existe na história".[216] Silvio ouviu os apelos e engendrou uma súbita redenção de Carolina, que pediu perdão por tantos atos mesquinhos, especialmente à tia Roberta (Glória Menezes), a quem mais prejudicou:

> **"Carolina se arrepende de tudo e aceita o sofrimento pelo qual deve passar por amor a Felipe [ela terminava aos pés dele, como sua 'mulher objeto']. No lugar do Silvio de Abreu, não sei se eu faria o mesmo com a personagem. Talvez a deixasse prosseguir nas suas maldades, porque é isso que se vê por aí", confessou a atriz. "Mas a solução do autor é muito boa para mim, porque a Carolina me é cara e eu a defendo."[217]**

A vilã pôde até se redimir, mas sua cabeleira (adorada pela atriz, mas detestada pelo público, que chegou a fazer campanha maciça para que ela cortasse) permaneceu a mesma até o último capítulo. Lucélia só mudaria o visual um mês depois[218], quando retornou de uma viagem à Europa e Lisboa.

Nonô Correia 22

Ary Fontoura
Amor com Amor se Paga
(1984 - TV Globo)

Ary Fontoura
como Nonô
(Foto: Reprodução/Globo)

Figurando como a mais emblemática personificação da avareza já retratada numa telenovela, Nonô Correia era um sovina de marca maior. Personagem central nos conflitos geracionais e nos romances movidos por interesse de *Amor com Amor se Paga* (cujo título provisório era *Mão de Vaca*[219]), encontrava inspiração no texto de *O Avarento*, comédia mais difundida do dramaturgo francês Molière.

Detentor de diversos imóveis da pequena Monte Santo, o velhote exercia um certo domínio sobre seus inquilinos. Vivia constantemente irritado, não poupava críticas à situação financeira enfrentada pelo brasileiro, vestia-se mal, dava lições diárias de economia extrema e aumentava os aluguéis sem qualquer cerimônia. Agora, o pior: enquanto mantinha geladeira e armários da despensa trancados a cadeado, alegando aos filhos, Tomaz (Edson Celulari) e Elisa (Bia Nunnes), que a família estava sempre à beira da penúria, Nonô dormia sobre um autêntico tesouro: joias, objetos reluzentes e moedas de ouro ficavam cuidadosamente ocultos em um quarto secreto da mansão, acessado tão somente pelo pão-duro por meio de um dispositivo no relógio de pêndulo em seu escritório. [220]

Ary Fontoura, intérprete do tio Patinhas da novela, nunca escondeu a empolgação pelo trabalho. À época do início das filmagens que movimentaram a cidade de Teresópolis[221], região metropolitana do Rio, o ator dividia a agenda com as apresentações de *Rei Lear*, espetáculo eleito uma das cinco melhores montagens de 1983 pela comissão julgadora do Troféu Mambembe e que

> **"**
> **A coisa tá preta! Cada dia sobe uma coisa. Não sei onde a gente vai parar desse jeito!**
> **"**
>
> **– Seu Nonô**

também rendeu a Ary o prêmio de melhor ator do ano[222]. Além do reconhecimento nos palcos, o papel na novela de Ivani Ribeiro (a segunda assinada pela novelista na TV Globo) iria consagrá-lo também como um dos grandes nomes da nossa televisão, depois de 33 anos de carreira:

"Acho graça quando mexem comigo no supermercado, perguntando pelos preços dos alimentos", revelou, quando a novela completava três meses no ar, "mas ando sem tempo até para esse tipo de coisa, para desfrutar o sucesso."[223]

Sem nunca abandonar a persona de velhote comicamente irrequieto, Nonô chegou a liderar uma passeata contra o desperdício e até inventou a sua famosa "dieta líquida", à base de água, que impôs à família uma vez por semana, para economizar ainda mais na comida. E tudo teria continuado às miúdas se não fosse Zezinho (Oberdan Júnior), o menino que desvendou o esconderijo de Nonô e, aos poucos, conseguiu a proeza de amolecer o coração do usurário neurótico. Temendo que a criança revelasse o segredo que abria a porta oculta atrás da estante de livros, Nonô persuadiu os pais de Zezinho (interpretados por Flávio Galvão e Wanda Stefânia) a permitirem que ele passasse algum tempo com o garoto. A convivência entre a dupla resultou em cenas emocionantes, especialmente quando Nonô chorou ao ver que o menino havia velado o seu sono após um episódio de indisposição. A amizade entre a dupla mostrou um lado mais lúdico e brincalhão do vilão[224] que conquistou definitivamente o público e passou a ser visto, inclusive pelo próprio ator, como um anti-herói[225].

No derradeiro capítulo 155, Nonô ainda subiu ao altar com a empregada Frosina (Berta Loran, que aos 58 anos realizava um sonho antigo de trabalhar em novelas[226]), trajando um terno estalando de novo[227] e patrocinando os comes-e-bebes da celebração. Ao ser questionado sobre suas expectativas para o futuro diante do enorme sucesso do protagonista — um dos poucos em sua longeva carreira na televisão —, Ary demonstrou forte consciência em relação ao seu ofício como intérprete: "Estou com 51 anos, não tenho traços bonitos e sempre fui um ator coadjuvante. Agora sou protagonista, mas o sucesso não me subiu à cabeça", evidenciou. "Continuo com os pés no chão, para poder voltar a ser coadjuvante depois. Tenho muito tempo de carreira e sei as voltas que a vida dá."[228] Isso, sim, é ser comedido.

Lima Duarte
como Sinhozinho Malta
(Foto: Reprodução/Globo)

23 Sinhozinho Malta

Lima Duarte
Roque Santeiro
(1985 - TV Globo)

Uma novela autenticamente brasileira, *Roque Santeiro* permanece, quatro décadas depois, como referência maior em termos de representatividade e memória da nossa televisão. Embarcando tipos que continuam vivos na lembrança do grande público, a obra escrita por Dias Gomes e Aguinaldo Silva foi ao ar 10 anos depois de sua primeira investida (a versão de 1975 foi barrada no dia da estreia, em 27 de agosto, por determinação da censura durante a Ditadura Militar). A obra clássica da televisão é uma fonte de peripécias bem-humorada, que acena para o fantástico, dialogando com temáticas políticas e sociais típicas do universo dramático dos dois autores: o coronelismo, as divergências religiosas frente ao misticismo, a moral diante da dependência do poder econômico, a "urbe rural"[229] em confronto com a mobilidade das metrópoles, entre tantas outras.

Numa novela com elenco impecável, na qual retratou-se tão bem o clima de liberdade da Nova República˙, não houve quem resistisse ao magnetismo desajeitado do coronel Francisco Teixeira Malta. Fazendeiro vaidoso, mulherengo e autoritariamente tinhoso, Sinhozinho Malta detestava a alcunha de sua patente militar e possuía real fascínio pelo tal progresso da cidade grande (e no proveito que poderia tirar desse avanço). Apesar disso, ainda mantinha enraizada aquela velha mentalidade conservadora de Sinhozinho, contrário à reforma agrária e a qualquer uma das ideias "vermelhecidas" dos comunistas[230].

> **"**
> # Tô certo ou tô errado?
> **"**
>
> — Sinhozinho Malta

˙ Período imediatamente posterior à Ditadura Militar, a Nova República teve início em 1985, com a eleição de Tancredo Neves para presidente do Brasil.

O personagem tornou-se o mais vigoroso da carreira primorosa de Ariclenes Venâncio Martins, o mineiro Lima Duarte.

Visivelmente confortável no papel, o ator contribuiu para "sofisticar" a breguice do sujeito. Para harmonizar com os trejeitos do "o homem forte de Asa Branca"[231], adotou adereços dourados reluzentes, com destaque para as pulseiras que sacudia nos braços, os colarinhos com biqueiras prateadas de metal e as famosas perucas que ostentava no topo da cabeça (e que viraram moda entre os espectadores).[232] Tudo muito bem fundamentado para que nada soasse superficial, apesar do bom-humor que acompanhava o sacripanta:

> **"Fui eu [quem inventou o tilintar da pulseira e do relógio], com um fundamento psicológico. Quando Sinhozinho Malta está contrariado, mostra os ouros, o poder", revelou. "Essa ideia é ajudada pelo som da cascavel".[233]**

Para além dos desmandes e da rivalidade amorosa e política que nutria pelo protagonista enigmático vivido por José Wilker, Malta era um sujeito perigoso que acreditava que o fim do mito de Roque Santeiro — uma crença que tanto encheu-lhe os bolsos — representava a morte de toda uma cidade (Asa Branca era tida como o ponto central da novela, uma miscelânia brasileira mágica[234]) e, de certa forma, o fim do seu próprio *status quo*. Era, portanto, um mau-caráter em conflito: desejava destruir o mito, mas dependia dele. Esse dilema, aliado às suas atitudes inconsequentes, faziam-no tropeçar nas próprias armadilhas, plantando brisa para colher vendaval.

A cada revés, via a mulher que amava — A Viúva Porcina, "aquela que foi sem nunca ter sido" — cair de amores pelo marido que não estava morto. Na intimidade do casal, a espalhafatosa interpretada por Regina Duarte fazia o tão temido Coronel se arrastar aos seus pés sempre que ele precisava pedir perdão. Ao som da canção do Roupa Nova, o vilão lambia mão da viúva de araque imitando um cachorrinho. *Ossos do ofício.*

Quando questionado sobre o real papel do ator, diante do sucesso do personagem, Lima foi cirúrgico — e, de certa forma, profético:

> **"[O papel de um ator é] representar seu povo. Quando alguém diz que sou bom ator, está me dando a melhor credencial para representá-lo. O político também representa o povo, mas credencia-se através do voto, corruptível. Assim, a representatividade do ator é mais legítima. Que os políticos fiquem com o poder. Eu prefiro o delírio."[235]**

E mesmo depois de ter caído nos braços do brasileiro — que, de tanto simpatizar com o personagem, tornou-se cúmplice de suas tretas —, o mandrião continuou a cometer maldades: orquestrou, por exemplo, que seus capangas dessem cabo de Roque e jogassem o corpo da vítima do alto de um penhasco.[236] O plano, evidentemente, foi malsucedido.

Muito antes da era das *fake news, Roque* desenredou o conceito e a necessidade dos mitos (e a indústria de mentiras que se monta ao redor deles), mostrando que a atualidade do seu enredo parece inerente à época em que a trama é consumida. E ainda que fosse uma novela com ritmo próprio, não escapou de fomentar a curiosidade dos espectadores a respeito do destino do triângulo amoroso principal, uma das questões elementares a qualquer folhetim. Coube a Dias Gomes, que assumiu integralmente a escrita dos 30 capítulos finais[237], determinar como seria o desenlace de Roque, Porcina e Sinhozinho. A respeito disso, talvez a química em cena entre a dupla de *Duartes* tenha pesado na decisão. Ou, quem sabe, a repercussão estrondosa de um vilão tão carismático tenha sido determinante para traçar a escolha derradeira de Porcina, num desfecho inspirado no filme *Casablanca*.

O fato é que, em *Roque Santeiro*, o vilão conseguiu o milagre de terminar com a mocinha. E, assim, o Sinhozinho de Lima Duarte fincou bandeira na nossa memória de noveleiro de um jeito místico, como poucos da ficção. Simplesmente *um Must*.

Tô certo ou tô errado?

Cecil Thiré
como Mário
(Foto: Reprodução/Globo)

24 Mário Liberato

Cecil Thiré
Roda de Fogo
(1986 - TV Globo)

> " Há uma beleza poética no crime que só os mestres compreendem. Há uma beleza poética no mal que os santos nunca descobriram. Há beleza poética na dor alheia, e há beleza poética na própria dor. "
>
> – Mário Liberato

Muito antes de Félix, de *Amor à Vida*, houve Mário Liberato.

Elegante, discreto e extremamente inescrupuloso, o advogado interpretado por Cecil Thiré era uma figura soturna e sádica, capaz de tudo para defender seus clientes — em especial, os desejos de Renato Villar (Tarcísio Meira), o protagonista corrupto de *Roda de Fogo*. Atuando como um verdadeiro executor das decisões tomadas pelo patrão, Mário não poupava cartadas perigosas, incluindo ameaças, chantagens e até assassinato. Sabia que seu maior talento não estava nos embates do tribunal: sua função era agir por debaixo dos panos, "cobrando gratidão", cavando brechas para fundamentar juridicamente as manobras e mutretas orquestradas por seu aliado mais estimado.

Como *Roda de Fogo* foi ao ar em 1986, os autores Lauro César Muniz e Marcílio Moraes optaram por apresentar o personagem como um homem solteirão e "apreciador de coisas exóticas". Além disso, o perfil destacado pela imprensa evidenciava que o advogado não tinha qualquer relação mais profunda com nenhuma mulher. Pelo contrário: sua personalidade o fazia identificar-se com as mulheres, já que possuía "a tão decantada porção feminina."[238] Em outras palavras, Mário era um homossexual enrustido (ou bissexual, se considerarmos como a sexualidade do personagem foi explorada ao longo da narrativa). Um homem que nutria, além de cumplicidade profissional, *outro* interesse estritamente velado e platônico por Renato.

Talentoso e versátil nos ofícios de ator, produtor e diretor, Cecil Thiré chegou a dirigir algumas cenas da novela, no período em que Dennis Carvalho precisou se ausentar para se recuperar de uma gripe[239]. Com Mário, teve a oportunidade de exercitar um tipo diferente, complexo e multifacetado, imerso em um universo essencialmente masculinizado e corrupto (a política, as mesas de reuniões e negociatas de terno e gravata, quase sempre acompanhadas de whisky e charutos na "sala de privô"). Era alguém que aprendeu a fazer uso de sua natureza observadora para vestir a personalidade ideal a cada ocasião, ainda que a porta do armário de sua orientação sexual se mantivesse quase sempre trancada.

Liberato era uma *bicha má*, em sua mais deliciosa essência e personificação corporativista — mas que só se permitia rebolar quando subia as escadas. Uma composição "ricamente enigmática" de seu intérprete e que mexeu com a curiosidade do brasileiro, ao operar "muito mais sobre o que suscita que sobre o que pode explicitar, como cabe aos bons atores".[240] Mas, logo no primeiro terço da história, a mesa virava e Mário rompia os laços profissionais com Renato, tornando-se inimigo do empresário. O amor reprimido se transformava em ódio explícito, impulsionando para que o vilão executasse, com frieza, um grande golpe financeiro contra o anti-herói, apossando-se dos seus muitos milhares de dólares aplicados num banco em Munique[241] e empurrando o protagonista em direção à falência. Para completar a jogada de mestre, casava-se com Carolina D'Avila (Renata Sorrah), ex-mulher de Villar, e os dois se tornavam acionistas majoritários[242] da *holding* antes comandada por Villar. Unidos, a dupla de interesseiros era um verdadeiro *royal flush*.

Conforme a novela engrenava e os espectadores, assim como os novelistas, relaxavam na poltrona, aumentaram as interações entre Mário e Jacinto (Cláudio Curi), seu fiel copeiro, chofer

⊕ *Atenção*: não confunda *Roda de Fogo* com *Fogo no Rabo*, série de esquetes que integravam o programa *TV Pirata*, na época da exibição da novela. A repercussão foi tamanha – em especial por conta do personagem Barbosa, imortalizado por Ney Latorraca – que *Fogo no Rabo* se transformou num verdadeiro *cult* do nosso humor televisivo, sendo, hoje, tão (ou mais) lembrado que a própria obra que serviu de inspiração para a sátira.

e secretário particular. Depois de certa altura, algumas evidências indicavam que havia uma relação mais próxima e íntima entre os dois. "Mas o público não se confunde. Ele sabe que o personagem é que é assim", garantiu Thiré, destacando a complexidade de viver um homem com uma identidade mal resolvida:

> **"Ele não aceita sua própria sexualidade e isso provoca uma sublimação. Nasce então sua paixão pelo jogo do poder, que se manifesta através da sua capacidade de obrigar o outro a agir contra a própria vontade", definiu o ator, arrematando: "Mário gravita entre o poder e o dinheiro e cultua o mito da competência."[243]**

Na reta final, Cecil (que era filho único da atriz Tônia Carrero com o artista plástico Carlos Arthur Thiré) ainda conseguiu exercer a faceta cômica do personagem, no período em que Mário promovia o motorista Tabaco (Osmar Prado, em outro dos seus sucessos explosivos) a seu novo secretário particular. As interações entre a dupla inusitada renderam bons momentos, suavizando a tensão do clima de atentados e assassinatos que dominava o enredo.[244]

Encerrados os trabalhos, Lauro César reverenciou o desempenho do ator diante do sucesso e repercussão do antagonista:

> **"Este foi um dos personagens mais felizes que criamos. Ele é muito rico pela contradição violência/delicadeza", declarou.**

> **"Isto foi possível a partir da criação do Cecil, que fez o personagem crescer e tomar um rumo que até então não estava previsto."**[245]

Além de redescobrir a ousadia e a tessitura de um texto maduro, politizado e ainda relevante como o de *Roda de Fogo*, é chegada a hora de resgatar Mário Liberato de uma espécie de fundo do armário dos personagens negligenciados, conferindo-lhe seu lugar de direito: o hall dos malvados mais cativantes entre os amantes das novelas. Especialmente para a geração que vem se graduando na era do *streaming*.

Natália do Vale
como Andréia
(Foto: Reprodução/Globo)

25 Andréia Souza e Silva

Natália do Vale
Cambalacho
(1986 - TV Globo)

Perigosa!

Não há adjetivo mais apropriado para descrever a grande vilã de *Cambalacho*, que logo no primeiro capítulo, deixava a todos boquiabertos ao revelar ser a noiva misteriosa do arquimilionário Antero Souza e Silva (Mário Lago). O matrimônio que servia de estopim da novela das 19h era peça fundamental de um elaborado golpe orquestrado pela vigarista, que se inspirou nos filmes de suspense para envenenar o marido durante um passeio de iate, resultando em um acidente fatal com a lancha. Contudo, ao abrirem o testamento do falecido, Andréia descobria que Antero deixara toda a fortuna para Leonarda, a Naná (Fernanda Montenegro), a cambalacheira de bom coração, suposta filha desaparecida do ricaço e comparsa de Jerônimo, o Gegê (Gianfrancesco Guarnieri).

Enquanto a malvada buscava apossar-se definitivamente da herança ao tentar anular o testamento de Antero, com direito a devaneios em que se imaginava sendo expulsa de sua rica mansão, usando as vestes pobres da cartomante-vidente moradora do bairro do Carandiru[246], a jovem não dava trégua para Rogério (Cláudio Marzo), o advogado casado com sua irmã, Amanda (Susana Vieira). Entretanto, a antagonista frustrava-se ao constatar que o galanteador se interessava por todas as mulheres, exceto por ela.

> "
> **É ótimo ser bonita, não é? Todos os homens te desejam, as portas se abrem e jogam o mundo a seus pés. Mas ninguém é capaz de olhar pra você como um ser humano.**
> "
>
> — Andréia

Entre a ambição pelo poder e uma paixão obsessiva, fervilhava uma vilã com traços

> de psicopatia: "Andréa não é
> má na forma, mas na essência",
> resumiu Natália do Vale, pela
> primeira vez às voltas com uma
> personagem pérfida: "Por dentro
> ela é maldita."[247]

Interrompendo o hiato de um ano e meio longe da TV, a atriz abraçou com entusiasmo a oportunidade de viver a malvada-mor da comédia escrita por Silvio de Abreu, no ar dois anos antes de *Vale Tudo*, num período em que o brasileiro debateu sobre certa obsolescência da integridade: ser honesto, em terras tupiniquins, era *demodè*,[248] e *Cambalacho* captou a essência da falta de vergonha generalizada como nenhuma outra.

Além de exercitar o lado ferino (e o felino, já que Andréia era trabalhada numa sedução pungente, diferentemente das mocinhas que a atriz estava acostumada a interpretar), a vilã com pele de cordeiro também dialogava com o universo cômico proposto pelo autor, conforme lembrava Do Vale:

> "Se fosse uma novela dramática,
> eu daria outras conotações para
> a Andréia. Mas é comédia, e é de
> Silvio de Abreu, que expõe o
> lado mau-caráter com muito
> humor e inteligência."[249]

E assim como ocorreu com outras *personas non gratas* da ficção, Natália caiu na simpatia do público-mirim. Além de abraçarem a atriz, a criançada vivia cantarolando o refrão da música-tema da personagem[250], sucesso da *one-hit wonder* Syndicatto.

Numa reta final, embalada pela corrida dos 100 milhões de dólares roubados de Naná, Silvio ainda caprichou ao escrever uma overdose de fantasia e corre-corre para a personagem: de peruca loira e óculos escuros, a golpista atirou em Rogério e participou de uma perseguição de monomotores durante a fuga com Athos (Flávio Galvão), cúmplice que morria depois da explosão da aeronave. Ela, por sua vez, saltou do aparelho levando o dinheiro consigo para a Europa, desfilando por hotéis e praias do Mediterrâneo (em locações gravadas no Rio).[251] Mas a liberdade durou pouco, já que a farsante terminava sendo capturada pela Interpol.

Favorecida por uma composição ácida, segura e inspirada de Natália do Vale, a amoralidade deslavada de Andréa escancarou o arquétipo do velho "jeitinho brasileiro" em querer levar vantagem em tudo (um *mode de vie* que parece nunca sair de moda por aqui) ornando com a atmosfera estrepitosamente[252] divertida da novela.

Donana 26

Geórgia Gomide
Hipertensão
(1986 - TV Globo)

Geórgia Gomide
como Donana (dir.)
(Foto: Reprodução/IMDb)

Veterana das telinhas, Elfriede Helene Gomide, ou Geórgia Gomide, ascendeu ao grande público quando aceitou o convite de Fernando Severino, diretor comercial da TV Tupi, para integrar as primeiras produções de teleteatro[253] da emissora. Em 1963, no quinzenal *TV de Vanguarda*, idealizado por Fernando Faro, ela fez história ao protagonizar o primeiro beijo entre duas pessoas do mesmo sexo na história da televisão no país, quando estrelou na adaptação de *Calúnia*,[254] ao lado de Vida Alves.

Dois anos antes de interpretar a manda-chuva de uma cidade do interior em *Hipertensão*, Gomide deu vida à dona Bina, o maior sucesso de sua carreira. A viúva jovem e cheia de filhos, dona de uma cantina italiana, que passava a ser cortejada pelo rico empresário Oliva (Walmor Chagas) divertiu o público. Já na comédia-romântica mambembe escrita por Ivani Ribeiro para o horário das 19h (inspirada em *Nossa Filha Gabriela*, novela apresentada em 1971, na Tupi) as tintas eram outras:

> "Em *Hipertensão* eu fazia uma peste de uma mulher, a Donana, que era muito rica, uma mulher ditatorial, poderosa, que tratava todo mundo com nariz pra cima, era um papel central, maravilhoso", lembrou a atriz, numa das entrevistas para o livro *Geórgia Gomide: uma atriz Brasileira.* [255]

> **"**
> **Você não imagina o que está chegando: um teatro mambembe! Ciganos, aventureiros... Essa gentinha não pode ficar aqui na cidade!**
> **"**
>
> **– Donana**

Viúva do homem mais importante da cidade, Donana herdou os negócios, tornando-se a toda-poderosa da indústria local. Refreada, não revelava a ninguém os seus sentimentos[256] e cobiçava o cargo maior da Prefeitura de Rio Belo, com o objetivo de moralizar a vida dos habitantes do lugar[257] (a atriz chegou a distribuir santinhos com o slogan "Donana na Prefeitura", entre os colegas da novela, que se divertiram com a ação"[258]).

Logo no primeiro mês, Gomide despertou o ódio dos espectadores pelo papel. O sucesso da personagem foi um alento para a intérprete, que ainda morava em São Paulo com o filho Daniel, então com 10 anos, mas sem tirar os olhos das oportunidades no Rio: "Afinal, é onde está o meu mercado de trabalho."[259]

> **Para a atriz, Donana era "muito forte na hora de gritar com os outros, mas muito fraca para enfrentar os problemas eu seu íntimo"[260], tinha chances de se recuperar e até encontrar a felicidade no final da história. Contudo, a expectativa de uma salvação se dissipou conforme avançavam-se os capítulos.**

Obstinada e prepotente, a vilã poderosa confrontava a protagonista Carina (Maria Zilda Bethlem), estrela da companhia de teatro que protestava contra seus métodos rígidos de administração. Foi Carina, por exemplo, quem instigou as mulheres a exigirem melhores condições de trabalho, como a construção de uma creche para as crianças, nas dependências da fábrica. Além disso, a déspota atormentou tanto a filha Raquel (Débora Evelyn) — a quem culpava pela morte do marido — que a moça chegou a armar um casamento de interesse com Laerte (Paulo Betti), o jovem motorista particular da família, só para emancipar-se e receber a sua parte na herança do pai, livrando-se definitivamente das amarras da mãe cruel.[261]

Entretanto, o crime que selou sua sentença atrás das grades foi perpetrado contra a "colona ignorante" Luzia (Cláudia Abreu), a jovem filha da empregada que se envolvera com Ray (Taumaturgo Ferreira), filho predileto da vilã. A misteriosa morte de Luzia, ocorrida no centésimo capítulo, conferiu novos rumos à trama[262]. Quando Ray, considerado o principal suspeito, foi preso, Donana se viu obrigada a confessar ser a responsável pelo crime: a grande "bruxa má do conto de fadas"[263] da novela havia empurrado a pobre moça barranco abaixo no parque da cidade, durante uma discussão acalorada entre as duas.

O sucesso de Donana foi tão expressivo que empolgou a direção da TV Globo, que tratou de providenciar a volta de sua perfumada Bina com a reprise de *Vereda Tropical* estreando no *Vale a Pena Ver de Novo*, apenas uma semana após o final de *Hipertensão*.

Carlos Vereza
como Montserrat
(Foto: Reprodução/Globo)

27 Francisco de Montserrat

Carlos Vereza
Direito de Amar
(1987 - TV Globo)

Protagonizada por Glória Pires e Lauro Corona, *Direito de Amar* — cujo título provisório era *A Noiva*, por ser inspirado num texto original de rádio escrito pela novelista Janete Clair na década de 1950[264] — era o puro suco do melodrama˙. Durante um baile de máscaras na virada do século XIX para o XX, Rosália, mocinha romântica e ingênua (Glória Pires), apaixonava-se pelo jovem idealista Adriano (Lauro Corona). A história revolvia pela impossibilidade de ambos concretizarem aquele amor, pois, por ironias novelescas do destino, a moça estava prometida a se casar com o pai dele, o poderoso e solitário Francisco de Montserrat. A figura opositora daquele banqueiro conservador e autoritário, adepto às ideologias monárquicas ficou a cargo de Carlos Vereza, cujo papel acabaria se tornando uma de suas interpretações mais lembradas e queridas pelo público.

Montserrat era dono de uma voz marcante e de uma serenidade ocasionalmente irritante, em parte por saber o poder opressor que exercia sobre os demais. Seus trejeitos eram de um vilão de *shape* clássico e de gostos refinados, que alimentava a força do seu ódio e despotismo com a infelicidade que causava àqueles ao seu redor. Seu intérprete, portanto, foi fundamental para afinar os contrastes e na elegância do personagem: "O chamado vilão é na verdade uma pessoa com contradições boas e más qualidades. E quem tem poder não precisa gritar", disse Vereza, em entrevista pelo jornal *O Globo*.

> **"**
> **Dentro de três dias quero toda a sua dívida paga. Não faz sentido permitir que uma dívida atravesse de um século para o outro.**
> **"**
>
> **— Montserrat,**
> ao cobrar o pai de Rosália

˙ "Melodrama vem de melodia e há nessa novela um movimento musical que é alongado, sofrido", Walther Negrão, em entrevista ao jornal *O Globo* (publicado em 15 de fevereiro de 1987).

> **"Se o personagem é agressivo quero que ele tenha um lado delicado, se for violento numa cena, tem que ser terno em outra. [...] Juntei a isso o *savoir-faire*, a elegância, porque ele é um homem culto. Tudo isso é que cria a empatia de Montserrat, porque eu pergunto: o que é mesmo um vilão?".[265]**

Além do banqueiro possessivo, duas presenças femininas dividiam-se nas maldades para infernizar o casal principal: a jovem Paula (Cissa Guimarães), prima invejosa e dissimulada de Rosália, e Mercedes (Suzana Faini), governanta austera da mansão dos Montserrat — principal reduto do folhetim — e perdidamente apaixonada pelo patrão. Superando a química comprovada do par protagonista (Pires e Corona já haviam atuado juntos em *Dancin' Days*, quase dez anos antes), Carlos Vereza virou a principal atração de *Direito de Amar*. Ao invés de detestarem seu personagem, as telespectadoras se apaixonaram perdidamente por ele, similar ao que aconteceria quatro anos mais tarde, com o antagonista carismático de Antonio Fagundes em *O Dono do Mundo*, que mesmo pronunciando e cometendo atrocidades, conquistou o público feminino. Por isso, no desenrolar da trama, o autor Walther Negrão cortou um dobrado para convencer o público de que havia, sim, muito mais de Mr. Hyde do que de Dr. Jekyll naquela figura demoníaca, embora terrivelmente atraente, que fazia as donas de casa suspirarem. Em suma, o malvado não merecia um final feliz. Entre outras perversidades, ele aprisionara Bárbara (Ítala Nandi), a ex-mulher que todos acreditavam estar morta, mantendo-a refém dentro da própria casa durante anos, sob a identidade de Tia Joana (ou "a louca do sobrado").[266]

Num dos finais mais elegantes das novelas, o vilão orquestrava o próprio fim ao propor um duelo de armas com Dr. Ramos (Carlos Zara), seu grande arqui-inimigo. As gravações ocorreram no Forte Imbuhy, em Niterói, diante de uma paisagem deslumbrante para o Pão de Açúcar e o Forte Duque de Caxias. "Viva com tudo o que me tomou. E viva também com esta culpa", declarou ao rival antes de fechar os olhos.

Montserrat caminhou para que Laurinha Figueroa pudesse voar.

Fedora Abdala Varela Raposo 28

Cristina Pereira
Sassaricando
(1987 - TV Globo)

Cristina Pereira
como Fedora
(Foto: Reprodução/Globo)

É praticamente impossível não lembrar de Fedora Abdala ao ouvir *Fata Morgana*[267]. A canção, da banda *Dissidenten* com o grupo marroquino *LemChaheb*, que fazia parte da trilha internacional de *Sassaricando*, era presença garantida nas *playlists* das casas noturnas do país, além de embalar os sonhos eróticos de uma das vilãs mais explosivas e petulantes das novelas.

Com uma marcante veia cômica, a atriz e diretora Cristina Pereira havia conquistado, no ano anterior, o prêmio Mambembe de Melhor Atriz Coadjuvante por Sábado, *Domingo e Segunda*, espetáculo traduzido por Millôr Fernandes e dirigido por José Wilker (que venceu o prêmio Molière de Melhor Diretor[268]). Naquela sexta comédia assinada pelo já consolidado rei do riso no horário das 19h, Silvio de Abreu, sua personagem era um poço sem fundo de desejos e luxúria. "Pior que a Elizabeth Taylor em 'A Jovem que tinha tudo'"[269], segundo o próprio autor.

Filha de Aparício Varela (Paulo Autran), Fedora era tão mimada quanto prepotente. Acreditava que o dinheiro do qual usufruía lhe garantia todas as vontades que desejasse:

"Recebi a Fedora como um presente", revelou a atriz, destacando que sua paixão começou já durante a fase de elaboração do visual da figura voluntariosa e elegantíssima. "A composição física da Fefê ajuda a

" **RA-RE-RI-RO-RUA!** "

— Fedora

composição interior. Os coques, a maquilagem escura nos olhos, as roupas muito extravagantes e coloridas apresentam muito bem quem é a personagem."[270]

Os "dentes grandes e acavalados e os olhos enormes", concedidos à personagem por meio da forte expressividade de Cristina (um rosto que desafiava a ditadura da beleza ao afirmar que não faria modificações "para tentar ficar bonita"[271]), reforçavam o tom autoritário e, ao mesmo tempo, infantilóide da vilã. Isso e o semblante irritadiço, que aparecia logo que ela se sentia contrariada, é claro.

Mas, como profere a italianada: *Chi semina vento raccoglie tempesta*, e a *tempesta* na vida de Fefê era Leonardo Raposo (Diogo Vilela). O rapaz, um assassino profissional ambicioso, conseguia se casar com a jovem (com direito à noiva subindo ao altar num escandalizante vestido vermelho)[272] ao fingir ser um herdeiro milionário. A partir de então, o rapaz tentava matar sua nova esposa para usufruir sozinho de sua fortuna. Numa das armações, Raposão (como ele era conhecido) planejava, com a ajuda de um comparsa, o atentado ao jatinho em que estaria Fedora, mas quem acabava explodindo no atentado era a sogra, Teodora (Jandira Martini, igualmente pérfida e maravilhosa).[273] Depois da morte da mãe (o acidente era o estopim para que Aparício começasse a sassaricar na história, fingindo ser um simples faxineiro), Fefê passou a fazer marcação cerrada em seu "Baba". Chegou a armar para destituí-lo da presidência da tecelagem. Ao assumir o posto, ordenava que Varela fosse para a "Ra-Re-Ri-Ro-Rua", emendando uma enorme gargalhada maléfica.[274]

---

* Quem semeia vento colhe tempestade (Tradução livre).

Em determinado momento, Aparício orquestrava a aproximação do misterioso Guel (Edson Celulari) com sua filha, na intenção de tornar Fedora uma mulher mais feliz. O plano rendia uma nova paixão repentina da vilã, depois de provar os "lábios com sabor de tâmaras maduras"[275] do galã. Enquanto ela tornava-se uma espécie de *belle de jour*, com seus encontros às escondidas, Leonardo percebia que era ele quem estava prestes a morrer... de ciúmes e de medo em perder sua Fefê! As maldades e confusões protagonizados pela destruidora de corações[276] autoritária e geniosa, junto de seu "Leozinho" domado pelo amor, renderam cenas engraçadíssimas à novela, que também repercutiu fortemente entre o público por conta do furacão Tancinha (Claudia Raia), a ingênua e exagerada feirante, que vivia com seus *melão* na mão.

Na esteira do êxito de *Sassaricando*, Cristina foi integrar a trupe entrosada[277] do programa *TV Pirata*, vivendo a comunista Olga, da esquete seriada *As Presidiárias*, entre outros inúmeros personagens do humorístico. O resto é história.

Yara Amaral
como Joana
(Foto: Reprodução/Globo)

29 Joana Flores

Yara Amaral
Fera Radical
(1987 – TV Globo)

> " Eu tive um sonho esta noite. Eu vi um demônio com cara de anjo. Um demônio que chegava para transformar nossa vida num inferno. "
>
> — Joana Flores

Quando se deparou com a mocinha Cláudia vestida de noiva no alto do capítulo 184 de *Fera Radical*, numa sequência envolta de superstição (a protagonista era alertada a não provar o vestido branco às vésperas do casamento), Dona Joana já pressentia que aquele confronto com sua maior inimiga seria decisivo. Capítulos antes, a matriarca da família Flores já havia sido internada por um breve período, numa clínica do Rio de Janeiro, por ordens de Altino (Paulo Goulart), que vinha testemunhando a alternância de seus momentos de loucura e lucidez.

De volta a Rio Novo, a cidade fictícia da história, usou de sua astúcia e obstinação ao alegar interesse em se reconciliar com Cláudia, embora soubesse que, para impedir a jovem forasteira de subir ao altar e se casar com Heitor (Thales Pan Chacon), seu filho favorito, precisaria recorrer à arma de fogo que carregava na bolsa. Só que, durante o confronto, Cláudia conseguia se apoderar do revólver e atirava em Joana, quando a vilã lhe acuava, revelando ser a verdadeira culpada pela tragédia que destruiu a família da jovem, anos antes. Depois do disparo, um discreto sorriso surgia nos lábios da malvada que morreu sentindo-se, de certa forma, vitoriosa.[278]

O desfecho da cena marcava a despedida definitiva de Yara Amaral, veterana dos palcos e da TV, três vezes agraciada com o Prêmio Molière e vencedora de dois troféus APCA como melhor atriz[279] e que nos deixaria subitamente no final daquele ano de 1988. Quando convidada para o papel, ela não imaginava que a personagem se transformaria na grande antagonista da moto-queira forasteira interpretada por Malu Mader (em sua estreia como protagonista de novelas).

Dividindo os compromissos na TV com sua paixão pelo teatro — Yara se apresentava no espe-táculo *Filumena Marturano*, no Teatro dos Quatro, no Rio —, a atriz de 52 anos sentiu o ritmo pegar na segunda metade de *Fera Radical*, exigindo-lhe uma disposição extra para conciliar os trabalhos:

> **"Se, por um lado, sinto a satisfação de ser colocada à prova, existe o cansaço, a sobrecarga", confessou. "Na fase calma da Joana, eu gravava duas vezes por semana, e agora estou em cena todos os dias, precisando de mais tempo para decorar e gravar, sem contar a maior exigência emocional".[280]**

Definida como uma "moderna história rural"[281], a trama de *Fera Radical*, escrita por Walther Negrão para o horário das 18h, repe-tia a velha narrativa da mocinha que retorna à cidade natal para vingar uma tragédia do passado: neste caso, uma chacina que havia dizimado toda a família de Cláudia, que se infil-trava entre latifundiários endinheirados (que poderiam, ou não, ser os culpados pela tragédia) interessados nos seus preciosos conhecimentos de informática.

Naquele universo "proto-sertanejo agro", em que fazendeiros eram homens bem-vestidos e falantes que faziam uso de automóveis e compu-tadores de ponta e circulavam num cenário com um quê de *Dallas*[282] (o seriado norte-americano exibido nos fins de domingo pela TV Globo, ao longo dos anos 1980), Joana transitava como uma

Fera Radical foi o último trabalho de Yara Amaral. A atriz, que tinha muito medo do mar, morreu tragicamente pouco mais de um mês após a exibição do último capítulo da novela, no naufrágio do barco *Bateau Mouche IV*, no Réveillon de 1988/89[283]. A embarcação afundou a cerca de um quilômetro da praia vermelha, próximo ao pontal do Leme, na Guanabara, resultando em 55 vítimas fatais. Curiosamente, de acordo com matéria publicada pelo jornal *O Globo*[284], Yara teria declarado, semanas antes do ocorrido, que tinha a impressão de que, um dia, terminaria tragada por uma onda no mar, sem jamais conseguir retornar.

figura austera das fazendas Olho D'Água, ainda que não fosse, de fato, casada legalmente com Altino, seu companheiro de mais de 30 anos[285].

Evocando traços de uma Sra. Danvers (personagem interpretada por Judith Anderson no clássico *Rebecca, A Mulher Inesquecível*), a vilã era uma entidade sombria, desprovida de empatia para além dos seus, que articulou atrocidades com olhos marejados de ressentimento e animosidade. Tornou-se uma das maiores demonstrações de que os iníquos mais implacáveis são aqueles que planejam realizar os piores atos sob o pretexto de uma alma aberta, coração limpo e as melhores intenções do mundo.

Marco Aurélio Cantanhede 30

Reginaldo Faria
Vale Tudo
(1988 - TV Globo)

Reginaldo Faria
como Marco Aurélio
(Foto: Reprodução/Globo)

Quem acompanhava a reprise de *Ti-Ti-Ti*, nas tardes daquele 1988, certamente se viu surpreendido pelas contraposições entre o estilista da *haute couture* Jacques Leclair e o administrador mão-de-ferro Marco Aurélio, de *Vale Tudo*, duas das maiores composições de Reginaldo Faria na tevê.

Logo após sua primeira semana promissora de exibição, em que a novela já ameaçava ser o sucesso[286] arrebatador que acabou se tornando, o ator veio esclarecer ao público que, ao contrário de outros antagonistas que havia interpretado nas novelas e no cinema (como o mau-caráter Téo, da polêmica *Corpo Santo*, da extinta TV Manchete, ou o personagem-título no premiado *Lúcio Flávio, O Passageiro da Agonia*, que vendeu impressionantes 5.401.325 ingressos, em 1977[287]), Marco Aurélio era um tipo novo em sua carreira:

> "Meus vilões anteriores sempre tiveram um certo carisma e conquistaram o público. Até porque eu sempre fiz uma espécie de vilão mais para o marginal, aquele distorcido social. [...] Já o Marco Aurélio não me parece muito simpático", previu. "É um solitário e, até certo ponto, muito egoísta, daqueles que usa as pessoas e trata as mulheres como objetos

"
O segredo
é a arma do
negócio.
"

— Marco Aurélio

**do escritório em que trabalha.
[...] Marco Aurélio é o produto da
sua ambição, do seu
próprio poder."**[288]

A sugestão de escalar o ator no papel do vilão sofisticado surgiu do diretor Paulo Ubiratan, e os autores vibraram com a perspectiva de contar com um intérprete tão elegante e talentoso como Reginaldo Faria, ainda mais para desempenhar um perfil tão diferente. Nas palavras do trio de escritores, Marco Aurélio era um *self-made man*, que veio de baixo, "abraçou a profissão de piloto e foi subindo na TCA [a empresa da novela], sabendo usar, como todo homem de caráter duvidoso, a confiança e admiração que a dona da empresa — no caso, Odete Roitman (Beatriz Segall) — tinha nele."[289]

Reginaldo, que custou a aderir à televisão (só depois de consagrado no cinema é que aceitou convite para atuar em *Dancin' Days*), achava excelente o desafio de viver um "antigalã" como aquele, ainda que sua vaidade de ator o fizesse preferir estar na pele dos bonzinhos.[290] Visto de perto, Marco Aurélio era uma verdadeira panela de pressão prestes a explodir. Era implacável com seus subordinados, em especial com o assistente "carbono de Deus"[291] Freitas (João Camargo) e as secretárias Aldeíde (Lilia Cabral), Consuelo (Rosane Gofman) e Iris "dedinhos-de-fada" (Cristina Galvão), que suportavam frequentemente seus acessos fulminantes de raiva. Apelidado de "Deus" pelas meninas da recepção, era considerado o administrador mais importante do grupo Almeida Roitman, espécie de império da aviação. Adepto à política do "caixa dois", ele acumulou fortuna por meio de uma série operações ilícitas com destino às suas contas secretas. Uma de suas transações sigilosas, quando tentava enviar a soma exorbitante de US$800 mil para o exterior, acabou resultando no "incidente da mala", a primeira grande reviravolta na trama principal da novela, impactando diretamente os destinos dos protagonistas Raquel (Regina Duarte), Ivan (Antonio Fagundes) e Maria de Fátima (Glória Pires).

Além de um comportamento detestável no escritório, o pusilânime também atravancava, dentro de casa, a felicidade de Tiago (Fábio Villa Verde). Rotulando frequentemente o filho de frágil e feminil, insinuava que o adolescente era homossexual, embora nunca pronunciasse explicitamente o termo. Seu machismo exacerbado o levava a responsabilizar a ex-mulher, a etílica Heleninha (Renata Sorrah), pela suposta "sensibilidade excessiva" do rapaz. No meio daquele turbilhão de agressividade, Reginaldo Faria brilhou com uma interpretação inspirada e segura, divertindo-se em cena com os rompantes de corrupção e impetuosidade daquele canalha inveterado. Os defeitos do vilão, contudo, não impediram que Leila (Cássia Kis) aceitasse o seu pedido de casamento,[293] assim como a sorte no amor não fez o empresário deixar de atormentar Fátima, com quem teve um rápido caso amoroso.[294]

Com o misterioso assassinato de Odete dominando a reta final da trama (e as manchetes dos jornais naquele final de 1988), Marco Aurélio passou a alternar com César (Carlos Alberto Riccelli) o posto de principal suspeito do crime, já que ambos haviam sido desmascarados pela empresária pouco antes dela ser morta no apartamento em que estava vivendo com o gigolô.

Embora não tenha sido o autor dos disparos fatais contra a principal antagonista da novela, Marco Aurélio foi o real motivador para o crime. Além disso, o último capítulo proporcionou a Reginaldo um momento antológico, que selava a crítica contundente sobre impunidade, uma das temáticas sobre a qual *Vale Tudo* dialogou tão bem com o espectador: entrou para a história a famosa

De acordo com a sinopse original de *Vale Tudo*, o personagem assassinado na reta final da trama não seria Odete Roitman, mas, sim, Marco Aurélio. Com o avançar dos capítulos, no entanto, os autores optaram por trocar a vítima: "Ele é só um ladrão, coitado, ficaria gratuito", opinou Leonor Bassères, ao justificar a mudança. "Como Fátima, Odete é incompetente para a felicidade. E sofrem muito. As pessoas cobram que ela sofra mais. Mesmo assim, acho muito chato fazê-la morrer aos poucos. Prefiro o assassinato."[292]

"banana" que o debochado deu aos compatriotas durante a fuga do país em seu jatinho particular. Em entrevista ao Portal Extra, em 2015, o ator relembrou o personagem e sua repercussão:

"Foi tudo muito forte. A cena da banana, por exemplo, foi a mais contundente. É, aliás, por onde eu sou mais lembrado", analisou: "Para quem atua, isso é um prato feito. É uma beleza pegar um papel desses!"

Reginaldo também relembrou a importância das questões discutidas na história e como elas ainda permeiam nossa realidade: "Com a novela, atingimos uma consciência que precisávamos ter na época. O engraçado é que hoje a gente vê a mesma coisa, mas de uma forma bem mais acachapante. É uma novela contemporânea."[295]

Era e continua sendo. Quatro décadas depois, o legado das "bananas" ainda persiste na República.

Maria de Fátima Acioli 31

Glória Pires
Vale Tudo
(1988 - TV Globo)

Glória Pires
como Maria de Fátima
(Foto: Reprodução/Globo)

Se o desfecho de *Vale Tudo* ficou marcado pela gestual banana oferecida por Marco Aurélio (Reginaldo Faria), o início da novela já apresentava outra situação envolvendo uma banana, mas no seu contexto semântico original: a fruta, embrulhada cuidadosamente numa caixa de presente por Maria de Fátima e deixada no banco de trás como pagamento ao taxista que tentava passar a perna na jovem, assim que ela chegou ao Rio de Janeiro.

A filha de Raquel (Regina Duarte) era peça-chave da espinha dorsal de *Vale Tudo*, novela que propunha ao telespectador um forte questionamento ético e moral representado pelo embate de ideais e emoções entre duas mulheres em lados opostos do espectro social. Discussão alinhavada ao clima daquele final de década, afogado por uma realidade socioeconômica esmagadora e desgovernada, advinda do processo de hiperinflação[296] para o qual marchava (a contragosto) o brasileiro.

Ansiosa para subir na vida, a moça mal esperava a morte de Salvador (Sebastião Vasconcelos, que protagonizou uma das melhores cenas da novela, com seu sermão sobre honestidade) para negociar, na surdina, o único imóvel herdado do avô. Embarcava rumo à cidade maravilhosa, carregando consigo toda a dinheirama da venda da casa, deixando a própria mãe sem eira nem beira, em Foz do Iguaçu.[297] E nada de poupar despesas: hospedou-se logo no renomado Copacabana Palace, marcando o início de uma escalada pautada em ostentação.

Para Maria de Fátima, a habilidade de parecer ser era fundamental naquele jogo de ascensão social que a aproximou de César Ribeiro (Carlos

"Você não sabe de nada! Se você soubesse de alguma coisa, não tinha chegado na sua idade só com a rua pra andar."

— **Maria de Fátima**, durante discussão com Raquel

145

Alberto Riccelli), modelo em fim de carreira que viria a se tornar o seu grande cúmplice de falcatruas. Terror quase unânime da turma do Catete, onde moravam os personagens mais simpáticos da novela, Fátima encontrava certo alento nos conselhos do idealista Poliana (Pedro Paulo Rangel), o único crente da integridade da moça. Glória Pires, que aos 25 anos encarnava a grande vilã de sua carreira, elogiou as nuances e ambivalências do texto:

"O bom do Gilberto [Braga, um dos autores] é que ninguém é totalmente bom ou ruim", avaliou, logo após a estreia: "Fátima quer apenas ficar rica de qualquer jeito, porque vê que não adianta ser honesto no Brasil."[298]

Após perceber que seu maior desejo nunca foi construir uma carreira como modelo (afinal de contas, para isso ela precisaria *gostar* de trabalhar), mas sim arranjar um marido rico capaz de atender às suas vontades, a vigarista passava a investir o tempo em separar Afonso (Cassio Gabus Mendes), o herdeiro da milionária Odete Roitman (Beatriz Segall), da namoradinha Solange Duprat (Lídia Brondi), produtora de moda da *Tomorrow*, a revista cuja redação centrava um dos núcleos abastados da novela.

A identificação do público com os dramas, especialmente os núcleos da "gente comum" foi imediata,[299] conforme previu Aguinaldo Silva, o segundo dos três cabeças da história. Era fácil torcer por Raquel, uma mulher íntegra e confiante na força do trabalho, determinada a alcançar o sucesso por meio da honestidade e provar que era, afinal, possível "manter a integridade dentro de uma máquina social perversa"[300] e que ainda sentia o retrogosto amargo da ditadura militar.

Difícil mesmo era não ser seduzido pelas armações da pilantra que caiu no gosto do público e cuja fama cruzou fronteiras. Em Cuba, Fátima virou sinônimo de coisa ruim. Quando alguém começava a tossir ou ter dores de garganta, diziam logo que era uma "gripe Fátima". Ninguém perdia um só capítulo, e as reuniões e compromissos noturnos ficavam sempre para além das 21h30, para "depois da Fátima".[301]

Enquanto tramava conquistar Afonso, a vilã conseguiu, numa só tacada, separar Raquel de Ivan (deixando-o livre para Helena, como desejava sua futura sogra) e ainda se apossar dos US$800 mil que o casal guardava enquanto decidia o que fazer com o dinheiro. Com Raquel acreditando que seu amado teria se apossado da maleta, Fátima passava a ter, não apenas os dólares que negociou com Marco Aurélio em troca de uma posição privilegiada para o seu amante na TCA, mas também o consentimento de Odete para se casar com o bem-nascido e se tornar a Sra. Almeida Roitman. "Bom demais para qualquer vilã de que preze"[302], comemorava a atriz. No decorrer, a vigarista ainda engravidou de César e, diante de uma cartada de Celina (Nathalia Timberg), que ameaçava relevar o segredo de uma provável esterilidade do sobrinho,[303] optou por uma atitude drástica ao se jogar da escadaria interna do Theatro Municipal para interromper a gravidez, sem sucesso.[304]

Mesmo com um arsenal de armações, Glória nunca considerou aquela que foi a primeira vilã de sua carreira uma personagem totalmente má.[305] Quando falava de Raquel, por exemplo, Maria de Fátima era sincera, já que o afeto que sentia pela mãe sempre lhe foi verdadeiro. Quando garantiu o casamento com Afonso, chegou a chorar ao falar do rompimento com Raquel, enquanto brindava com César. O problema é que sua ambição sempre pulsou mais forte.

Seu universo de mentiras começou a desmoronar à medida que Afonso, após mais de 100 capítulos na completa ignorância,[306] flagrava a esposa com César. Com uma criança a tiracolo e o casamento falido, ela novamente comprovava sua natureza vil e imoral ao negociar o próprio filho, vendendo-o por US$25 mil com o objetivo de tentar se reerguer com a quantia e reacender o sonho de voltar para a Avenue Foch, em Paris. A partir daí, seu calvário se desenrolava por meio de uma sucessão de humilhações, bofetadas e doses de desprezo.[307]

Ao reafirmar a ideia de que praticar maldades, mesmo as da ficção, tem suas consequências, Pires apresentou um quadro de hipertireoidismo, resultando em taquicardia e fadiga extrema para a atriz, similar ao que havia ocorrido durante o final das filmagens de *Cabocla*.[308] A solução foi afastá-la das gravações por alguns dias, dando uma pausa nos longos e emocionados textos de suas cenas com Riccelli, Mendes e Duarte:

> **"Fazer o papel é desgastante, principalmente porque ela tem valores opostos aos meus", explicou. "Apesar de Fátima ser uma personagem, eu estou na pele dela, ali na telinha, recebendo a energia das pessoas que estão vendo suas maldades e reagindo contra elas. É barra!"[309].**

A despeito da torcida contrária, a reação do público foi positiva, e uma parte generosa da audiência passou a admirar sua determinação. Além daqueles que levavam em conta a situação econômica do Brasil, havia ainda as meninas que passaram a incorporar a postura da vilã, não apenas no cabelo e figurino, como socialmente:

"Não conheço ninguém como a Maria de Fátima, mas já soube de casos de garotas que cortaram o cabelo igual a ela e que estão até se comportando como a personagem. Acho isso uma inversão de valores", refletiu Glória. "Mas existem pessoas que acreditam que é assim que se consegue sobreviver. Particularmente, discordo. No entanto, a maioria concorda e torce por ela."[310]

Repleta de cenas antológicas, *Vale Tudo* concentrou alguns de seus melhores momentos nos embates entre Fátima e Raquel. Foi assim nos primeiros capítulos, quando mãe descobriu a filha no apartamento de César, e foi humilhada por ela, que já estava determinada a não voltar para Foz. Depois de ser enganada por uma falsa redenção da menina, uma Raquel enfurecida lavava a alma do brasileiro ao rasgar o vestido de noiva que Fátima provava dias antes do casamento.[311] Na reta final, as duas ainda protagonizaram outra cena marcante: vivendo sua fase de gata borralheira[312] e verdadeiramente desolada depois de ser abandonada por César, Fátima procurava a mãe, esperando encontrar nela um amor incondicional. Ao que Raquel, cansada de ser apunhalada pelas costas, respondia com frieza e ironia, expulsando a filha de sua casa,[313] como havia prometido na ocasião das vésperas do casamento da *social climber*.

Como todo brasileiro, Fátima não desistiu nunca. Mesmo depois de presa ao ser apontada a principal suspeita da morte de Odete,[314] ela terminou dando adeus ao país. Entretanto, ao contrário de Marco Aurélio, outro crápula de marca maior (de quem ela ainda foi amante), saiu pela porta da frente: contraiu matrimônio com um príncipe italiano de alcunha quilométrica, numa cerimônia suntuosa gravada no salão de leitura do Copacabana Palace.[315] A união de fachada era a última das tramoias proposta por César, espécie de amigo íntimo do príncipe. Em troca de bancar a boa esposa, ela ainda garantiu uma bolada de US$1 milhão anualmente, passando a viver com o casal na maior mordomia, num castelo da Lombardia: "Ela sempre teve apenas dois objetivos na vida: enriquecer dando o golpe do baú e ficar com César", lembrou a atriz. "Casando-se com o príncipe, ela se realiza plenamente."[316]

E teve boatos de que ela terminaria na pior. *Se isso é estar na pior... Te mete!*

Odete Almeida Roitman 32

Beatriz Segall
Vale Tudo
(1988 - TV Globo)

Beatriz Segall
como Odete
(Foto: Reprodução/
Oscar Cabral)

Ainda existe algo mais a dizer a respeito de Odete Roitman?

Considerada a maior vilã da história das novelas, a presidente do grupo Almeida Roitman, que, além da TCA (onde se desenrolavam as tramoias corporativas de *Vale Tudo*), ainda contava com outras subsidiárias do ramo da aviação, era temida por muitos antes mesmo de entrar em cena. Tanto que, em sua primeira aparição, no final do capítulo 28, era vista em vários *takes* em planos detalhe, que revelavam a boca falando ao telefone e os olhos revirando ao mencionar sobre seu iminente retorno ao Brasil.

Odete (que, por pouco, não nasceu homem[317], já que a ideia inicial dos autores era construir um empresário implacável nos negócios) era o epicentro da maledicência preconceituosa de uma novela que se propunha discutir a falta de ética e moral no país. "Uma chata", nas palavras do próprio Gilberto Braga, um dos autores, responsável direto pela profusão de expressões em francês que ela destilava, sempre num tom de "triunfo maligno", de "quem se regozija com a tragédia."[318] Mas as chatices da personagem não desestimularam Beatriz Segall, intérprete da megera: "Acho que eu nasci para me ocupar das chatas. Mas tudo bem, porque sempre me deram chatas muito gostosas de interpretar"[319], confessou.

Arrogante e magnetizante, a empresária não media palavras para tecer comentários a respeito dos hábitos, da educação e da economia dos brasileiros, lançando críticas envernizadas por expressões estrangeiras com desdém e acidez

> **" Eu gosto do Brasil, acho lindo... Mas de longe, só em cartão postal. "**
>
> **— Odete Roitman**

que atingiram em cheio o cerne da identidade nacional. Apesar da indignação e certa controvérsia, Segall não chegou a ser hostilizada nas ruas.

Ao contrário do assédio na época de *Água Viva*, quando defendeu a aristocrática Lourdes Mesquita, em *Vale Tudo* a atriz passou a receber demonstrações de carinho e até de simpatia e admiração por encarnar tão bem a milionária de língua afiada:

> **"Ao invés de agressões por causa da Odete, tenho recebido é estímulos", revelou. "Às vezes, pessoas me cercam só para dizer que gostam das verdades que a Odete anda dizendo. Principalmente com relação à falta de educação do povo brasileiro."[320]**

Conhecida por seus gostos refinados e pela postura elegante, Segall fazia questão de esclarecer que seus valores eram incompatíveis com os de Odete, e que, portanto, adorava o país, mesmo com todos os defeitos: "Eu gosto é daqui. De viver neste país. Mas, como boa brasileira, não posso estar contente com o momento que vivemos, de um Brasil desgovernado, com a corrupção sem controle em todos os níveis."[321]

Assim como Lourdes, Odete era também uma mãe controladora de seus filhos, a artista plástica Helena (Renata Sorrah) e o idealista Afonso (Cássio Gabus Mendes). Seu domínio se estendia por todo o território familiar, influenciando a irmã bondosa Celina (Nathalia Timberg), o neto sensível Thiago (Fábio Villa Verde) e até o ex-genro corrupto Marco Aurélio (Reginaldo Faria), com quem trabalhava. Sua *protégé* era Maria de Fátima

(Glória Pires), jovem ambiciosa que, pela esperteza, conquistou a admiração (e a rara empatia) da sogra, depois de conseguir levar Afonso ao altar.

Ferrenha nos negócios e inflexível em suas convicções, Odete foi a grande mola propulsora da separação do casal protagonista. Ao notar o interesse de Heleninha por Ivan (Antonio Fagundes), propunha à Fátima que a ajudasse a romper definitivamente o relacionamento do mocinho com Raquel (Regina Duarte) em troca de seu apoio no relacionamento da arrivista com Afonso. Após a separação, o protagonista se casava com Helena, enquanto a ex-vendedora de sanduíches ascendia socialmente, entrando em sua fase "honesta *ma non troppo*".[322] Com o avançar dos capítulos, Odete e Raquel passavam a se enfrentar em diversas ocasiões. A artimanha mais infame da malvada foi, sem dúvida, o caso do envenenamento da maionese.[323] O prato, distribuído em todos os restaurantes da rede administrada pela proprietária da Paladar, foi contaminado por ordens da megera, e a tragédia só não foi maior graças à intervenção e potência vocal de tia Celina.

Na segunda metade, começaram a surgir boatos de que a personagem não chegaria viva até o fim da novela. Beatriz não se surpreendia nem questionava sobre a possibilidade, apesar de desejar que o castigo da vilã chegasse "[...] através da justiça e da condenação pela lei, não pela morte."[324] Contudo, depois de um longo período de bonança, com Odete rindo na cara do povo e testando a paciência do público, a reta final trouxe, finalmente, a tempestade. Primeiro, descobria que César (Carlos Alberto Riccelli), seu mais novo *scort*, era um antigo aliado de Fátima, e que os dois planejavam fugir para o exterior levando o seu dinheiro. Depois de expulsar o gigolô do apartamento, ainda se deparava com os desfalques milionários que Marco Aurélio aplicou na TCA e enfrentava um embate com Heleninha, que havia descoberto que era ela, Odete, quem dirigia o veículo na noite do acidente que matou Leonardo, o irmão da pintora.

Os eventos catárticos culminavam no fatídico capítulo 193, quando três disparos interromperam a ceia dos brasileiros (entre eles, pelo menos cinco milhões de cariocas e sete milhões de paulistas[325]) em plena véspera de Natal, quando a Sra. Almeida Roitman foi encontrada morta em circunstâncias misteriosas.

Rotulado pelos jornais como "o assassinato do ano" na televisão brasileira,[326] o crime encerrou sete meses de maldades proferidas pela dama-de--ferro e levantou uma pergunta que se tornaria a grande questão nacional. É claro que descobrir, afinal, QUEM MATOU ODETE ROITMAN (assim mesmo, grafado em maiúsculo) não era tarefa fácil, uma vez que vários personagens tinham motivos para tirar a vilã de cena, e todas as principais figuras da novela praticamente evaporaram na hora do crime.

Para o elenco, cada tiro representava um dos três autores, que, segundo Aguinaldo Silva, definiram o verdadeiro criminoso por unanimidade. E para confundir ainda mais os noveleiros, os "três mosqueteiros"[327] passaram a distribuir pistas (falsas ou não), adicionadas capítulo a capítulo, naquela reta final policialesca que tomou os jornais e movimentou a imprensa, numa repercussão ainda maior do que a de outros alvejados da ficção, como Salomão Hayala e Miguel Fragonard. Em todas as praças e esquinas, ao longo de duas semanas, o assunto era um só — e todos tinham o seu palpite. Até a astróloga e ex-Frenética Leiloca tinha sua teoria: achava que a culpada foi a Era de Aquário: "O tempo que a gente vive não tem mais espaço para quem vive do poder"[328], decretou.

A repercussão massiva e insistente chegou a irritar o time da novela. "É um folhetim e, como tal, deve ter um crime. Era só um desfecho comum que a imprensa transformou em sensação"[329], desabafou Leonor Bassères, coautora.

> **Beatriz Segall também manifestou descontentamento pelo excesso de discussões e holofotes sobre aquele trabalho. Quando perguntada a respeito do provável assassino, limitava-se a alegar que os culpados pelo crime eram os próprios escritores da novela: "Bobagem ficar se perguntando quem matou Odete se são os autores que decidem e o que eles escrevem é ficção."[330]**

Em uma das abordagens, relatada na coluna de Tetê Nahaz no *Globo*, a atriz teria entrado num táxi "disfarçada" usando óculos escuros e lenço na cabeça, para evitar o *frisson* das ruas. Ao que o motorista, a reconhecendo no ato, lançou com um sotaque luso: "A senhora me desculpa, mas quem foi que lhe matou?".[331]

A aguardada resposta veio apenas no final, e a sequência-chave gravada na tarde do dia da exibição[332] marcou uma das poucas vitórias da equipe sobre parte da imprensa, que costumava divulgar acontecimentos importantes da trama antes deles irem ao ar, ao longo de praticamente toda a exibição. As cenas secretas do roteiro do último capítulo (entregue ao elenco desfalcado das páginas 2 a 9, para manter em segredo a identidade do culpado[333]), gravada nos estúdios da

Tycoon, no Rio de Janeiro, elucidavam que Leila (Cássia Kis) era a responsável pelos disparos. A esposa de Marco Aurélio invadiu o apartamento quando Odete confrontava o empresário e, acreditando que o marido estava se encontrando com Maria de Fátima, apontou a arma e apertou o gatilho. As balas perfuraram a porta de vidro que separava a sala do corredor e tiraram a vida da megera, que deslizou na parede e morreu praticamente sentada. A maior morte da ficção partiu de um grande equívoco.[334]

Mas o *dolce far niente*, de Segall, não viria com o término da novela. Isso porque a repercussão da megavilã seguiria como espécie de pauta recorrente nos anos seguintes, em entrevistas nos programas televisivos para divulgar novos trabalhos, e até em encontros longe das câmeras. Com o tempo, a onipresença de Odete passou a causar certo aborrecimento à atriz. A veterana faleceu em 2018, aos 92 anos, sem nunca ter firmado um contrato fixo com a TV Globo.

Uma das maiores evidências de que a telenovela mobiliza, sobretudo quando mexe com a emoção de quem consome o gênero, *Vale Tudo* envelheceu como um legítimo *Château Margaux*, graças à sua espinha dorsal que segue atual, sua carpintaria perfeita[335], seus protagonistas de carne e osso, coadjuvantes igualmente talentosos e criativos, e uma vilã implacável e inesquecível, que extrapolou a onipotência cruel e mobilizou o país que tanto rechaçava. Assim como o vinho, o tempo só contribuiu para realçar os componentes aromáticos e flavorísticos da narrativa e para elevar Odete Roitman ainda mais à alcunha de personagem antológica definitiva do gênero.

Curiosamente, capítulos antes da revelação, Silva comentaria a respeito do fato da personagem mais rica do folhetim que finalizavam permanecer presente na história até o seu término, mas a declaração segue valendo mais de 35 anos depois daquele 6 de janeiro de 1989:

"O público não há de ficar com saudades de Odete, porque ela é uma personagem tão forte que sobreviverá à sua morte", previu. "É como um fantasma, continuando presente, sendo falada o tempo todo."[336]

Se depender do brasileiro, Odete Roitman ainda vai continuar com a orelha quente por muito tempo. Confia em mim.

Luis Gustavo
como Juca
(Foto: Reprodução/Bazilio
Calazans/Globo)

33 Juca Pirama

Luis Gustavo
O Salvador da Pátria
(1989 – TV Globo)

Meninos, eu vi!
Vi quando saíram de cena Raquel e Maria de Fátima de *Vale Tudo*, para darem lugar a Sassá Mutema (Lima Duarte) e a professorinha Clotilde (Maitê Proença, em substituição à Vera Fischer[337,338]), em *O Salvador da Pátria*. Escrita por Lauro César Muniz, a história bebia da fonte de outros textos do novelista: as duas versões de *O Crime de Zé Bigorna*[339] (primeiro, veiculado como episódio do programa *Caso Especial*, em 1974; três anos mais tarde, transformado em longa-metragem sob a direção de Anselmo Duarte).

A novela, cujo título provisório era *O Resgate*[340] (e cuja sinopse exigiu ao menos quatro reescritas por parte de Lauro César Muniz, até que o autor conseguisse acertar o tom[341] e definir melhor o fio narrativo), carregava um texto dramático com boas doses de tensão oriundas do gênero policial, permeado por um "pano de fundo político, social e econômico"[342] engajado, perfeito para um país que vivia o ano de sua primeira eleição direta para presidente. Mais de três décadas depois, ainda ressoa por sua contemporaneidade num Brasil com escassa memória política.

De um lado, Sassá, o galã caboclo[343] catador de laranjas. Do outro, o ambicioso Severo Blanco (Francisco Cuoco), latifundiário e prefeito de Tangará. O político propunha ao mineiro analfabeto um casamento de fachada com sua amante, Marlene (Tássia Camargo), como estratégia para abrandar uma polêmica que poderia lhe prejudicar a carreira política. No fio de tensão, retesado

> **"**
> **Vamos levantar, Tangará! Vamos acordar, pular dessa cama. Joga água nele! Deixa o olho arder!**
> **"**
>
> – Juca Pirama

naqueles primeiros 15 capítulos, o persona-gem José Matos, conhecido como Juca Pirama (Luis Gustavo), atuava como uma espécie de falso profeta.

Radialista populista e reacionário ultradirei-tista, proprietário da Rádio Clube de Tangará, Juca vociferava no microfone durante o seu programa matinal, apontando o dedo para as práticas de corrupção e os casos extraconjugais envolvendo as figuras políticas da região.

> **Mas a "voz sempre alerta, sempre na defesa do povo"[346], como se autoproclamava, era apenas uma fachada moralista utilizada por um sujeito inescrupuloso que buscava explorar cada escândalo a seu favor.**

Além disso, seu lado conservador ocultava outros crimes, como o tráfico de drogas orques-trado com a ajuda de João (José Wilker), o irmão comandante de avião que acabava preso em fla-grante com os pacotes de entorpecentes que tra-zia de La Paz, na Bolívia.

Eu vi, meninos, eu vi! Quando o radialista, depois de acumular desafetos e pedir apoio à Severo em sua candidatura a prefeito, recebia um bilhete supostamente escrito por Marlene. Ao perceberem que se tratava de uma armadilha, não conseguiram escapar do destino: acabaram mortos a tiros por uma figura misteriosa. O crime era o detonador das reviravoltas, culminando na escalada do matuto Mutema, que virava herói ao ser acusado do tal duplo assassinato. Apesar de chocar a comunidade Tangarense, a morte de Juca Pirama não surpreendeu a todos. Afinal, "macaco que muito pula, quer chumbo."[347]

I-Juca Pirama é, originalmente, o título de um poema brasileiro escrito pelo maranhense Antônio Gonçalves Dias e narra a história de um guerreiro indígena condenado à morte, que faz um apelo à tribo inimiga para retornar e cuidar do pai.[344] Luis Gustavo, que conhecia o poema, sugeriu a referência a Lauro César. Assim, o radialista sensacionalista que originalmente assinaria com o sobrenome Santana, virou Jura Pirama[345]. Até hoje, os versos extraídos do último canto, usado como bordão a cada início de transmissão de seu programa e que se sobrepuseram à cena da morte do personagem, entoados efusivamente por Gustavo, são difíceis de esquecer:

E à noite nas tabas, se alguém duvidava do que ele contava, dizia prudente: "Meninos, eu vi"!

E o suspense a respeito do mandante do crime perdurou ao longo de 170 capítulos. Teve quem acreditou que ele ainda estivesse vivo, já que sua voz, ressuscitada pela inventividade de Muniz, continuou a reverberar por meio das misteriosas transmissões radiofônicas de uma rádio pirata, acusando vários supostos culpados e supostamente atuando como líder da organização criminosa[348]. O personagem também surgiu em aparições para Severo.[349] Essa ambiguidade entre vida e morte ainda instiga os espectadores que descobrem ou revisitam *O Salvador da Pátria*.

Curiosamente, em 1994, sete anos depois da exibição original da novela, um crime real e similar ao de Juca e Marlene estampou os jornais do país: o assassinato de Paulo César Farias, encontrado morto ao lado da namorada, Susana Marcolino.[350] Mais uma vez, a vida imitava a arte — ao menos em parte. Isso porque o responsável pela morte dos personagens foi revelado no último capítulo da trama, enquanto a identidade do assassino do tesoureiro de Fernando Collor jamais foi esclarecida.

Ravengar 34

Antônio Abujamra
Que Rei Sou Eu?
(1989 - TV Globo)

Antônio Abujamra
como Ravengar
(Foto: Reprodução/Globo)

Anunciada como uma "aventura de capa e espada", *Que Rei Sou Eu?* era uma ideia antiga do autor Cassiano Gabus Mendes, que vislumbrava uma história fantasiosa, recheada de bruxos, nobres e plebeus, num espaço temporal que remetia ao século XVIII, às vésperas da Revolução Francesa. Inicialmente proposta como uma sátira para as 20h, foi vetada por José Bonifácio de Oliveira Sobrinho, então vice-presidente de operações da TV Globo. De acordo com o próprio Boni, em sua autobiografia, a recusa se deu pelo fato de a censura já ter proibido a veiculação da primeira versão de *Roque Santeiro*, o que transformava "uma comédia chanchada às 20h"[351] em algo impensável para o final da década de 1970, quando Mendes apresentou a ideia à direção da emissora.

Inspirado em obras de autores que costumava ler durante a juventude[352], como *Os Três Mosqueteiros*, de Alexandre Dumas — mas bem sustentada pelos elementos característicos de um autêntico folhetim —, Cassiano contou com a genialidade de Jorge Fernando para, juntos, fecharem um elenco de estrelas para a produção das 19h: Edson Celulari, Giulia Gam e Natália do Vale formaram o triângulo amoroso, enquanto os ardis ficaram sob a tutela de Valentine e Ravengar, personagens de Tereza Rachel e Antônio Abujamra — este, convidado pelo próprio autor.

Nascido em São Paulo e com formação em Filosofia e Jornalismo pela Pontifícia Universidade Católica do Rio Grande do Sul, Abujamra decidiu investir como diretor de teatro. Quando escalado para *Que Rei Sou Eu?*, incursionando-se

"
Todos pensam que Petrus não tem herdeiro homem, mas do seu leito de morte ele me confidenciou que existe um herdeiro. Isso pode atrapalhar um pouco meus planos, mas também pode me dar uma oportunidade: a de tomar o poder definitivamente.
"

– Ravengar

como ator de telenovelas, já acumulava 34 anos de experiência na função de diretor, com 76 peças no currículo.[353] Mestre Ravengar, tão autêntico e complexo quanto seu intérprete, se tornaria a marca maior daquele intelectual das artes entre os espectadores da TV. Nefasto e soturno, o vilão era o conselheiro-mor do reino fictício de Avilan, lugar onde reinavam as contradições, injustiças e desmandos[354] e onde as guilhotinas insistiam em não funcionar. Espécie de mão-direita da Rainha Louca (Tereza Rachel), era uma amálgama de bruxo, astrólogo e médico; um homem que dominava até mesmo as artes da hipnose, técnica que lhe concedia o poder de influenciar as pessoas.

> **Nas palavras do próprio ator, era "uma mistura de Rasputin com Nostradamus e a eminência parda da corte, como existem muitas no Brasil"[355].**

Logo após a morte do Rei Petrus II (Gianfrancesco Guarnieri), intensificava suas investidas rumo ao poder, influenciando diretamente nos mandos e desmandos da rainha desvairada, sempre acompanhado de sua criada, Fanny (Vera Holtz). E quando o testamento de Petrus chocou a todos ao revelar ter um filho bastardo desaparecido, propôs à Valentine que colocassem um mendigo para ocupar o trono, passando-se pelo príncipe herdeiro. O escolhido foi Pichot (Tato Gabus Mendes) que, depois de ser hipnotizado e rebatizado como Lucien Erlan, passou a enfrentar seu criador,[356] transformando-se num tirano.

Apesar da cara de malvado e das muitas bruxarias, Abu — como era carinhosamente chamado — conquistou o público infantil, numa espécie de retorno poético às origens, dos tempos em que dirigiu episódios do seriado *Vila Sésamo*. Criativo e provocador em tudo o que fazia, divertia-se com o texto: aprendeu, inclusive, a manejar cartas de tarô nas aulas informais que teve com o também ator Fábio Sabag, que havia utilizado o jogo quando trabalhou em *Brega & Chique*[358]. Já a sintonia do personagem ele foi ajustando com a novela no ar:

> **"No começo, parti para uma interpretação *over*, mas depois descobri que o caminho era outro. Ou seja, atuava mais para fora até sentir que precisava explodir a emoção no peito e não deixar sair. Foi quando fiz de Ravengar um tipo mais contido. E encontrei o equilíbrio".**

Naquele 1989, o ator mergulhou na nobreza: durante o dia, personificava as maldades do vilão da novela; à noite, transformava-se no Conde Molla da peça *Encontrarse*, de Luigi Pirandello, no Teatro Copacabana[359]. Curiosamente, ao ser questionado sobre o frenesi dos estúdios de TV e dos palcos, não hesitava em se proclamar um autêntico ocioso: "Só os grandes preguiçosos podem fazer alguma coisa em arte".[360] Haja preguiça para tanta arte.

No mesmo ano em fez sucesso como o vilão de *Que Rei Sou Eu?*, Abujamra colheu outros louros, ligados ao cinema e ao vídeo: conquistou o Kikito de Melhor Ator, na XVII edição do Festival de Cinema de Gramado, por sua interpretação em *Festa*, longa-metragem de Ugo Giorgetti, enquanto o vídeo *Alucinação*, de Ricardo Nauenberg, levou o prêmio Leonardo de Ficção em Vídeo, em Milão. "Este país está perdido por me premiar tanto"[357], brincou.

Tereza Rachel
como Valentine
(Foto: Reprodução/Globo)

35 Rainha Valentine

Tereza Rachel
Que Rei Sou Eu?
(1989 - TV Globo)

Depois de um período de seis anos afastada das novelas (a última participação havia sido em *Louco Amor*, de 1983), Tereza Raquel buscou inspiração nas próprias experiências para interpretar Valentine, a soberana descontrolada da comédia *Que Rei Sou Eu?*. Resgatou, do ofício de mais de três décadas de atuação nos palcos, alguns elementos dramáticos, como gestos, tiques e expressões faciais exagerados, elevando o tom da malvada que ainda carregava um *quê* de madrasta da Branca de Neve.

Mulher de personalidade forte, a Rainha Valentine era tão excêntrica quanto ameaçadora e via na morte de seu marido, o rei Petrus II (Gianfrancesco Guarnieri), a oportunidade de retomar as rédeas de sua própria vida e do reino de Avilan. Oscilando entre o desejo de ser amada e sua ânsia por poder, ainda precisava enfrentar o impacto de uma revelação durante a leitura do testamento do falecido: a existência de um suposto filho bastardo (Jean-Pierre, o herói destemido de Edson Celulari), apontado como o herdeiro mais indicado para a sucessão.

> **"**
> # Quer dizer que você inventaria o príncipe herdeiro? E escolheria este homem no meio do povo? E o educaria para ser um príncipe?
> **"**
>
> — Rainha Valentine, compreendendo o plano maléfico de Ravengar

Ostentando uma cabeleira branca volumosa e um opulento figurino preto e dourado, composto por Marco Aurélio (famoso por assinar o visual extravagante da Viúva Porcina, de *Roque Santeiro*), a figura

máxima do poder do reino tinha a voz aguda e gritos estridentes e era desprovida de paciência.

Curiosamente, paciência era uma das virtudes reservadas à Tereza Raquel, que precisava encarar a maquiagem e os vestidos e completar o visual com a peruca e os apetrechos da realeza, numa preparação diária que levava aproximadamente uma hora e meia[361] antes de gravar. A dedicação era recompensada pelo visual arrebatador em cena.

Mesmo com Valentine estando à frente dos planos malignos da história (ela chegou, inclusive, a negociar propina com a venda de ópio[362]), a rainha louca conquistou o coração do público, tornando-se a queridinha dos espectadores. Conhecida por um temperamento sereno e personalidade igualmente tranquila, a própria atriz logo se viu apaixonada pela personagem, sobretudo pela governante ser tão diferente dela: "A Valentine tem um caráter possessivo e diabólico, mas, por outro lado, tem senso de humor e de oportunidade. É uma rainha engraçada, bufona, meio malvada, meio messalina".[363]

As insinuações picantes entre ela e Corcoran (Stênio Garcia), o Bobo da Corte (que, na realidade, de bobo não tinha nada) e suas investidas sexuais com Bergeron Bouchet (Daniel Filho), por quem tornava-se obcecada (chegando, inclusive, a enclausurar o ex-Conselheiro da Moeda nas masmorras do palácio, e a obrigá-lo a ir para a cama com ela[364]), divertiram o público. Outro ponto alto era sua relação com o cúmplice Ravengar (Antônio Abujamra), o bruxo do condado. Enquanto a audiência se divertia, Raquel aproveitava para refletir e defender o caráter e as carências da vilã:

"Coitada, ela é frustrada sexualmente. [...] Gosto de tudo dela, não tenho preconceitos.

⊕ Curiosamente, os dois grandes vilões de *Que Rei Sou Eu?*, artistas formados pelos palcos, administravam dois teatros na época das gravações da novela: ela, com o Teatro Tereza Rachel, localizado no Shopping Cidade Copacabana, no Rio, e inaugurado seis anos antes da exibição da trama[365]; ele com o recém-inaugurado Teatro Antônio Abujamra, situado no antigo Teatro Igreja, no bairro do Bixiga[366]. Nos anos 1990, o espaço foi rebatizado de Teatro Bexiga e hoje abriga um centro cultural para eventos de artes visuais, música e filosofia.

Mesmo seu lado autoritário, burro e de desleixo com as coisas do reino eu absorvo, endosso, estou do lado dela"[367], declarava, entusiasmada.

O sucesso foi tamanho que Cassiano investiu no lado voluptuoso da malvada — tudo sem comprometer sua persona cartunesca, que tanto agradava a parcela infantil. Em determinado momento, por exemplo, quando já cansada de conviver com tanta feiúra[368] dos conselheiros mais velhos, Valentine nomeava o jovem e sedutor Roland Barral (Guilherme Leme) como o novo conselheiro do Trabalho. Ela ainda dividiu a cena com ninguém menos que a rainha do escracho: a convite do próprio Boni,[369] Dercy Gonçalves fez numa participação especial de quatro capítulos[370] como a Baronesa Eknésia, mãe desbocada de Valentine, que conhecia bem o passado imoral da filha.

A repercussão surpreendeu até mesmo Tereza, que costumava conferir no ar sua própria interpretação, para buscar certo equilíbrio, mesmo quando a proposta era a sátira e o exagero: "Faço questão de ver o meu trabalho. Sou muito crítica comigo mesmo. E também, é claro, me faço elogios", destacou. "O prazer maior está em ver e não em fazer".[371]

Perpétua Esteves Batista 36

Joana Fomm
Tieta
(1989 - TV Globo)

Joana Fomm
como Perpétua
(Foto: Reprodução/Globo)

No finalzinho dos anos 1980, completando 30 anos de carreira, Joana Fomm já estava acostumada a emprestar o rosto para algumas das malvadas favoritas da TV: foi assim com Fausta de *Bambolê*, Lúcia Gouveia de *Corpo a Corpo*, e com a *socialite* Yolanda Pratini de *Dancin' Days* — todas com doses generosas de veneno. Quando convidada para encarnar a antagonista de *Tieta*, a atriz vinha mergulhada nos estudos sobre a linguagem de sinais, parte de um processo de composição para a personagem Leonor, que faria em *Terceiro Pecado*[372] (novela que acabou rebatizada de *O Sexo dos Anjos* pouco antes da estreia). Remanejada para o horário nobre, ocupou a vaga que seria de Fernanda Montenegro, numa dessas substituições de elenco providenciais.

Não que Fernandona não fosse capaz de compor uma Perpétua à altura e com traquejos próprios, ao contrário! É que, para muitos de nós, ainda hoje é difícil desassociar aquela imagem esguia, austera e de semblante enfeiado da personagem (uma viúva devota e conservadora) do resultado irretocável de composição e interpretação de Joana. Sempre atenta aos detalhes, a atriz mergulhou no universo de Perpétua, chegando a pedir que amigos lhe enviassem canções religiosas antigas para enriquecer suas cenas.[373]

A beata mais fervorosa de Santana do Agreste (espécie de *fiofó* de mundo, inspirado nas linhas do romance de Jorge Amado, publicado em 1977),

**"
Tieta é quenga, sim! É das mais rampeiras!
"**

— Perpétua

apesar da aura religiosa, era o diabo! Um diabo simplório e muitas vezes ingênuo e cômico, é verdade, mas ainda assim cercado das piores intenções.

E isso desde o capítulo de estreia, quando ela, ainda jovem (e interpretada por Adriana Canabrava, escalada de última hora[374]), engendrou intrigas para que a irmã "Tieta cabrita" (Cláudia Ohana) escorraçada de casa pelo pai (Sebastião Vasconcelos), humilhada em praça pública e expulsa da cidade, somente para retornar triunfante 20 anos mais tarde, na forma, beleza e magnetismo de Betty Faria.

Invejosa e vestida de preconceitos e inibições (além do seu inconfundível figurino preto, assinado por Luiz Lacerda e Helena Gastal), a *tribufu*, como era apelidada por seus desafetos,[375] tomou para si o posto de representante maior da rigidez moral de Santana. O preço a se pagar, imposto por ela própria, era enterrar seus desejos num âmago mais profundo que as dunas de areia que contornavam a paisagem do Agreste. Tudo isso, para sustentar uma falsa virtude.

A fachada de santarrona buscava esconder (embora acabasse reforçando) a personalidade de uma mulher mesquinha e hipócrita. Ao renegar e condenar o modo como Tieta abraçava sua sexualidade, sem medo ou vergonha, Perpétua atuava como um dos polos opostos de uma discussão sobre tradição e mudança, conservadorismo e liberdade sexual, e sobre a relevância de mulheres que desafiavam padrões, buscando conquistar uma autonomia sobre seus próprios corpos e libidos.

Além disso, a cobiça da falsa carola (que queria mesmo era a herança da irmã) a impediu até de notar os chamegos do próprio filho, o seminarista Ricardo (Cássio Gabus Mendes) com Tieta, um romance ardente e proibido entre tia e sobrinho que desabrochou bem debaixo do seu nariz de bruxa.

Apesar das mil e uma armações, a vilã de tiques nervosos e uma infinidade de caretas caiu nas graças do povo. Apaixonada pelo trabalho, Fomm se divertia com as cartas que recebia dos fãs, principalmente as que chegavam do Nordeste. Claro que ninguém se identificava com Perpétua, mas a maioria deles jurava que conhecia uma.[376]

Entretanto, o epicentro da maledicência da megera foi uma certa caixa branca misteriosa, representante maior dos sonhos eróticos da Olívia Palito nordestina, e que mexeu com a curiosidade e a imaginação da audiência. A resposta veio sugerida no último capítulo: apesar dos autores não deixarem explícito o verdadeiro conteúdo da caixa, os moradores de Santana do Agreste puderam vislumbrar, chocados, o que Perpétua fazia tanta questão de guardar: as más línguas afirmam que eram as partes íntimas do major Cupertino, seu falecido marido, por quem a vilã sempre nutriu uma paixão doentia. Na mesma cena, o público também recebeu de presente outra cena antológica: a de Tieta arrancando a peruca da irmã, com o povo reunido em plena igreja. E para que os *takes* da sequência atendessem às exigências da direção foram necessários três dias de filmagens.

Passados oito meses das gravações, Joana Fomm já conseguia comparar a repercussão de seu trabalho em *Tieta* com a da vilã que encarnou uma década antes, em *Dancin' Days*:

> **"A Yolanda marcou muito, mas acho que a Perpétua alcançou mais sucesso em termos de reportagens, por ser uma personagem que ninguém me imaginava fazendo".**

Na mesma entrevista, concedida ao jornal *O Globo*, ela ainda falou sobre o cansaço decorrente de mais uma entrega intensa: "Foi extremamente difícil e cansativo interpretar a Perpétua. Como ela não para nunca, pula o tempo inteiro, está sempre tensa e tem postura e andar diferentes dos meus, eu me cansava muito. [...] Às vezes meus dedos não dobravam devido à força com que tinha segurado e brandido o guarda-chuva, além do meu rosto doer inteirinho de tanto fazer careta. Fisicamente, foi uma tourada mesmo"[377].

Em compensação, a recepção foi da moléstia.

1990 a 1999

Vilões no Plano Real
e no imaginário

Por um Deus nos acuda: volatilidades financeiras, movimento dos caras-pintadas e até *impeachment* do primeiro presidente eleito e afastado por corrupção, foram os grandes estopins da década de 1990 no Brasil, época de globalização e privatizações generalizadas, em que o país que se via atolado num lamaçal de instabilidade e descrença. A implantação do plano Real, nova moeda que começou a circular em 1994, trouxe certo alívio ao controlar a hiperinflação, dando início a um período de maior estabilidade econômica.

Imbuído de uma esperança renovada, o brasileiro se deixou levar pelas mais diversas e inusitadas atrações televisivas, embalado pelos ritmos de festa, da Macarena, da nova loira do Tchan!, dos Mamonas Assassinas e do "*uba uba uba, hey!*" da Banheira do Gugu, um dos quadros mais populares do principal rival do Domingão do Faustão. Aliás, os apresentadores Augusto Liberato e Fausto Silva protagonizavam o maior embate televisivo semanal, incomparável em audiência e repercussão até nos dias de hoje, com direito à parte íntima exposta na banheira de espuma e sushi erótico servido sobre mulheres nuas em um restaurante japonês![378] "*Loucura, Loucura, Loucura*", como diria Luciano Huck, o jovem apresentador do H, programa da Band que contava com as modelos Suzana Alves e Joana Prado, como Tiazinha e Feiticeira, beldades que faziam a alegria dos adolescentes.

Os anos 1990 foram também a era de ouro de dois programas duradouros da Globo. Um deles foi o *Vídeo Show*, que em 1994 estreou seu novo formato diário, de segunda a sexta-feira,[379] matando a sede dos telemaníacos que ansiavam por curiosidades a respeito de seus programas, novelas ou artistas favoritos. O outro foi a duradoura *Malhação*. Anunciada como uma *Barrados no Baile* brasileira[380] e apelidada de *Soap rap*, o misto de seriado e novela logo conquistou o público mais jovem ao narrar os dramas comuns de adolescentes entre 13 e 17 anos, primeiro tendo uma academia e, anos depois, um colégio como pano de fundo. Escrita inicialmente por Márcio Prates, Emanuel Jacobina, Andréa Maltarolli e Patrícia Moretzsohn, a atração permaneceu por 20 anos no fim de tarde da líder de audiência, totalizando 27 temporadas e funcionando como um importante celeiro para novos intérpretes, diretores e roteiristas que se transformariam em nomes conhecidos da emissora. Alguns exemplos são os atores Cauã Reymond

Débora Falabella, Thiago Lacerda, André Marques e Priscila Fantin, e os roteiristas Paulo Halm, Alessandra Poggi, Izabel de Oliveira e Lícia Manzo, entre tantos outros talentos.

Enquanto isso, ainda por meio da ficção, a tevê propunha debates ainda mais expressivos para dirimir a frustração popular e estimular uma formação social e política mais consciente. Novamente, as novelas atuavam como uma forma de catarse coletiva, personificando em personagens e enredos, as insatisfações e expectativas da audiência. Temáticas como questões raciais e de identidade, desigualdade social e violência urbana passaram a surgir com maior frequência nas histórias. E quem melhor do que um bom vilão para nos fazer refletir sobre a natureza humana e os limites entre luz e escuridão?!

Assim, mais uma vez, destacava-se a relevância do aspecto social de figuras como Laurinha Figueroa (Glória Menezes, em *Rainha da Sucata*), major Bentes (Lima Duarte, em *Fera Ferida*), Raul Pelegrini (Tarcísio Meira em *Pátria Minha*), Ralf (Oscar Magrini, em *O Rei do Gado*), Branca (Susana Vieira em *Por Amor*) e Maria Regina (Letícia Spiller, em *Suave Veneno*). Para além de denúncias e debates suscitados em cada trama e considerando os diferentes níveis de caricatura apresentados em cada personagem, esses e outros antagonistas personificavam tanto a visão que o povo tinha da elite, quanto o inverso, ou seja, a visão que a elite tinha do povo.[381]

A inventividade dos escritores aliada ao talento dos atores e atrizes resultou em uma década marcada por uma

profunda criatividade, que expandiu consideravelmente o repertório de vilões, ultrapassando os arquétipos tradicionais de tipos ambiciosos, oportunistas ou vingativos: um vampiro sanguinário e "gotoso", um cirurgião plástico sedutor, um assassino misterioso que dirigia um opala preto, uma mulher com ares de bruxa má e até um antagonista vingativo que continuava a atormentar seus desafetos mesmo após a morte. Esses são apenas alguns exemplos dos malfeitores imaginativos que protagonizaram e movimentaram tramas em diferentes horários ao longo da década, conquistando o público com presenças marcantes e um charme irresistível.

No caso da Globo, as gravações dos principais programas, incluindo suas narrativas seriadas, vinham acontecendo principalmente nos estúdios da Tycoon. A empresa, situada na Avenida Ayrton Senna, garantia exclusividade à emissora carioca, abraçando toda a esteira de produção, da gravação às edições dos programas.[382,383] A dinâmica seria alterada gradualmente a partir de outubro de 1995, com a inauguração do Projac (Projeto de Jacarepaguá), o novo centro de produções da Globo. O gigantesco empreendimento, que demandou um investimento superior a US$ 120 milhões numa área de 1,3 milhão de metros quadrados,[384] não apenas passou a abarcar as gravações das novelas e minisséries, mas também incorporou cinco cidades cenográficas, uma fábrica de cenários e figurinos e espaços para administração, engenharia, restaurantes, módulos de apoio à produção e áreas de armazenamentos.[385] O complexo, apelidado de "a Hollywood brasileira", representou uma revolução em termos de produção, consolidando o renomado "selo Globo de qualidade".

Enquanto isso, na principal emissora concorrente, o selo em vigor era o da Televisa. Os folhetins dublados e açucarados, importados diretamente do México para a programação do SBT, conquistaram o público brasileiro, especialmente as crianças e adolescentes. Além da trilogia *Maria Mercedes*, *Marimar* e *Maria do Bairro*, protagonizada pela cantora Thalía, a audiência feminina caiu de amores pelo galã Fernando Colunga, que também protagonizou *A Usurpadora* (por sinal, um *remake* produzido pela RCTV, de uma trama de 1981), um dos maiores sucessos comerciais da emissora do eterno Silvio Santos, chegando a alcançar um índice semanal de audiência entre 19 e 21 pontos, de acordo com o Ibope da época.[386] Entre as malvadas das tramas enlatadas que fizeram a alegria dos noveleiros, destaque para a demoníaca Soraya Montenegro (Itatí Cantoral) que atormentou a vida de Maria do Bairro, e para a cínica Paola Bracho (Gabriela Spanic), de *A Usurpadora*.

De olho no sucesso instantâneo do filão (que, entre idas e vindas ainda marca presença na grade da emissora) e buscando repetir o sucesso de *Carrossel*, veiculada com sucesso retumbante no início da década, o homem do Baú logo tratou de firmar parceria entre o SBT e a argentina Telefe para a produção de *Chiquititas*, trama infantojuvenil que se transformaria numa verdadeira febre entre crianças e adolescentes e num dos grandes sucessos de 1997 e 1998, com médias em torno de 18 pontos na grande São Paulo.[387] A responsável por boa parte das maldades era Dona Carmem (Débora Olivieri), a diabólica herdeira do Raio de Luz, orfanato onde viviam as meninas dançantes da novelinha.

Outro *highlight* da tevê na época foram as paródias novelescas do humorístico *Casseta & Planeta, Urgente!*, exibido mensalmente entre 1992 a 1999, na faixa *Terça nobre*. O programa cujo slogan era "Humorismo-verdade, jornalismo-mentira" passou a ser semanal no final da década, ampliando ainda mais as sátiras das novelas que integravam a programação, inclusive anos 2000 adentro.

Os *remakes*, tendência conhecida do público na década anterior, especialmente com *Selva de Pedra*, *Direito de Amar*, *Hipertensão* e *O Sexo dos Anjos*, continuaram a se manifestar de forma ainda mais frequente. Tramas de sucesso como *Dona Xepa* (que passou a se chamar *Lua Cheia de Amor*), *Anjo Mau*, *Éramos Seis*, *Sangue do Meu Sangue*, e até *2-5499 Ocupado* (rebatizada de *Louca Paixão*) ganharam suas novas versões, com elenco rejuvenescido e participações especiais de intérpretes que atuaram nas originais. Algumas dessas produções, como *Mulheres de Areia* e *A Viagem*, conquistaram um lugar especial no coração do público, enquanto outras, como a outrora antológica *Pecado Capital* e o "faroeste-feijoada"[388] *Irmãos Coragem* não conseguiram replicar a repercussão dos textos nos quais foram inspirados.

Até *Dancin' Days* chegou a ser cogitada a entrar na onda de refilmagens, com Malu Mader e Glória Pires escaladas para os papéis de Júlia Matos e Yolanda Pratini[389], mas o projeto acabou engavetado pela emissora. Para Pires, que se desdobrou nos papéis das gêmeas Ruth e Raquel na nova versão da novela de Ivani Ribeiro, a proliferação de tramas recicladas não representava um sintoma de esgotamento, mas sim de escolhas que pudessem reduzir ao máximo a probabilidade de erros no gênero: "Há medo de arriscar, investir no novo", resumiu, às vésperas do início das gravações de *Mulheres de Areia*, em Angra dos Reis. "Não temos escolas de autores, diretores e atores. Não há renovação."[390] Hoje, a declaração da atriz evidencia a natureza cíclica da telenovela, um produto que, apesar de enfrentar crises e debates sobre força e relevância, sempre soube se reinventar, adaptando-se às novas demandas do público e às principais mudanças da rotina de vida do brasileiro.

E quando o desfecho de alguma novela não agradava a maioria, havia sempre um episódio semanal e interativo do *Você Decide* para resgatar nossa satisfação em escolher o final desejado. E para uma dose adicional de vilania e humor ácido, lá estava Caco Antibes no final do domingão, esbravejando no palco do *Sai de Baixo* sobre tudo quanto era "coisa de pobre".

Só quem viveu, sabe!

Glória Menezes
como Laurinha
(Foto: Reprodução/Globo)

37 Laurinha Albuquerque Figueroa

Glória Menezes
Rainha da Sucata
(1990 – TV Globo)

Além de falar absurdos e atrocidades, tramar contra Deus e o mundo e até cometer crimes hediondos, qual seria a *magnum opus* de um vilão de novela? Graças à Laurinha Albuquerque Figueroa, a malvada de *Rainha da Sucata* — e à inventividade de Silvio de Abreu —, a gente sabe bem qual é.

Uma verdadeira dondoca dos Jardins, reduto sofisticado da capital Paulista, Laurinha batia ponto nas colunas sociais, mas não dispensava um convite sequer para garantir uma boa refeição por dia, já que, secretamente, beirava à miséria e vivia do dinheiro da própria cozinheira. Agindo como uma verdadeira leoa[391] quando o assunto era o sobrenome da família, a personagem interpretada por Glória Menezes confrontava Maria do Carmo (Regina Duarte), uma mulher pobre que depois de virar empresária de sucesso — nas palavras da própria vilã — tentava roubar-lhe o status e, principalmente, o *seu homem*. O homem em questão era Edu (Tony Ramos) enteado de Laurinha, por quem ela nutria uma paixão platônica avassaladora. Os ataques se intensificavam depois que a sucateira milionária e o quarentão falido oficializavam o casamento, fazendo com que as duas inimigas passassem a dividir o mesmo teto.[392]

A sinopse de *Rainha da Sucata* surgiu a partir de uma pesquisa publicada por uma agência de propaganda, que indicava que o dinheiro estava mudando de mãos[393], instigando o declínio da chamada "sociedade tradicional" paulista. Depois das comédias bem-sucedidas para o horário das 19h, Silvio estreava na faixa nobre da TV Globo apostando no embate (capitalista e sentimental)

> **"**
> ## Sua sucateira ordinária! Sua vida acaba agora!
> **"**
>
> **– Laurinha Figueroa,**
> antes de se lançar do alto
> do prédio da Sucata

entre as duas personagens e num mergulho à crítica social, buscando atrair o público que havia ficado órfão de Perpétua e Tieta. Além disso, a produção tentava barrar o sucesso de *Pantanal* na emissora concorrente. Tudo embalado pelo ritmo quente e o requebrar da lambada, que virou febre nacional e irritou os *Disk Jockeys* das principais boates e casas noturnas do país, que se apressaram em decretar a morte do ritmo assim que *Rainha da Sucata* saiu do ar[394].

Glória celebrou a parceria com Silvio e com o diretor Jorge Fernando, no projeto que marcava os 25 anos da emissora, afirmando que sua primeira vilã representava a elite parasita da sociedade:

> **"Na verdade, o caráter dessa mulher [...] é uma crítica a muita gente que vive da mesma maneira. [...] Para mim, ela é egocêntrica. Uma pessoa que pensa somente nela e que é capaz de tudo para defender seus princípios".[395]**

Por isso, roubar, enganar, humilhar e até matar faziam parte do arsenal da víbora. Eram tudo "coisas de Laurinha", como bem lembrava Betinho (Paulo Gracindo), o marido que a trapaceira envenenou lentamente, com doses homeopáticas. A atriz ainda admitia o desafio de encontrar lógicas no comportamento pérfido da esnobe quatrocentona: "O mais difícil para mim foi ter entendido essa mulher e não saber como exteriorizá-la. [...] Mas acho que temos que encontrar o porquê de as pessoas agirem assim. Ninguém é gratuitamente mau."[396]

Sua derrocada na reta final rendeu ao público o sacrifício máximo de uma atitude vilanesca: abandonada por todos, sem qualquer possibilidade de conquistar o amor de Edu e diante de ser desmascarada, Laurinha se jogava do topo da sede das empresas de Do Carmo (na realidade, o edifício Cetenco Plaza) em plena Avenida Paulista,[397] suicidando-se para tentar incriminar definitivamente a "sucateira ordinária". Pouco antes de rodar a cena, a atriz comentou antecipou os fatos à imprensa: "Laurinha morrerá com dignidade, a mesma dignidade que lhe foi peculiar durante os seus meses da novela", refletiu.

> ## "Ela enfrentou sua decadência com essa dignidade e acho que não poderíamos ter encontrado fim tão adequado para a personagem [...]. Laurinha foi como uma orquídea numa caixa de vidro, sem oxigênio."[398]

A morte da socialite paulistana da ficção repercutiu tanto, que foi destaque na capa do jornal *O Globo*, de 8 de outubro de 1990.

Glória também foi categórica quanto ao final escolhido para aquela que se tornaria a maior antagonista de sua carreira: "Fantástico! Ele [Silvio] conseguiu coroá-la [...] e a fez com coerência total e absoluta. [...] Dentro da concepção de vida dela, acho que é uma das personagens mais completas e redondas que já fiz na minha carreira. Laurinha é uma pessoa completamente fora da realidade, que tinha um mundo à parte e que sempre viveu só dentro dele."[399] Sempre autocrítica, a atriz declarou acreditar que poderia ter feito a vilã ainda melhor, além de apontar um dos seus maiores acertos: "Dei muita dignidade a essa personagem".[400]

Só uma profissional do calibre de Glória Menezes para questionar a excelência e a impecabilidade do próprio trabalho. *Coisas de Glorinha*.

Renato Maia 38

Daniel Filho
Rainha da Sucata
(1990 - TV Globo)

Daniel Filho
como Renato
(Foto: Reprodução/Globo)

Uma das maiores forças criativas do audiovisual brasileiro, Daniel Filho foi sempre um canivete suíço das artes: com mais de cem títulos no currículo, entre diretor, escritor, produtor e intérprete, é um dos profissionais responsáveis por implementar o chamado "padrão Globo de Qualidade". Durante as gravações de *Rainha da Sucata*, decorava suas falas como o vilão do horário das 20h, ao mesmo tempo em que ocupava o cargo de diretor-geral da Central Globo de Produção[401]. E, enquanto ele era um ator acostumado a dirigir, o autor da novela, Silvio de Abreu, gostava de se definir como "um diretor que escreve".[402] Formaram uma dupla e tanto.

Na trama da empresária Maria do Carmo (Regina Duarte), Daniel desempenhava o papel de administrador das concessionárias de automóveis da protagonista, espécie de gerente visionário por trás da Sucata, casa de shows e espaço de lambada da novela, situada no alto de um edifício na Avenida Paulista,[403] e de onde Laurinha Figueroa saltou gloriosamente nos capítulos finais. Suicídio do qual, inclusive, Renato fora testemunha.

Perspicaz e desonesto, ocultava suas verdadeiras intenções, principalmente com a tímida e ingênua Mariana (Renata Sorrah), que vislumbrava nele um galã de filme americano. Depois de seduzir e conseguir casar-se com a bibliotecária, que desconhecia ser herdeira de uma imensa fortuna deixada por Onofre (Lima Duarte)[404], Renato passava a usurpar a riqueza de Mariana, revelando sua verdadeira face ao agredir e até internar a esposa num sanatório. Além de crápula, ia aos poucos se mostrando um psicopata calculista.

> **"**
> # Você não é mais a rainha da Sucata.
> **"**

— **Renato,**
ao revelar à Do Carmo que ela precisa ceder às ações da empresa

Foi o responsável pela morte de Vicente (Milton Moraes), seu parceiro de jogatina assassinado ao ter o carro empurrado num despenhadeiro. Matou também a prostituta Manon (Inês Galvão), estrangulando-a com uma meia de *nylon* na mesma noite do casamento de Do Carmo[405]. Depois, liquidou o comparsa, Franklin (Ivan Cândido), morto com um atiçador de lareiras[406]. Nos negócios, manteve conluios com Dona Armênia (Aracy Balabanian), a ambiciosa dona do terreno onde foi construído o prédio da Sucata. Ao conseguir os recibos falsos com as assinaturas de Armênia, Renato ameaçava denunciar a mãe das "três filhinhas" à justiça, caso a empresária não convencesse Do Carmo a lhe entregar o controle total dos negócios. Obstinado e estrategista, acabou se tornando o grande responsável pela ruína definitiva da protagonista, que terminaria trabalhando novamente como sucateira.

Para Daniel, que havia assumido definitivamente seu lado de intérprete depois de vencer o Prêmio *Air France* de Cinema pela atuação em *O Romance da Empregada*, viver o malvado numa trama do horário nobre foi o maior barato:

"Ser mocinho é muito chato, porque o mocinho é sempre boboca. O bandido tem uma mobilidade maior. E o Renato é uma grande brincadeira", elogiou. "Eu o vejo como um bandido de filme de James Bond. Só está faltando o gato branco para eu ficar acariciando. O cara é mau porque é mau. Ele quer dominar o mundo e ter muita grana."[407]

No desfecho, a verdade por trás da obsessão do vilão pela derrocada da protagonista foi revelada: Mariana localizou a mãe verdadeira de seu marido e descobriu que Onofre Pereira (Lima Duarte, numa participação especial), pai de Do Carmo, foi o responsável pela morte do pai de Renato, que testemunhou tudo quando ainda era criança.[408]

Após perpetrar crimes hediondos, restou-lhe a insanidade e a morte, para a desconsolo dos poucos que ansiavam por um desfecho feliz para o psicopata: "Há duas pessoas que adoram o Renato e torcem ferrenhamente por ele: meu pai e minha mãe", divertiu-se o ator. "Eles sabem que no fundo, no fundo, o Renato é um bom rapaz."[409] Agora, compreendemos a quem o vilão se dirigia quando esbravejou sua icônica despedida, "Mamãe, eu estou no topo do mundo!", antes de ser mandado para os ares numa explosão hollywoodiana.

Silvia Pfeifer
como Isadora
(Foto: Reprodução/Jorge Baumann/Globo)

39 Isadora Venturini

Silvia Pfeifer
Meu Bem, Meu Mal
(1990 - TV Globo)

"
E se eu tapar o seu nariz e a sua boca com essa mão? O senhor pode morrer sufoçado, não é?! É fácil... É muito fácil.
"

— **Isadora**,
ao tentar matar
Dom Lázaro

Quando "o avião Pfeifer, prefixo Silvia"[410] pousou em território televisivo, na minissérie *Boca do Lixo*, todos queriam saber se o talento daquela beldade de 1,8m estava à altura da sua beleza incomparável. Ela, que vinha de uma carreira internacional como modelo e manequim*, desfilando nas passarelas dos EUA e da Europa para grifes como Giorgio Armani, Chanel e Christian Dior, buscava seguir na esteira de Vera Fischer, Luma de Oliveira e Cristiana Oliveira, atrizes que também começaram no mundo da moda.

Para isso, mergulhou nas aulas de interpretação supervisionadas pela atriz e diretora Bia Lessa[411]. Cotada para protagonizar *Deliciosas Peruas*, comédia das 19h desenvolvida por Carlos Lombardi (e que acabou intitulada *Perigosas Peruas*), foi transferida para o elenco de *Amor e Ódio*[412], segunda investida de Cassiano Gabus Mendes no horário das 20h, e escrita em parceria com Maria Adelaide Amaral. Rebatizada de *Meu Bem, Meu Mal*, a obra foi a penúltima assinada pelo novelista, falecido em agosto de 1993.

Sem a pretensão de inovar, a dupla de autores — que se revezavam na escrita dos capítulos — buscou reger uma obra mais dramática, seguindo a receita do folhetim tradicional, compensado visualmente pelo universo vanguardista do design como pano de fundo. A sinopse de *Meu Bem, Meu*

---

* O termo "manequim", que caiu em desuso no Brasil no início da década de 1990, designava os profissionais que faziam, além da passarela, as fotos editoriais das marcas. Uma das gírias utilizadas ao se referir ao termo "manequim" era "maneca". Numa matéria de *O Globo*, referia-se à atriz Silvia Pfeifer como "uma das mais requisitadas manecas do País" (publicado em 11 de julho de 1990).

Mal girava em torno das disputas corporativas que corroíam uma rica família paulistana, dona da prestigiada Venturini Designers. Isadora, feita sob medida para a persona elegante e esguia da atriz, era uma mulher arisca e ambiciosa que, ao tornar-se viúva, acabava no coração do conflito entre Ricardo (José Mayer), seu amante inescrupuloso, e Dom Lázaro Venturini (Lima Duarte), pai de seu falecido marido (e o pai verdadeiro de Ricardo, um segredo guardado até a reta final da novela).

> **"A Isadora é uma personagem forte, decidida, autoritária, prepotente e isso me assustou muito", comentou Silvia, ciente da complexidade do papel: "Ela é tremendamente infeliz e isso me desgasta muito. Mas como atriz iniciante, considero essa faceta um grande desafio. Acho que ela vai se tornar uma vilã até simpática por causa dessa infelicidade dela. Não conseguirá nada do que quer na vida", previu.**[413]

Naquele ninho de vespas, a vilã engendrava uma trama de manipulação que envolvia seus próprios filhos adolescentes, Vitória (Lizandra Souto) e Marco Antônio (Fábio Assunção, então estreante), conduzindo-os a uma crescente hostilidade em relação ao avô empresário. O conflito escancarou-se quando D. Lázaro escolheu Valentina (Yoná Magalhães) como sucessora de Cláudio (Herson Capri) na empresa, deixando Isadora completamente preterida quanto à possibilidade de ocupar a cadeira deixada por seu falecido marido.

Depois, o empresário perdia sua pose de Condottiere ao sofrer um derrame quando flagrava o casal de amantes, rendendo a cena de Lima Duarte emitindo sua famosa afirmação "Eu prefiro melão".[414]

Na mesma fase, a personalidade dissimulada e arrogante de Isadora ganhou contornos mais sombrios. Em determinado momento, chegou a esgueirar-se pelos corredores da mansão até o quarto do sogro, tentando matá-lo afogado com um travesseiro. Enquanto isso, o pobre-rico D. Lázaro, incapaz de se defender ou gritar por ajuda, era tomado pelo desespero, sentimento transmitido ao telespectador por meio dos pensamentos do personagem, que eram narrados pelo ator, em *off*.

Era a telenovela brasileira em sua forma mais *campy*[*].

Mesmo com uma vilã forjada do mais puro clichê, Silvia resistiu à tentação de recorrer a exageros do folhetim. Começou insegura e chegou a receber críticas, mas ganhou maturidade e conquistou o público[415]. Essa determinação de não se entregar aos comentários mais ferinos — algo que poderia ser comum a uma atriz menos segura ou dedicada ao ofício — conduziu-a a retratar

---

[*] *Camp* refere-se a um estilo artístico e cultural que enfatiza o exagero, o kitsch e o humor irônico. Foi popularizado pela escritora Susan Sontag em seu ensaio de 1964 intitulado "Notes on *Camp*" (Notas sobre *Camp*), no qual a autora explora a estética e a sensibilidade do estilo. A estética *Campy* é caracterizada por uma apreciação consciente e uma celebração do artificial, do teatral e do exagero, e "abraça" o mau gosto de forma intencional, transformando-o em algo artístico. O *Camp* muitas vezes envolve a subversão das normas estéticas e sociais, brincando com a noção de uma espécie de "mau gosto bom".

uma mulher contida e confiante em si mesma, evitando maiores excessos na interpretação.

No último capítulo, parte da profecia da intérprete se concretizou. Apesar de conseguir a tão sonhada presidência da Venturini, a vilã terminava sozinha, andando pelos corredores da empresa e encarando o prédio que simbolizava todo o seu poder[416], numa das sequências mais cinematográficas das novelas, preenchida ao som da emblemática *Unchained Melody*, canção-tema do filme *Ghost – Do outro lado da vida*. Enquanto seu veículo partia, um estrondo de trovão rompia a noite, ecoando sua solidão interior.

E ninguém sentiu pena de Isadora. Ninguém.

40 Felipe Barreto

Antonio Fagundes
O Dono do Mundo
(1991 - TV Globo)

Além dos diálogos afiados do roteiro, Gilberto Braga era conhecido também por interferir diretamente em outras searas da produção de suas novelas. O autor carioca gostava, por exemplo, de opinar nas músicas que fariam parte da trilha sonora e nos detalhes dos figurinos dos seus personagens. Para *O Dono do Mundo*, sinopse que escreveu depois do arrasa-quarteirão que foi *Vale Tudo*, fez uma exigência bem específica a respeito do visual do protagonista: ele deveria ter um ar bem nova-iorquino. A figurinista Marília Carneiro atendeu ao pedido, e providenciou ternos, gravatas e camisas elegantes, sapatos ingleses e até um Rolex de ouro[417] para compor o *look*. Estilo puro.

Braga, que elaborava pela primeira vez uma história que não girava em torno de dois personagens femininos (a exemplo de obras anteriores, como *Corpo a Corpo* e *Dancin' Days*), desejava contrariar as chamadas "fórmulas consagradas", sem ter, no entanto, a pretensão de inovar[418]. O protagonista, o tal dono do mundo do título — um cirurgião plástico bem-sucesso, mas arrogante e dominador —, escrito especialmente para Antonio Fagundes, era também o grande vilão da novela. Felipe era um sujeito bem diferente daquele que o ator interpretou em *Rainha da Sucata*, o tímido Caio, gago e introspectivo, mas que também possuía um magnetismo inexplicável com as mulheres.

> **"**
> **Soube que você era virgem, fui pra aquela porcaria de igreja de subúrbio e apostei uma caixa de champanhe, como eu era capaz de levar você pra cama antes daquele babaca!**
> **"**
>
> – Felipe,
> ao revelar à Márcia que ela
> foi apenas uma aposta

De visual renovado (cabelos curtos e grisalhos e vasto bigode escuro), exalava o charme

necessário do típico cafajeste milionário e prepotente que, durante o casamento de um funcionário, apostava com um amigo que seria capaz de levar para a cama a futura esposa do sujeito (uma moça virgem), antes mesmo do noivo.

O alvo da brincadeira cruel foi Márcia, jovem professora do subúrbio defendida por Malu Mader. E a atriz precisou defender mesmo! Isso porque a audiência reagiu a favor de Felipe e de suas artimanhas depois de entender que a noiva teria "se oferecido" a ir para a cama com o cirurgião. Com isso, boa parte das telespectadoras se negavam a ficar do lado da protagonista feminina da novela — mesmo depois dela amargar o suicídio do noivo e ser expulsa de casa. Tanto Malu quanto os roteiristas precisaram reforçar o arsenal da vingança orquestrada pela jovem, transformando-a, no decorrer da novela, em uma mulher passional. O público reagiu às mudanças e a desforra de Márcia acabou ganhando maior confiança e torcida.

Já Fagundes, que defendia uma espécie de Christian Grey com bisturi, conseguiu dominar de ponta a ponta. Mesmo no período de sua derrocada, a vilania de Felipe (rebaixado a ex-cirurgião) não perdeu o magnetismo. Tanto que passou a ser apelidado de "Felipe Roitman" pela imprensa, numa referência à megera-mór de *Vale Tudo*.

"Todo mundo está torcendo pelo Felipe. Ele é um crápula e sabe usar o jogo do poder. É um personagem machista [...] mas

Mesmo com Fagundes dominando a cena em *O Dono do Mundo*, o talento indiscutível de Nathalia Timberg também encontrou espaço para brilhar, como Constância Eugênia, a mãe oportunista de Felipe, que moldou o filho adotivo à sua imagem e semelhança. Ambiciosa e prepotente, ela fazia de tudo para manter o status e o casamento, ambos em vias de falência, enquanto atormentava a vida de sua grande rival, Olga Portela (Fernanda Montenegro), verdadeira mãe do cirurgião plástico. Mais uma vez encenando juntas, as duas amigas foram um espetáculo à parte.

tem gente pensando que ele é o galã da novela"[419], resumiu o diretor Dennis Carvalho.

Seu poder de sedução foi tamanho que os autores brincaram até mesmo com o público, fazendo todos acreditarem numa suposta redenção do personagem. O blefe foi revelado no final, depois que Felipe convence Márcia a terem uma segunda noite de amor, afirmando que ela era a razão de sua vida.[420] Na manhã seguinte, ela descobre que tudo não passou de mais uma aposta do "dragão da maldade", que saiu impune de suas contravenções.

Para Gilberto, o final feliz era mais um reflexo da sociedade: "[Felipe] piora e isso é vida real num país onde os canalhas estão por cima"[421]. Com título e prestígio recuperados, termina mais dissimulado do que nunca: no último capítulo, sobe ao altar com uma menina menor de idade, herdeira de um milionário. Um calhorda incorrigível, e uma interpretação, com o perdão do trocadilho, cirúrgica.

Conde Vlad 🔲41

Ney Latorraca
Vamp
(1991 – TV Globo)

Ney Latorraca
como Vlad
(Foto: Reprodução/Globo)

Ah, esse universo infinito de possibilidades que é a teledramaturgia...

Naquele espaço diário encapsulado em capítulos, entre intervalos comerciais com anúncios de sabão em pó, cabe quase tudo, inclusive o terror. É o que provou o autor Antônio Calmon quando decidiu abandonar o realismo tradicional dos folhetins para abraçar o mundo das trevas e criar *Vamp*, um dos maiores exercícios de criatividade e originalidade da história da televisão brasileira.

Mas *Vamp* era uma novela *com* vampiros, e não *sobre* vampiros, como já constava na primeira linha da sinopse[422]. No universo da fictícia Armação dos Anjos, o vampirismo engrossava o caldo de uma história sobre valores familiares, dilemas e conflitos durante a passagem da infância para a adolescência (e da adolescência para a idade adulta, temáticas recorrentes nos trabalhos do autor). Em *Vamp*, o lado vampiresco simbolizava o antagonismo da novela: os vilões eram todos criaturas das trevas ou acabariam se transformando numa deles, no decorrer da narrativa.

Naquele *coming of age* praiano *à la Os Garotos Perdidos* (filme norte-americano lançado em 1987 e estrelado por Kiefer Sutherland), coube ao veterano Ney Latorraca, que voltava às novelas depois de cinco anos, o papel do diabólico Vladimir Polanski. Devido aos

> **"**
> **Você acha que pode enganar um vampiro sambado como eu?! Eu não nasci ontem. Aliás, nem sei quando eu nasci. Aliás, eu acho que nem nasci!**
> **"**
>
> **– Vlad**

compromissos com o teatro, o ator relutou em aceitar o convite, acertando inicialmente uma participação afetiva, de apenas 9 capítulos.[424] O personagem que era líder do clã de vampiros fez tanto sucesso que Ney acabou permanecendo até o fim da novela.

Vlad era cheio de poderes: além de se transmutar em morcego, cachorro e outras espécies, era capaz de destruir objetos usando a força da mente. Caracterização e tecnologia ajudaram ator e espectadores a entrar no clima: as lentes de contato vermelhas e as próteses de caninos gigantes estabeleciam o malvado como uma figura aristocrática soturna e ameaçadora, e os efeitos especiais e de maquiagem (de ponta para a época) só enriqueceram as possibilidades criativas da história. A transformação do personagem num enorme rottweiler, por exemplo, contou com o apuro visual do americano Bob Clark[425], especialista em efeitos especiais com diretores como Ridley Scott e Wes Craven no currículo, e que, posteriormente, trabalharia em sucessos como *Um Drink no Inferno, Jumanji* e *O Grinch*.

A grande paixão do Conde era Natasha (Cláudia Ohana) a anti-heroína roqueira amaldiçoada que buscava se livrar do pacto que fez com o vilão, quando trocou sua alma em troca do desejo de ser uma *superstar* internacional, oferecendo seu pescoço aos dentes do vampiro. Enquanto buscava meios de seduzir a amada, ele precisou escapar diversas vezes de seus dois maiores inimigos: a caçadora de vampiros Mrs. Alice Pen Taylor (Vera Holtz, impecável) e o capitão Jonas (Reginaldo Faria), patriarca da família Rocha e grande herói da trama, responsável por cravar a derradeira estaca de madeira no coração do monstro — mesmo que ele ainda acabasse gritando "Eu voltarei!".

Ao longo dos sete meses e meio de exibição da novela, o que se viu em cena foi um ator em plena forma, exercitando sua habilidade de transitar entre a comédia e o horror com maestria, fazendo o público se divertir enquanto mantinha acesa a crença de que Vlad era, sim, um vilão real, também capaz de suscitar medo — ainda que a novela nunca tenha mergulhado completamente no universo do macabro. O *terrir* de *Vamp* era lúdico e embebido numa atmosfera de faz-de-conta (mesmo com metade do elenco sangrando a jugular e dos divertidos *splashs* vermelhos na tela sempre que alguém era mordido).

Outra vantagem de Latorraca em encarnar o terror preferido da garotada que colava em frente à TV todas as noites, às 19h, era o fato dele próprio, desde menino, ser um fã declarado por histórias de terror, especialmente as de vampiros.

> ### "Fazia parte dos meus sustos e de dar sustos nos outros", contou. "Lembro que pegava casca de tangerina, virara ao contrário, cortava em forma de enormes caninos, colocava na boca e assustava muita gente."[427]

Numa das cenas mais antológicas, exibida no capítulo 146 (na virada de 1991), Vlad invadia o cemitério da cidade decidido a aumentar seu exército do mal. Ao som de uma versão instrumental que remetia a *Thriller*, canção de Michael Jackson (e fazendo referência direta ao clipe da música) o maléfico dançava com os mortos-vivos recém-saídos dos túmulos, com direito à coreografia e a muito gelo seco.

Em 2017, Vlad e Natasha voltaram a assombrar e divertir o público no teatro, com o espetáculo *Vamp, o musical*. Escrita por Calmon e dirigida por Jorge Fernando e Diego Morais, a peça trazia um compacto da narrativa da novela, intercalada com canções originais e músicas extraídas da própria trilha da novela. *Noite Preta*, a música-tema de abertura e *Sympathy for the Devil*, dos Rolling Stones, foram cantadas na voz de Cláudia Ohana. Além delas, *Thriller*, de Michael Jackson, também foi coreografada no palco, numa divertida sequência que terminava em samba.[426]

Ao concluir os trabalhos, o ator avaliou que o saldo da novela foi um dos mais positivos da carreira: "As crianças amam Vlad e, com ele, perderam o medo de sentir medo"[428]. Para a geração que crescia nos anos 90, nunca foi tão divertido brincar de sentir medo.

Débora Meireles **42**

Vivianne Pasmanter
Felicidade
(1991 - TV Globo)

Vivianne Pasmanter
como Débora
(Foto: Reprodução/Globo)

Antes do público reconhecer plenamente sua fisionomia e talento, Vivianne Pasmanter chegou a dar autógrafos assinando como Adriana Esteves, pela semelhança com seus cabelos longos aos da intérprete da jovem Patrícia de *Meu Bem, Meu Mal*. Mas não demorou para o universo conspirar a seu favor.

Graças ao seu primeiro grande trabalho em televisão, depois de uma participação no infantil *Rá-tim-bum*, da TV Cultura, a atriz passou a ser reconhecida como um dos belos rostos da nova geração de talentos que passava a integrar as produções do gênero, ao lado de nomes como Letícia Sabatella, Alexia Dechamps e Fábio Assunção.[429]

Débora, sua personagem em *Felicidade*, era a grande opositora de mais uma das Helenas de Manoel Carlos. Dotada de mimado capricho e possessividade, a jovem personificava a fusão perfeita entre a ambição de seu pai Gerson (Othon Bastos) e o temperamento possessivo da mãe, Alma (Ester Góes). Com ataques frequentes de ciúmes, acabava desestabilizando sua relação com o noivo, Álvaro, especialmente quando a voluntariosa protagonista vivida por Maitê Proença, mulher mais feita e determinada, despertava o encanto do empresário.

"Trata-se de um desafio", resumiu Pasmanter. "O louco amor que a personagem tem pelo Álvaro a torna chata e difícil, com cenas às vezes pesadas."[430]

" Sabe quando eu resolvi me casar com o Álvaro? Quando disse pra mim mesma, 'você vai ser a mulher dele'. E sabe que idade eu tinha quando decidi que ia ser assim? Dez anos. "

– Débora

Atenta e comprometida, a atriz fez questão de acompanhar o primeiro capítulo junto a um grupo de aproximadamente 50 pessoas, entre elenco e produção da novela, nos estúdios da Tycoon, na Barra da Tijuca, onde eram feitas as gravações. Além do autor, lá também estava Denise Saraceni,[431] primeira mulher a ocupar o cargo de direção-geral da emissora. Antes mesmo da estreia, Manoel Carlos já evidenciava o acerto na escalação da vilã de mais uma novela das 18h assinada por ele, treze anos depois de *A Sucessora*:

"Por querer uma jovem que, mesmo interpretando a insuportável, conserve seus encantos de mulher, escolhemos a Vivianne para o papel", esclareceu ele. "Com ela, Débora conseguiu a incrível proeza de se transformar, com apenas dois, três capítulos, numa personagem viva, presente e atuante."[432]

Vivianne admitiu ter evitado sair de casa nas primeiras semanas da novela, temendo a reação do público nas ruas,[433] especialmente depois de Débora conseguir separar o casal apaixonado, prometendo fidelidade eterna ao advogado inseguro interpretado por Tony Ramos. O casamento e a lua de mel em Nova Iorque, ocorridos depois de 57 capítulos de uma marcação cerrada por parte da vilã, representavam o ponto de virada da trama, culminando num salto temporal de sete anos. A partir de então, a atriz passava surgir em cena com figurinos mais sóbrios, evidenciando não "um envelhecimento, mas um amadurecimento"[434] de sua personagem.

A passagem de tempo introduziu dois personagens especiais na trama: Bia (Tatyane Goulart), a filha de Helena e "semente que ficou do amor por Álvaro"[435], e Alvinho (Eduardo Caldas), uma cópia-miniatura do pai, que Débora costumava usar como joguete em suas chantagens para manter o casamento fracassado. A dupla de atores mirins roubou a cena, especialmente Bia, que se tornou a obsessão de Débora. Ao descobrir que a menina era filha biológica de Álvaro, a vilã chegou a armar acusações de roubo contra Bia e teve até "sonhos de grandes maldades"[436], imaginando-se matando a criança, com direito a gargalhadas histéricas.

Dentre as diversas crueldades perpetradas pela antagonista mimada e neurótica e que acabaram intensificadas por conta do adiamento do fim da trama (que terminou depois de longos 203 capítulos)[437] destaque para o tiro disparado contra Helena, mas que acabava ferindo Álvaro. Diante da inevitabilidade do término da relação, ela ainda tentou escapar da tentativa de homicídio, mas se viu vítima de um acidente de carro que a deixou paralítica. Naqueles capítulos finais, o talento de Pasmanter ficava ainda mais evidente: mesmo diante do desfecho da personagem, que ao se ver confinada a uma cadeira de rodas constatava a própria fragilidade psicológica, a atriz não sucumbiu à tentação de uma representação excessivamente dramática comum às vilãs mexicanas, evitando os estereótipos que costumam acompanhar esse tipo de intensidade interpretativa.

E, como em novela de Manoel Carlos a redenção é praticamente uma certeza, Débora terminou rumo a Londres acompanhada de seu médico, para iniciar um tratamento na esperança de voltar a andar. Já Vivianne, depois de um descanso merecido, foi interpretar Malu, a rebelde com causa de *Mulheres de Areia*, outro de seus trabalhos lembrados até hoje. Um desempenho impressionante, especialmente para uma atriz que tinha acabado de completar 20 aninhos.

Armando Bógus
como Cândido
(Foto: Reprodução/Jorge
Baumann/Globo)

43 Cândido Alegria

Armando Bógus
Pedra sobre Pedra
(1992 - TV Globo)

Nada como uma boa dose de amargura para esculpir um antagonista daqueles. Em *Pedra sobre Pedra*, uma trama passada no sertão da Bahia e que misturava *Romeu & Julieta* com *A Megera Domada* (dois clássicos literários de Shakespeare), o arquiteto das maldades era Cândido Alegria. Interpretado pelo experiente Armando Bógus, que estourou na TV ao integrar o elenco do infantil *Vila Sésamo*, Cândido era um sujeito aparentemente inofensivo com sua mineirice acentuada, mas que oferecia rancores e perigos de sobra para quem ousasse atravessar seu caminho.

Mesquinho, dissimulado e desprovido de caráter, chegou à fictícia Resplendor, na Chapada Diamantina, sem um mísero tostão. Vinte anos mais tarde, passou de empregado da família Batista a dono do hotel da cidade. Tudo na base da tramoia! Surrupiou, na jogatina, boa parte da herança de Carlão (Paulo Betti), o proprietário do Grêmio Recreativo — na realidade, o bordel-cassino administrado por Adamastor[438] (Pedro Paulo Rangel, sempre irretocável).

Mesmo depois de enriquecer, Alegria sentia-se menosprezado pelos poderosos da região. No início da história, o forasteiro competia ao cargo de prefeito do município. Mas sua carreira na política não foi muito promissora. Além de que sua grande obsessão era a afrontosa Pilar Batista (Renata Sorrah) que, por sua vez, sempre foi apaixonada por seu maior rival, Murilo Pontes (Lima Duarte) e nunca deu qualquer abertura para o sentimentalismo do vilão golpista.

> **"**
> **Eu não cheguei aqui sozinho. Foi ele quem me ajudou. O Renegado, o beiçudo, o cão tinhoso!**
> **"**
>
> — Cândido Alegria

Os sentimentos de inferioridade e de frustração amorosa tornavam-se as engrenagens a movimentar a obsessão de Cândido por vingança, fazendo-o instigar constantemente a rixa entre as duas famílias mais poderosas da região[439]:

> **"Ele é um brasileiro que luta pela sobrevivência por meios ilícitos. Sofreu humilhações, foi renegado e até hoje não conseguiu tirar o ranço de forasteiro e ser aceito pela comunidade. Ele é amargo e recalcado por causa de tudo isso", lembrou Bógus, que aceitou o papel justamente por vislumbrar a complexidade do vilão: "Existem mil nuances em um tipo como este. Não é preciso inventar, o próprio personagem fornece os ingredientes para o trabalho."[440]**

Além de ambicioso, Alegria também revelou ser um estrategista habilidoso. Depois de assassinar Benvindo Soares (Buza Ferraz), forjou um testamento para se apoderar das terras do português. Paralelo ao golpe aplicado ao próprio amigo, ele descobria que o retratista sedutor Jorge Tadeu (Fábio Jr.) era, na realidade, um engenheiro contratado por Pilar para investigar a autenticidade do lendário lençol de diamantes, que estaria supostamente sob os pés de Resplendor. O alcoviteiro, então, conseguia colocar as mãos na caderneta do rapaz, entregando as fotografias de todas as mulheres casadas que haviam posado secretamente para o fotógrafo a seus respectivos

Sempre trajado com suas misteriosas botas pretas, Cândido Alegria cometeu outros crimes, além da morte de Benvindo. Assassinou Sete Estrelas (Raymundo de Souza), soterrou os portugueses Inês (Suzana Borges) e Ernesto (Carlos Daniel) e ainda tentou tirar a vida de Pilar. Mas o personagem de Armando Bógus tinha uma concorrente de peso, que não ficou muito atrás na lista de crueldades: a beata Gioconda Pontes (Eloísa Mafalda), irmã de Murilo. Além de perseguir o casal Mariana (Adriana Esteves) e Leonardo (Maurício Mattar), foi Gioconda quem atirou contra Jorge Tadeu ao descobrir o caso do forasteiro com sua única filha, Úrsula (Andréa Beltrão), que também penou nas mãos da mãe impiedosa.[441]

maridos traídos.[442] A intriga desencadeava uma grande revolta dos machos da cidade, culminando no misterioso assassinato do *latin lover* e na entrada definitiva do realismo fantástico na novela.[443]

Para manter-se atualizado sobre os ânimos da família de Pilar, Cândido contava com os préstimos de Eliane (Carla Marins), agregada da família Batista. A moça com cara e jeito de "coitadinha" revelava-se uma jovem dissimulada, que trocava de lado, passando a morar na mansão dos Pontes depois de Cândido fazê-la acreditar que ela era filha bastarda de Murilo. Apelidada de "Felipe Barreto de saias"[444] (uma referência ao cirurgião calhorda de *O Dono do Mundo*), Eliane acabava descobrindo, mais tarde, que era filha biológica de Cândido, voltando-se contra o vilão.

Após a revelação do laudo da morte de Benvindo, o empresário terminava encurralado na estrada, empunhando um bastão de dinamite e ameaçando tirar a vida de Eliane, Murilo e Pilar — que, a essa altura, já haviam retomado a antiga paixão que sentiam um pelo outro. Num desfecho engenhoso, depois de deixar a todos perplexos ao revelar o trato que fizera com o capeta no passado, Cândido transformava-se em pedra ao detonar o explosivo: uma estátua com corpo de homem e patas de bode. *Cruz credo!*

Sérgio Santarém 44

Marcos Paulo
Despedida de Solteiro
(1992 – TV Globo)

Marcos Paulo
como Sérgio
(Foto: Reprodução/Globo)

Assim que Glória Pires engravidou e a produção de *Mulheres de Areia* precisou ser adiada, o autor Walther Negrão foi escalado às pressas[445] para criar uma trama substituta para o horário das 18h. Dessa forma, *Despedida de Solteiro* (cujo título provisório era *Adeus, Muchachos*) foi levantada a toque de caixa em apenas 60 dias, utilizando a cidade cenográfica[446] originalmente construída para o *remake* de Ivani Ribeiro, que só estrearia sete meses mais tarde. O estopim da desventura dos quatro amigos interpretados por Paulo Gorgulho (Pedro), Felipe Camargo (João Marcos), Eduardo Galvão (Pasqual Papagaio) e João Vitti (Xampu) era a morte da prostituta Salete, vivida por Gabriela Alves, misteriosamente assassinada durante a despedida de solteiro de um deles, ocorrida numa cachoeira da fictícia cidadezinha de Remanso.

Quando a primeira gravação aconteceu, numa locação de Lumiar, distrito de Nova Friburgo, a confirmação do retorno de Marcos Paulo à TV ainda era recente. Seu papel era o de Sérgio Santarém, advogado oportunista da história, que assumia a defesa do suposto crime dos garotos protagonistas e que, por debaixo dos panos, empurrava o quarteto para a condenação. Estrategista e bem-relacionado, Sérgio tirou proveito da ausência dos *muchachos* para conquistar a mocinha da história, Lenita (Tássia Camargo)[447], a noiva que teve o casamento anulado após a prisão de João Marcos. Anos mais tarde, quando os meninos saíam da clausura e o protagonista retornava à Remanso, encontrava Lenita casada com Santarém, e com uma filha pequena

> **"**
> **A justiça coloca esses três elementos na rua. Elementos acusados de estupro seguido de assassinato. E eles passam a conviver com nossas filhas. Acho que o mínimo que podemos fazer é manter a vigilância.**
> **"**
>
> – Sérgio Santarém

(Fernanda Nobre).[448] A partir daí, o vilão fazia de tudo para impedir a reaproximação do antigo casal.

Com sua fama de galã entre o público, Marcos Paulo estava há um ano longe das novelas. Naquele intervalo, havia focado, juntamente de Paulo José, na direção dos episódios do interativo *Você Decide*. O ator e diretor comemorou o convite para interpretar aquele (em suas próprias palavras), "adorável vilão",[449] aproveitando para comparar o advogado sedutor com a imagem de galã que cultivava:

"É bom mostrar que um mau caráter não traz necessariamente escrito na testa que é assim. A história mostra que ele tem suas razões para ser um mau caráter e, portanto, não exerce esse lado de forma consciente. Ou seja, para conseguir o que quer, vai às raias da violência se for o caso"[450], pontuou, afirmando que costumava exorcizar seus fantasmas com os vilões.

Na segunda metade da história, era revelado ao público que o pequeno Leonardo (Patrick de Oliveira), garoto criado por Vitório (Elias Gleizer) após ser abandonado na porta da casa do italiano sangue quente, era filho legítimo de Sérgio e Marta (Lucinha Lins). A descoberta levou o público a discutir se o vilão ainda merecia a oportunidade de reconstruir sua vida ao lado de uma nova família ou se deveria pagar pelos crimes cometidos:[451] e foram vários. Num deles, forçou o próprio pai a lhe deixar seus bens; em outro, tentou matar a mãe no hospital.[452] O mais significativo deles foi seu envolvimento na morte de Salete: o verdadeiro assassino era seu capanga, Jorge Jordão (Othon Bastos), que foi humilhado pela moça. O criminoso foi ajudado por Santarém a escapar, para que advogado pudesse incriminar os rapazes.[453] Encurralado, Sérgio também tentou fugir do país com os dois filhos, mas foi interceptado por Lenita e João Marcos e detido no aeroporto.[454]

Condenado a oito anos, conquistou a liberdade condicional antes do término da pena. Mas o vilão não teve tempo de voltar a atazanar os mocinhos, uma vez que encontrou um destino digno dos contos de fada: morreu assim que cruzou os limites do presídio do Carandiru, nas mãos de Glória (Cinira Camargo), sua antiga amante e secretária, logo após morder uma maçã envenenada.[455]

Marieta Severo
como Elvira
(Foto: Reprodução/Globo)

45 Elvira Ferreira Bismark

Marieta Severo
Deus Nos Acuda
(1992 - TV Globo)

Baseada em *O Reverso da Fortuna*, filme estrelado por Glenn Close e Jeremy Irons, *Deus Nos Acuda* estreou com a promessa de trazer de volta as gargalhadas para o horário das sete da noite. Tudo com elegância, mas sem caricaturas.[456] A receita tinha todos os ingredientes possíveis, incluindo texto e direção sagazes da dupla Cosme e Damião[457] das novelas — Silvio de Abreu e Jorge Fernando —, um elenco de nomes renomados da comédia na TV do Brasil: Claudia Raia, Aracy Balabanian (que voltava a se vestir de Dona Armênia, sua personagem em *Rainha da Sucata*), Marisa Orth e o furacão Dercy Gonçalves, o maior expoente do nosso teatro de improviso.

Além de tudo, o momento não poderia ser mais propício: às vésperas do *impeachment* do então presidente Fernando Collor de Mello, o brasileiro cambaleava economicamente, desarvorado e descrente com os escândalos políticos[458] que marcavam ponto nos jornais (os impressos e o Nacional). No epicentro da sátira escrachada sobre o abismo entre as classes e os problemas do país, estava Otto Bismark (Francisco Cuoco, assumindo pela primeira vez os cabelos brancos[459]), excêntrico dono de uma produtora e exportadora de madeira, acusado de matar suas duas ex-mulheres.

Ao lado do milionário estava a secretária Elvira (Marieta Severo), uma mulher ambiciosa que nutria uma paixão platônica pelo patrão. Agindo como um verdadeiro paredão antimulheres ao redor de Otto, a governanta era capaz das maiores baixezas para ocupar o lugar deixado por Eugênia (Maria Amélia Brito), a segunda e

> "
> **Eu jamais mataria você, Otto. Jamais mandaria matar você. A gente não mata o que a gente mais ama nesse mundo.**
> "
>
> – Elvira

última esposa do barba-azul. Chegou a alcançar o êxtase no capítulo em que ele lhe oferecia as antigas roupas da falecida.

> **Além de controladora, Elvira também era reprimida e fogosa**[460] **e seu temperamento obsessivo era reforçado pela composição sofisticada de Marieta Severo (uma de suas marcas entre seus papéis na TV), inspirada nas malvadas do cinema hollywoodiano dos anos 1940 e 1950. "Ela veio muito bem definida. E maquiavélica, interessada em poder e status. Quer subir na vida a qualquer preço"**[461]**, definiu a atriz.**

Recebida por um espectador ressentido pelo panorama político, *Deus Nos Acuda* acabou favorecida pelo *timing*, ao ter uma secretária maquiavélica no centro de sua narrativa, justamente quando eclodiam uma série de revelações comprometedoras das secretárias de Collor, PC Farias e de empresas envolvidas em falsificações de documentos bancários e práticas irregulares, durante o chamado *Collorgate*: "Estamos presenciando um momento único na história nacional e tenho orgulho de estar representando uma personagem tão significativa"[462], declarou Marieta.

Em sua escalada, engendrou uma série de maquinações, especialmente quando, de posse de uma carta escrita por Eugênia (que passa mão em mão ao longo da trama[463]), em que ela acusava o marido de ter assassinado sua primeira esposa, exigiu que Otto se casasse com ela. A união só não se firmou na igreja porque o misterioso

Danilo (Diogo Vilela), que se passava por irmão da megera (na verdade, ele era um anjo enviado à terra para impedir as maldades da vilã), disparou contra a noiva assim que ela chegou ao altar, ao som da marcha nupcial.[464]

Mas, como vilã de verdade, tem mais vidas que um gato, ela não apenas sobrevivia ao atentado, como chamava um juiz de paz no hospital onde estava internada, e pedia às enfermeiras que fossem testemunhas de sua união com Otto.[465] Acuado, ele assinava o contrato de casamento, e Elvira tornava-se oficialmente a Sra. Bismark — a terceira na sucessão —, embora seu novo esposo jamais cedesse às chantagens para compartilhar a mesma cama que ela. Furiosa, ainda arquitetou o sequestro do marido, mantendo-o refém na Ilha do Breu por alguns capítulos (estratégia encontrada pelo autor para afastar Cuoco das gravações, já que o ator se recuperava de uma cirurgia de úlcera estomacal[466,467]).

Na segunda metade, buscando movimentar a história e atrair a audiência, Silvio investiu no mistério a respeito da identidade de "Leão", codinome do líder de uma quadrilha internacional. No último capítulo, a revelação: o Leão era Eugênia Bismark, e a identidade oculta passou a ser usada por seus dois comparsas, Elvira e Heitor (Gracindo Jr.), depois da segunda esposa de Otto ser assassinada por Kelly (Maria Cláudia), outra que também era loucamente apaixonada pelo empresário. Otto era, afinal, inocente.

Quanto à Elvira, depois de tentar matar o irmão, forjar a própria morte para incriminar o marido e, de quebra, fugir para o México, escapando das acusações que lhe incriminavam, ela finalmente se dava mal no último capítulo: acertada por um raio celeste enviado por Danilo, o "anjo exterminador", a rainha das trevas se transformou num leão de pedra no topo de uma Pirâmide em Cancún, quebrando-se em vários pedaços.

Com o fim de *Deus Nos Acuda*, Severo ainda teve disposição de acompanhar o então marido Chico Buarque numa curta temporada de show em Portugal[468] e foi estudar espanhol e flamenco para viver Carlota Joaquina no cinema.

Glória Pires
como Raquel
(Foto: Reprodução/Globo)

46 Raquel Araújo Assunção

Glória Pires
Mulheres de Areia
(1993 – TV Globo)

Longe da TV desde o final de *O Dono do Mundo* e prestes a iniciar as gravações da nova versão de *Mulheres de Areia*, Glória Pires ainda não tinha certeza se aquela era a hora certa de entrar novamente em cena: "Ainda acho, às vezes, que não deveria estar voltando. Queria dedicar um tempo maior para a Antônia, que está com quatro meses", justificou a atriz. Mas o fato de a produção já ter sido adiada por conta da gravidez (*Despedida de Solteiro* foi escalada às pressas), e o desafio de interpretar duas personagens tão diferentes na mesma novela, foram determinantes para uma decisão favorável. Isso e sua habilidade em identificar trabalhos promissores: "Uma oportunidade como essa é difícil de aparecer de novo. [...] Quando tenho que tomar decisões desse tipo, respeito muito a minha intuição. E ela não costuma falhar."[469]

Glória também reforçava os contrastes entre a gêmea má e a vilã ambiciosa que defendeu em *Vale Tudo*:

"

Eu sei que a gente está numa luta de vida ou morte e que todos os golpes são permitidos. Então, no jogo, como na guerra, que vença o melhor.

"

— Raquel,
confrontando o
sogro, Virgílio

"Não dá para comparar. A Raquel tem uma maldade mais básica que a Maria de Fátima. Ela só quer viver bem, ter grana, casar com um cara rico. [...] Fátima era maquiavélica e sua maldade era mais sofisticada. Era uma personagem que não apelava para o óbvio."[470]

Quando Raquel fez sua estreia diante do público, as discrepâncias entre as duas tornaram--se ainda mais evidentes. A despeito de sua ambição e arrogância, semelhantes às da antagonista de Gilberto Braga, a irmã de Ruth exibia uma natureza mais solar e extrovertida, além de carregar consigo uma dose adicional de deboche e de uma perversidade gratuita, quase infantil. Que o diga Tonho da Lua (Marcos Frota), artista conhecido por esculpir mulheres feitas de areia da praia: Raquel adorava destruir as esculturas apenas para testemunhar o rapaz[471] — ingênuo, sensível e introspectivo, à semelhança da gêmea boa — desmoronar em lágrimas diante do monte de areia.[472]

Contrapondo-se à personalidade resignada da irmã, Raquel era um tipo que não esperava a sorte bater-lhe à porta. Por essa razão, assim que se deparava com Marcos (Guilherme Fontes), empregava todos os meios para tomar da irmã o melhor partido de Pontal D'Areia. Após se passar diversas vezes por Ruth, conseguia persuadir o protagonista de que a gêmea não prestava e subia ao altar com o moço. A cerimônia gravada na capela da UFRJ, na Praia Vermelha[473], ainda contou com as presenças de Andréa (Karina Perez) e Vanderlei (Paulo Betti), antigos namorados de Marcos e Raquel[474], e ainda tendo Ruth plantada no altar, como madrinha da noiva!

Cínica e dissimulada, continuou a se encontrar com o amante *playboy*, Raquel só não deixou de ser a Sra. Assunção antes por conta do inesperado desdobramento de sua gravidez. Para além das suspeitas do marido, ela precisava se livrar constantemente das armações urgidas do sogro, Virgílio (Raul Cortez), que nunca escondeu sua aversão pela oportunista. As trocas de farpas entre os vilões se destacam como grandes momentos da trama.

A grande reviravolta envolvendo as gêmeas desenrolava-se no capítulo 75, quando a canoa em que as duas se encontravam virava em meio

⊕

Além da disposição de Glória Pires em decorar, ensaiar e gravar as inúmeras cenas de Ruth e Raquel, foi preciso uma boa dose de tecnologia para duplicar a atriz, nas cenas em que as gêmeas interagiam. Ao contrário da primeira versão de *Mulheres de Areia*, de 1973, e de *Baila Comigo* (1981), que abusaram do recurso da câmera travada (onde era gravado de um lado da cena e, depois, do outro, tampando-se metade do visor da câmera), para a nova versão do clássico de Ivani Ribeiro a Globo utilizou *chroma-key* (recurso moderno para a época) e fez uso do chamado *Memory Head*, um equipamento importado acoplado à câmera, e que passava a comandar seus movimentos. Já para a fusão das cenas, importou-se o *Ultimate*, sistema que permitia um recorte bem preciso de qualquer versão da atriz, tornando as interações entre Ruth e Raquel mais naturais, mesmo nas externas. E para acertar o tempo dos diálogos, Glória utilizou um ponto eletrônico, além de interagir em cena com sua dublê,[475] Graziela di Laurentis, nos momentos em que alguma das personagens aparecia de costas ou de longe. Era a tecnologia de ponta a serviço do bom folhetim.

a uma forte correnteza. Quando Tito (Eduardo Moscovis) conseguia salvar somente uma delas e Da Lua reconhecia Ruth, o rapaz colocava a aliança de Raquel, que a mocinha segurava, no dedo da irmã virtuosa.

A partir daí, todos passavam a acreditar que a vítima do acidente foi Ruth, e a protagonista assumia temporariamente o lugar da irmã má, decidida a reconquistar Marcos. Já Raquel, que também sobreviveu ao ocorrido, perambulou até reencontrar a mãe, Isaura (Laura Cardoso), que passou a cuidar da filha num casebre abandonado. Seu retorno, inclusive, foi cercado de mistério, com a mãe vagando pela praia deserta, com medo de ser vista. Já no local, servia café e pão para a filha favorita, sem que o público pudesse ver nada além dos braços e mãos da vilã. Após recuperar a saúde, Raquel arquitetava sua vingança, tentando incriminar Marcos pela morte de Vanderlei e fazer da vida de Ruth, a "ladra de marido"[476], um verdadeiro inferno. É claro que, no meio disso, ela também voltava a brincar com a debilidade do pobre Da Lua, divertindo-se ao emergir do mar, diante dele, feito uma assombração.[477]

E quando finalmente decidiu sair das sombras e reaparecer para todos, o retorno triunfou especialmente no Ibope, registrando 68 pontos de audiência. Resultado: a direção da emissora resolveu encomendar mais 12 capítulos extras[478], reforçando o posicionamento do diretor Wolf Maya que, em sua 12ª novela na emissora, afirmava que aquela era "uma novela de padrão internacional."[479]

A quatro capítulos do final, Raquel pagava pelas maldades ao morrer num acidente de carro depois de ser perseguida por outro mau-caráter, César (Henri Pagnoncelli). Ao concluir as gravações, a equipe foi agraciada com um memorando assinado por Boni, vice-presidente de operações da emissora na época:

"A história da televisão tem sido escrita por um reduzido, mas talentoso e competente grupo", afirmava o documento encaminhado à produção e ao elenco. "Em *Mulheres de Areia*, muitos se encontraram para realizar um dos nossos melhores trabalhos."[480]

Quanto à atuação de Glória Pires, que desempenhou dupla jornada como a professora sonhadora e a vilã aficionada por cigarro e uma boa dose de *scotch*, Boni escolheu um único adjetivo: "Irretocável".

A intuição da atriz nunca foi tão precisa. *Ô, Glória!*

Raul Cortez
como Virgílio
(Foto: Reprodução/Globo)

47 Virgílio Assunção

Raul Cortez
Mulheres de Areia
(1993 - TV Globo)

Com 35 anos de uma carreira consolidada nos palcos e na tevê, Raul Cortez possuía uma bagagem considerável para afirmar, com convicção que, embora encontrasse prazer em personificar vilões, os personagens mais abastados sempre traziam consigo alguns desafios particulares:

> **"Eu adoro fazer malvados, mas não gosto de fazer ricos. A postura, o guarda roupa... me sinto tolhido, amarrado. E me incomoda a preocupação, o tempo todo, com a maneira de sentar e andar."[481]**

> **"**
>
> **Cada um tem o seu destino. O meu, desgraçadamente, é o de conviver com a ralé. Trazida para dentro da minha própria casa, pelos meus próprios filhos.**
>
> **"**
>
> – Virgílio

Em *Mulheres de Areia, remake* do clássico de Ivani Ribeiro, os desafios com a postura de Virgílio Assunção não pareceram incomodar o intérprete em cena. E se, por acaso, incomodaram, ele tirou de letra.

Incorporado na produção de 1993 dirigida por Wolf Maya, o personagem era derivado de *O Espantalho*, novela que Ivani escreveu em 1977 para a Record. A espinha dorsal do político corrupto (vivido por Daniel Filho na original) foi reaproveitada com sucesso em *Mulheres de Areia*[482]. O novo texto ainda reforçou as discussões a respeito de interesses políticos, impactos da poluição marinha e conservação ambiental, centradas nos conflitos dos pescadores de Pontal D'Areia e nas ambições da jovem Tônia (Andréa Beltrão), outra personagem advinda de *O Espantalho*, por quem Virgílio acabava se apaixonando. Em determinado momento, o empresário negociava uma noite de amor com Tônia, em troca do dinheiro que ela precisava para pagar o resgate de Reginho (Fabrício Bittar), seu irmão caçula, sequestrado a mando de Donato (Paulo Goulart, interpretando outro tipo repulsivo da trama).

Ao descrever o antagonista, Raul o caracterizava como "seco, sádico, com mania de perfeição", destacando-o como arquétipo do "grande capitalista, protótipo do político provinciano."[483] Além de vice-prefeito da cidade costeira, Virgílio constantemente entrava em conflito com Breno (Daniel Dantas), seu cunhado e prefeito, que costumava tomar decisões contrárias aos interesses dele. Numa delas, Breno interditou os banhos de mar durante uma investigação sobre a poluição da água, causando a fúria do vilão, que era proprietário da Pousada da Praia, principal hotel do local.

Acostumado a controlar as rédeas da família e dos negócios com a mesma mão firme, o magnata se enfurecia ao ver o filho Marcos, herdeiro natural de sua fortuna, envolvido com Ruth (Glória Pires), jovem de origem humilde, filha do pescador Floriano (Sebastião Vasconcelos). Diante da situação, unia forças com Raquel (Pires), irmã da mocinha, na esperança de pôr fim ao relacionamento do casal, valendo-se da semelhança entre as duas. No entanto, acabava sendo ludibriado pela gêmea má, que não apenas conquistava Marcos, mas também se casava rapidamente com ele.[484] Iniciava-se, assim, uma guerra fria entre os dois inimigos na mansão da família Assunção, na qual a intrusa passava a residir.

Por mais traiçoeiro e maldoso que fosse, o personagem caiu nas graças do público:

"Acho que é devido à linha cômica que acabei dando a ele. É o tipo da pessoa que vive acuada,

sem nunca saber de que lado vão lhe apunhalar", definiu o ator. "Ataca em todas as frentes e só pensa em alcançar o poder, mas acaba sempre se dando mal. É tão infantil que chega a ser ridículo."[485]

Além dos afrontes de Raquel, Virgílio vivia em rota de colisão com Malu (Vivianne Pasmanter), a filha rebelde que discordava de suas decisões empresariais, sentindo-se negligenciada[486] pelo pai insensível. Entretanto, nada aterrorizou mais o personagem do que o temido espantalho, que insistia em surgir diante dele, primeiro em alucinações — resultado do diagnóstico de rim policístico — e, depois, no que parecia ser alguém usando uma fantasia do boneco.

Após perder a presidência dos negócios e ficar sem os amigos e a família, Virgílio sofreu um ataque cardíaco durante a última aparição da figura fantasmagórica, morrendo na fonte luminosa que inaugurou quando eleito prefeito de Pontal. Mais tarde, fora revelado que era Tônia quem usava os trajes do espantalho[487], buscando vingança pela morte de Reginho, que contraíra a hepatite hemorrágica ao nadar nas águas contaminadas da praia. A jovem queimou a fantasia na mesma noite, tendo a amiga Manoela (Eloísa Mafalda) e o público como testemunhas.

Coronel Belarmino 48

José Wilker
Renascer
(1993 - TV Globo)

José Wilker
como Belarmino
(Foto: Reprodução/Globo)

Três capítulos. Foi o necessário para José Wilker vestir o chapéu de coronel, dar um show em cena e deixar saudade àqueles que acompanhavam a primeira fase de *Renascer*, lá em 1993. Resultado: de tão replicado nas ruas, seu bordão (surgido como improviso do ator[488]) virou clássico, fazendo com que Belarmino se tornasse um dos personagens mais marcantes na carreira do ator e diretor.

A escalação *justa, muito justa, justíssima*, veio de encontro com a linguagem intencionada por Luiz Fernando Carvalho, o diretor da novela. Ao buscar quebrar o naturalismo para dialogar com a fábula, tanto na composição dos personagens quanto na construção da imagem, Carvalho decidiu escalar atores em papéis com os quais não estivessem acostumados a fazer, surpreendendo o público e trazendo frescor à história escrita por Benedito Ruy Barbosa, recém-retornado à TV Globo depois de incomodar a emissora carioca com o sucesso de *Pantanal* na concorrente.

Acostumado a encarnar galãs ou aqueles tipos da cidade grande, Wilker fardou-se como um fazendeiro decadente[489] de olhar desconfiado e um timbre baixo e ressonante.

O ator, que chegou a se declarar publicamente descrente com o ofício da atuação, diante de uma certa acomodação por parte da classe artística[490], acertou sua participação quando se viu diante de

"
É justo, é muito justo, é justíssimo.
"

– Belarmino

três propostas de curta duração: o semanal *Você Decide*, o também vilão Virgílio de *Mulheres de Areia* (que acabou sendo vivido por Raul Cortez) ou o coronel:

> **"Nunca tinha feito um tipo como ele na televisão e a chance de trabalhar um texto do Benedito e a direção do Luiz Fernando Carvalho me animou", esclareceu.[491]**

A participação na novela exigiu menor dedicação e esforço do que o trabalho paralelo no qual estivera envolvido nos meses anteriores, como diretor da primeira montagem teatral de *Mephisto*, adaptação do romance escrito por Klaus Mann, filho do lendário romancista Thomas Mann. O espetáculo inspirado em *Fausto* de Goethe e estrelado por Miguel Falabella, dialogava com a escassez de perspectiva pela qual atravessava o brasileiro[492], período em que a crise econômica e a desilusão política inviabilizaram grandes projetos artísticos.[493]

Já na trama da novela, as desilusões eram amorosas e a escassez era de terra. Antes do final do capítulo de estreia, Belarmino havia encomendado a dois jagunços, a morte de José Inocêncio (Leonardo Vieira), o coronelzinho do cacau que havia assegurado um belo mundaréu de terras assim que se instalou na região. Frente à frustração da investida, o "casca de ferida" ainda tentou persuadir Venâncio (Cacá Carvalho), o "pai-boi" de Maria Santa (Patrícia França) a dar cabo do sujeitinho matraqueiro, que, ao que diziam, tinha o corpo fechado e um pacto com o tinhoso. Mas, depois da fuga de Venâncio (que partiu levando consigo "uma carroça e um burro da melhor qualidade" do coronel[494]), Belarmino decidia lidar pessoalmente com aquele problema. José Inocêncio, no entanto, não apenas sobrevivia ao disparo de sua arma, como também enviava Deocleciano (Leonardo Brício) para mentir ao coronel que ele havia sido morto na tocaia. Com a intenção de "beber o morto", Belarmino comparecia ao velório de José Inocêncio e assumia a autoria do crime diante do suposto "cadáver".

Sempre muito ativo e intenso em cada trabalho, Wilker contribuiu para a composição do vilão, adicionando ritmos, trejeitos e olhares próprios, que ajudavam a enriquecer a imagem daquele sujeito bronco em cena:

> **"Pensei que ele tinha que ter um jeito diferente de andar, mas nem precisei me esforçar porque a bota me incomodava o suficiente", revelou. "Além disso, peguei duas palavras, 'covarde' e 'invejoso', e resolvi concentrar isso na personalidade do Belarmino."**[495]

O personagem saiu de cena precocemente, no miolo do terceiro capítulo. Pressionado por José Inocêncio, Belarmino se viu obrigado a vender as terras para o coronelzinho. Pouco depois, foi atocaiado e morto com três tiros. O mistério pairou durante vários meses, solucionado apenas no capítulo 134, exibido em 13 de agosto de 1993, quando José Inocêncio revelou ao padre Lívio (Jackson Costa) ter sido ele próprio o responsável pelo fim de seu inimigo.

Com a enorme repercussão, o brasileiro quis saber se havia qualquer possibilidade do coronel mostrar às caras na segunda fase de *Renascer*, mas a ideia nunca foi considerada pelo autor: "Conversei muito com o Benedito Ruy Barbosa e discutimos o assunto diversas vezes. A resposta

No *remake* de *Renascer* (2024), assinado por Bruno Luperi, a tirania e brutalidade de coronel Belarmino ganharam vida por meio da interpretação talentosa do ator Antônio Calloni, que trouxe ao personagem um estilo único, com sua fisionomia constantemente suada e um par de óculos arredondados. Na nova versão, o prejuízo deixado pelo capataz Venâncio (Fábio Lago), que saiu fugido da cidade, foi ainda maior: o pai de Maria Santa (Duda Santos) foi-se embora levando uma carroça e dois burrinhos da melhor qualidade.

do público foi excelente, o personagem é ótimo, mas do ponto de vista da dramaturgia ele já cumpriu seu dever"[496], esclareceu Wilker, revelando também que Belarmino renovou suas esperanças no gênero. "Nossa dramaturgia é cíclica. As novelas têm sempre a morte decretada e aí aparece um *Renascer*."[497]

Alexandre Toledo 49

Guilherme Fontes
A Viagem
(1994 - TV Globo)

Guilherme Fontes
como Alexandre
(Foto: Reprodução/Globo)

Além de uma boa história e uma escalação certeira, uma novela de sucesso também depende de outro fator fundamental: o *timing*. Quando o universo conspira a favor e o público se mostra disposto a acompanhar aquela trama, ela costuma pegar. E o *remake* de A Viagem, encomendado pela TV Globo em 1994, conseguiu tudo isso, mesmo diante de um cenário que apontava para um caminho diferente. A começar pela produção, que se deu a toque de caixa. Juntos, o diretor Wolf Maia e a autora Ivani Ribeiro precisaram escolher qual texto da novelista ganharia uma releitura. Depois de optarem pela trama que ela havia escrito em 1975 para a antiga TV Tupi, conseguiram outra proeza: fecharam o elenco principal da nova versão de *A Viagem* em apenas uma semana[498]. A novela começou a ser gravada oficialmente em 15 de março de 1994 e estreou em 11 de abril, pouco mais de 3 semanas depois.

Escalado para viver o *bad boy* Alexandre Toledo, antagonista da história, Guilherme Fontes surgiu na telinha com os fios oxigenados, brincos e um figurino sombrio. Visual bem diferente de Marcos, protagonista que interpretou em *Mulheres de Areia*, outro *remake* da mesma autora, e que havia sido finalizado somente seis meses antes:

"Não estou preocupado com rótulos, mas é fascinante interpretar um personagem diferente de tudo o que já fiz"[499], declarou, às vésperas da estreia.

> **"**
> **Se eu morrer, vou voltar pra me vingar de todo mundo que tentou me ferrar. Eu vou acabar com a raça deles todos. Se não for nessa vida, vai ser na outra.**
> **"**
>
> – Alexandre

Alexandre era o vértice principal da história. O crime cometido pelo rapaz logo nas primeiras cenas (um assassinato durante um assalto frustrado na firma onde ele trabalhava) era o fio condutor que unia os protagonistas Diná (Christiane Torloni), a irmã do personagem, e o advogado criminalista Otávio Jordão (Antonio Fagundes), enquanto a primeira corria contra o tempo para livrar o irmão inconsequente da prisão, o segundo seria o responsável por sua condenação.

Depois de penar um período atrás das grades, Alexandre morria em decorrência a uma overdose de tranquilizantes e desaparecia da trama por alguns capítulos. Quando o mundo espiritual começou a fazer parte da narrativa, o público passou a acompanhar o calvário do personagem, que vagava pelo Vale dos Suicidas, um pântano onde os espíritos viviam mergulhados.[500] As gravações com a peregrinação do além-túmulo de Alexandre ocorreram numa pedreira desativada em Niterói, e a produção, que envolviam cerca de 200 figurantes vestidos com figurinos esfarrapados de cores escuras, impressiona até hoje.

Movido por um ódio mais intenso que a própria vida e apegado ao sentimento destrutivo de vingança por aqueles que julgava serem os responsáveis por sua ruína, Alexandre passou a influenciar o comportamento de diversos personagens ligados à sua família. As cenas do espectro vestido de preto, oriundo do mais obscuro além, sussurrando aos ouvidos daqueles que buscava manipular, proporcionaram a diversos atores a oportunidade de explorar expressões, maneirismos e olhares malignos, à medida que seus personagens cediam aos conselhos sinistros da alma penada. Raul (Miguel Falabella) irmão de Alexandre, dona Guiomar (Laura Cardoso), sogra de Raul, e Téo (Maurício Mattar), ex-marido de Diná, foram alguns a estarem sob a influência do vilão. Quem percebia o impacto do espectro vingativo na vida de todos era o Dr. Alberto (Cláudio

Cavalcanti), médico da família Toledo e adepto ao espiritismo. Durante as reuniões mediúnicas, Alberto passava a orar pelo espírito do irmão de Diná, na esperança de neutralizar o mal perpetrado por sua alma atormentada.[501]

Na época das gravações da novela, Guilherme, então com 27 anos, estava casado com a atriz Cláudia Abreu[502], com quem iniciara um relacionamento durante as gravações de *Bebê a Bordo*. O ator soube habilmente explorar a profundidade daqueles seus olhos azuis, que contrastavam com o semblante taciturno de Alexandre.

> **Capricorniano obstinado, encarou a intensidade e a repercussão do papel como o grande *turning point* de sua carreira: "Ele é um divisor de águas, a oportunidade de definir a personalidade de um ator"[503], definiu.**

Somente na reta final, quando já cansado de perambular pelo umbral, Alexandre pedia ajuda aos seus mentores celestes e ao espírito da irmã. Diná respondia ao seu chamado, unindo esforços com Otávio (que, àquela altura, também já havia passado para o plano espiritual). Juntos, os mocinhos apaixonados conseguiam guiar Alexandre para o caminho da redenção. Com sua essência revitalizada e livre do ressentimento, ele regressava à terra renascendo como o filho de Téo e Lisa (Andréa Beltrão), sua antiga paixão: "É uma escolha baseada no ódio que sentia por Téo e no amor que tinha por Lisa. Só assim ele poderá evoluir"[504], justificou a coautora, Solange Castro Neves.

Mesmo muito depois do seu final feliz, a assombração mais famosa das novelas segue "influenciando" os espectadores: a três décadas

A Viagem acabou se tornando uma das obras mais queridas pelo público noveleiro, e o sucesso da exibição original rendeu duas reapresentações no *Vale a Pena Ver de Novo* (uma em 1997 e outra em 2006), e três reprises pelo Canal Viva (em 2014, 2020 e 2024), além do lançamento de uma edição especial, em DVD, lançada em 2017 pela extinta Globo Marcas. A cada reexibição, uma certeza permanece entre o céu e a terra: além de vibrarmos com o amor do casal protagonista e o reencontro emocionado de Diná com a mãe, Dona Maroca (Yara Cortes), no plano espiritual, vamos amar detestar Alexandre mais uma vez.

da exibição original, em tempos de redes sociais, Alexandre foi transformado em meme. Passou a ser compartilhado por um incontável número de usuários da internet, ao lado de Carminha, Nazaré e outros perversos célebres da ficção, a exemplo das montagens feitas durante a pandemia de Covid-19: posicionado digitalmente atrás de políticos brasileiros, as imagens sugeriam que tais figuras estariam sob a má influência do vilão do além. Numa entrevista à *Folha de S. Paulo*, veiculada à época, Guilherme alegou adorar os memes e achar extraordinária a repercussão daquele que se tornou o seu maior trabalho. E ainda vislumbrou alguma continuação, seja em série ou até um game com Alexandre. "Acho que ele [...] iria tocar o terror, tipo *Brinquedo Assassino*"[505], comentou, divertindo-se.

Nunca se sabe. Depende do *timing*.

Vitor Velasquez 50

Selton Mello
Tropicaliente
(1994 - TV Globo)

Selton Mello
como Vitor
(Foto: Reprodução/Globo)

Aos 21 anos, Selton Mello (tido como um dos melhores intérpretes daquela nova geração noventista) dividia o tempo de suas folgas de gravação entre ir ao cinema, jogar basquete na Lagoa ou andar de bicicleta. Mas admitia que o que mais gostava de fazer era mesmo ficar com a namorada, Danielle Winits[506]. Vitor, seu personagem na ensolarada *Tropicaliente*, seguia pelo mesmo caminho de areia. Entretanto, ao contrário do ator (que começou a carreira aos oito anos de idade, participando de programas de auditório, passando a emendar os trabalhos no cinema, televisão e teatro[507]), o herdeiro dos Velasquez só queria saber de sombra e água fresca.

> **Fascinado em interpretar seu primeiro antagonista, Selton queria se desprender ao estereótipo de galã e bom moço, reforçado pelos papéis anteriores. E mais: ansiava pelo ódio do público: "O vilão é meio ator, ele consegue tudo o que quer com sedução, age de acordo com seus interesses."[508]**

Seguindo uma linha mais irônica e *cool*, o irmão mais velho de Danton buscava construir um tipo cínico e sarcástico, sem renunciar à naturalidade na composição: "Ele fala as maiores atrocidades como se fosse a coisa mais normal

" Missão cumprida. Não era isso que você queria, Dona Letícia? Um diplominha? Tá aí, faz o que você quiser com ele. "

– Vitor

223

do mundo. Não se abala", definiu, resumindo também a gênese das maldades praticadas pelo filho rebelde de Letícia (Silvia Pfeifer): "Vive de braços dados com um pesadelo que é culpar a mãe pela morte de seu pai. Essa é a razão de todas as suas vilanias."[509]

A pedido do industrial Gaspar (Francisco Cuoco), Letícia mudava-se para Fortaleza com os filhos, Vitor e Amanda (Paloma Duarte), reencontrando Ramiro (Herson Capri), líder na comunidade de pescadores e seu grande amor do passado. Vitor, por sua vez, apaixonava-se por Açucena (Carolina Dieckmann), filha de Ramiro. A partir daí, Ramiro tentava proibir o relacionamento da filha com o *playboy* arrogante, enquanto Vitor buscava formas de torpedear a reaproximação da mãe com o pescador.

Obstinado, envolveu-se nos negócios da família para desmoralizar Letícia — inclusive perante os acionistas da Nave — e traiu a confiança do avô Gaspar, ao obter o controle majoritário da empresa. Mesmo envolto em chamego com outras, persistia na ideia fixa da filha de Ramiro, confrontando-se com Cassiano (Márcio Garcia), o "irmão brucutu"[510] ciumento da mocinha. Mantendo um constante ar blasé[511], comportava-se como um autêntico descendente tardio de um Karamazov dos trópicos, destoando — como haveria de ser — do clima solar e praieiro da novela e alternando entre um complexo de Édipo mal resolvido e o ódio puramente movido por um rancor infantil.

Abandonado em pleno altar por Açucena, o vilão canalizava seus sentimentos e inspirações na música: terminava apresentando-se no palco de uma boate, com Letícia e a família, mais uma vez, apoiando o rapaz. O ator chegou a ser repreendido por não se divertir com sua condição de vilão,[512] mas alegou encerrar *Tropicaliente* com a sensação de dever cumprido:

> ## "Foi bom fazer um personagem com muitas possibilidades. O que um ator deseja é poder voar, ser vários num só."[513]

Às favas com a crítica: o tempo mostrou que Selton Mello vai ser sempre um dos melhores intérpretes de *qualquer* geração.

Tarcísio Meira
como Raul
(Foto: Reprodução/Jorge
Baumann/Globo)

51 Raul Ramos Pelegrini

Tarcísio Meira
Pátria Minha
(1994 - TV Globo)

Dono absoluto do posto de maior galã da teledramaturgia brasileira, Tarcísio Meira estreou na TV junto com o próprio gênero que o consagrou: em 1963, ao lado de Glória Menezes, protagonizou *2-5499 Ocupado*, a primeira telenovela diária exibida pela Excelsior. Ao longo de 63 anos de carreira, foram mais de 50 participações em novelas e minisséries.

Depois de viver figuras, no mínimo, controversas, em produções anteriores, entre elas *Escalada* (1975) e *Roda de Fogo* (1986), voltou a ser alvo do ódio das telespectadoras ao emprestar a beleza e o talento ao grande vilão de *Pátria Minha*, trabalho que marcou seus 31 anos frente às câmeras. Na novela em que Gilberto Braga testaria "três Odetes Roitmans"[515], era Raul Ramos Pelegrini, o empresário de péssimo caráter interpretado por Meira, quem ficava com a fatia maior das maldades.

> **"**
> **Você não sabe que o cérebro de vocês é diferente do nosso? Vai chorar as mágoas pra polícia!**
> **"**
>
> — Raul,
> na cena de racismo
> explícito, ao acusar Kennedy
> de roubo[514]

> "O Raul é corrupto, imoral... ou melhor, amoral. Ele é uma excrescência como tantos que têm aparecido por aí",[516] enfatizou o ator, em entrevista concedida um mês antes da estreia.

Mas é claro que, apesar de ser um canalha de primeira, o público, especialmente o feminino, não deixou de achá-lo um sujeito atraente; mas o interesse durou pouco, conforme seus atos de maldade iam se acumulando, capítulo a capítulo.

Já no de estreia, o vilão se envolvia em um acidente e usava seu poder e influência para subornar os envolvidos e tentar se livrar da acusação. Iniciava-se uma rivalidade entre ele e a protagonista Alice (Cláudia Abreu), estudante que testemunhou o ocorrido e passou a ser vista como sua grande opositora. Como em novela o que vale é a emoção, a adolescente de discurso ufanista descobriria no decorrer da história que era neta do mau-caráter.

Frases de intolerância e preconceito de classe foram expressas pelo personagem logo nas primeiras cenas, reforçando e confrontando o senso de ética do brasileiro e as conjunturas econômicas e políticas da época, similar ao discurso costurado em *Vale Tudo*. Apesar de todo aquele início promissor, *Pátria Minha* não conseguiu manter o fôlego e o interesse da audiência. Com o fim de sua "primeira fase" (marcada pela morte de Ester, personagem de Patrícia Pillar, ocorrida após o conflito na favela fictícia da novela), boa parte dos personagens do chamado "núcleo pobre" foi descontinuada[518]. Mais uma vez, ao longo dos meses que se seguiram, o carisma e magnetismo de Tarcísio Meira serviram como chamariz para manter o espectador interessado naquela narrativa, inclusive durante o surgimento de uma nova polêmica envolvendo o vilão. No final do capítulo 90, a novela fez reascender outra discussão, sobre o racismo no Brasil[519]: desconfiando que Kennedy (Alexandre Moreno) estaria roubando seu cofre, Raul proferiu completos absurdos ao jardineiro, gerando um debate sobre discriminação e preconceito.

Para além do papel social, Tarcísio — conhecido pela gentileza no trato com equipe e elenco — admitiu que se sentia incomodado com o trabalho e

Cleyde Yáconis foi convidada para interpretar Úrsula, irmã ambiciosa de Raul[517]. Mas, como a atriz havia acabado de sair de *Olho no Olho*, não pôde integrar o elenco de *Pátria Minha*. O perfil da personagem foi alterado quando Rosita Thomaz Lopes foi escalada (Úrsula se tornou uma pessoa honesta e de natureza tranquila), e o título de vilã transferido à Loreta (Marieta Severo), sobrinha interesseira do empresário e famosa por exigir duas gotas *e meia* de adoçante no chá.

> **bastante triste com a reação do público: "Não consigo ter prazer em interpretá-lo. Ele diz coisas que me chocam. [...] É o personagem mais repugnante que já fiz"**[520]**.**

Apesar do olhar de censura que o ator admitiu sentir por parte do público, a audiência torcia por uma virada no destino do personagem. Gilberto e o time de colaboradores ouviram a audiência (que caía conforme a história avançava) e planejaram uma transformação para Raul: no final, o mau-caráter de terno, cavanhaque e óculos escuros se arrependeu de tantos absurdos e ganhou a oportunidade ser feliz ao lado de Cilene (Isadora Ribeiro), sem um tostão no bolso depois de sonegar tanto imposto. Ainda, reaproximou-se da neta que tanto renegou, afirmando que o amor regenera até o pior dos inescrupulosos.

Mesmo com altos e baixos, *Pátria Minha* — que estreou com a responsabilidade ingrata de se tornar uma espécie de *Vale Tudo II* — merece ser redescoberta pelo público. E se o discurso não se sustenta tanto hoje em dia, a obra ao menos reafirma o talento e a capacidade de um time de escritores em saber lidar com os percalços e contratempos decorrentes de uma obra aberta. Além da oportunidade de revermos um mestre como Tarcisão em plena forma, mais vil e impiedoso do que nunca.

Filomena Ferreto 52

Aracy Balabanian
A Próxima Vítima
(1995 - TV Globo)

Aracy Balabanian
como Filomena
(Foto: Reprodução/Globo)

Autoritária, praticamente inabalável e dona de uma das maiores presenças de cena, Filomena Ferreto era implacável. Comandando o Frigorífico Ferreto com mãos de ferro, essa Margaret Thatcher paulistana de família quatrocentona era uma mulher prepotente, possessiva e dominadora. Influía, sem qualquer cerimônia, nas vidas de Eliseo (Gianfrancesco Guarnieri), o marido submisso, e das duas irmãs, a tresloucada Francesca (Tereza Rachel) e a ressentida Carmela (Yoná Magalhães), mãe de Isabela (Cláudia Ohana). A única que escapava de seus domínios era Romana (Rosamaria Murtinho), a irmã libertária que morava no exterior.

Defendida impecavelmente (e com direito a sotaque italiano) por Aracy Balabanian — que já havia feito um sucesso estrondoso com a impagável Dona Armênia, de *Rainha da Sucata* e *Deus Nos Acuda* —, Filomena foi o molho principal do tempero de conflitos vistos em *A Próxima Vítima*. A novela escrita por Silvio de Abreu conquistou audiência e crítica na unha (o marketing, inclusive, impulsionou os números) e inovou ao propor uma história centrada no suspense com a morte de personagens aparentemente aleatórios e sem qualquer ligação entre si, mas que faziam avançar uma trama de investigação policial que corria paralela aos conflitos amorosos típicos a qualquer telenovela. Ao lado de outros medalhões como Susana Vieira, Tony Ramos, Lima Duarte e José Wilker, Aracy encabeçava aquele elenco.

Em entrevista concedida ao jornal *Folha de S. Paulo*[521], ela comentou que, embora houvesse uma incompatibilidade de personalidade com antago-

> **"**
> **Um filho, Eliseo. O maior tesouro que uma Ferreto pode querer. Você sabe que eu trocaria todo o dinheiro, todo o poder, por uma criança gerada aqui dentro.**
> **"**

— **Filomena**

229

nista que interpretava, acabou impactada profundamente por um diálogo dito por Filomena durante uma cena — e reconhece que a frase poderia ter sido dita por ela mesma: "A felicidade não é uma dádiva, é uma conquista". Pisciana com ascendente em câncer, Balabanian admitiu o cansaço físico e mental que sentiu ao incorporar o espírito autoritário da matriarca, principalmente durante o início das gravações[522], mas a paixão e o desejo de defendê-la fizeram o trabalho valer a pena:

> ## "Filomena me fez trabalhar uma coisa que nunca havia trabalhado: a austeridade. Ela não é severa só com os outros, mas com ela também. Mesmo o amor que tem pela sobrinha é insano. No começo, me cansava muito fisicamente. A vida dela é cansativa. [...] Filomena, bem ou mal, tem valores. É capaz de matar para defender a família, a honra".[523]

Com o avançar da trama, acumulou traições: a do marido com a vedete Solange (Patrícia Travassos); a de Marcelo (Wilker), que lhe rendeu um grande desfalque financeiro; e a das irmãs Carmela e Romana, que se uniram para retirá-la do posto de acionista majoritária do Frigorífico. Mas a maior delas foi, sem dúvidas, a decepção ao desvendar, lentamente, a verdadeira essência maquiavélica de sua querida *bambina*. Talvez por reconhecer na índole fria e criminosa da única sobrinha (já que as Ferreto eram conhecidas pelo infame "útero seco"), muito de sua própria natureza. Cada derrota sofrida por Filomena era sucedida pelo anúncio de mais uma de suas "tremendas dores de cabeça".

O clã que ela tanto defendeu, no fim, foi o seu algoz. Terminou solitária, viúva (depois de Eliseo tornar-se a última das vítimas) e isolada no mausoléu das Ferreto, um destino bem diferente daquele que a atriz e alguns colegas criaram para a perversa: "Aqui, no camarim, nós já criamos o final da Filomena: ela descobre quem é Isabela, fica doidona, pega o gigolô da irmã e vai fazer amor na cozinha como fazia a sobrinha."[524]

Em se tratando do talento da eterna Aracy Balabanian, sabemos que ela faria de qualquer final escrito um espetáculo. *Vero, Eliseo?*

Cláudia Ohana
como Isabela
(Foto: Reprodução/Globo)

🔢 53 Isabela Ferreto

Cláudia Ohana
A Próxima Vítima
(1995 - TV Globo)

Integrando um seleto grupo de meliantes incorrigíveis da ficção, Isabela Ferreto Vasconcellos Rossi é uma dessas figuras impossíveis de se esperar (ou sequer torcer) por qualquer tipo de redenção. No caso da única filha de uma das irmãs Ferreto, o pau não só nasceu torto como também continuou envergando, principalmente pela criação permissiva estimulada pela tia Filomena (Aracy Balabanian), que sequer cogitava impor limites à sua amada e idolatrada *bambina*. A psicologia moderna poderia traçar o perfil da personagem vivida por Cláudia Ohana (que, aos 31 anos, fazia sua primeira vilã), em *A Próxima Vítima*, fazendo uso de uma robustez metodológica, mas podemos resumir numa simples frase: criaram um monstro.

Narcisista e manipuladora, a jovem iniciou a trama como noiva temperamental do ingênuo Diego (Marcos Frota), enquanto ficava de agarramentos com o próprio tio, Marcelo Rossi (José Wilker), em cima da mesa da cozinha da mansão. Usando da sedução, mantinha os dois homens sob seu domínio, divertindo-se com o risco:

"

No meio de tantos crimes, um a mais, um a menos, não vai fazer diferença.

"

— **Isabela,**
antes de assassinar a
secretária Andréia

"Ela acha que gosta do Marcelo, mas, na verdade, o que a motiva é o sabor do proibido"[525], justificou Cláudia, enquanto ainda rodavam os capítulos iniciais da novela.

A primeira virada veio no capítulo 50, quando Diego flagrou Isabela aos beijos com o tio e jogou a noiva escada abaixo, revelando a verdade a todos os convidados da cerimônia do *Auguri*, que antecedia o casamento. Tal escândalo fez Filomena jurar que nunca perdoaria a sobrinha. Começava, então, uma nova fase para a vilã: ao mesmo tempo em que assumia publicamente seu relacionamento com Marcelo, Isabela buscava estratagemas para ser novamente aceita na mansão Ferreto. Depois de descobrir que seu útero era tão infértil quanto os das tias, decidiu que a chave era alardear uma falsa gravidez, amolecendo o coração da tia Filó. Funcionou, especialmente para acelerar seu casamento com Marcelo. Mas como a barriga não crescia, ela precisou inventar um falso aborto para a gravidez de mentira. A estratégia teve sua mãe Carmela (Yoná Magalhães) como cúmplice, o que fez a *socialite* abrir os olhos para a índole pérfida da filha.

A partir daí, foi ladeira abaixo: depois de colocar mais um crime na conta do misterioso Assassino do Horóscopo Chines, eliminando Andréia (Vera Gimenez), ex-secretária do Frigorífico, e após o carro da vítima ser retirado pela polícia das águas da represa Billings, a megera se tornava a suspeita mais óbvia do crime, passando a se esconder atrás dos ombros largos de Filomena. Antes das investigações decretarem sua prisão, ainda engatou um caso tórrido com Bruno (Alexandre Borges), aliando-se ao gigolô para, juntos, eliminarem Romana (Rosamaria Murtinho, que terminou sua participação especial boiando na piscina da mansão).

Mas, talvez, nem mesmo a cena em que Isabela foi espancada vestida de noiva preparou o espectador para o fatídico capítulo de 28 de setembro de 1995, quando ela era flagrada por Marcelo aos beijos com

Bruno, na cozinha. Tomado pelo ódio, o marido traído desferia várias facadas contra a vilã, a última e maior delas chegando a desfigurar o rosto de Isabela.

Apesar de catártica, a sequência é extremamente violenta, explícita e difícil de assistir. Na época da exibição original, foi repudiada por uma série de organizações, entre elas o Conselho Nacional dos Direitos da Mulher: "Os meios de comunicação têm o dever de lutar contra todo tipo de violência. *A Próxima Vítima* fez o oposto. Estimulou um comportamento bastante arraigado na cultura brasileira: o de que o macho só limpa sua honra com sangue", argumentou a presidente da entidade, Rosiska Darcy de Oliveira.[526]

Em setembro de 2022, quando a novela entrou para o catálogo do Globoplay, Cláudia Ohana relembrou o sucesso e aproveitou para analisar sobre o excesso de violência sofrido pela antagonista, evidenciando diferenças cruciais dos valores sociais da época: "A Isabela era a vilã, então todo mundo torcia para que ela fosse maltratada. [...] É uma loucura. Mas é uma questão de época. Naquela época as pessoas não respeitavam tanto as mulheres. Essa cena parou o Brasil. Todo mundo ama. Eu fico abismada, pensando no hoje. Mas naquela época eu realmente não me dava conta disso."[527] De certa forma, muitos de nós também não.

O Assassino do 54
Horóscopo Chinês

A Próxima Vítima
(1995 - TV Globo)

Cecil Thiré
como Adalberto
(Foto: Reprodução/Nelson
Di Rago/Globo)

Um atropelamento num dia chuvoso em São Paulo. O carro, um Opala preto sem placa, some em meio ao aguaceiro, abandonando a vítima — um empresário que saiu apressado do escritório onde trabalhava depois de receber um telefonema anônimo —, que sangra no asfalto encharcado. Além de encapsular um clima de mistério como fermento da narrativa, essa sequência inicial de *A Próxima Vítima* já entregava ao público uma pista importante relacionada à trama policial: o matador misterioso dirigia um Opala preto empoeirado de vidro fumê. E a identidade de quem estava atrás do volante, claro, só seria revelada no capítulo final. Mas, ao longo dos 200 capítulos, a dinâmica das reviravoltas exigiu atenção por parte do espectador, alçado também ao papel de detetive.

Lançada com ares de *thriller*, a obra do novelista Silvio de Abreu (já conhecido por sua habilidade em mesclar comédia e melodrama) marcava duas décadas desde que uma última novela assumidamente investigativa era veiculada na TV Globo (*O Rebu*, exibida às 22h, entre 1974 e 1975) e foi inserida numa estratégia da emissora para "arejar o gênero do folhetim televisivo."[528] Espécie de renovação sem abandonar o tradicional.

Também chamado de "Assassino do Opala Preto" durante boa parte da exibição, já que o veículo era presença garantida nos locais do crime, o Brasil

"
Estão todos condenados.
"

— Zé Bolacha (Lima Duarte), ao olhar a misteriosa lista do horóscopo chinês

inteiro passou a se perguntar quem estava oculto por aquele vidro escurecido, por que estava cometendo os crimes e quem seria o próximo a morrer.

Da Mooca ao Bexiga, do Morumbi ao centro histórico, nenhum engarrafamento era capaz de impedir o vilão sem rosto de chegar no endereço da sua próxima vítima a tempo! O enigma era solucionado de em doses homeopáticas, conforme avançavam as investigações de Irene (Vivianne Pasmanter), estudante de Direito e detetive à la Nancy Drew nas horas vagas, e Olavo (Paulo Betti), investigador de polícia cético e reclamão. E tudo, aparentemente, circulava em torno do tal Horóscopo Chinês: sempre antes de morrer, cada personagem recebia uma misteriosa lista com ideogramas da astrologia chinesa, decretando que o fim se aproximava.

Ao longo de quase nove meses no ar, o Assassino do Horóscopo Chinês eliminou oito personagens, além de ter sido o responsável por dois crimes do passado e que só seriam revelados no final: o principal deles era o assassinato de Gigio di Angelis (Carlos Eduardo Dolabella), ex-marido de Francesca Ferreto (Tereza Rachel), morto em seu iate durante uma festa em 1968. A celebração, em comemoração ao novo Ano Chinês, deflagraria todo o mistério.

Depois de estudar a possibilidade de transmitir, ao vivo, cenas do penúltimo e último bloco com a revelação do assassino[529], a Globo optou por gravar as três cenas-chave (com nove páginas de roteiro, no total)[530] pouquíssimas horas antes da exibição do capítulo. Assim, seis versões do roteiro foram distribuídas para o elenco, com direito a envelopes lacrados e carimbados com selos de *top secret*[531], e as câmeras começaram a rodar por volta das 18h30, apenas duas horas antes do início da exibição.

Vinte integrantes do elenco ficaram em plantão nos estúdios da Globo para o momento do anúncio,[532] e quando o capítulo foi ao ar, na noite de 3 de novembro de 1995, e o investigador Olavo revelou o nome de Adalberto Vasconcelos (Cecil Thiré), como o grande culpado, todo mundo ouviu. De acordo com o Ibope, o final de *A Próxima Vítima* alcançou 62 pontos de audiência (o equivalente a cerca de 6,2 milhões de telespectadores).[533]

O real motivo da matança? Ex-marido de Carmela (Yoná Magalhães) e pai de Isabela (Cláudia Ohana), Adalberto foi um dos amantes de Francesca e acabou convencido por ela a eliminar Gigio. Criativo, Silvio fez uso de uma série de *flashbacks* para explicar a intricada relação das vítimas com a fatídica morte de Gigio: cinco delas — Leontina (Maria Helena Dias), Arnaldo (Reginaldo Faria), Josias (José Augusto Branco), Ivete (Liana Duval) e Cleber (Antônio Pitanga) — trabalhavam no iate e foram subornadas por Francesca, enquanto outras duas — Júlia (Glória Menezes) e Hélio (Francisco Cuoco) — eram convidados na festa. Os sete foram convencidos a testemunhar contra um contador do Frigorífico Ferreto, e o acusado, preso injustamente, acabou se enforcando na prisão.

Além das sete, Adalberto também precisou eliminar outras duas pessoas: Ulisses (Otávio Augusto), seu cúmplice no envenenamento de Hélio no aeroporto (Já que Francesca simulou a própria morte no mesmo incidente), e Eliseo (Gianfrancesco Guarnieri), autor de uma série de cartas anônimas enviadas a ele. Sentindo-se acuado e sem saber quem estava enviando as cartas incriminadoras, o *serial killer* decidiu eliminar uma a uma as testemunhas.

Depois do *grand finale* em plena sala das Ferreto e de Adalberto arriscar uma fuga em disparada pelas escadas da mansão, ele era atingido pela polícia e morria diante de Filomena (Aracy Balabanian). Àquela altura, maior que a comoção pelo desfecho do vilão — um bom exemplo de como um personagem é capaz de movimentar a narrativa e instigar o público mesmo sem revelar sua identidade — eram as comemorações de quem teve a sorte (ou o bom faro de detetive) de acertar em cheio nos inúmeros bolões espalhados pelo país.

Além do desfecho original, a emissora encomendou uma versão alternativa para o mercado internacional, no qual a novela ainda estava sendo exibida. No novo final, também veiculado quando *A Próxima Vítima* foi reprisada no *Vale a Pena Ver de Novo*, o assassino era Ulisses Carvalho. Naquele multiverso, o suposto irmão que Ana (Susana Vieira) não via há anos era, na realidade, filho do contador incriminado injustamente pela morte de Gigio, no passado. Em sua empreitada por vingança, Ulisses contou com a ajuda de Bruno (Alexandre Borges), seu filho, que se infiltrou na família Ferreto por meio do caso que manteve com Romana. Para garantir o máximo de coerência (ainda que furos no roteiro tenham sido percebidos por espectadores mais atentos, nas duas versões de exibição), Silvio de Abreu precisou realizar cortes e ajustes em algumas cenas da história.

Sheila Bueno ▪ 55

Lilia Cabral
História de Amor
(1995 - TV Globo)

Lilia Cabral
como Sheila
(Foto: Reprodução/Bazilio
Calazans/Globo)

Apesar de ter experimentado antes o gostinho de interpretar uma mau-caráter com Simone, a alpinista social decadente de *Pátria Minha*, Lilia Cabral viu sua carreira alcançar um novo patamar ao viver Sheila, a antagonista astuta e sorrateira de *História de Amor*:

"Foi um grande divisor de águas na minha vida. Eu vinha de personagens leves, cômicos, e, de repente, caiu na minha mão a possibilidade de mostrar um outro lado que eu sempre quis, mas não tinha conseguido. Os personagens que eu tinha feito não tinham esse lado patético, amargurado. Era quase que uma atração fatal", lembrou a atriz, em entrevista ao *Extra*, durante o lançamento da novela *Fuzuê*, em 2023.[535]

A fisiatra iniciava a novela agourando, sem nenhum rodeio, o casamento entre a mimada e fútil Paula (Carolina Ferraz) e Carlos (José Mayer), médico e sócio por quem foi perdidamente apaixonada durante toda a trama. O que Sheila não imaginava era que aquele triângulo amoroso logo se tornaria um quadrado conflituoso. O caldo começava a entornar quando a médica, crente que a união entre Carlos e Paula estava prestes

"
Se algum dia o Carlos tiver que se lembrar de uma mulher com saudade, há de se lembrar de mim, e não de você.
"

— Sheila,
durante uma das discussões
com a rival, Paula

a naufragar por conta dos crescentes escândalos promovidos pela nova Senhora Moretti, deparava-se com o galã ao lado de Helena (Regina Duarte), na casa dele em Teresópolis.

Atingida pela descoberta de que seu grande amor poderia estar enveredando definitivamente para os braços da mãe de Joyce (Carla Marins), Sheila passa a frequentar a casa de Helena, atenta à rotina e aos ânimos do novo casal, enquanto armava para minar furtivamente o relacionamento dos dois. Foi ela que, por exemplo, fez com que Assunção (Nuno Leal Maia) descobrisse sobre a gravidez de Joyce, ocasionando uma série de discussões e trazendo novas dores de cabeça para a protagonista.[536] Em outro momento, quando descobriu que Carlos quitou a hipoteca da casa de Rômulo (Cláudio Corrêa e Castro) e Zuleika (Eva Wilma), pais de Paula, Sheila foi logo compartilhar a novidade com Helena, abalando ainda mais sua confiança.[537] Assim como foi ela quem enviou flores anônimas à Paula com um bilhete que denunciava que Carlos havia apresentado outra mulher à família.

Fazendo jus ao ditado popular que afirma que "o Diabo está nos detalhes", Sheila debruçou-se em armações sutis para infernizar suas duas concorrentes, observando de camarote as farpas trocadas entre Paula e Helena, em situações que só faziam tumultuar cada vez mais a rotina de Carlos na clínica. E a cada novo infortúnio, adivinha só quem estava sempre pronta a ouvir os problemas e semear a discórdia? A boa e velha amiga-da-onça, que, mesmo com todo o conjunto de maldades, nunca soou desmesurada.

Humanizada nos diálogos e nas ações, que indicavam virtudes como generosidade e afetividade (estratégia típica da veia naturalista nos textos

de Manoel Carlos), Sheila era uma antagonista de alta complexidade dramática. Uma vilã possível.

Tanto que o autor acreditava na empatia do público para com sua antagonista, sobretudo quando ela se viu abandonada por Daniel (José de Abreu), seu namorado-estepe, depois dele se encantar pela jovem Bianca (Maria Ribeiro). "O público, que no início chegou a torcer para que Sheila ficasse com Carlos (José Mayer), voltará a ter pena dela depois que ela levar a rasteira do Daniel", previu o novelista, à época dos acontecimentos.[538]

Depois da separação e de testemunhar algumas vitórias de Paula, Sheila se entregava aos calmantes e às bebidas, entrando numa espiral de desequilíbrio e psicose. Acumulando rompantes de crises de risos e lágrimas, trancafia-se no seu consultório, mergulhada em um abismo de pensamentos e paranoias, empunhando sua inseparável espátula ameaçadora.

Na reta final, quando a rivalidade com Paula já era escancarada, ela confessou todas as armações à Helena, comprometendo-se a ajudar a protagonista a se livrar definitivamente da adversária temperamental. Afinal, nas palavras da própria, aceitaria perder Carlos para qualquer uma, *exceto* para Paula. Seu surto derradeiro, no entanto, culminaria numa tragédia: Sheila contribuiu, em parte, para o acidente que resultava na perda do bebê que Paula esperava de Carlos (a gravidez era a última chantagem emocional da dondoca), separando de vez o casal.

Por fim, depois de declarar um "cessar fogo" definitivo com a arqui-inimiga, Sheila se retirava do campo de batalha e partia a um desfecho inesperado e tingido de humanidade. Apesar de tantas artimanhas, a identificação do público com a causa (a conquista amorosa) e a entrega da sua intérprete acabaram fazendo com que a grande vilã da novela saísse praticamente incólume do castigo no último capítulo. Prova de que maldade maior — seja na ficção ou na realidade — é privar alguém de expressar e viver o amor que guarda dentro de si.

Inclusive, para muitos, a pérfida daquela história era a Joyce...

Clóvis Camargo 56

Osmar Prado
Sangue do Meu Sangue
(1995 - SBT)

Osmar Prado
como Clóvis, ao lado de
Julia
(Foto: Reprodução/SBT)

Na esteira do sucesso absoluto do catador de caranguejos Tião Galinha, um dos destaques da primeira versão de *Renascer* e um dos tipos mais seculares das novelas, Osmar Prado foi interpretar Hitler no teatro (ele até pediu para que Tião morresse "um pouco antes" para mudar-se para São Paulo a tempo de ensaiar a peça) e assinou contrato com o SBT[539], numa época em que a emissora de Silvio Santos voltava a investir no gênero. Lá, emendou outro personagem de sucesso: o divertido farmacêutico Zeca, par da espevitada Olga (Denise Fraga), na segunda adaptação de *Éramos Seis*, escrita por Silvio de Abreu e Rubens Ewald Filho e que reinaugurou o núcleo de dramaturgia da emissora. Seu primeiro grande vilão da carreira[540] veio em seguida: o brutal Clóvis Camargo, de *Sangue do Meu Sangue*.

Lançada com nomes recorrentes nas produções da Globo, como Jussara Freire, Guilherme Leme e Lucinha Lins, e ancorada no prestígio de Lucélia Santos e Rubens de Falco, a dupla de *Escrava Isaura*, clássico da concorrente, a nova adaptação de *Sangue do Meu Sangue*, baseada na original de Vicente Sesso exibida pela Excelsior em 1969, era assinada por Paulo Figueiredo e Rita Buzzar. A trama girava em torno de Julia (Lucélia), atormentada pela crueldade e violência de Clóvis, marido cruel e viciado em jogo de cartas. Além de tentar enlouquecê-la durante anos para se apossar de sua herança, ele também foi o responsável pela tragédia na vida de Carlos Rezende (Jayme Periard). O contador era a única pessoa capaz de desmascará-lo quanto ao grande desfalque aplicado no banco do sogro (de Falco),[541]

"

Temos que falar baixo. O Inspetor Herculano colocou dentro da cela alguns abolicionistas para atrapalhar os meus planos.

"

— Clóvis,
delirando na prisão

onde trabalhavam. Anos mais tarde, recuperado de um longo período de amnésia, Carlos decidia vingar-se de seu grande inimigo, e a história assim transcorria.

Advogado inescrupuloso nos negócios, Clóvis era um vilão ambicioso, imbuído de todas as imperfeições intrínsecas a esse tipo de papel. Como a ação se passava na época do Segundo Reinado e tendo como pano de fundo a luta entre escravocratas e abolicionistas, ele ainda tinha o agravante de oprimir os negros escravizados. Osmar compreendia a complexidade do personagem, buscando analisar as engrenagens que justificavam seu comportamento perverso:

"Clóvis não é mal pelo prazer de ser mal. Sua ideologia é a dos seus interesses. Ele é fascinante porque é um camaleão, um fisiológico, um homem maquiavélico, que quer levar vantagem em qualquer estrutura de governo, seja República ou Império"[542], declarou o ator.

Prado revelava também seu desejo em seduzir o público: "Torço para que amem o Clóvis e entendam suas contrações", resumiu. "O objetivo de todo artista é ser um guerrilheiro cultural e instigar as pessoas."[543] O "amor" do público por Clóvis (um homem odioso do início ao fim), obviamente, não aconteceu. Assim como não se concretizou o sucesso da novela. A repercussão da trama foi se dissipando conforme a audiência despencava. Para reverter os índices de sua obra mais ambiciosa (cada capítulo custava cerca de 25% a mais que o das antecessoras e mantinha média de oito pontos no Ibope, contra 15 de *Éramos Seis* e 11 de *As Pupilas do Senhor Reitor*)[544], o SBT realizou diversas alterações na trama. Tentaram de tudo: saídas e entradas de personagens, alteração da música de abertura, mudança de tom nas chamadas e, claro, a reescrita de vários capítulos. Isso sem falar na intervenção direta do próprio Vicente Sesso no texto, que ameaçou entrar na justiça contra a emissora.

A crise de bastidores[546] persistiu até o final das gravações, mas, mesmo diante da ameaça do naufrágio, uma constante permaneceu inalterada: a grande interpretação de Osmar Prado. Sem rodeios, o ator criticou as mudanças, incluindo as interferências de Vicente Sesso, e destacou uma falta de dinamismo no enredo, especialmente no que dizia respeito ao estilo de vilanias cometidas por seu antagonista: "Outro dia gravei uma cena em que Clóvis manda Rebecca (Jandira Martini) quebrar as louças da loja de Juca (Guilherme Leme). Um homem com a importância dele jamais se preocuparia com uma miudeza dessas para falir o outro. Sua posição permite um sem número de situações mais elaboradas para destruir um desafeto."[547]

Quando o SBT exibiu o último dos 257 capítulos de *Sangue do Meu Sangue*, o vilão que se tornou maior que a própria obra amargou sua loucura na prisão, delirando sobre uma apresentação imaginária na temporada lírica, com Pagliacci, ópera de Ruggero Leoncavallo, além de reclamar que as grades de sua "sala" destoavam da mobília. Já Prado, questionado sobre como impor sua marca em meio ao caos que é a produção de uma telenovela, expressou-se como só os grandes intérpretes conseguem: "Um ator, mesmo considerando o pouco tempo que tem para trabalhar um papel, não pode agredir a inteligência e sensibilidade das pessoas. Ele pode influir na obra com a representação."[548]

Uma década depois de defender Clóvis, em *Sangue do Meu Sangue*, Osmar Prado assumiu um novo tipo intransigente e defensor do regime escravocrata, em outro *remake* da TV: o coronel Ferreira, de *Sinhá Moça* (2006). Pai e antagonista da personagem-título da novela, vivida por Débora Falabella, o temido Barão de Araruna era igualmente impiedoso e dominador, outro típico representante da nossa oligarquia econômica no século XIX. Mesmo diante das maldades praticadas pelo Barão, Osmar recusava-se a taxá-lo como vilão: "Eu vou sempre na contramão das tendências, recuso-me a ser manipulado por um personagem ou por uma obra"[545], destacou.

Drica Moraes
como Violante
(Foto: Reprodução/TV
Manchete)

57 Violante Cabral

Drica Moraes
Xica da Silva
(1996 – TV Manchete)

Quem diria que Drica Moraes conseguiria um papel de destaque em *Xica da Silva* depois de fazer um comercial de TV?! Pois foi dessa forma que o diretor Walter Avancini, depois de assistir a uma peça publicitária que a atriz gravou para um banco, conseguiu vislumbrar a intérprete perfeita da grande rival da escrava alforriada que dava nome à trama.[549]

Mais conhecida por sua veia cômica (estreou sete anos antes como a empregada Cida de *Top Model*), Drica optou por recusar convites da Globo para atuar no seriado *A Comédia da Vida Privada* e no humorístico *Sai de Baixo* para integrar o elenco da novela (chegou a ser sondada para o papel de Magda, que acabou sendo de Marisa Orth).[550,551]

Ainda assim, ela precisou conciliar as gravações da novela com as filmagens do longa-metragem *Cachorro!* (rebatizado de *Traição* antes do lançamento) e os ensaios do premiado *Melodrama*, espetáculo escrito por Filipe Miguez e dirigido por Enrique Diaz (com quem namorou na época).

> **"**
> **Uma coisa eu nunca menti: nunca suportei vosmecê. Até hoje eu me arrependo de não ter queimado o seu rosto em ferro em brasa quando era minha escrava.**
> **"**
>
> – Violante,
> ao confrontar Xica

Na hora de encarnar Violante, prendia os cabelos, eliminava o riso fácil e fechava o rosto, caprichando no semblante antipático que se tornou marca registrada de uma megera que sincretizava o falso moralismo do Brasil colônia do século XVIII: "Solto a bruxinha que

todos temos guardada. Quando me vejo no vídeo, chego a me achar feia e mais velha", declarou.[552]

Foi um sucesso, tanto a interpretação da atriz quanto a repercussão da novela escrita por Adamo Angel, o pseudônimo inventado por Walcyr Carrasco, que driblou o contrato que tinha com o SBT para escrever uma história veiculada pela concorrente. Para isso, o autor contou com o aval da Manchete, que se beneficiou com o suspense em torno da autoria da novela.

Inspirada na obra do escritor mineiro Agripa Vasconcelos, a produção estreou com pompa de trama global das oito, com o adicional das cenas eróticas e sequências de violência que, invariavelmente, atraíram a curiosidade dos espectadores. A emissora, inclusive, buscou resgatar elementos de duas obras de sucesso: os cenários e figurinos de época de *Dona Beija* e uma trilha sonora marcante como a de *Pantanal*. Marcus Viana, compositor da novela de Juma, voltava a trabalhar em uma produção do canal de tevê que integrava o Grupo Bloch.[553] A audiência sinalizou recompensa pelo investimento e embalagem logo no capítulo de estreia, quando a Manchete alcançou dez pontos de média[554] no Ibope em São Paulo, dois a mais do que costumava marcar a antecessora, *Tocaia Grande*.

Abandonada pelo noivo, o contratador João Fernandes de Oliveira (Victor Wagner), Violante comandava os protestos da elite enquanto tentava destruir Xica (Taís Araújo), a mulher que se tornaria um mito de coragem e sensualidade. Vestindo um manto de perversidade e tirania, Violante era fria e cruel nas interações com os demais, especialmente os escravos. Referia-se frequentemente à protagonista como "macaca", entre outros absurdos ainda maiores. No entanto, a víbora raramente subia o tom do discurso. A voz trêmula e aveludada e o olhar marejado só contribuíam para compor seu aspecto ainda mais aterrorizante. Além do completo desprezo pelos escravizados e do ódio nutrido por Xica, Violante ainda arranjava tempo para humilhar Micaela (a jornalista Teresa Sequerra, em sua estreia nas novelas), a madrasta submissa.

Tamanha crueldade fez com a intérprete demorasse a se acostumar com a força dramática da vilã: "Só agora [depois de quatro meses no ar] estou me divertindo com a Violante. A gente se confunde com o papel, pois é o nosso suor e a nossa lágrima que está na tela", refletiu.[555]

Além do reconhecimento do público, a oportunidade em mostrar o seu talento dramático e sua entrega num papel tão intenso rendeu à Drica Moraes o prêmio de Melhor Atriz, concedido pela Associação Paulista de Críticos de Arte. Diabólica e inesquecível.

Tia Ruth 58

Laura Cardoso
Salsa e Merengue
(1996 - TV Globo)

Laura Cardoso
como Ruth
(Foto: Reprodução/Nelson
Di Rago/Globo)

Só mesmo o frescor dramatúrgico de Miguel Falabella e Maria Carmem Barbosa para oportunizar a Laura Cardoso, uma das damas da nossa televisão, aos 66 anos e com mais de 50 de carreira, representar uma pilantra de mão (e taça) cheia como Tia Ruth, uma das vilãs da criativa e provocadora *Salsa e Merengue*.

Os três já vinham fervilhando nos palcos com o espetáculo *Todo Mundo Sabe que Todo Mundo Sabe*, escrito por Miguel e Maria Carmem (na terceira parceria do que viria a ser uma usina de roteiros cocriados pela dupla) e protagonizado por Arlete Salles, Rodolfo Bottino e Bia Nunnes e tendo Laura Cardoso como atriz convidada. A comédia que seguiu em cartaz no Teatro dos Quatro, no Shopping da Gávea, enquanto aconteciam as gravações da novela, girava em torno de uma família aristocrata e sua iminente e irrefreável decadência. Laura interpretada tia Dolores, a mais velha e sábia da família.[556]

De Dolores do teatro para Ruth da novela, Cardoso só carregou o epíteto de "tia", dado que as duas personagens eram diametralmente opostas: enquanto a primeira era tranquila e nem um pouco interesseira, a segunda se mostrava uma aproveitadora espampanante sem escrúpulos. Em conluio com a irmã Gilda (Ariclê Perez), orquestrou a preparação da bela sobrinha Adriana (Cristiana Oliveira), para torná-la uma ambiciosa carreirista, depositando todas as esperanças na jovem para se darem bem. Ou, melhor, *quase* todas, já que Ruth guardava uma faísca de esperança para a jogatina, seu segundo maior vício — o primeiro eram os drinques fora

> **"Esse é o mel da vida: dinheiro no banco e amor na cama."**
>
> — Tia Ruth

de hora.[557] A combinação dos dois hábitos levou a família a perder o apartamento onde viviam, em Copacabana.[558]

Houve até quem estranhasse a voz esganiçada que Laura impôs à personagem, e a direção da Globo sugeriu uma mudança de tom no meio da novela.[559] A atriz acatou a sugestão, reduzindo as estridências e modulando a entonação, sem comprometer a graça da vigarista ou o seu divertimento como intérprete:

"Já fiz muita coisa na carreira, mas considero tia Ruth uma personagem especial", avaliou. "Com sua aparência frívola, ela reflete o lado feio e fraco da ganância, que todo ser humano tem e procura esconder."[560]

As cenas cômicas protagonizadas pela família de golpistas ganhou fôlego, e a interpretação da "deusa" roubou a cena, tornando-se "a melhor coisa da novela."[561] Esbanjando sagacidade, a vilã sugeriu a Adriana que engravidasse do endinheirado Guilherme (Walmor Chagas), para persuadir o dono da Amarante Paes a transferir o apartamento para o seu nome, sob o pretexto de garantir o futuro da criança.[562] Depois de firmar casamento com a moça, no entanto, Guilherme enfrentava a falência da empresa e se surpreendia ao ficar diante de uma fita de vídeo com cenas pornográficas protagonizadas pela nova esposa. Confrontado por tia Ruth, que exigia os direitos da sobrinha, o patriarca dos Amarante Paes acabava passando mal e implorava por seus remédios. Ruth não apenas se recusou a entregar os medicamentos, como assistiu calmamente à morte do empresário.[563]

Quando a novela já estava em sua segunda metade, Laura voltou a falar a respeito da satisfação em fazer realizar trabalho:

> "Tia Ruth deu um baque na minha carreira. Fazia muito tempo que eu não atuava numa comédia. E eu faço *Salsa e Merengue* com o maior prazer", destacou. "Gostem ou não de Tia Ruth, as pessoas prestam atenção nela. Ruth tem vida. Ela se entrega ao desejo de ter uma vida poderosa."[564]

Salsa e Merengue chegou ao fim como um sucesso (venceu o Troféu APCA de Melhor Novela, desbancando o favoritismo de *O Rei do Gado*), e Ruth, que terminou como a "xerife" da cela de prisão em que cumpria pena[565], depois de uma tentativa malsucedida de fuga para Miami levando pedras preciosas, revelou mais uma das inúmeras facetas de Laura Cardoso, que sempre reverenciou o ofício, independentemente das virtudes ou iniquidades de suas personagens.

Para ela, o que valeu mesmo foi "o prazer de representar"[566]. Para o público, prazer maior sempre foi ver Laura Cardoso em cena.

59 Altiva

Eva Wilma
A Indomada
(1997 - TV Globo)

Oxente, my God!
Se existiu uma vilã maravilhosamente terrível e com sotaque arretado, essa criatura foi Maria Altiva Pedreira de Mendonça e Albuquerque, interpretada por um dos maiores nomes da nossa teledramaturgia: Eva Wilma. Mistura de uma versão nordestina bem-humorada de Odete Roitman com o comportamento papa-hóstia e *bixiguento* de Perpétua, a vilã-mor de *A Indomada*, escrita por Ricardo Linhares e Aguinaldo Silva (os dois escreveram juntos *Tieta*, e Silva coescreveu *Vale Tudo*), era uma mulher mesquinha, soberba e ambiciosa, que valorizava o sobrenome da família mais do que tudo.

Vestida de maldades e provincianismos, a falsa moralista era o dedo julgador constantemente esticado na direção dos moradores de Greenville, cidade fictícia do litoral nordestino com complexo de metrópole inglesa (uma referência dos autores à passagem dos ingleses e holandeses por Recife). Constituída de paisagens emolduradas por coqueiros, banco de corais e de dunas de areias brancas e plantações de canaviais, Greenville ganhou vida por meio das gravações que aconteceram nas praias selvagens de Maragogi, cidade do litoral nordestino.[567]

A última malvada de destaque de Eva Wilma havia sido Raquel, a gêmea má da primeira versão de *Mulheres de Areia*, em 1974, mais de 20 anos antes. Depois daquele trabalho, a atriz foi escalada para papéis de mulheres submissas e sofredoras, como Tereza, esposa do corrupto Raul Pellegrini, de *Pátria Minha*, e Dona Marieta Berdinazzi, sua marcante participação especial na primeira fase de *O Rei do Gado*.

> **"**
> **Sabe por que eu sou assim? Porque Deus me fez assim. E se ele me deu esse poder, eu posso fazer tudinho que eu quiser.**
> **"**
>
> – Altiva

Em termos de carreira, o sucesso estrondoso de Altiva só se comparava à repercussão de Jandira, personagem que ela fez na novela *Meu Pé de Laranja Lima*, na extinta TV Tupi[569]. A intérprete resgatou, para o horário nobre, o charme e a presença de uma vilã à moda antiga, com um *twist* das expressões e termos em inglês que entremeavam seus diálogos acentuados — em território Greenvillense, boa parte dos moradores falava uma espécie de "portu-English"[570], e Altiva era a porta-voz do dialeto: "Eu me divertia demais com a agressividade crítica da Altiva. Era como se ela estivesse esculhambando com tudo", declarou a atriz, em sua biografia *Eva Wilma, arte e vida*, publicada pela Imprensa Oficial do Estado de São Paulo: "Foi um trabalho estimulante. Tive condições de analisar um pouco a razão do fascínio que personagens vilãs podem exercer no público. Tanto a Raquel de *Mulheres de Areia* quanto Altiva eram pessoas extremamente conflituosas, de inteligência apurada e muito senso de humor."[571] O público se deliciou com as armações da falsa carola, responsável por segurar boa parte dos 48 pontos da média geral da novela. *Weeeeell*, e como não amar uma vilã que consegue a proeza de fazer um raio divino cair... só que em cima da própria cabeça?![572]

Quando finalizou as gravações da novela, Eva, então com 63 anos e 50 de profissão, declarou que Altiva era o seu último grande trabalho e que, a partir daquele momento, buscaria fazer apenas participações especiais. A atriz ainda analisou o impacto de interpretar uma grande antagonista como aquela:

"Em geral, vilões têm uma grandeza muito própria. Podem transmitir uma solidão profunda, o que os torna extremamente interessantes para o público.

Quinze anos depois de *A Indomada*, Aguinaldo Silva homenageou a personagem Altiva numa cena protagonizada pela própria atriz Eva Wilma, na novela *Fina Estampa*. Depois de roubar o dinheiro da sobrinha, Tereza Cristina (Christiane Torloni), a dupla Íris (Wilma) e Alice (Thaís de Campos) pegava a estrada sem destino. Quando se deparavam com uma placa indicando algumas cidades fictícias da obra do novelista (entre elas Asa Branca e Santana do Agreste), Íris escolhia Greenville ("uma cidade brasileira com nome inglês") como o primeiro destino da dupla. E quebrando a quarta parede ao lançar uma piscadela para a câmera, a atriz finalizava a cena dizendo "Eu não disse que voltava?".[568]

No caso da Altiva, ela é uma desesperada que vive uma paranóia infantil", resumiu. "Seu prazer em humilhar as pessoas é como se fosse uma atividade lúdica, um jogo. Esse tipo de personagem dá oportunidade de mostrar um bom trabalho de interpretação".[573]

Imerso no realismo fantástico, seu desfecho destaca-se como um dos mais criativos e inesquecíveis das novelas (principalmente porque os autores consideravam a personagem forte demais para, simplesmente, morrer[574]): tentando acabar de vez com a vida da sobrinha Helena (Adriana Esteves), ela ateia fogo à casa de Artêmio (Marcos Frota). Quando a protagonista é salva por Teobaldo (José Mayer), a vilã era consumida pelas chamas ao se recusar a sair. E eis que o espírito da bruxa subia aos céus, como uma nuvem de fumaça sobre os moradores de Greenville, partindo em gargalhadas e anunciando que, um dia, estaria de volta — *"I'll be back"*, no melhor estilo Schwarzenegger, de *O Exterminador do Futuro*. Desempenho de uma verdadeira indomada.

Thank you very much, viu, bichinha?!

O Cadeirudo 60

A Indomada
(1997 - TV Globo)

O Cadeirudo
(Foto: Reprodução/Globo)

Parecia cena extraída de um filme de suspense: uma mulher seguia o seu caminho solitário pelas ruas desertas, numa noite de lua cheia. Então, uma sensação inquietante de estar sendo observada a obrigava a apressar os passos, enquanto uma neblina densa se espalhava na paisagem ao redor. De repente, um vulto emergia das sombras, movendo-se lenta e silenciosamente, até alcançar a vítima em um momento de terror absoluto, resultando num grito que cortava o silêncio da noite escura.

O sinistro Cadeirudo — assim chamado pela dimensão larga de seus quadris — apavorou, tanto as personagens femininas de *A Indomada* quanto os espectadores (especialmente os mirins) da década de 1990. Trajando terno e chapéu escuros, sua silhueta em movimento se assemelhava a uma dança quase contorcida, avançando em passos largos com as pernas bem abertas e desaparecendo nas esquinas dos becos sombrios de Greenville. E o ritual que antecedia cada incursão era o mesmo: assim que a cidade dormia, todos os homens escapuliam inquietos de onde estivessem, para aumentar ainda mais o mistério. Lá fora, bastava uma desatenta perambular ao redor da praça que o embiocado se achegava, roçando os pés nos tornozelos.

Conforme aumentava o número de mulheres atacadas, crescia também a curiosidade do brasileiro em descobrir quem era o vilão misterioso.

Para Aguinaldo Silva, a identidade do "monstro da bunda grande" acabou se tornando um

> **"**
> **Já conheço esse grito horrível! É a típica reação de uma pobre mulher que jaz atacada pelo Cadeirudo!**
> **"**
>
> – Juíza Mirandinha

O suspense em torno do Cadeirudo fez tanto sucesso que inspirou até letra de música. Em *A dança do Cadeirudo*, da Banda Segredo de Versar, o vilão misterioso era evocado em versos que capturavam sua aura sombria: "É lua cheia, ele quer se transformar, não é um lobisomem, ai meu Deus, o que será?" ecoava a letra. O refrão convidava o público a remexer no ritmo e na coreografia do Cadeirudo: "Ca Ca, Cadeirudo, Jogue a mão pra cima, bate palma e dá um pulo!". Ícone pop é isso.

dos trunfos da novela: "Isso mexe com o inconsciente. Todo mundo tem medo da escuridão, da mão que toca o ombro, da sensação de ser seguido. E as pessoas adoram descobrir mistérios".[575]

E se a lua cheia era um sinal, imagina numa noite de lua dupla? Graças à criatividade dos autores Aguinaldo Silva e Ricardo Linhares e à destreza do diretor Marcos Paulo, o raro fenômeno ficcional pôde ser apreciado pelos Greenvillenses, que experienciaram os efeitos afrodisíacos de uma, digamos, disposição extra para o amor.[576] Naquela madrugada estimulante, a vítima da vez foi Cleonice Mackenzie (Ana Lúcia Torre), esposa do político Pitágoras (Ary Fontoura) e aliada de Altiva na defesa dos bons costumes. Além das meninas da Casa de Campo, bordel administrado por Zenilda (Renata Sorrah), as carolas também andavam na mira do degenerado, e, entre as mais de 30 mulheres que não conseguiram escapar do falso tarado, estavam a secretária da prefeitura Mérilu (Cláudia Puget), a balconista Berbela (Daniela Faria) e as prostitutas Paraguaya (Ingra Lyberato) — que, na verdade, era paraibana — e a jovem Bela (Luzia Avellar).

É importante lembrar que, ao contrário do que o suspense e a encenação sugeriam, as vítimas não eram molestadas sexualmente e relataram que sentiam um forte cheiro de amêndoas durante a "abordagem".

Diante do crescente interesse da audiência, os novelistas estavam decididos: "Se a imprensa descobrir [a identidade], mudamos".[577] A promessa de acabar com o mistério cerca de um mês antes do término da trama não se manteve, e o sem-vergonha só foi desmascarado no penúltimo capítulo, graças a um cerco orquestrado pela mulherada cansada de conviver com aquele medo.

O recordista das apostas era Egídio (Licurgo Spinola), assistente apaixonado da juíza Mirandinha (Betty Faria), mas a captura quebrou o bolão de muita gente, já que o Cadeirudo era, na verdade, "uma cadeiruda": a beata Lourdes Maria (Sônia de Paula) vestia o traje, com direito à máscara imitando o rosto de Pitágoras, inspirada no filme *Missão impossível*, para assustar as mulheres (especialmente as do bordel) que estivessem perambulando. Por não ter abusado fisicamente de ninguém, a santarrona era liberada depois de concordar em realizar um tratamento psiquiátrico e prometer nunca mais encarnar a figura.

E assim, as damas da noite puderam finalmente retomar o prazer das horas mais escuras, vigiadas somente por aquela lua cheia descomunal.

61 Branca Letícia de Barros Mota

Susana Vieira
Por Amor
(1997 - TV Globo)

Susana Vieira
como Branca
(Foto: Reprodução/Globo)

Dizem que toda mãe tem um filho preferido. No caso de Branca, sua predileção escancarada pelo mais velho, Marcelo (Fábio Assunção), significava preterir os outros dois, Milena (Carolina Ferraz) e Leonardo (Murilo Benício), a quem agredia e ignorava constantemente.

Defendida pela versátil e talentosa Susana Vieira, a personagem era tão perversa quanto real, ao escancarar, de forma afiada e bem-humorada, preconceitos e tabus da sociedade brasileira relacionados aos conceitos de família e amor, duas das temáticas discutidas ao longo da novela. Esposa de Arnaldo (Carlos Eduardo Dolabella), um rico empresário da construção civil, Branca não era uma vilã obcecada por dinheiro, nem por vingança, como a maioria. Além de oferecer jantares para os amigos mais chegados e despejar um pouco do veneno em comentários ácidos (e que renderam boa parte das cenas explosivas), suas atenções estavam voltadas para Atílio (Antonio Fagundes), braço direito do marido, por quem a socialite nutria uma tara violenta[578] e platônica.

E é por conta desse amor secreto que ela passava a perseguir a protagonista Helena (Regina Duarte), por quem Atílio se apaixonava logo no primeiro capítulo:

> **"Não perca a classe, nem com a cabeça na guilhotina."**
>
> – Branca

"Ela o ama tanto que é capaz de estar sempre ao seu lado, mesmo sem ter nada com ele e sendo casada com outro. O fato de poder usufruir da presença

do Atílio já a satisfaz", explicou Susana, em entrevista para o Globo.[579]

Seu ciúme doentio crescia à medida que a história avança: após o nascimento do filho que Marcelo teve com Maria Eduarda (Gabriela Duarte), destilava o seu veneno em Helena, que estava tendo que amamentar o neto,[580] já que a filha não tinha leite suficiente para dar de mamar para o bebê. Na verdade — e este era o maior segredo da história —, o menino era filho legítimo de Helena, depois que a protagonista decidiu trocar seu bebê pelo recém-nascido de Eduarda, que morreu logo após o parto (sendo este o mote principal de *Por Amor*).

Branca ainda revezava as doses de vilanias com outras duas malvadas que dividiam o favoritismo: a inconsequente Laura (Vivianne Pasmanter), arqui-inimiga de Eduarda, e a estrategista Isabel (Cássia Kis), que namorava Atílio enquanto era amante de Arnaldo. O embate entre as duas, ocorrido no capítulo 128, teve direito à pancadaria e Susana Vieira empunhando tesoura na mão, e terminou com as antagonistas se estapeando enquanto rolavam escada abaixo.

Talvez o alvo mais injustiçado da vilã e o mais atingido por ela no decorrer da história de Manoel Carlos foi o filho caçula, "patinho feio" interpretado de forma sensível por Benício: maldades como "Por que não abortei essa criatura feiosa?!"[581] eram destiladas sem dó nem cerimônia pela loira má, contribuindo para a aura tímida e cabisbaixa do rapaz. A volta por cima veio no final da trama, quando Leonardo descobria, por meio de um exame de DNA, que era filho de Atílio, ao contrário do que supunha Branca, já que ela sempre bajulou Marcelo por acreditar que era ele o filho do seu grande amor. Esse erro de cálculo a levou a desprezar o fruto de sua maior paixão, e a dor na consciência foi um dos castigos empregados para a vilã que caiu no gosto do público, numa espécie de casamento perfeito entre a personagem e o temperamento forte de sua intérprete.

Quando questionada sobre o desfecho desejado, Susana Vieira foi criativa e elegante na escolha: "Sei que é sonho, mas gostaria que, no final, a Branca embarcasse com Atílio no Expresso Oriente, em Veneza."[582]

O desejo da atriz, no entanto, não se realizou. Branca terminou sua última cena sem o apoio dos filhos e separada do marido. Abandonada na mansão, teve somente a companhia de Zilá (Stella Maria Rodrigues), empregada da casa, e o consolo de mais uma taça de martini, sua bebida preferida. "Não tenho medo da solidão", garantiu, ciente de que era só o que lhe restava.

Bruna Reis `62`

Andréa Beltrão
Era Uma Vez...
(1998 - TV Globo)

Andréa Beltrão
como Bruna
(Foto: Reprodução/Globo)

O ano de 1998 foi um turbilhão na carreira da polivalente Andréa Beltrão. Ao lado da amiga Marieta Severo, estreou o espetáculo *A Dona da História*, escrito e dirigido por João Falcão.[583] Interpretando a mesma mulher, a dupla de atrizes (que se conheceu em 1989, quando contracenaram em *A Estrela do Mar*, de Mauro Rasi[584]) se entregou aos solfejos, já que a peça, apresentada no Teatro do Leblon, incluía um número musical[585]. No espírito do texto, quando questionada sobre como achava que chegaria aos 50 anos (na época, estava com 35), Andréa declarou que, provavelmente, estaria "mais caidinha". Mas profetizou: "Espero chegar a esta idade mais tranquila e experiente."[586] *A Dona da História* foi um sucesso e acabou adaptado para o cinema em 2004, novamente com Severo, mas tendo Débora Falabella no papel de Beltrão.

Já sobre *Era Uma Vez...*, a trama açucarada e lúdica do horário das 18h com leve toque de clássicos do cinema e da literatura, como *A Noviça Rebelde*, *Dom Quixote* e *Robin Hood*[587], e que marcava o primeiro papel da intérprete na pele de uma antagonista sensual[588], ela exibia segurança e entusiasmo. Sua vilã buscava revelar outra faceta ao público, já conhecedor do seu lado apresentadora, na época em que comandou o *avant-garde Radical Chic*, programa que misturava *game show* e esquetes de comédias. No entanto, a atriz não esperava renunciar a graça como ingrediente--chave, mesmo orquestrando maldades na ficção:

"Considero o humor uma das maiores armas do ser humano. Faço papéis que me apaixonam,

"
É que eu não sou boazinha, sabe? Não sou meiguinha, não sou dócil, entendeu? Eu sinto ódios monumentais, tenho pavio curto.
"

– Bruna

> que sei que vão me divertir e me dar prazer"[589], revelou. "Vilã é um canal diferente. Você tem licença para fazer todas as perversidades. Pode ser antipática à vontade, coisa que na vida real não é possível, não é legal."[590]

Encarnando, em essência, o arquétipo clássico da madrasta malévola dos contos de fadas, Bruna ocultava sua verdadeira natureza sob uma máscara de bondade para atingir seu objetivo: casar-se com o veterinário-galã Álvaro (Herson Capri). Mas, para isso, primeiro precisava conquistar quatro empecilhos que, apesar de pequenos, eram bem resistentes: o quarteto de filhos do viúvo. Como detestava crianças e animais, esforçava-se para distanciar o noivo dos pequenos, ao mesmo tempo em que o persuadia a abandonar seu emprego no haras de Nova Esperança. Seu desejo era que, juntos, e somente os dois, começassem uma nova vida na cidade grande.

A missão tornava-se ainda mais impossível com a chegada de Madalena (Drica Moraes), jovem forasteira que mantinha um passado enigmático. Depois de começar a trabalhar como a nova governanta (*alô, Julie Andrews!*) na casa do rigoroso Xistus (Cláudio Marzo), o avô que intencionava obter a guarda definitiva dos netos, Madalena conquistava as crianças, mexendo com os sentimentos de Álvaro. Tudo isso, evidentemente, tirava do sério a noiva do galã: "Para a Bruna, na guerra do amor vale tudo. Ela tem esse temperamento, essa psicologia do mal"[591], resumiu Andréa. Bem diferente da repórter intelectual Zelda Scott, sua personagem *prafrentex* do seriado *Armação Ilimitada*, a "Bruna Bruxa", como era apelidada pelos pequenos, era um poço de amargura e impaciência. Isso, além de ser autoconsciente: em uma cena que viralizou mais de duas décadas após a exibição original da novela, a vilã admitia abertamente à mãe, Anita (Yoná Magalhães), não ser uma pessoa "boazinha, nem meiguinha, nem dócil", reforçando uma posição consciente das maldades que praticava. Essa autenticidade, pontuada no texto do autor Walther Negrão, acabou por tornar a personagem mais próxima da realidade.

Enraivecida pela doçura de Madalena, que conseguiu aquecer até mesmo o coração do vovô Xistus, e na iminência de ver afundar os planos do seu casamento, ela urdia uma dezena de armações para afastar de vez a governanta da família de Álvaro, incluindo um suicídio forjado, no qual esvaziou um vidro de comprimidos para fingir uma overdose de calmantes.[592]

Como nos clássicos contos de fadas, onde a bruxa geralmente é punida no desfecho, Bruna sofreu uma das penas mais severas: a perda da sanidade. Depois de sequestrar o pequeno Fafá (Pedro Agum) e de revelar seu envolvimento na morte de Débora (Ângela Figueiredo), ex-mulher de Álvaro, seu amor obsessivo se transformou em loucura. Trajando o tão sonhado vestido de noiva, acabou internada, mergulhada em fantasias que a faziam acreditar estar prestes a encontrar-se com o noivo e seus "malditos pestinhas".

Já com Andréa Beltrão, o roteiro do destino foi bem mais generoso: a atriz tornou-se um dos nomes mais proeminentes da nossa teledramaturgia, desde a comédia (entre eles, o longevo seriado *A Grande Família*, a joia *Os Aspones* e a sensação da web *Tapas & Beijos*) até o drama, com destaque para a minissérie *Som & Fúria*, e as novelas *Um Lugar ao Sol*, que marcou seu retorno ao gênero depois de 20 anos, e *No Rancho Fundo*, na pele da destemida Zefa Leonel. Passar dos 50 assim, mais tranquila, experiente e no auge, impossível!

Claudia Raia
como Ângela
(Foto: Reprodução/Globo)

63 Ângela Vidal

Claudia Raia
Torre de Babel
(1998 – TV Globo)

Se alguém, sem qualquer conhecimento prévio ou contexto, optasse por assistir aos primeiros capítulos de *Torre de Babel*, especialmente as cenas de Claudia Raia no papel de Ângela Vidal, a administradora de empresas que nutria uma paixão pelo sedutor Henrique Toledo (Edson Celulari), seria difícil intuir que a personagem se transformaria em uma criminosa de sangue-frio. Isso porque, nas várias cenas protagonizadas pelos atores, que completavam cinco anos de casados na vida real e defendiam o "grude" de conviver praticamente 24 horas por dia,[593] a leveza do roteiro indicava que o espectador estava diante de uma comédia romântica incipiente. Faria sentido, inclusive para oxigenar o vértice central denso da trama de vingança do ex-presidiário José Clementino (Tony Ramos) contra o clã dos Toledo.

Mas, como quase toda novela é uma obra aberta, *Torre de Babel* também foi suscetível às mudanças. No caso dela, as alterações vieram logo no início, devido ao distanciamento do público. A trama só começou a conquistar os espectadores após o capítulo 45, quando ocorreu a explosão criminosa no Tropical Tower Shopping, onde transitavam muitos dos personagens. Todos os ajustes de rota acabaram por fazer Ângela perder sua ambiguidade e intensificar sua obsessão por Henrique, especialmente depois que o mocinho se apaixonou pela chorosa Celeste (Letícia Sabatella). As alterações levaram o autor Silvio de Abreu a descartar, inclusive, o romance previsto entre Ângela e o *playboy* Edmundo Falcão (Victor Fasano).

"
Grita, Vilma. Grita.
"

– **Ângela**,
prestes a matar a
esposa de Henrique

A partir daí, a executiva adquiriu uma aura mais sinistra e sua nova postura era acentuada por um olhar gélido e uma economia de gestos (bem diferente do jeito expansivo da atriz), evidenciando que a estrela do espetáculo musical *Não Fuja da Raia* era mais do que apenas um belo par de pernas deslumbrantes. Aos poucos, Ângela tornou-se uma espécie de Patrick Bateman (o executivo assassino de *Psicopata Americano*) de *tailleur*:

> **"Queria que a Ângela fosse dissimulada e estivesse sempre na sombra, para que ninguém soubesse bem quem ela era. Queria que minha cara fossem dois olhos e que meu rosto não tivesse expressão. Tive que reduzir minha interpretação ao mínimo", explicou Cláudia. "Tenho o rosto vivo e gesticulo muito. A Ângela, não. Ela é um bloco, toda dura. Precisei limpar todos os trejeitos 'raísticos' da minha personalidade para criá-la".**[595]

Entre os momentos mais marcantes de sua vilania em cena, está o assassinato de Vilma (Isadora Ribeiro), ocorrido no capítulo 133, numa das sequências mais assustadoras das novelas: depois de eliminar a dondoca ex-mulher de Henrique com um único disparo de revólver, ela arrastava lentamente o corpo da vítima e o jogava do topo de um despenhadeiro. Outro momento antológico foi o próprio desfecho da psicopata: ao receber a ordem de prisão da polícia depois de sequestrar o filho de Celeste, Ângela se lançava do alto do

Assim como em *A Próxima Vítima*, a novela anterior de Silvio de Abreu, a sinopse de *Torre de Babel* também foi estruturada em torno de um grande mistério: quem era o responsável pela explosão do shopping, uma tragédia que serviu para tirar de cena alguns personagens — entre eles, o casal de lésbicas *très-chics* Leila e Rafaela Katz, interpretadas por Silvia Pfeifer e Christiane Torloni. A sequência em que a estrutura era mandada para os ares levou cerca de 6 meses de preparação e 15 dias para ser produzida, envolvendo 60 membros da equipe da TV Globo, entre cenógrafos, engenheiros e 40 pessoas colaboradoras do departamento de efeitos especiais da emissora.[594] Já as explosões que evidenciaram a estrutura externa, como a fachada do local, foram possíveis graças a duas maquetes. O suspense perdurou até o último bloco do capítulo final, quando foi revelado que Sandrinha (Adriana Esteves) era a grande culpada. A jovem buscava vingar-se do pai, Clementino, pela morte de sua mãe, ocorrida no primeiro capítulo.

lendário Maksoud Plaza, um dos hotéis mais luxuosos de São Paulo na época, estatelando-se no átrio, na parte interna do saguão.

No entanto, a dedicação para encarnar sua primeira antagonista cobrou um preço à atriz, que alegou ter passado mal várias vezes depois das gravações:

> **"A minha gastrite pulou. Na maioria das vezes, eu vomitava. Eu dizia que vomitava a Ângela, que é uma personagem muito emocional", contou. "Por mais que eu brinque, pois a minha profissão é gostosa porque é uma brincadeira, isso me exaure".[596]**

Para além da boa receptividade do público, em contraste às críticas recebidas por parte da imprensa[597,598] que torceu o nariz para sua interpretação mais contida, Ângela Vidal fez Cláudia exorcizar de vez a jovem Tancinha de *Sassaricando* (aquela que era conhecida por oferecer "os melão" na feira) que, curiosamente, também causou estranheza nos espectadores no início da exibição. E o desafio de deixar para trás a facínora de olhar gélido levou ainda mais tempo para ser superado do que a feirante do sotaque paulistano-italianado: foi somente uma década depois, com *A Favorita*, interpretando a ambígua Donatela, arquirrival de Flora (Patrícia Pillar), que o público noveleiro virou a página. Mas essas são emoções de outro capítulo.

Maria Regina Bergante de Cerqueira e Figueira [64]

Letícia Spiller
Suave Veneno
(1999 - TV Globo)

Letícia Spiller
como Maria Regina
(Foto: Reprodução/Globo)

Quem cresceu entre o final dos 1980 e 1990, provavelmente achava difícil resistir ao talento, ao carisma e à beleza escultural de Letícia Spiller. A atriz, que cursou o renomado Teatro Tablado, foi de Pituxa Pastel, Paquita do *Xou da Xuxa*, à Babalu, musa absoluta das sete[599], oito, nove... de todas as horas do brasileiro naquele ano de 1994, quando *Quatro por Quatro* esteve no ar. Além do sucesso e do reconhecimento do grande público, a novela proporcionou uma parceria fora das telas: um relacionamento de cinco anos com o também ator Marcello Novaes, seu par romântico na trama escrita por Carlos Lombardi. Seus trabalhos seguintes, como Giovanna Berdinazzi na impecável primeira fase de *O Rei do Gado*, e Beatriz, um dos "anjos" dos filhos da personagem-título em *Zazá*, reforçavam a capacidade melodramática da atriz. Daí em diante, era só uma questão de tempo para algum autor-medalhão imaginá-la, interpretando uma mulher menos virtuosa.

A oportunidade surgiu a partir do convite de Aguinaldo Silva e Daniel Filho, respectivamente autor e diretor-geral de criação de *Doce Curare*. Também chamada de *Suave Curare*, a novela que substituiria *Torre de Babel* foi batizada de *Suave Veneno* somente a um mês da estreia, por sugestão de um numerólogo[600], que alegou que o título iria favorecer o sucesso da produção.

Feliz com a escalação, Aguinaldo Silva afirmou que sempre imaginou Letícia como vilã no enredo: "O engraçado é que para mim ela seria uma loira

"
É a queda de um mito. Meu pai, aquele homem forte, autoritário, agora fraco, cansado... Sendo passado pra trás.
"

— Maria Regina

má, como Bette Davis em Pérfida", comentou o novelista, "mas o Daniel a fez pintar o cabelo de preto!"[601] Na trama inspirada na peça *Rei Lear*, de Shakespeare, Regina era a mais velha, e a mais perigosa entre a prole de Marias de Waldomiro Cerqueira (José Wilker), industrial nordestino que fez fortuna comercializando mármore.[602] Ambiciosa e arrogante, ela dedicava seu tempo entre tentar tomar o lugar do pai na presidência da Marmoreal e fazer vigilância em Álvaro Figueira (Kadu Moliterno), o marido boa-vida que praticava "o inominável", quando entre quatro paredes com a amante, Carlota Valdez (Betty Faria).

A estridência adotada por Spiller nos primeiros capítulos, com a personagem exibindo um caminhar rebolativo e falando alto demais, causou estranhamento no espectador. Ela chegou a reconhecer que exagerou no tom: "Pirei muito no início das gravações, fui com muita sede ao pote", confessou. Depois de alguns ajustes finos, a vilã de sobrenome quilométrico se tornaria uma das figuras favoritas da novela.[603]

Até mesmo uma surra de cinto do pai a megera ricaça levou, após expulsar Waldomiro de casa e aparecer no hotel apenas para espicaçá-lo a respeito do golpe aplicado por Inês/Lavínia (Glória Pires).[604]

No entanto, seu ponto fraco era o jovem Adelmo (Ângelo Antônio), irmão esquivo da protagonista dúbia defendida por Glória. A partir de um encontro inesperado, no qual ela atropelava o rapaz, desdobrou-se um romance pouco convencional. E mesmo cedendo às investidas de Regina, o ex-presidiário sempre a tratava mal, deixando claro que continuava apaixonado por Clarice (Patrícia França)[607], a advogada misteriosa da história. Na verdade, Clarice era filha bastarda de Waldomiro e havia enredado Lavínia na vingança que arquitetou contra os Cerqueira.

Este era apenas um dos muitos mistérios de *Suave Veneno*, mas que a audiência mostrou pouco interesse em tentar desvendar. Para os padrões da época, os números despencaram, marcando uma "queda histórica" de 31 pontos[608], bem abaixo dos 43 pontos de média da estreia, conforme dados do Ibope. Apesar das promessas de Aguinaldo em trazer reviravoltas a cada 30 ou 40 capítulos, a novela patinou em sua primeira metade, bem distante do sucesso esperado com a mudança numerológica do título.

Além do mistério envolvendo a morte de Clarice e de uma participação especial do próprio Diabo na pele de um marchand e falsificador de quadros vivido por Fulvio Stefanini[609], o enredo se apoiou cada vez mais nas maldades de Maria Regina — que, àquela altura, já fazia questão de pronunciar o último sobrenome como "ex-Figueira", em alusão à sua separação de Álvaro, a quem chegou a provocar um ataque cardíaco. Na reta final, a morena ainda liderou uma cruzada em busca dos diamantes do pai, escondidos dentro da imagem de Nossa Senhora da Conceição.[610]

O destino traçado para a vilã de respiração pesada e olhos azuis umedecidos por um ódio fervilhante, cujas armações foram responsáveis por uma boa fatia do Ibope, foi trágico: inspirada na cena final de *Thelma & Louise*, Regina movimentou uma perseguição policial durante sua derradeira fuga, até se ver diante de um abismo na pedreira em Inhaúma, numa sequência que durou três dias para ser realizada[611]. Mesmo com Waldomiro implorando para que a filha se entregasse,

Além de Maria Regina de *Suave Veneno*, ao menos dois outros desfechos de antagonistas foram inspirados no final antológico de *Thelma & Louise*: o das amigas e rivais Beatriz (Glória Pires) e Inês (Adriana Esteves), que despencaram *juntinhas* de um precipício no final de *Babilônia*[605], e da dupla de criminosos Gilda (Mariana Ximenes) e Gaspar (Thiago Lacerda), que frustraram o cerco da polícia escolhendo lançar-se rumo a um destino sem volta[606], em *Amor Perfeito*.

ela pisou fundo e seguiu em frente com Adelmo, que agonizava no banco do passageiro depois de ter defendido Lavínia de um disparo efetuado pela vilã-amante. A cena terminava com o congelamento da imagem do veículo onde estava a dupla, com as rodas suspensas em pleno ar.

Dona Idalina 65

Nathalia Timberg
Força de um Desejo
(1999 - TV Globo)

Nathalia Timberg
como Idalina
(Foto: Reprodução/Nelson
Di Rago/Globo)

Quem diria que, depois de quase ser canonizada por sua personagem em *O Direito de Nascer* (1964), Nathalia Timberg iria se tornar especialista em interpretar mulheres odiadas pelo público ao longo das décadas que viriam. Foi assim com a governanta Juliana de *A Sucessora* (1978), a enfermeira ambiciosa Eva de *Elas por Elas* (1982) e a mau-caráter Constância Eugênia de *O Dono do Mundo* (1991), apenas para mencionar algumas. Então, trinta e cinco anos depois do dramalhão-fenômeno da Tupi, Timberg se consagraria como um dos grandes fenótipos da maldade, encenando a maior megera de sua carreira na televisão com Idalina Menezes de Albuquerque Silveira, em *Força de um Desejo*.

Na trama ingênua[613] escrita por Gilberto Braga e Alcides Nogueira para o horário das 18h, o par romântico vivido por Malu Mader e Fábio Assunção se conhecia na ópera[614], durante uma apresentação de *Le nozze di Figaro*, de Mozart, e logo engatava um romance. Mas a felicidade do casal era interrompida pela avó dissimulada e detestável do rapaz, vivida por Nathalia: falsificando uma carta de rompimento que teria sido escrita por Inácio, dona Idalina conseguia separar os dois mocinhos sem, no entanto, descobrir a identidade da misteriosa mulher que tentara enredar um de seus netos.

Capítulos adiante, a esposa de Leopoldo (Cláudio Corrêa e Castro) passava a cismar com a nova mulher que Henrique Sobral (Reginaldo Faria), seu ex-genro, trouxera a tiracolo depois de um período aproveitando a viuvez na Corte, sem se dar conta de que se tratava da mesmíssima

> **"**
> **Não tem o direito de se intrometer no seio de uma família de gente da nossa estirpe. Ficasse na cloaca de onde saiu!**
> **"**

— **Dona Idalina**, durante discussão com Ester[612]

⊕

Apesar da prisão, a sentença atribuída à Idalina não teve relação com o assassinato de Sobral: a avó odiosa foi acusada, junto à Alice, de falsificar a certidão de casamento de Ester e Sobral. Já a identidade do assassino do Barão, suspense que movimentou a reta final da trama, também foi revelada no último capítulo: quem matou Henrique foi Bárbara (Denise Del Vecchio), esposa de Higino Ventura. Ela eliminou o proprietário da Ouro Verde depois que ele afirmou ter descoberto que ela havia envenenado Helena, por quem Ventura sempre foi apaixonado.

mulher pelo qual Inácio havia se apaixonado. Coincidências novelescas à parte, ao descobrir que Ester Delamare era uma antiga cortesã, Idalina passava a chantageá-la, exigindo um tratamento de rainha no casarão.[615]

As desavenças entre elas renderam alguns dos melhores momentos da novela. No capítulo 149, depois de ser apedrejada na igreja após ter seu passado revelado, a Baronesa ainda era tripudiada pela ex-sogra de Sobral, que a insultava pelos corredores na ala dos aposentos da Fazenda. Ester, exausta das agressões, mandava Rosália (Chica Xavier) doar todos os trajes de Idalina aos pobres, doentes e escravos, para o desespero da interesseira. Além de tentar destruir definitivamente o romance do neto com a "messalina" (como costumava se referir a Ester), a malvada também responsabilizava Sobral pela morte da filha, Helena (Sônia Braga), e a perda substancial da fortuna herdada pelo Barão de sua família por meio do casamento dos dois. Seu ódio por Sobral a fez entrar no topo da lista de suspeitos da morte do patriarca, assassinado a tiros durante uma festa na Ouro Verde, de onde acabou sendo expulsa.

Para Timberg (que chegou a ser agredida por um espectador com um soco nas costas)[616], as artimanhas da personagem tinham uma motivação clara: "A Idalina tem uma justificativa: ela quer proteger o patrimônio da família."[617]

E como a negatividade tem o seu próprio magnetismo, a vilã odiosa acabava unindo forças com o perverso Higino Ventura (Paulo Betti), grande inimigo de Sobral, e Alice (Lavínia Vlasak), a filha do antigo mascate, outra megera com trejeitos de donzela, e que enganava a todos com sua voz meiga e seus gestos delicados.[618] Juntos, formaram a trindade maligna da história, que ruiu depois de 226 capítulos, quando a força do desejo pelo amor triunfou sobre a do ódio, e todos os crápulas acabaram punidos no final. Incluindo dona Idalina, que terminou seus dias atrás das grades.

2000 a 2009

Uma odisseia no ciberespaço e na TV em alta definição

Pouco mais de um ano depois de sobrevivermos ao *bug* do milênio˙, uma esperada falha nos programas de computadores mais antigos que, supostamente, faria com que o ano 2000 fosse interpretado como 1900 (e que exigiu, somente dos cofres brasileiros, R$ 6 bilhões na compra de novos programas e equipamentos, especialmente entre empresas dos setores financeiros e de tecnologia)[619], o mundo inteiro se viu estarrecido diante da TV, assistindo as torres gêmeas do World Trade Center colapsarem em Nova Iorque. Os eventos do 11 de setembro de 2001 culminaram numa guerra contra o terror entre os Estados Unidos e o mundo árabe, num conflito que perduraria por toda a década.

Curiosamente, enquanto os noticiários detalhavam um dos maiores ataques terroristas da história moderna, a TV Globo transmitia, em seu horário mais nobre, uma história que falava justamente sobre o islamismo. Quase cancelada devido aos acontecimentos, *O Clone* acabou por despertar o interesse dos telespectadores em conhecer e compreender mais sobre a cultura oriental,[620] tornando-se um dos maiores sucessos da emissora — e, para muitos, o melhor trabalho da autora Glória Perez.

Naquela mesma época, os brasileiros seguiam sintonizados na TV, especialmente nos *reality shows*, que se tornavam cada vez mais presentes nas programações após os sucessos das primeiras edições de *No Limite*, em 2000, e do *Big Brother Brasil*, a "novela da vida real", estreado em 2002. Contudo, uma nova sensação vinha capturando cada vez mais a atenção da audiência, principalmente entre os mais jovens: a internet.

˙ O Bug do Milênio foi uma esperada falha nos programas de computadores mais antigos que, supostamente, faria com que o ano 2000 fosse interpretado como 1900, e que exigiu, somente dos cofres brasileiros, R$ 6 bilhões na compra de novos programas e equipamentos, especialmente entre empresas dos setores financeiros e de tecnologia.

275

A proliferação de sites, que ofereciam uma variedade de conteúdos nas mais diferentes formas, capturou cada vez mais o interesse dos usuários. O aumento nas vendas de microcomputadores e notebooks, consequência de uma queda nos preços dos equipamentos de informática e no barateamento dos softwares "de marca"[621], fez surgir uma nova espécie que logo se espalhou pelo mundo: a do internauta, que navegava diariamente pelo ciberespaço, explorando as infinitas possibilidades oferecidas pela *World Wide Web*. Entre as opções, os primeiros programas de mensagens instantâneas, como o ICQ e o MSN Messenger, e as primeiras redes sociais, como o Orkut (que estourou por aqui logo após o lançamento em 2004) e o Facebook (que chegou ao público brasileiro em 2007) não demoraram muito para se tornaram as mais procuradas.

Um dos grandes diferenciais do Orkut, por exemplo, eram as comunidades de afinidades, espaços dedicados a reunir pessoas para discutir uma variedade de temas, incluindo as novelas e programas de televisão de todos os tipos. Esse foi um tempo em que nós, telespectadores, tivemos, pela primeira vez, a oportunidade de dialogar, absorver e compartilhar informações com pessoas de diferentes regiões do país e até mesmo do mundo. Noveleiro nenhum estaria mais sozinho se não quisesse, já que a novela passou a ser experiência coletiva inclusive nas salas de bate papo, fóruns e grupos nos domínios imateriais do *online*.

No terreno da criação, novos nomes começavam a surgir na disputadíssima função de autor principal e que passaram, gradualmente, a se revezar entre os mais experientes, trazendo uma necessária renovação para o gênero. Além de *O Clone*, Glória Perez assina *América* e *Caminho das Índias*. Gilberto Braga retorna ao horário nobre depois de um hiato de quase dez anos com *Celebridade* (2003) e, depois, assina com Ricardo Linhares *Paraíso Tropical* (de 2007), seu último grande trabalho. Aguinaldo Silva escreve *Porto dos Milagres* (2001) e, cansado do realismo fantástico, entrega seu maior êxito, *Senhora do Destino* (2004), seguida por *Duas Caras* (2007). Manoel Carlos emociona o país com *Laços de Família* (2000), seguida dos sucessos *Mulheres Apaixonadas* (2003) e *Páginas da Vida* (2006), e da controversa *Viver a Vida* (2009). Já Silvio de Abreu inventa *As Filhas da Mãe* (2001) às 19h e *Belíssima* (2005) às 20h, além de supervisionar, em diferentes ocasiões, textos de novos titulares: o de João Emanuel Carneiro, em *Da Cor do Pecado* (2004), Elizabeth Jhin, em *Eterna Magia* (2007), e Andréa Maltarolli, em *Beleza Pura* (2008), única novela da escritora, que faleceu em 2009.

Enquanto Jhin escreveria novelas de temáticas espíritas para o horário das 18h na década seguinte, Carneiro seria alavancado para o horário nobre depois do êxito de *Cobras & Lagartos* (2006), seu segundo trabalho às 19h. Em *A Favorita* (2008), o autor mexeu com os nervos do público ao introduzir Flora (Patrícia Pillar), a vilã dissimulada que passou os primeiros dois meses da novela jurando inocência por um crime do qual era a grande culpada.

Entretanto, talvez nenhum novelista tenha sido tão prolífico nos anos 2000 quanto Walcyr Carrasco. Após assinar, na surdina, *Xica da Silva* (1996) para a TV Manchete e escrever *Fascinação* (1998) para o SBT, o novelista estreava na Globo com *O cravo e a rosa* (2000), um dos grandes êxitos do horário das 18h na década. A partir daí, passou a emendar projetos. Depois de lançar *A Padroeira* (2001) e de assumir *Esperança* (2002) a partir do capítulo 149[622], Carrasco escreveu dois de seus maiores trabalhos, *Chocolate com Pimenta* (2003) e *Alma Gêmea* (2005). Desafiando a norma que sugeria um intervalo de dois a quatro anos entre os trabalhos (prática recorrente no rodízio entre os "medalhões" da casa), o autor ainda esteve à frente de duas novelas do horário das 19h, *Sete Pecados* (2007) e *Caras & Bocas* (2009), escritas depois que ele supervisionou *O Profeta* (2006), um *remake* de uma obra de Ivani Ribeiro, assinado por uma dupla de roteiristas que ficaria conhecida pelo público, especialmente na década seguinte: Duca Rachid e Thelma Guedes. Quanto ao rei dos bordões e das guerras de comida, foram oito novelas em apenas dez anos. Isso sem contabilizar os episódios que escreveu para a nova versão do *Sítio do Picapau Amarelo*, em 2002, os textos para o teatro, incluindo o do espetáculo *Êxtase*, vencedor da 15ª edição do prêmio Shell, e os quase 30 livros infantojuvenis lançados entre 2000 e 2009, como *Estrelas Tortas*, *Irmão Negro* e *Vida de Droga*. É desempenho para deixar qualquer um *rosa chiclete*!*

---

* "Estou rosa chiclete" era um dos bordões de Cássio, personagem vivido por Marco Pigossi em *Caras & Bocas*.

No âmbito tecnológico, a influência da modernidade e uma onda de *gadgets* que acabaram, inevitavelmente, incorporados às narrativas. No caso dos vilões, eles passaram usufruir das facilidades das câmeras digitais, disquetes, CDs, *pen drives* e outros dispositivos móveis em suas estratégias de chantagem e dominação. Envios de e-mails e até mesmo de mensagens por aparelhos de fax tornaram-se táticas de ameaça.

Outros dois grandes avanços que acabaram impactando na experiência de ver televisão foram o crescimento da audiência dos canais a cabo — especialmente depois que as operadoras passaram a oferecer pacotes com telefonia fixa, móvel e banda larga, agregados ao serviço de TV por assinatura[623] — e o início das transmissões digitais. A "nova e revolucionária etapa na história da radiodifusão do país"[624], iniciada oficialmente na noite de 2 de setembro de 2007, exigiu uma série de adaptações por parte das emissoras e dos espectadores, num processo similar ao da implantação da televisão em cores no início da década de 1970, incluindo a compra de conversores e antenas UHF, ou até a substituição do aparelho de TV por um modelo mais moderno e com a tecnologia de conversor embutida. Enquanto a TV digital era adotada a curtos passos, as emissoras foram obrigadas a garantir a transmissão do sinal analógico simultaneamente ao do HD. O prazo instituído inicialmente, de 2016,[625] acabou estendido diversas vezes, e a previsão atual é de que esse tipo de sinal saia definitivamente do ar até o final de 2025.

O advento da imagem em alta definição elevou o nível do acabamento das imagens produzidas pela televisão, especialmente nas novelas, iniciando uma "caça às bruxas" pelas rugas e imperfeições de pele dos atores e atrizes ou detalhes de cenários mal-acabados. Setores fundamentais de produção como maquiagem, cenografia e figurino precisaram se adequar aos novos tempos. De acordo com Ary Coslov, um dos diretores de *Duas Caras*, na primeira produção das 20h gravada com a tecnologia, toda a equipe "se mobilizou para fazer os ajustes necessários para o HD."[626]

Durante aquele período em que as emissoras iniciavam a transmissão simultânea dos sinais analógico e digital, um incidente acabou viralizando na internet, envolvendo uma cena de *Beleza Pura*. Uma câmera vazou no canto esquerdo da imagem, e a falha foi percebida para aqueles telespectadores que recebiam o sinal de alta definição (HD). Com o tempo, o bordão "Eu sou rica!", esbravejado na cena pela vilã Norma Gusmão (Carolina Ferraz), superou a gafe técnica e acabou eternizado como um dos primeiros memes novelescos da internet, essa entidade eletrônica que acabaria moldando e impactando em nossas formas de interagir, trabalhar e se entreter de uma maneira, até então, inimaginável.

Depois dela, nada foi como antes. Inclusive as novelas.

Deborah Secco
como Íris
(Foto: Reprodução/Globo)

66 Íris Frank Lacerda

Deborah Secco
Laços de Família
(2000 - TV Globo)

Deborah Secco já estava há seis anos consecutivos no ar, emendando um trabalho no outro[627], quando escolhida para interpretar uma espécie de Lolita brejeira em sua terceira novela do horário nobre. Com apenas 20 anos (e 12 de carreira), já havia desempenhado alguns papéis bem-sucedidos na TV, a maioria deles como boa moça. Foi assim com a Carol, de *Confissões de Adolescente* (1994), a Emília, de *Era Uma Vez...* (1998), e até a indígena Moema, na minissérie *A Invenção do Brasil* (2000), sucesso de Guel Arraes e Jorge Furtado[628], lançado nos cinemas em formato de longa-metragem, um ano mais tarde. A projeção em *Laços de Família* "encurtou o caminho do sucesso"[629] e consolidou de vez o talento da atriz.

Se considerarmos *Laços* como mais uma das crônicas da vida cotidiana[630] cunhada pelo novelista Manoel Carlos, é possível afirmar que Íris era a pontuação mais pulsante daquela narrativa: a meia-irmã rebelde e impulsiva da protagonista Helena (Vera Fischer) era um furacão de energia e malícia, que costumava galopar livremente ao ritmo dos versos de outra Déborah — a Blando. Para consternação do pai, Aléssio (Fernando Torres, em sua última aparição em novelas), que sempre reprovou o estilo de vida *easy rider* da menina. Ou talvez fosse porque, no fundo, os pais sempre sabem das coisas. E se tinha algo que Aléssio e Ingrid (Lilia Cabral) sabiam bem era que Íris poderia ser uma pedra no sapato, se quisesse.

Camila que o diga.

Depois de perder os pais, Íris abraçava a oportunidade de deixar definitivamente a fazenda onde morava, no Sul, e mudar-se para o Rio,

> "
> **Você acha que eu não percebi? Você tá roubando o namorado da sua mãe!**
> "
>
> — Íris,
> durante discussão
> com Camila

intensificando sua marcação cerrada em Pedro (José Mayer), homem rústico e machista pelo qual a jovem sempre foi apaixonada. Ela conseguia, inclusive, ir morar no Haras onde ele trabalhava, chantageando o sedutor ao ameaçar revelar que testemunhou quando ele violentou Cíntia (Helena Ranaldi) no estábulo. Tudo, claro, para permanecer perto dele.

Mas, mesmo alimentando uma disputa com a veterinária pelo amor do administrador do Haras, sua maior *nêmesis* nunca deixou de ser a sobrinha, interpretada por Carolina Dieckmann. Secco comemorava a repercussão de sua primeira malvadinha:

> **"Meu sonho era ser vilã, para me livrar da imagem de mocinha. A Íris combina comigo, até na idade e no tipo físico. E uma personagem assim, sedutora, cínica, motiva o público."**[631]

E motivou mesmo. Íris, que nunca viu com bons olhos a aproximação de Camila e Edu — especialmente no período em que o médico-galã ainda namorava Helena —, tomou o partido da meia-irmã quando o novo casal decidia assumir a relação. A partir de então, Íris passava a afrontar a sobrinha, realizando o desejo de boa parte dos espectadores, de infernizar a vida de Camila, "lavando a alma do público com a veracidade dada à personagem."[632]

O mais antológico dos embates foi aquele em que Íris escrevia "Judas" com batom vermelho no espelho do quarto de Camila. Tomada pela raiva, a filha de Helena avançava para cima da vilã atrevida com um abridor de cartas afiado na mão, e a briga só não terminava em tragédia, porque Zilda (Thalma de Freitas) conseguia separar as rivais[633]. Em outro confronto, Íris rogava uma praga, proferindo que a filha de Helena jamais seria feliz, sem imaginar que, logo depois, Camila sentiria os primeiros sintomas da leucemia. A doença marcava uma grande mudança na narrativa, fazendo com que a percepção dos espectadores sobre a personagem de Dieckmann fosse mudando gradativamente, até culminar na famosa cena em que Camila tinha o cabelo raspado ao som da chorosa *Love by Grace*, contribuído para que Íris perdesse ainda mais os aliados que tinha em frente à TV.

Depois que o jogo virou, a vilã rebelde que já não tinha muitos escrúpulos passou a ser vista como mimada e insuportável.

> **Para Deborah, a solidão imposta à personagem — que ficou sem o apoio e a piedade de ninguém, na reta final — já era sua maior punição: "Depois de Pedro, Vilão [seu cavalo preferido] é o que ela mais ama. Íris é muito só, e esse é o pior castigo que pode existir para uma pessoa"[634], analisou.**

Já o autor proferiu: "A piedade que se sentirá por Íris é a mesma que se sente pelas pessoas que acabam sozinhas na vida. Perdem família, amigos, tudo. Íris cavou essa solidão. Ao perceber isso, o público deseja a felicidade dela."[635]

Foi o que aconteceu. Depois da penitência, a queridinha da criançada telespectadora ganhou um final feliz ao lado de Pedro e ainda fez as pazes com Helena e Camila, ainda que tenha terminado morando na fazenda longe do Rio, cuidando do próprio nariz, e a uma distância bem segura da sobrinha.

Adma Guerreiro 67

Cássia Kis
Porto dos Milagres
(2001 - TV Globo)

Cássia Kis
como Adma
(Foto: Reprodução/
Roberto Steinberger/
Globo)

Quando Cássia Kis (à época assinando com dois ésses) foi escalada para interpretar a devota esposa de Félix Guerreiro (Antonio Fagundes), em *Porto dos Milagres*, a adaptação de dois romances de Jorge Amado para a TV, a atriz sabia que aquele desafio seria bem diferente do seu último trabalho com os autores Aguinaldo Silva e Ricardo Linhares. Sete anos antes, havia interpretado a espevitada Ilka Tibiriçá, personagem cômica de *Fera Ferida*, outro sucesso de sua carreira.

Com Adma, Cássia compôs uma personagem soturna e pragmática, que se tornaria o centro das atenções ao longo da novela, conforme sua adoração doentia pelo marido (outro vilão da história) a fazia acumular um número cada vez maior de vítimas.

A primeira delas foi Bartolomeu, irmão gêmeo de Félix (também interpretado por Fagundes), envenenado lentamente por ela logo nos primeiros capítulos, quando o casal precisou voltar às pressas para o Brasil depois de um golpe malsucedido em Sevilha. A partir da morte do cunhado rico (um crime do qual Félix não teve participação), Adma abria caminho para que o marido tomasse o lugar do irmão, passando a assumir sua identidade e seus negócios na fictícia cidade baiana que dava nome à trama. Era a máxima de que ao lado de um grande homem existe sempre uma grande mulher.

"

Eu tenho sangue frio o suficiente pra saber que o ódio é muito melhor que o desprezo e a indiferença.

"

— Adma

Ao longo da segunda fase, iniciada na segunda semana e com Félix já nomeado prefeito do lugar, a então primeira-dama usou de sua influência para conseguir alcançar os objetivos políticos do marido e afastar definitivamente seus desafetos. Para isso, contava sempre com o apoio de Eriberto (José de Abreu), "o corvo", seu fiel escudeiro, que aceitava seus desmandos movido pelo amor cego que nutria pela patroa. Seu alvo maior, no entanto, era o herói Guma (Marcos Palmeira). Pescador rústico e honesto, foi protegido por Iemanjá e resgatado do mar ainda bebê, depois que Adma mandou matá-lo junto à Arlete (Letícia Sabatella, numa participação especial), sua mãe biológica, quando descobriu que o menino era o verdadeiro herdeiro do império deixado por Bartolomeu.

As sequências das mortes conduzidas pela personagem (no total, foram quatro envenenamentos fatais) eram emolduradas por uma trilha instrumental que remetia ao seu passado fraudulento na Espanha, ao som de castanholas que lembravam o guizo agitado de uma serpente. Além disso, Adma estava sempre acompanhada de seu infalível anel recheado com veneno em pó e não arredava o pé da cena do crime até que suas vítimas dessem o último suspiro[636].

Curiosamente, na sinopse original da novela, ela não seria a assassina em série do Recôncavo que acabou se tornando: a decisão de fazê-la cometer diversos crimes foi tomada pelos autores depois de perceberem como a audiência reagia às cenas. No final, ela acabou provando do próprio veneno, ao ser eliminada por Eriberto (o autor usaria novamente a artimanha da troca de taças com uma bebida envenenada). Desolado, o capanga também escolhia partir junto da amada morta.

Apesar da repercussão, Cássia sentiu a estafa da maratona. Gravou metade da novela grávida do terceiro filho e ainda passou por crises de estresse por conta do ritmo das gravações, somadas às apresentações de um espetáculo que encenava no mesmo período. A duas semanas da exibição do último capítulo, a atriz alegou estar feliz pelo reconhecimento do público, declarando que, ao invés do final trágico, preferia uma redenção para sua personagem: "Tem muita gente pior que a Adma que está por aí, vivíssima", refletiu. "Acredito que, na hora do juízo final, as pessoas revejam seus atos e se arrependam".[637]

68 Said Rachid

Dalton Vigh
O Clone
(2001 - TV Globo)

Desde o instante em que Jade se apaixonava perdidamente por Lucas (Murilo Benício), logo após desembarcar no Marrocos, é que Said, seu "marido por encomenda", já ficava em posição de desvantagem.

Tudo bem que o empresário com pose de vilão de filme do James Bond até conseguiu firmar casamento com a mocinha astuciosa vivida por Giovanna Antonelli. Permaneceram juntos durante as passagens de tempo, que também favoreceram os negócios do muçulmano, passando de ex-mascate e comerciante de tapetes a milionário da exportação. Mas é como dizem: sorte no jogo...

Os infortúnios do antagonista de temperamento apaixonado, que foi capaz, inclusive, de cortar o próprio punho para forjar um lençol manchado de sangue na noite de núpcias, disposto a perdoar a perda da virgindade da esposa durante uma traição, eram, por outro lado, a sorte grande na carreira do seu intérprete. Aos 37 anos, Dalton Vigh agarrou, sem pensar duas vezes, a chance oferecida pelo diretor Jayme Monjardim de ingressar o elenco da mítica produção de *O Clone*.

Graças à beleza do ator e ao carisma do personagem, Said passou de marido amargurado a menino dos olhos das telespectadoras: "A maneira de ser do Said é que atrai e cativa as mulheres: seu amor pela Jade

"

Nunca mais te aceito de volta. Nem que você me implore. Nem que você se arraste aos meus pés. Lamento tudo o que eu te dei. O tempo que eu te dei. A seda que eu te dei. O ouro que eu te dei.

"

– Said,
amaldiçoando Jade diante
de toda a família

supera qualquer coisa que ela faça para provocá-lo"[638], definiu o agor.

Promovido a galã[639] de novela das oito, virou o novo queridinho das agências de publicidade e chegou a ser convidado para protagonizar a montagem carioca do espetáculo *Ponto de Vista*, ao lado de Beatriz Segall — mas o ritmo intenso das gravações o impediu de aceitar algumas propostas[640]. As semelhanças entre ator e personagem, no entanto, ficavam limitadas na aparência atraente e na verve romântica: Said era um sujeito genioso, estrategista e vingativo. Não foram raras as ocasiões em que, furtivamente, frustrou alguma tentativa de fuga da esposa. Antes de optar pelo divórcio, ao proferir "Eu te repudio" três vezes (um ato conhecido como *triplo talaq*, hoje inconstitucional no Marrocos), Said infligiu castigos e maus-tratos, chegando até a agredir Jade.[641] Por vezes, ficou com a faca e o queijo marroquino na mão — o que, em se tratando de adultério, na cultura islâmica, significava que a vida dela dependia de sua piedade em não a acusar formalmente da traição. As tais 80 chibatadas tornaram-se uma ameaça constante na vida da protagonista sofredora.

A chegada definitiva dos dois ao Brasil, junto à filha Khadija (Carla Diaz, aquela que queria muito ouro, *Insha'Allah!*) com o pretexto de Said acompanhar os negócios mais de perto, facilitou os entreveros amorosos engendrados pela autora Glória Perez: Jade reencontrava Lucas — que, por sua vez, estava amarrado a um casamento infeliz — e, mais tarde, era seduzida pela versão 2.0 mais jovem de seu grande amor, ao se deparar com Léo (Benício), o clone irritadiço criado por Dr. Albieri (Juca de Oliveira).

Enquanto tentava jogar areia do deserto na felicidade do casal, ele decidiu contrair segundas núpcias[642], com a invejosa Ranya (Nívea Stelmann), e a união da ficção desencadeou um debate

Um desses casos em que o público estabeleceu uma conexão praticamente instantânea com texto e personagens, *O Clone* reiterou a potência de um bom folhetim, proporcionando uma narrativa espetacular em termos de beleza, qualidade técnica e, até mesmo, a difusão de elementos culturais tão distantes aos do brasileiro. Em se tratando de visual, o que se viu, no antigo Projac, foram as enormes réplicas da parte mais antiga da cidade marroquina de Fez, onde os personagens transitavam por ruelas e os fictícios comércios artesanais, num espaço de 730 metros quadrados. Não muito longe, uma segunda cidade cenográfica reproduzia o bairro de São Cristóvão, numa área de 3.400 metros quadrados[643], com destaque para o famoso bar da Dona Jura (Solange Couto). Isso sem falar nas externas nas dunas do deserto do Saara – na verdade, as Dunas Douradas, entre as praias de Pitangui e Jacumã, perto de Natal[644]. Viva o poder da ficção!

a respeito da bigamia[645], mais uma discussão entre tantas que estamparam jornais e revistas, originadas a partir do texto da novelista.

Na reta final, o público chegou a torcer para que o par de rejeitados, Said e Maysa (Daniela Escobar), a esposa amargurada de Lucas, encontrassem a felicidade, e Glória até enredou um envolvimento amoroso entre os dois, mas que se dissipou feito miragem: nenhum deles estava realmente disposto a se desprender dos fantasmas de seus amores passados. Habib pode nunca ter conseguido conquistar o coração de Jade, mas fez arder o de milhares de brasileiras. Para ele, nada de mármore do inferno: terminou vivíssimo ao lado de suas outras esposas. "Feliz também, do jeito que gosta", como definiu Ali (Stênio Garcia).

Ao realizar um balanço, Dalton Vigh reconheceu a repercussão do personagem, sem esquecer de suas origens no gênero, lembrando do vilão cômico que fez em *Tocaia Grande* (1995), da Manchete:

> **"Said é dos meus favoritos, embora eu prefira o Venturinha, talvez por ele ter sido meu primeiro papel na TV", lembrou. "Mas o meu maior orgulho mesmo é que em oito anos de profissão eu nunca fiquei sem trabalho."[646]**

O ator, inclusive, nunca enxergou Said como um vilão convencional, mas como "um homem apegado à religião, que, depois de conseguir sucesso no trabalho, queria se casar e constituir família."[647]

Terminadas as gravações, ele foi fazer graça ao lado de Fernanda Torres e Luiz Fernando Guimarães, nas gravações de um dos episódios do seriado *Os Normais*. Nada como uma boa comédia para exorcizar uma pulha.

Dóris 69

Regiane Alves
Mulheres Apaixonadas
(2003 – TV Globo)

Regiane Alves
como Dóris
(Foto: Reprodução/João
Miguel Júnior/Globo)

É possível que as maldades do vilão cumpram um papel social? Manoel Carlos, autor de *Mulheres Apaixonadas*, acreditava que sim, quando criou não apenas uma, mas duas figuras detestáveis e bem próximas à realidade, propondo uma discussão e reflexão a respeito de dois tipos de violência: a contra a mulher, com o personagem Marcos (Dan Stulbach) e os maus-tratos a idosos, praticados por Dóris (Regiane Alves).

A jovem, mimada e arrogante, vivia às turras com os pais (Marcos Caruso e Martha Mellinger) e o irmão (Daniel Zettel), mas seu passatempo favorito era mesmo implicar com o casal de avós, dona Flora (Carmen Silva, à época com 87 anos) e seu Leopoldo (Oswaldo Louzada, com 91), uma dupla de artistas aposentados. Os comentários, difíceis de se ouvir, eram destilados por ela sempre de maneira casual, na portaria do prédio ou na mesa do café da manhã, sem a menor cerimônia. Frases carregadas de insensibilidade acumulavam-se a cada capítulo, alimentando o ódio do público. Como se não bastasse, a menina ainda tinha o hábito de roubar o dinheiro da aposentadoria do avô.

Regiane, que chegou a chorar lendo as falas preconceituosas da personagem[648], acreditava que o desafio de encarnar a vilã era por uma causa nobre:

> "A gente não pode esquecer que Dóris faz parte da ação social da novela. É preciso chamar atenção para o que se vem

> **"**
> **Vocês vão morrer daqui a pouco! E morrer dá despesa, sabiam?**
> **"**
>
> – **Dóris**, aos avós

fazendo à velhice", refletiu. "Acho que os velhos são muito maltratados nesse país. Dóris é uma adolescente fútil e egoísta. E muita gente é assim".[649]

O fato de a personagem ter se transformado na inimiga pública número um do time da terceira idade trouxe consequências para a intérprete, que chegou a ser hostilizada pelos espectadores mais revoltados.[650] O primeiro grande castigo em cena veio na forma de uma surra que levou de Carlão (Caruso). "Onde é que você esquece o teu coração cada vez que você volta para casa?", questionou o pai, entre uma cintada e outra, para o deleite da audiência que aguardava ansiosa pelo momento. Tanto na exibição original, em 2003, quanto na reprise no Canal Viva, em 2020, a surra de Dóris foi fenômeno de audiência. Nas últimas vezes em que *Mulheres Apaixonadas* foi exibida, no entanto, a forma da punição também fez levantar discussões sobre a violência contra a mulher.

A trama dos avós maltratados pela neta fez crescer também as denúncias de pessoas vítimas do que psicólogos e geriatras apelidaram de "Síndrome de Dóris". Os números eram bem expressivos: de 1999 a 2002, foram registradas 3.897 queixas de violência contra idosos (incluindo maus-tratos, situações de desrespeito e desaparecimento)[651].

A importância de melhorar o diálogo entre adolescentes e pessoas da terceira idade e prevenir a violência (especialmente a que ocorre dentro de casa) reforçou a pauta sobre etarismo na mídia e serviu

para pressionar o Congresso a aprovar o Estatuto do Idoso (hoje, chamado de Estatuto da Pessoa Idosa), numa sessão que contou com a participação dos atores Carmen Silva e Oswaldo Louzada, por meio de teleconferência.[652]

Dóris pode até ter terminado a novela beijando carinhosamente os velhinhos, como num comercial de margarina. Mas, cá entre nós, ainda hoje não é fácil acreditar que aquela pessoa estivesse realmente arrependida de todas as maldades que disse e fez nos duzentos capítulos da novela. E não podemos esquecer que foi ela quem atraiu o estudante Fred (Pedro Furtado) para o último plano orquestrado por Marcos, causando a morte do adolescente. A humilhação pública do segundo corretivo que levou do pai no último capítulo teria sido o estopim para um amadurecimento repentino de caráter? Ou será que foi aquele passeio solitário pela praia, quando ajudou uma senhora desconhecida a embarcar num táxi? Os sentimentos de culpa e remorso foram suficientes para extinguir o seu lado podre?

Pode até ser que tudo isso tenha contribuído para fazer nascer uma versão mais tolerável e humana de Dóris, mas uma redenção completa ficou difícil de engolir.

Dan Stulbach
como Marcos
(Foto: Reprodução/Globo)

70 Marcos

Dan Stulbach
Mulheres Apaixonadas
(2003 - TV Globo)

Quando acertou os detalhes para o seu segundo papel nas novelas (o primeiro foi uma participação na fase final de *Esperança*), Dan Stulbach ainda era um rostinho relativamente fresco da TV, mas já conhecido dos palcos (encenava o premiado[653] *Novas Diretrizes em Tempos de Paz*, espetáculo adaptado para o cinema em 2009, com Tony Ramos e ele próprio no elenco). Tanto o público quanto a turma do *Casseta & Planeta* gostavam de apontar as semelhanças do ator — que é judeu, de origem polonesa — com o astro Hollywoodiano Tom Hanks, à época, em cartaz nos cinemas brasileiros com o longa-metragem *Prenda-Me Se For Capaz*. Stulbach costumava brincar, dizendo que os dois só eram parecidos na conta bancária.[654]

Mesmo assim, foi um susto e tanto quando ele surgiu vestido de Marcos em *Mulheres Apaixonadas* — não pela semelhança com o ator americano, mas pelas mudanças visíveis nos seus olhos azuis açucarados e nos modos suaves, dando lugar a um ser de comportamento imprevisível, olhar violento (quase sempre inebriado com lágrimas de ódio) e falas opressivas. O personagem só entrou mesmo em cena depois do capítulo 60, mas, tal qual Odete Roitman, sua presença já era pressentida antes por alguns personagens. Isso porque o ex-marido de Raquel (Helena Ranaldi) a torturou por semanas, com flores e uma série de telefonemas misteriosos feitos para o seu apartamento e para a escola onde a professora de Educação Física passou a trabalhar, depois de praticamente fugir de São Paulo e ir morar no Rio.

> **"**
> **Vamos ver se agora você aprende de uma vez por todas como deve se comportar comigo, diante do seu homem, que é capaz de dar a vida por você!**
> **"**
>
> — Marcos,
> prestes a agredir Raquel

Usando da sua lábia e sedução e fazendo o tipo manso, ele buscava uma reaproximação com o pretexto de ter, finalmente, se transformado num novo homem. Mas a cara e o jeito de boa-praça não duraram muito tempo e, logo que ela cedeu, recomeçam os ataques de violência, revelando seu lado controlador e possessivo.

"O Marcos não é um psicopata, nem um dependente químico, nem um vilão clássico. É um sujeito aparentemente normal que não consegue lidar com algumas situações a não ser com violência"[655], analisou o ator, assim que iniciou sua rotina de gravações.

Quando as maldades do antagonista passaram a se intensificar e Dan já percebia olhares ressabiados dos telespectadores nas ruas, reavaliou a importância da campanha social gerada a partir daquela trama, rebatendo críticas que reclamavam do excesso de violência na novela: "Não acho que seja violenta porque é uma ficção. [...] Na novela estamos tocando em problema sério. Você sabia que são registrados na Delegacia da Mulher cerca de 250 casos de espancamento por dia? Só em São Paulo?".[656]

Vale observar que, durante a exibição de *Mulheres Apaixonadas*, ainda não existia a Lei Maria da Penha (publicada em setembro de 2006, três anos depois), o que tornava aquela história ainda mais importante para levantar a discussão sobre

⊕

Já estão sabendo da novidade? Outra vilã que mexeu com os nervos do público em *Mulheres Apaixonadas* foi a estudante Paulinha (Roberta Gualda), uma sujeita egoísta, invejosa e preconceituosa. Incapaz de sentir empatia pelo próximo ou de celebrar uma felicidade alheia, Paulinha protagonizou diversas cenas de homofobia, ironizando e vexando o relacionamento de Clara e Rafaela (Aline Moraes e Paula Picarelli), além de nutrir ódio e vergonha pela condição financeira dos pais, especialmente Oswaldo (Tião D'Ávila), o porteiro do colégio. Curiosamente, Paulinha terminou junto a Rodrigo (Leonardo Miggiorin), filho do milionário César (José Mayer), demonstrando pouca disposição em se acertar com os pais. De quebra, ainda ganhou uma medalha por ter tirado boas notas na escola.

o tema da violência doméstica e denunciar uma legislação frágil que ainda favorecia os espancadores da vida real.

Com Marcos e Raquel, o Brasil refletia, na tela, o terror da realidade de muitas mulheres agredidas por seus companheiros e que se calavam por medo da separação ou ainda de continuarem a serem perseguidas e agredidas. O resultado daquela exposição foi expressivo: as denúncias contra homens agressivos aumentaram, e muitos procuraram ONGS e instituições destinadas a orientar homens arrependidos de maltratarem as mulheres, como o Instituto Noos, que Dan Stulbach visitou como parte do laboratório durante a preparação do personagem[657].

Ao menos no final da novela, o agressor não se arrepende de seus atos. Sua obsessão e loucura acabaram talhando a vida de Fred (Pedro Furtado), o aluno adolescente com quem a professora viveu uma história de amor proibida. Depois de um confronto, os dois morreram num acidente de carro, e Raquel terminou vivendo um destino agridoce, esperando um filho do rapaz e finalmente livre do seu algoz.

Marcos fez com a raquete o que Jack Torrance (de *O iluminado*) fez com o machado. Nem o próprio Tom Hanks faria melhor.

Dark Esteban　71

Marcos Pasquim
Kubanacan
(2003 - TV Globo)

Marcos Pasquim
como Dark Esteban
(Foto: Reprodução/João
Miguel Júnior/Globo)

Será que é possível sintetizar o enredo de *Kubanacan* e seu vilão-fragmentado em questão de minutos? Ambientada nos anos 1950, a república fictícia homônima estava situada no Caribe, mas *el misterioso país del amor* não remetia especificamente à ilha de Fidel Castro, como muitos presumiram. Kubanacan era terra de sol, mar, gente bonita... e de furacões.[658] E foi durante um deles, no meio duma tempestade, que Esteban Maroto (Marcos Pasquim) despencou dos céus na praia de Santiago, na colônia de pescadores, com nenhuma lembrança do próprio passado.

O mocinho sem lenço e sem documento logo se envolvia com Marisol (Danielle Winits, trocando o visual de "loira sedutora" pelo da morena sensual[659]), que dava um chega-pra-lá no namorado Enrico (Vladimir Brichta) para se entregar nos braços do novo amor. Conhecido por seu comportamento pacato, Esteban logo assumia a função de pescador, exibindo a sua forma física robusta e um peito aberto nas areias da Restinga da Marambaia, onde ocorriam as gravações externas. Daí o apelido de "pescador parrudo".

Anos depois, o *John Doe* tupiniquim era abandonado por Marisol, que se cansava da vida tranquila de mulher casada e partia para a capital. Determinado a reconquistar a esposa, Esteban chegava na cidade grande e logo tornava-se alvo de perigosos adversários, incluindo as forças policiais do General Carlos Pantaléon Camacho (Humberto Martins), um tipo astuto e covarde, numa composição que sugeria semelhanças com antigos ditadores latino-americanos

"

Aquele seu mocinho de livro da vovó tá fora do jogo. Agora é só eu e você.

"

— **Dark Esteban,** anunciando à Lola que assumiu definitivamente a identidade do Pescador Parrudo

Perseguido, torturado e até alvejado, Esteban chegava ao limite e *coringava* geral. Surgia, então, Dark Esteban, um adversário à altura de Camacho e do ex-presidente Alejandro Rivera (Werner Schünemann, ocupando o posto de político-vilão depois que Martins pediu para deixar a trama).

A versão sombria, perigosa e violenta do pescador descamisado, que havia permanecido adormecida dentro do protagonista sem passado, passou a emergir sempre que o herói se via diante de uma escabrosa situação de perigo: "Esteban tem pureza nas atitudes [...]. O Dark não acredita no ser humano, é cruel e mal-humorado"[660], diferenciou Pasquim.

E a versão *bad boy* de Esteban era *bad* mesmo, demonstrando um lado agressivo e soturno, alternando entre a vilania e o anti-heroísmo. Quase como uma espécie de Incrível Hulk sem a coloração verde-esmeralda na pele, mas com dezenas de *shortinhos* que realçavam suas saliências (e davam trabalho à figurinista Beth Filipecki, que criou mais de 30 bermudas para o guarda-roupa escasso do personagem[661]). A única bela capaz de amansar a fera era a jovem Lola Calderón (Adriana Esteves, escalada após recusas das Letícias Spiller e Sabatella para o papel[662]), que se via dividida entre o galã desmemoriado com ares de Jason Bourne e o malandro Enrico, o ex de Marisol, com quem a cantora de cabaré havia se casado.

Para encarnar a versão briguenta do mocinho, Pasquim precisou aprender defesa pessoal, *taekwondo* e *kung-fu*: "O grande lance é o desafio. Eu acho que tenho a determinação do Dark Esteban e a serenidade do outro"[663], confessou o ator.

Em determinado momento, chegou a interpretar três personagens diferentes, sendo um deles com dupla personalidade, o que o levou a encarar uma maratona intensa de cerca de 40 cenas gravadas todos os dias. Mas, afinal, qual era a relação entre o trio interpretado pelo ator?

O primeiro Esteban era, na verdade, o historiador León, que voltou ao passado numa máquina do tempo para evitar a aniquilação de todos os Kubanaquenses. Já o lado vilanesco de Esteban era a real personalidade de Leon (dividindo-se nas versões *light* e *dark*), enquanto o tímido Adriano e o verdadeiro Esteban (surgidos mais adiante) eram irmãos gêmeos e filhos de Rivera, que intencionava a destruição do país por meio de uma bomba de nêutrons.

Haja criatividade (e tutano para o público acompanhar)!

Recepcionada com críticas por mastigar os mesmos clichês de *Uga Uga* e *O Quinto dos Infernos*,[664] duas produções anteriores da parceria entre Wolf Maya e Carlos Lombardi (respectivamente o diretor-geral e o autor) hoje o romance caribenho de ação goza do seu status de *cult*, inovando a TV com o multiverso[665] ao introduzir no enredo viagens no tempo e linhas temporais rocambolescas muito antes dos filmes de super-heróis da Marvel.

Famoso por tramas ousadas e divertidas (características bem presentes em trabalhos anteriores como *Bebê a Bordo*, *Perigosas Peruas* e *Quatro por Quatro)* e consagrado "o rei dos descamisados", Carlos Lombardi novamente criou um texto que permanece ágil e atual, mesmo depois de 20 anos de sua exibição original. Uma mistura de testosterona com nitroglicerina folhetinesca, *Kubanacan* é uma grata homenagem às tramas inteligentes e bem-humorada de Cassiano Gabus Mendes e Ivani Ribeiro,[666] dois outros mestres do ofício, além de selar sua melhor parceria com Marcos Pasquim, que recebeu o prêmio de Melhor Ator na 8ª edição do *Melhores do Ano*,[667] entregue pelo apresentador Fausto Silva.

Pronto. Vilão e enredo resumidos em menos de cinco minutos. Isso se você leu na mesma velocidade e potência de um texto de Carlos Lombardi.

Jezebel 72

Elizabeth Savalla
Chocolate com Pimenta
(2003 - TV Globo)

Elizabeth Savalla
como Jezebel
(Foto: Reprodução/Globo)

Quem olhasse Jezebel Canto e Mello, sempre emperiquitada com penteados e acessórios vistosos e com os pesados modelitos da década de 1920 na qual a trama se situava, poderia supor que a distinta diretora da fábrica de chocolates da cidade serrana de Ventura fosse um poço de virtudes. Pura fachada! Aos poucos e, principalmente, a partir da segunda fase da novela, quando ela perde a herança deixada pelo irmão, Ludovico (Ary Fontoura), o caráter da perversa foi se desembrulhando como uma embalagem de bombom. Sorte nossa que passamos a acompanhar, nos finais de tarde, as armações e os dissabores de uma das vilãs cômicas mais carismáticas das novelas.

Maliciosa, dissimulada e dada a desfalques, Jezebel carregava ares de bruxa, reforçados pelo olhar penetrante e pela voz trêmula e aveludada, principalmente quando entoava, pesarosa, o seu "Ai, como eu sofro", bordão que acabou caindo na boca do povo.

Com gestuais farsescos e exagerados, Elizabeth Savalla deu o tom de uma comicidade perfeita à maior vilã de *Chocolate com Pimenta*, novela das 18h que acabou se transformando em fenômeno, não somente durante sua exibição original, mas também no decorrer das duas décadas

"

Ai, como eu sofro!

"

— Jezebel

⊕ Em 2018, na Bienal do Livro de São Paulo, Walcyr Carrasco comentou sobre um fato inusitado envolvendo Elizabeth Savalla, durante as gravações de *Chocolate com Pimenta*. Famoso por não gostar que o elenco altere as falas originais presentes no seu texto (improvisações conhecidas como "cacos"), o novelista revelou que decidiu "puni-la" depois que a atriz continuou inventando falas, mesmo após ser alertada por ele. O autor inventou um problema na garganta para Jezebel e obrigou a intérprete da vilã a permanecer muda em cena durante duas semanas.[668]

seguintes. A atriz, à época com 48 anos, encarava a oportunidade com disposição, afirmando que as personagens más rendem mais que as boazinhas:

> **"Fazer vilã é muito divertido porque temos a chance de colocar para fora aquele potencial maldoso que todo mundo carrega".[669]**

Inspirada na opereta *A Viúva Alegre*, de Franz Lehár, a trama foi a quinta história de época assinada por Walcyr Carrasco, em sua terceira incursão no horário, depois de *O Cravo e a Rosa* e *A Padroeira*. Com *Chocolate*, o autor propunha uma espécie de estrutura invertida: ao contrário do que sempre acontece na dramaturgia, em que os mocinhos tentam e não conseguem ficar juntos, o casal principal (vivido por Murilo Benício e Mariana Ximenes) era teimoso e não queria saber um do outro, apesar da paixão que nutriam. Cabia aos vilões, portanto, a tarefa de tentar uni-los, já que a permanência da "viuvinha" Ana Francisca significava manter bem abertas as portas da fábrica de chocolates Bombom, principal motor econômico da cidade. Naquele jogo de interesses, Jezebel era a líder de um time de cupidos invertidos, formado pelo prefeito Vivaldo (Fúlvio Stefanini), o banqueiro Conde Klaus (Cláudio Corrêa e Casto) e o delegado Terêncio (Ernani Moraes). Nesse esquema às avessas, os inescrupulosos que viviam a confabular, uns nas casas dos outros, não agiam por amor, mas puramente pelo dinheiro.

A vilã ainda se beneficiou de outra trama bem-humorada, envolvendo sua filha adotiva, que era, na verdade, um menino criado com trajes de menina (um segredo que a própria megera desconhecia). Interpretada por Kayky Brito, Bernadete rendeu momentos divertidos, principalmente nas cenas em que "a filha" indagava à mãe sobre as sensações e as mudanças que notava no próprio corpo, oriundas da adolescência.

Com ibope estratosférico (marcou uma média de 35 pontos somente nos primeiros 15 capítulos[670]), *Chocolate com Pimenta* ganhou status de novela de horário nobre e sagrou o que viria a ser uma espécie de assinatura do autor: as guerras de comida. Depois de levar várias tortas na cara ao longo da história, Savalla pôde dar o troco: foi até a casa de Carrasco e lhe acertou em cheiro uma torta na cara! A cena foi produzida no *Vídeo Show*, ilustrando bem o clima delicioso da produção da novela.[671]

73 Laura Prudente da Costa

Cláudia Abreu
Celebridade
(2003 - TV Globo)

É ótimo quando, logo no capítulo de estreia, um vilão de novela já consegue mostrar a que veio. Em *Celebridade*, que marcou a volta do autor Gilberto Braga encabeçando um time de colaboradores no horário nobre da TV Globo depois de 9 anos (sua última novela havia sido *Pátria Minha*, de 1994, marcada pela polêmica relação entre Vera Fischer e Felipe Camargo, afastados da produção por determinação da direção da emissora[672]), a força antagonista já surgia em plena forma: ardilosa, dissimulada e extremamente sedutora.

Tendo como ponto de partida a chegada da fingida arrivista interpretada por Cláudia Abreu, a gênese de *Celebridade*, cujo primeiro tratamento foi escrito em 2001, bebia da fonte de *A Malvada*, clássico do cinema lançado em 1950. O fio da meada era o mesmo: uma admiradora — Anne Baxter no cinema; Cláudia na novela — aproximava-se de uma personalidade — no filme, uma atriz de teatro interpretada ferozmente por Bette Davis; na novela, uma empresária da área musical defendida por Malu Mader. Uma vez inserida na rotina da beldade, a jovem passava a minar a carreira do ídolo, até tomar por completo o seu lugar.

Para encorpar o caldo da narrativa, Gilberto recorreu à boa e velha vingança para justificar a fixação da vilã com a *promoter*: Laura buscava vingança, culpabilizando a "musa do verão" (como Maria Clara era conhecida) pela miséria que enfrentou ao lado da mãe durante a infância. No entanto, para o próprio autor, vingança era apenas um pretexto da real motivação da antagonista: a inveja em sua forma mais perigosa.

> **"**
> **Você vai ter tudo o que sempre mereceu.**
> **"**
>
> — Laura,
> ao brindar à felicidade de
> Maria Clara

"Ela é inteligente, sem dúvida. Psicopata? Acho que também. Invejosa, mais ainda. Aliás, este é o tema principal do folhetim: inveja."[673]

Para levar o plano adiante, Laura contava com a cumplicidade de Marcos (Márcio Garcia, substituindo Rodrigo Santoro), um sedutor garoto de programa apaixonado pela vilã — as cenas protagonizadas pelos dois quase sempre acabavam na cama. No início, os momentos íntimos de insinuações sexuais violentas geraram críticas.[674] Por conta do amor passional, a loira precisava adotar lenços e gargantilhas no pescoço para esconder as marcas deixadas pelo michê, fazendo com que o adereço voltasse à moda durante a exibição da novela.

Para além da riqueza e malícia da personagem, *Celebridade* permitiu que Cláudia exercitasse uma faceta ainda desconhecida do grande público, que até então associava seu rosto ao de Heloísa, personagem guerrilheira que interpretou na minissérie *Anos Rebeldes*. Embalada pelos acordes de *Sympathy for The Devil*, canção dos Rolling Stones, Laura dominou de ponta a ponta. Numa das cenas mais emblemáticas, logo depois de adquirir a casa da protagonista e experienciar a catarse da vilã ao som da cantata *O Fortuna*, parte da obra *Carmina Burana*, composta por Carl Orff, ela realizava um sonho de infância ao mergulhar na piscina da mansão depois de comprar a casa da rival.[675]

Seu forte magnetismo chegou a ofuscar a torcida do público pela protagonista da trama. Apesar de impotente, Maria Clara seguia a cartilha das mocinhas, era íntegra, guiada pela ética no trabalho e nas relações. Para muitos, virtuosa até demais, ganhando até o apelido de "Maria Chata", por ser tão bem-intencionada.[676] A torcida

⊕

Além de *A Malvada*, Gilberto Braga emprestou um importante elemento visual de outro clássico do cinema para *Celebridade*: em *Crepúsculo dos Deuses*, dirigido e coescrito por Billy Wilder, a piscina da mansão da personagem principal era o símbolo de um crime misterioso que amarrava toda a narrativa. Já na novela, Laura tinha completa obsessão pela enorme piscina no jardim da mansão de Maria Clara. Gilberto, inclusive, desejava que a morte da vilã fosse gravada na piscina, mas a cena precisou ser feita em estúdio para que o final não vazasse para a imprensa. Curiosamente, *Crepúsculo dos Deuses* e *A Malvada* travaram um dos maiores duelos pela estatueta do Oscar de Melhor Filme, no ano de 1951. *A Malvada* acabou levando a melhor.

só ganhou coro quando Clara passou a revidar as armações da inimiga, culminando no capítulo 169, quando as duas, trajando roupa de gala, engalfinharam-se no chão do banheiro do Espaço Fama, o ponto de encontro dos famosos da novela.

> **Além de lavar a alma da audiência, a surra que Laura levou fez o Ibope disparar, atingindo um pico de 67 pontos de audiência e tornando-se o assunto mais comentado entre os brasileiros[677].**

A consagração maior veio no último capítulo: Cláudia Abreu recebeu, como presente, a alcunha de assassina de Lineu Vasconcelos. Em 25 de junho de 2004, data da exibição do último capítulo, a atriz gravou as cenas ultrassigilosas da revelação do crime, quando Laura é confrontada pelo empresário, interpretado por Hugo Carvana, que tentava prejudicar sua avançada contra Maria Clara e reduzir a nada sua escalada. "*Nada* é o que você é agora", disse a loira ao todo-poderoso, logo depois de disparar a arma — a frase foi sugerida pela própria atriz, durante a passagem de texto. O *flashback* surgiu durante a confissão da vilã, que agonizou até perecer, depois de seu embate final com Renato Mendes (Fábio Assunção), outro vilão da trama, e com quem a atriz dividiu as melhores cenas e os textos mais afiados.

Mais de duas décadas depois, a "cachorra" (como era apelidada pelo amante) continua figurando o topo das listas de vilãs mais amadas dos noveleiros. E isso — assim como a incessável busca pela fama — não deve mudar. Como diria a própria: "Paciência, né? Tem que entubar".

Renato Mendes 🟦14

Fábio Assunção
Celebridade
(2003 - TV Globo)

Fábio Assunção
como Renato
(Foto: Reprodução/Globo)

Ao contrário de Laura (Cláudia Abreu), que preferia seguir o caminho de uma docilidade dissimulada, Renato Mendes era um sujeito que não fazia a menor questão de parecer simpático. Exceto com o tio, Lineu Vasconcelos (Hugo Carvana), a quem costumava bajular na menor oportunidade, esperando o momento certo de passá-lo para trás e sentar-se na tão sonhada cadeira da presidência.

Em resumo, aquele era mesmo "um babaca", nas palavras do ator[678]. Acontece que era justamente nessa facilidade em cuspir ofensas a Deus e o mundo e no desejo de armar um plano seguido do outro para estar no topo que residia a atração do público pelo malvado inescrupuloso, o que transformou o jornalista no grande vilão da carreira de Fábio Assunção — ainda que não tenha sido o primeiro.

Assunção já havia encarnado figuras pérfidas, como Jorge Candeias de Sá, o nome mais desprezível de *Sonho Meu* (1993), além de perfis um tanto difíceis de defender, como o *playboy* Marcos de *O Rei do Gado* (1996), e Marcelo, o mocinho machista de *Por Amor* (1997). O ator, com 32 anos à época de *Celebridade*, já era considerado um dos grandes nomes da nova geração surgida ao longo dos anos 1990 e se mostrava empolgado por encarnar um homem tão vil e desprovido de escrúpulos. Além da qualidade do texto de Gilberto Braga, outro estímulo era o fato daquele personagem ajudá-lo a se distanciar do rótulo de galã que lhe acompanhara ao longo de pouco mais de uma década de carreira:

"

'Se Deus é por nós, quem será contra nós?' Renato Mendes.

"

— **Renato,**
ao ler uma placa
motivacional pendurada
na parede

> **"Nunca fiz um personagem desses na tevê. Geralmente, só faço o herói. Já o vilão é bacana de fazer porque ele goza a novela inteira. No final, tudo bem, ele até se ferra. Mas é melhor assim do que sofrer o tempo todo".[679]**

A sordidez e monstruosidade de caráter eram suavizadas por uma embalagem elegante (o figurino era assinado pela experiente Marília Carneiro), que ajudava a mantê-lo sempre na pose. Afinal, mesmo ganhando "uma merreca" como editor-chefe da Revista Fama, a principal publicação da editora comandada pelo tio, Renato não renunciava à aparência.

> **"Marília [...] disse que as roupas bacanas dele tinham que existir em contraste com sua conta bancária. Ele é duro, vive dando golpes, mas se veste superbem"[680], destacou o ator, numa entrevista que destacava o talento da cenógrafa e figurinista.**

Entre as tantas armações do mau-caráter, destaque para as tentativas de obter a guarda provisória do sobrinho Zeca (Bruno Abrahão), de olho na herança deixada para o garoto (e que poderia ser administrada por ele até que alcançasse a maioridade). Mas o ponto alto foi, sem dúvida, seu casamento com Laura, uma união nada romântica (ela subiu ao altar chantageada por ele), que levou à famigerada fase do colchonete: Renato vingou-se por ter sido feito de bobo quando acreditou que a vilã era virgem e apaixonada por ele, chamando uma garota de programa em plena lua de mel, enquanto Laura passava pela humilhação de dormir num colchonete ao lado da cama. Alguns capítulos depois, ela dava o troco ao descobrir outro segredo do jornalista, e Renato era quem passava a se revirar no colchonete. O clima de "gato e rato" evidenciou a química explosiva entre os intérpretes, além de render boa parte dos melhores momentos de toda a novela.

O final acabou sendo como o ator previu: Renato "se ferrou", amargando prisão depois de atirar em Marcos e Laura. Para quem lutou tanto por dinheiro e poder, ficar sem nenhum — e, de quebra, sem liberdade — foi o melhor castigo.

Mas aqueles olhos azuis inesquecíveis dele ninguém tira.

Giovanna Antonelli
como Bárbara
(Foto: Reprodução/Globo)

75 Bárbara Campos Sodré

Giovanna Antonelli
Da Cor do Pecado
(2003 - TV Globo)

Depois de Jade, romântica personagem de *O Clone* (2001), Giovanna Antonelli foi "exorcizar" sua maior protagonista interpretando ninguém menos que *Maria, Mãe do Filho de Deus*, no longa-metragem do cineasta Moacyr Góes. Em seguida, voltou às telinhas incorporando a revolucionária Anita Garibaldi, na minissérie histórico-romanceada *A Casa das Sete Mulheres* (2003), adaptada por Maria Adelaide Amaral. Tudo isso enquanto se apresentava nos palcos com *Dois na gangorra*, peça que estrelava ao lado do então namorado, Murilo Benício.

Quando o espetáculo estreou no Teatro Clara Nunes no Rio, em novembro de 2003,[681] a atriz já mergulhava no universo dissimulado e ambicioso de Bárbara, sua primeira — e, até os dias de hoje, maior — vilã, em *Da Cor do Pecado*, novela-solo de estreia do autor e roteirista João Emanuel Carneiro, colaborador da emissora desde 2000. O novo trabalho estimulou também uma mudança de visual: sua Bárbara "nasceu" de cabelos curtos e mechas alouradas[682], adotando também um figurino *fashion* inspirado em Sharon Stone[683], com cores e estampas ousadas, bem diferente dos *hijabs* e tecidos leves usados pela muçulmana no sucesso de Glória Perez:

> **"**
> **Olha, Preta... Eu, como amiga, acho que você deveria dar o fora daqui, pegar teu filho e voltar pro teu casebre, pra tua barraquinha de tapioca.**
> **"**
>
> — Bárbara

"Interpretar uma vilã está dando frescor à minha carreira. Mas tentei fazer com que os personagens que vivi até hoje fossem diferentes e não separados entre bonzinhos e

maus. O gostoso é procurar uma forma distinta de fazer um papel a cada nova experiência"[684], declarou, logo que a novela engrenou.

Apesar de apoiada numa história de amor já exaurida do melodrama, *Da Cor do Pecado* chegou como um sopro de renovação para o horário das 19h, com cenas mais *adrenalinadas* sob a batuta da diretora Denise Saraceni.[685] E os embates entre Bárbara e a jovem Preta (Taís Araújo, fazendo história como a primeira protagonista negra da emissora), especialmente a partir da segunda fase, quando os filhos das duas já estavam crescidos, foi o sabor principal da receita consumida naquele verão de 2004.

Desprovida de instinto materno, Bárbara via o filho Otávio como um objeto de barganha para exercer sua influência sobre o empresário Afonso Lambertini (Lima Duarte), pai do mocinho Paco (Reynaldo Gianecchini), o noivo dado como morto depois de um acidente. Ao notar a aproximação de Afonso com o jovem Raí, filho de Preta (e seu único e verdadeiro neto), Bárbara investia num rol de manobras para afastar a dupla da fortuna da família — a amizade e o amor entre avô e neto foi, de longe, o maior acerto da novela, tanto que o autor chegou a adiar a morte do personagem de Lima diante da comoção do público.

Outro destaque foi a relação da malvada com os pais oportunistas Verinha (Maitê Proença) e Eduardo (Ney Latorraca). Suas interações com a dupla eram sempre boas oportunidades de mostrar o lado mais sarcástico da personagem. Mas *crème de la crème* de verdade foi a sequência em que a beldade de olhos semicerrados foi humilhada e jogada no meio de um lixão vestida de noiva, numa espécie de punição infligida pelo também chantagista Tony (Guilherme Weber, inspirado como o mau-caráter endoidecido).

Vê-la cambaleando pelas ruas de véu, grinalda e vestido branco encardido foi impagável. Sem falar no capítulo em que ela se viu atordoada dentro de uma mansão, enquanto uma enorme bola de demolição colocava as paredes do lugar abaixo, numa grande lição armada por Afonso — e isso muito antes de *Wrecking Ball*, da Miley Cyrus virar *hit*.

Se, um dia, o nome de Giovanna Antonelli foi o último a ser considerado para Jade[686], vê-la arquitetando maldades e se divertindo em cena como Bárbara faz impossível imaginar outra atriz no papel da vilã — e nem no da mocinha muçulmana.

Maktub. Estava escrito.

Nazaré Tedesco 76

Renata Sorrah
Senhora do Destino
(2004 - TV Globo)

Renata Sorrah
como Nazaré
(Foto: Reprodução/João
Miguel Júnior/Globo)

Dona de uma autoestima estratosférica, Maria de Nazaré Esteves Tedesco é um evento à parte na história das figuras malvadas da TV.

A vilã *alucicrazy* de *Senhora do Destino* — novela de maior sucesso da TV Globo desde 1996 — passou a perna até no desfecho escolhido por Aguinaldo Silva. No roteiro do último capítulo, o autor sacramentou que a malvada mergulharia de uma ponte em queda livre, com sua cabeleira platinada e vestido vermelho, para terminar tragada pela massa d'água do Rio São Francisco.

Acontece que, vinte anos depois da exibição original, a "raposa linda, loira e felpuda" — como ela se autoproclamava — segue mais viva do que nunca nas reprises das tardes, na memória do público e na internet, como rainha dos memes! Seu gif como "Nazaré Confusa", por exemplo, em que ela olha para vários lados com uma expressão perdida, viralizou durante o debate presidencial entre Hillary Clinton e Donald Trump, nas eleições americanas de 2016, e a maioria dos usuários que compartilhou a personagem sequer conhecia a novela.[687]

Na época da estreia, Renata estava imersa na sabatina dos palcos do teatro Dulcina, encarnando ninguém menos que *Medéia*, personagem-título da versão de Bia Lessa para a tragédia de Eurípedes[688] (um papel que já havia consagrado intérpretes de peso como Bibi Ferreira e Cleyde Yáconis). E quando finalmente vestiu a carapuça da loba má e surgiu em cena, substituindo Adriana Esteves (responsável por encenar a versão jovem da sequestradora, roubando a menina Lindalva nos capítulos da primeira fase), a novela estava

" Será que é crime ecológico extinguir do planeta Terra a raça das songamongas? "

— Nazaré

completando um mês no ar. Sorrah engatou as maldades logo de primeira, empurrando o seu amor, José Carlos (Tarcísio Meira), quando este descobriu que era casado com uma sequestradora. Depois da morte do marido, qualquer boa escadaria acabou-lhe sendo vista como oportunidade para eliminar os desafetos (o próprio Aguinaldo Silva usou essa marca registrada algumas vezes, referenciando Nazaré em suas outras novelas).

> **"Ela é uma libertina. Eu acho adoráveis essas coisas porque fazem o personagem ficar interessante. Não é chato, é palpitante", disse ela. "[Tem] uma cena em que ela sai, dizendo: 'Tchau gente. Vou pro cinema'. Corta. E Nazaré está onde? Na frente de um cinema pornô, na cidade, 'pegando', vendo se 'tem' alguém. [...] É uma louca, surtada, parece que vive fora da realidade."[689]**

E o telespectador comprou tanto aquela aura de descompensada que Nazaré comeu com farofa a sua rival, Maria do Carmo, *a.k.a.*[*] anta nordestina (Susana Vieira, escalada originalmente para o papel da vilã[690]). Mesmo com a protagonista se desmanchando em lágrimas para conquistar o amor da filha (e a torcida do público), Nazaré tomou para si todo o carisma, principalmente quando a conta das maldades começou a chegar e ela amargou a sua fase no fundo do poço. Cientes da repercussão da personagem, Aguinaldo, junto ao seu time de colaboradores, tratou de elaborar

---

[*] Abreviação da expressão em inglês "Also Known As", que significa "também conhecida como".

cenas cada vez mais cartunescas para as armações e os perrengues da vilã: "Gosto de comparar Nazaré ao Tom, do desenho animado 'Tom & Jerry'", contou o autor. "Ela é má, é terrível, é capaz de tudo para destruir a outra, elabora um plano atrás do outro para isso. E eles quase funcionam. Mas toda vez alguma coisa dá errado, e ela tem que começar tudo de novo".[692]A loira chegou a ser expulsa de um prostíbulo em Porto Alegre e, ao invés de se preocupar para onde diabos iria, estava revoltada com a grafia da palavra "Boite", escrita como "buate" na entrada do inferninho. "É B.O.! Bando de ignorantes! Corja de analfabetas!", esbravejou. "Se fala *buate*, mas se escreve *boite*, gentalha!".

Mas Nazaré também era feita de coração: seu amor pela filha (a menina que roubou de Do Carmo) era verdadeiro. Tanto que, de acordo com Sorrah, a cena mais difícil e emotiva de fazer foi a que Nazaré revelava à Isabel/Lindalva que não era sua mãe de sangue[693]. Como bem definiu o saudoso jornalista Arthur Xexéo numa crítica de domingo, com Nazaré, a atriz finalmente superava o magnetismo de Heleninha Roitman, de *Vale Tudo*, outra pérola de sua carreira:

> ## "Sua Nazaré é instigante, despudorada, emocionante, frágil, surpreendente, cínica, desbocada, insinuante... enfim, um personagem talhado para uma boa atriz"[694].

Para além do talento e da capacidade em alternar o riso e com as cenas psicóticas de tesoura na mão, Nazaré é a prova de que viver uma vilã de novela não precisa ser um fardo. É possível, sim, divertir-se muito, fazendo maldades de mentirinha e rindo na cara do perigo. "O público entendeu que ela é uma malvada, mas a maneira como ela é feita a tornou mais saborosa.

O embate entre as arqui-inimigas de *Senhora do Destino*, com direito a tapas e pontapés, bateu o recorde de audiência da novela até então. O capítulo 104, exibido em 26 de outubro de 2004, em que Maria do Carmo deu a tão esperada surra em Nazaré, marcou 58 pontos de média e 79% de *share*, de acordo com dados do Ibope. O confronto ficou um pouco abaixo do embate entre as rivais da antecessora, *Celebridade*: o castigo que Laura levou de Maria Clara rendeu picos de 67 pontos, com 80% de *share*.[691] já a maior audiência de *Senhora do Destino* foi no penúltimo capítulo, em que marcou 65 pontos de média. *Te dedico, Naza!*

Ao mesmo tempo em que as pessoas a odeiam, esperam para ver o que ela vai fazer de novo. Ela é uma das piores vilãs, mas é humana, tem glamour"[695], resumiu Renata. Se depender do brasileiro, o glamour da loira da van está garantido. Impressionante como o tempo só valoriza.

Cristina Ávilla Saboya **77**

Flávia Alessandra
Alma Gêmea
(2005 - TV Globo)

Flávia Alessandra
como Cristina
(Foto: Reprodução/Globo)

Famosa por ser "a novela aprovada num e-mail de 6 linhas"[696], *Alma Gêmea* ainda figura como um dos maiores fenômenos de audiência do horário das 18h.[697] Narrando a história de um amor eterno e essencialmente folhetinesco entre um homem e uma mulher que, depois de tragicamente separados, voltam a se encontrar com ela reencarnada em outro corpo, o novelista Walcyr Carrasco — que se inspirou em pesquisas sobre reencarnações ocorridas na Índia, com crianças que se recordavam de suas vidas passadas[698] — abusou de sua capacidade em prender o público com um fio narrativo simples, mas extremamente efetivo. E a responsável por tensionar o novelo era Cristina, personagem que trouxe Flávia Alessandra de volta à TV depois da atriz ter interpretado três Lívias em sequência — em *Meu Bem Querer* (1998), *Porto dos Milagres* (2001) e *O Beijo do Vampiro* (2002).

Dominada pela inveja ao ver Luna (Liliana Castro) casar-se com Rafael (Eduardo Moscovis) e ainda herdar as joias da família, a moça era a responsável por uma armação que culminaria no assassinato da própria prima em frente ao Theatro Municipal de São Paulo, onde a jovem se apresentava como primeira bailarina. O espírito de Luna reencarnava na mestiça Serena, filha de uma indígena com um garimpeiro. Vinte anos mais tarde, já adulta — e na pele de Priscila Fantin —, Serena conhecia Rafael e se apaixonava pelo botânico criador de rosas à primeira vista. Cabia a Cristina, portanto, impor-se entre os dois, tentando dar uma nova rasteira no destino do casal.

" Eu quero as minhas joias! "

— Cristina

315

Com madeixas loiras e cacheadas que reforçavam o seu ar angelical, Flávia estava ansiosa para um trabalho como aquele e buscava justificar o comportamento de sua primeira grande antagonista:

> **"Fazer uma vilã é uma montanha-russa de emoções. Ninguém é cem por cento bom ou mau. Cristina tem nuances: é dissimulada, romântica, debochada, carente... Externa todos os sentimentos. Mas ela é completamente diferente de mim"[700], definiu.**

Mais adiante, quando as manobras lhe favoreceram subir ao altar com Rafael — com direito a um vestido roxo usado na cerimônia[701] —, Cristina forjou uma gravidez para manter Rafael afastado de Serena. A máscara da vilã caía em plena noite de Natal[702], num dos raros momentos em que a indígena decide deixar de lado o seu estilo tolerante e ingênuo (de acordo com o novelista, a passividade da mocinha era proposital, mexa com os nervos do público[703]), denunciando mais uma de suas mentiras. E quando pressentia que o casamento está sucumbindo, ela ateava fogo no antigo ateliê de Luna. O incêndio deixava Rafael à beira da morte e completamente dependente da esposa, com pose de enfermeira gentil e atitudes de uma torturadora. Moscovis elogiou o desempenho e o talento da colega: "A Flávia foi aos poucos construindo o papel. Deu muita munição ao Walcyr e ao Jorge Fernando (diretor da novela) para que explorassem o melhor dela. É muito difícil fazer tão bem o que ela faz", lembrou ele. "Construiu uma megera clássica e colorida, sem cair na caricatura. É como uma vilã da Disney".[704]

Além do sentimento de ódio de parte das espectadoras, Cristina incitou também a inveja e o desejo pelos modelos que usava em cena, especialmente os acessórios como bolsas, chapéus e sapatos em tons de vermelho. O figurino, assinado por Lessa de Lacerda, evidenciava a sensualidade reprimida da personagem por meio das peças:

> **"Cristina é uma vilã com cor. Foi um pedido do autor, Walcyr Carrasco. Ele queria que ela ficasse marcada para ninguém esquecê-la", explicou o figurinista.**[705]

Depois da morte de sua mãe, Débora (Ana Lúcia Torre) — o cérebro por trás de boa parte das armações da dupla —, os surtos de loucura de Cristina passaram a ser cada vez mais frequentes, até o seu final, foi envolto no misticismo que dialogava com toda a atmosfera da novela: tomada pela loucura, atirou em Rafael, ocasionando também a morte de Serena, que desfalecia depois de ver o amado partir. Mas Walcyr fez questão de evidenciar que a nefasta não sairia vitoriosa naquela tragédia, tratando para que o próprio demônio levasse a alma de Cristina direto para o inferno, enquanto as chamas de um incêndio lambiam a mansão. Às vezes, o veneno do mau é o próprio mal.

78 Bia Falcão

Fernanda Montenegro
Belíssima
(2005 - TV Globo)

Quando Julia (Glória Pires), de dentro do helicóptero, vê o veículo em que estava sua avó sair da estrada e explodir num despenhadeiro, a história disseminada pelos jornais e revistas era a de que Beatriz Falcão, grande vilã de *Belíssima*, estaria deixando definitivamente a novela. Fernanda Montenegro, inclusive, chegou a justificar que a saída precoce da personagem era um dos motivos que a fez aceitar integrar o elenco: "É um volume de trabalho muito grande para mim. Grava-se por dia quase um longa-metragem. Se fizesse uma novela inteira, eu teria que fechar minha vida durante oito meses ou um ano. [...] No fundo, não tenho tempo algum para mim quando faço novela", declarou a atriz, semanas antes do fatídico capítulo 64 ir ao ar.[706]

Por se tratar de Silvio de Abreu, o homem incumbido de maquinar o destino dos personagens, boa parte dos espectadores ficaram com um pé atrás com a saída misteriosa. Mesmo porque, sem Bia e seus comentários afiados e vertidos de preconceito, no melhor estilo Odete Roitman de ser, a novela ficava sem a sua grande força antagonista. Não que alguns personagens não estivessem precisando de um refresco de suas armações. Em especial, Júlia, a neta que Bia alegava ser uma mulher sem pulso para assumir a empresa (uma marca de roupas íntimas que dava nome à novela), e Vitória, esposa de Pedro (Henri Castelli), o outro neto, que era assassinado na Grécia nos capítulos iniciais. Por ironia do destino, Bia havia encomendado a morte de Vitória, desconhecendo que a jovem era sua filha legítima, mas essa revelação, obviamente, só viria no final da trama.

> "
> **Pobreza pega! Pega como sarna, como um vírus. Entra na pele, pela respiração.**
> "
>
> — Bia Falcão

Exatos 100 capítulos depois, os devotos de Bia Falcão puderam comemorar quando a milionária inimiga número um dos gerúndios atravessou, vivíssima, a entrada de sua mansão do Morumbi, agindo como se nada tivesse acontecido. De quebra, ainda trouxe um arsenal renovado de arrogância e sarcasmo (a cena em que ela declara que "Pobreza pega" também virou meme na internet), voltando também a monopolizar a audiência da novela, já em seus dois últimos meses de exibição.

"Todos dizem que ela é má, mas não é uma vilã que fura olho de passarinho e aperta pescoço de criancinha. Para Bia, o mundo é torto, e se você quiser o poder tem que se entortar"[707], advogou Fernanda, a favor da megera.

O impacto da ausência da vilã foi notável. Mesmo com o autor investindo numa trama policial que avançava lenta e paralelamente aos núcleos secundários que ganharam fôlego, Bia fez falta. Nesse meio-tempo, o destaque ficou para a trama da enlouquecida Safira (Claudia Raia) e do borracheiro Pascoal (Reynaldo Gianecchini), com a dupla esbanjando química nas cenas em que intercalavam entre comédia e romance. E a produção ainda enfrentou alguns imprevistos no decorrer das filmagens: o maior deles foi quando a atriz Glória Pires precisou se afastar das gravações por conta de um quadro de hepatite, permanecendo 15 dias em repouso absoluto[708] e fazendo com que *Belíssima*, que já estava desfalcada de vilã, ficasse também sem a sua protagonista.

Seja por demanda popular ou recurso narrativo, a ressurreição de Bia fez renovar o fôlego de uma história que, por mais intrincada e rocambolesca que pudesse parecer, no final era sobre uma avó rancorosa disposta a se apossar dos bens da própria neta. Para isso, ela contou com a ajuda de um advogado (Ítalo Rossi), de uma secretária (Angelita Feijó) e de um sedutor misterioso (Marcello Antony), contratado para sustentar o golpe.

Se o fio narrativo era estirado ao máximo, a interpretação de Fernanda Montenegro, uma atriz com pleno domínio de cena, compensou a audiência. Afinal, ver a dama do teatro todas as noites na televisão foi sempre um banquete para os olhos.

Seu destino — ela terminou feliz e impune e ainda beijando Cauã Reymond de frente à janela para uma Torre Eiffel *chromaquizada* — acabou alinhado com a "aceitação cínica" de um brasileiro seduzido por uma espécie de "esperteza desonesta".[709]

Curiosamente, se compararmos uma vilã que ousou forjar a própria morte explodindo o veículo da firma aos escândalos de algumas figuras políticas nefastas que inundaram os noticiários nos últimos anos, Bia Falcão acabaria na retaguarda, comendo poeira — ou *aqueles biscoitinhos.*

Ellen 79

Taís Araújo
Cobras & Lagartos
(2006 - TV Globo)

Taís Araújo
como Ellen
(Foto: Reprodução/Globo)

Três anos depois de fazer história como a primeira protagonista negra da Globo, Taís Araújo incorporou também a primeira vilã da carreira em *Cobras & Lagartos*, novela que renovou sua parceria com o novelista João Emanuel Carneiro, novamente no horário das 19h. Com Ellen, uma jovem fútil e consumista que acreditava que aparência era tudo, viu a oportunidade de exercitar seu lado mais satírico como atriz:

> **"Me apaixonei [...] logo de cara. E o João foi no ponto certo! É a personagem mais irônica que já vivi em minha carreira televisiva", observou, enfatizando que, apesar de ser espinhosa, sua personagem era menos letal que a rival, Leona (Carolina Dieckmann): "Claro que se ela tiver de fazer algum mal, fará. Mas o João leva sua história muito para a comédia".[710]**

Ellen gastava quase todo o salário em produtos na própria loja onde trabalhava como vendedora (uma péssima vendedora, por sinal!). Não fazendo o menor esforço para parecer simpática, era uma mulher envaidecida e ambiciosa, que nunca se conformou com a condição financeira do pai (Milton Gonçalves). Por isso, estava sempre na maior fissura de dar a volta por cima. Para Taís, Ellen era fruto do seu tempo:

" Luxus: eu tenho, você não tem. "

— Ellen

> **"Os valores se inverteram. Infelizmente, aparência está valendo mais do que ética, dignidade, cultura. [...] O barato da minha personagem é o consumo. É poder comprar, ficar linda e tentar manipular as pessoas"[711], definiu.**

Obstinada e sedutora, a alpinista social aproximou-se de Foguinho (Lázaro Ramos, com quem a atriz se casou em 2005) ao descobrir que o jovem vendedor do Saara (e, portanto, tão pobre quanto ela) havia se apropriado da fortuna deixada pelo milionário Omar Pasquim (Francisco Cuoco), usurpando a herança que, por direito, pertenceria a Daniel Miranda/Duda (Daniel de Oliveira), seu homônimo. Sem que ela se desse conta, no entanto, começava a nascer um interesse amoroso por Foguinho, decorrente da relação de chantagens e ameaças estabelecida entre a dupla de oportunistas.

De posse da carta deixada por Omar, esclarecendo que Duda era o verdadeiro herdeiro, Ellen obrigava Foguinho a casar-se com ela, obrigando o marido-Macunaíma a nomeá-la presidente da Luxus. A reviravolta rendeu sequências bem-humoradas protagonizadas pela dupla, transformando-se no grande trunfo da novela. Um dos pontos altos foi o comercial criado pela vilã, em que ela aparecia fazendo caras e bocas no vídeo, deleitando-se com seu impagável bordão "Luxus: eu tenho, você não tem".

Durante seus dias de princesa, debaixo de um ar-condicionado que funcionava à toda intensidade, mantendo a mansão congelada para que a bonita pudesse usar seus casacos de pele, passou a viver à base de profiteroles e ganhou até uma lhama de estimação, botando à prova a máxima de que o dinheiro compra tudo. No entanto, sua soberba extrema acabou por incitar a inveja do bando de parasitas que Foguinho chamava de família. Cansados de serem feitos de empregados, o núcleo formado por Elizângela, Aílton Graça, Iran Malfitano e Maria Maya se rebelou, tornando a patroa refém "da plebe". Ela ainda levou uma bela surra de travesseiros de pena de ganso!

Conforme suas provocações com Leona se intensificavam, Ellen escalonou nas armações. Numa delas, ordenou que a loira má vestisse o uniforme de vendedora da Luxus. Em outra, exigiu que a amante de Estevão (Henri Castelli) lavasse *delicadamente* seus pés.[712] E nem sua gravidez de quadrigêmeos a fez escapar de uma revanche de Leona: a malvada oxigenada armou para que Ellen usasse um xampu contaminado, deixando a esposa de Foguinho completamente careca!

Toda a torcida a favor do público, que mesmo depois de testemunhar seus trambiques e excentricidades, ainda desejava um final feliz para Ellen, surpreendeu João Emanuel: "Apesar de ser uma golpista, ela veio do povo. Talvez seja por isso"[713], avaliou o autor, que ouviu o apelo e criou uma redenção para a personagem. Ellen renunciou ao dinheiro e escolheu viver feliz ao lado de Foguinho — que, a essa altura, já havia esclarecido o imbróglio da herança de Omar. Mesmo sem grana, o casal terminou feliz, vendendo profiteroles a preços populares no Saara. Já o *high society*, sem eles, ficou cada vez mais *down*.

Carolina Dieckmann
como Leona
(Foto: Reprodução/Globo)

80 Leona Pasquim Montini

Carolina Dieckmann
Cobras & Lagartos
(2006 - TV Globo)

Prestes a se "vestir" de Leona, a dondoca sem escrúpulos de *Cobras & Lagartos*, Carol Dieckmann relia seu livro de cabeceira, *Mulheres que correm com os lobos*[714], o último sucesso entre as leitoras. E assim que surgiu com uma longa cabeleira loira platinada — e sem qualquer aplique —, os fios longos e a franja fizeram tanto barulho quanto o *best seller*.

A mudança no visual foi por vontade própria, já que a ideia original pensada para a sua primeira vilã era colorir as madeixas de ruivo, mas ela achou melhor se diferenciar da protagonista, vivida por Mariana Ximenes, também definida como ruiva para o papel:

"Essa cor é sexy. E como a Leona é uma cobra, ela precisa ter esse lado sensual, que eu acho que esse bicho rastejante tem"[715], definiu a atriz, que também fez questão de escolher a música-tema da cascavel, com o aval de Wolf Maya, diretor da novela: *Erva venenosa*, de Rita Lee.

E haja veneno para tanta crueldade! Sobrinha de Omar Pasquim (Francisco Cuoco), o proeminente dono da Luxus, loja de artigos de luxo inspirada na extinta Daslu, Leona tentava abocanhar a fortuna inestimável do tio ao descobrir que o milionário estava à beira da morte. Mas, para isso, a filha de Milu (Marília Pêra) — outra

"
Omar já deveria saber que se essa firma não fosse minha, não seria de mais ninguém!
"

— Leona,
ao colocar fogo na Luxus

sanguessuga que vivia às custas do irmão — precisava passar para trás a prima Bel (Ximenes), sobrinha preferida de Pasquim. A falsária contava, especialmente, com os talentos e a ambição desmedida de seu amante, o picareta Estevão (Henri Castelli), noivo de Bel. A dupla de bandidos, que vivia de agarramento pelos cantos — e, curiosamente, nunca foi flagrada por nenhuma das câmeras de segurança da Luxus[716] durante seus acessos de luxúria — foi a responsável pela morte de Omar: depois de atirar no empresário, Leona colocava fogo no armazém da loja, fazendo deslanchar o enredo da trama com a abertura do testamento, possibilitando o anti-herói politicamente incorreto Foguinho (Lázaro Ramos) usurpar o patrimônio destinado a seu homônimo, o *motoboy* Daniel Miranda/ Duda (Daniel de Oliveira).

Numa trama na qual a falta de escrúpulos e excesso de ambição eram o mote principal, o visual excêntrico veio a calhar com a proposta de João Emanuel, o qual escrevia uma novela com "um pé fora da realidade". E o tom *over* estava presente já na caracterização de alguns personagens, como o metrossexual inspirado em David Beckham[717], vivido por Leonardo Miggiorin, além de Omar com seu visual Giorgio Armani,[718] pele alaranjada de bronzeamento artificial, cabeleira branca e lentes de contato azuis.

Mas Leona, com sua sensualidade e malemolência, foi o abre-alas da novela. O visual, assinado pela figurinista Beth Filipecki, reforçava a potência da vilã ao abusar das estampas *animal print*, botas de cano alto, peças com detalhes em pele *fake*, calças de montaria e brincos e correntes bem à mostra. Carolina, até então sem nunca ter se interessado por fazer uma antagonista[719], revelou sem modéstias que o papel havia chegado na hora certa:

⊕

As maldades da cobra cascavel Leona eram acompanhadas por uma canção já conhecida pelos noveleiros: *Erva Venenosa*. Era a segunda vez que a música servia como tema de uma vilã, após embalar as ações da vil e mentirosa Laila (Christiane Torloni), em *Um Anjo Caiu do Céu*. Posteriormente, a música também embalou as perigosas peruas Beatriz (Débora Falabella), de *Escrito nas Estrelas*, e Preciosa (Marina Ruy Barbosa), em *Fuzuê*. *Xá pra lá!*

> "A Leona é uma delícia porque ela me permite tudo, é um universo muito engraçado. É incrível como estou achando mais fácil. Cabia na minha carreira, nesse momento, fazer uma vilã. [...] Eu merecia uma personagem assim."[720]

Um de seus momentos mais inspirados e divertidos foi a fase em que ela encasquetou estar apaixonada verdadeiramente por Duda, passando a copiar os elementos do visual de Bel para conquistar o rapaz, com direito à peruca com cachos ruivos, similares aos da mocinha. Mas as botas sobreviveram à repaginada.[721] Depois de engravidar e ter um filho do rapaz, travar algumas rixas com Ellen (Taís Araújo) e sofrer a morte do amante, provocava um novo (e maior) incêndio no império deixado por Pasquim, terminando esturricada pelas chamas[722].

Porém, àquela altura, as maldades da víbora já haviam ajudado o horário das 19h a recuperar o público e dar o bote nos índices de audiência, que andavam na lanterna com os números de *Bang Bang*, a antecessora. *Cobras & Lagartos* chegou a marcar invejáveis (e hoje, impensáveis) 51 pontos de média[723], provando que Ibope nenhum resiste a uma loira fatal.

Marta Toledo Flores 81

Lilia Cabral
Páginas da Vida
(2006 - TV Globo)

Lilia Cabral
como Marta
(Foto: Reprodução/Globo)

Se ser avó é ser mãe duas vezes, o que esperar de uma mãe cruel que, de repente, assume a contragosto o papel de avó? No caso da rígida e ranzinza Marta, interpretada por Lilia Cabral, encarar essa realidade foi o início de uma história marcada por crueldade e preconceitos. Insensível nas palavras e na intencionalidade dos gestos, a mãe de Nanda (Fernanda Vasconcellos) e Sérgio (Max Fercondini) não hesitava em revelar sua verdadeira face de mulher egoísta e coração frio, convicta de que a bondade levava sempre para o final de qualquer fila. A realidade imposta à personagem, dona de uma casa de festas infantis (contrastando com a personalidade de alguém que detestava crianças),[724] apenas acentuava o lado assustador daquela mulher que afirmava ser a mais infeliz do mundo. Tanta amargura só fazia cultivar um clima de descontentamento ao seu redor, intensificando-se quando descobriu que a filha voltara grávida de gêmeos depois de um período no exterior.

No tempo em que dividiram a cena, Lilia e Fernanda protagonizaram poucos, mas excelentes duelos verbais. No último deles, Marta acusou a filha de ter tentado dar o golpe da barriga em Léo (Thiago Rodrigues),[725] o ex-namorado que ela abandonou em Amsterdã. Depois da discussão, Nanda era atropelada enquanto esperava um ônibus e morria logo após o parto dos bebês, sob os cuidados da médica Helena (Regina Duarte). Ao ser informada que uma das crianças nascera com Síndrome de Down, Marta destilava preconceitos. "Não tem a menor chance da Nanda

> **"**
> **Eu vivo o meu dia a dia praticamente sem emoção, sem alegria. Eu estou envelhecendo sozinha, sem amor, sem ninguém que me ajude.**
> **"**
>
> – **Marta,**
> ao se recusar ficar com a neta

ter tido um filho mongolóide", afirmava, renegando veementemente a neta mesmo diante dos argumentos da obstetra. Helena, então, decidia adotar a menina Clarinha (Joana Mocarzel), enquanto Marta retornava à casa somente com Francisco (Gabriel Kaufmann), alegando que a outra criança teria morrido depois de nascer, para o desespero de seu marido, Alex (Marcos Caruso, num personagem que merecia ser santificado). Estabelecia-se aí a espinha dorsal de *Páginas da Vida*, já que, anos mais tarde, Léo — o pai inconsequente — retornava ao Brasil, passando a brigar na justiça pela guarda dos filhos (que viraram xodó nacional[726]).

Com composição e entrega fenomenais, construindo uma personagem cheia de tiques (ela coçava o queixo e a papada sempre que estava nervosa), Marta tornou-se mais um *tour de force** de Lilia Cabral e sua segunda grande antagonista nas novelas. A atriz, que vinha de uma longa temporada no teatro com o espetáculo *Divã*, esbanjou maturidade e compromisso artístico, não se incomodando, inclusive, em ser registrada por um ou outro ângulo desfavorável à sua beleza.[727] Mesmo empolgada com a repercussão, não deixava de sentir o peso das atrocidades ditas pela personagem:

"Esse conflito eu vivo, mas tenho que transformar isso em trabalho", declarou, reforçando ainda o seu engajamento com o realismo das cenas: "se ficar me

---

* *Tour de force* é uma expressão francesa que significa "ato de força" ou, em tradução livre, "demonstração de habilidade excepcional". É usada para descrever uma realização impressionante, especialmente no campo artístico, como uma atuação notável, uma obra-prima literária, uma performance musical extraordinária, entre outros.

machucando, aí eu não faço, porque vou ficar melodramática, piegas, com compaixão, e vai parecer uma novela mexicana."[729]

Detestável e insuportável,[730] Marta chegou a negociar o neto ao descobrir que Léo era rico, pedindo a bagatela de 1 milhão de reais pela guarda da criança, uma atitude que gerou discussões a respeito de valores como a família: "Ela vê uma luz no fim do túnel, uma saída para a vida dela", alegou a intérprete, saindo em defesa de sua cria. "Não é que a Marta queira vender o neto. Ela acha que merece uma recompensa por tudo o que fez por ele e pelos filhos."[731]

A batalha judicial pelas crianças mobilizou a audiência, mas as maldades da avó desalmada não impediram a atriz de realizar a campanha de Natal 2006 do Shopping da Gávea, já que o público enxergava aquela mulher da ficção como "uma pessoa normal".[732] Lilia compreendia a identificação de uma parcela da audiência com as angústias da personagem, especialmente em relação aos seus embates recorrentes com Alex, quase sempre relacionados à situação financeira da família: "A classe média está cheia disso. É só ver qualquer *Fantástico*. As pessoas que ficam separando dinheirinho para o plano de saúde, aluguel... E para se divertir? Nada.", exemplificou a atriz.

"A Marta é um personagem duro, massacrado, parece que o coração dela tem um pedacinho bom, o resto é tudo contaminado. É uma pessoa difícil de conviver, mas é uma pessoa real, que existe."[733]

⊕ À época com apenas 22 anos, Fernanda Vasconcellos fez um estrondoso sucesso no papel de Nanda. Para amenizar a saudade do público pela personagem, o autor Manoel Carlos abandonou sua usual veia realista e providenciou o retorno da atriz na trama. Nanda passou a surgir em *flashbacks* e sequências inéditas, como uma espécie de fantasminha camarada[728] dos filhos. Inclusive, foi o espírito da jovem quem evitou um possível suicídio de Marta, quando a vilã se pendurou na sacada do apartamento onde morava, buscando reencontrar a filha que tanto maltratou em vida.

A avó perversa, mas imbuída de pragmatismo, rendeu um dos momentos mais inspirados na carreira da intérprete, que venceu o prêmio da Associação Paulista de Críticos de Arte (APCA) e foi indicada ao Emmy Internacional 2007 como Melhor Atriz.

Olavo Novaes 82

Wagner Moura
Paraíso Tropical
(2007 - TV Globo)

Wagner Moura
como Olavo
(Foto: Reprodução/Globo)

Depois de viver o presidente Juscelino Kubitschek na minissérie *JK* (2006) e de subir o morro do Vidigal trajado de capitão Nascimento para as filmagens do longa-metragem *Tropa de Elite*, iniciadas em setembro de 2006,[734] o baiano Wagner Moura foi convidado pelo diretor Dennis Carvalho para encarnar o grande antagonista de *Paraíso Tropical*. Substituindo Selton Mello, escolha original dos autores Gilberto Braga e Ricardo Linhares (assim como Wagner, Selton também buscava se dedicar aos papéis do cinema[735]), o ator vestiu o personagem com responsabilidade em sua segunda — e, até o momento, última — empreitada no gênero.

Embalado em ternos Armani, Olavo era tão elegante quanto seu precursor na cafajestagem, o jornalista Renato Mendes (Fábio Assunção), de *Celebridade*, outro exemplar da cartilha *Gilbertobraguiana* de malfeitores:

> "Eu era fã de Renato Mendes, mas acho que meu personagem tem uma coisa mais doentia, guarda as coisas dentro dele. É mais perigoso por ter um ódio interno. Ele é como uma cobra que está ali quieta e, de repente, te dá uma mordida"[736], deliberou Moura.

Fazendo frente pela sucessão na diretoria do Grupo Cavalcanti a Daniel (Fábio Assunção, dessa vez exercitando um tipo com pouca contradição

"
Você é a cachorra mais burra aqui desse calçadão. Porque só você não viu ainda que eu amo você também, sua cachorra, sua piranha, sua bandida.
"

— Olavo,
ao se declarar à Bebel

331

moral), a quem apelidou de "filho do caseiro", Olavo era o típico lambe-botas. Vivia implorando pela atenção do "tio" Antenor Cavalcanti (Tony Ramos), o ríspido e prepotente dono de uma rede hoteleira, ainda que o parentesco fosse forçado, já que Antenor era filho de um primo distante de seu falecido pai.[737]

Exibicionista e mesquinho, escondia-se por trás de uma falsa simpatia, enquanto seu cúmplice, o cafetão ambicioso Jader (Chico Diaz), tratava de fazer o serviço sujo. Entre as artimanhas, a dupla armou para que Daniel fosse acusado de abusar sexualmente uma jovem garota de programa (Isis Valverde, em participação especial) que seria menor de idade. E seu caráter enviesado se estendia à toda a família Novaes: sua mãe, a ardilosa Marion (Vera Holtz, impagável), com quem ele vivia às turras, era a *promoter* mais trambiqueira da alta roda carioca. Já o meio-irmão, Ivan (Bruno Gagliasso), tão malandro quanto sedutor, estava sempre armando alguma tramoia — na reta final, Olavo descobriria que Ivan era filho legítimo de Antenor, o que só alimentaria o ódio pelo irmão bastardo.

Mas foi a química explosiva do seu romance com Bebel, a garota de programa de *"catiguria"* interpretada por Camila Pitanga, que fez elevar o vilão da "cueca maneira" a um novo patamar, além de possibilitar que o ator exercitasse os trejeitos e a vilania do personagem em sua forma mais plena e confortável (e, por isso, divertida, mas sem cair no pastiche). Quando as engrenagens do roteiro favoreceram a aproximação e o romance tórrido dos dois bandidos (na verdade, Bebel estava mais para uma cúmplice errática, vítima da própria condição), *Paraíso Tropical* alcançava um dos pontos mais altos de conexão com o seu público. A química rendeu, inclusive, uma cena antológica, em que Olavo se declarava para a prostituta com direito a beijo apaixonado em plena noite de calçadão lotado em Copacabana.

Entre quatro paredes com a amada amante, deixava de ser o vilão para se transformar na "piscininha" de Bebel (era como ela o chamava antes de "mergulhar" em cima dele, na cama). Foi um verdadeiro estouro:

> **"Acho que foi o humor que tornou a dupla um sucesso. Eu sempre procuro um pouco de comédia nos meus trabalhos e não estava achando essa possibilidade com o Olavo até a Camila entrar em cena. Quando a Bebel apareceu na vida dele, achei a chave do humor"[738], disse o ator.**

Seu romance e as cenas bem-humoradas com a dama da noite fizeram com que o público sonhasse por um final feliz para os dois, apesar das maldades engendradas por ele, mas isso não aconteceu. Olavo matou Taís (Alessandra Negrini), a gêmea má da novela e, numa troca de tiros com Ivan, na catarse do capítulo final, revelou seus crimes enquanto agonizava. Já Bebel, aclamada pelo povão, terminou rica, famosa e deslumbrante — o castigo dela foi ficar sem a sua *piscininha*.

Wagner, que teve sua estreia nas novelas com *A Lua Me Disse*, dois anos antes, virou aquele 2007 colhendo os frutos dos trabalhos: abocanhou diversos prêmios pela interpretação do malvado, incluindo o Melhores do Ano, realizado pela TV Globo, os extintos Prêmios Extra e Quem de Televisão, e o disputado troféu *APCA*, concedido pela Associação Paulista de Críticos de Arte. Isso sem falar na recepção estrondosa de *Tropa de Elite*.

Missão dada é missão cumprida.

Alessandra Negrini
como Taís
(Foto: Reprodução/João
Miguel Júnior/Globo)

83 Taís Grimaldi

Alessandra Negrini
Paraíso Tropical
(2007 – TV Globo)

Quando Cláudia Abreu anunciou sua segunda gravidez, no início do segundo semestre de 2006, os fãs noveleiros logo começaram a especular sobre quem iria substituir a atriz em *Paraíso Tropical*, a tão aguardada "novela das gêmeas", de Gilberto Braga, coescrita por Ricardo Linhares, marcando a quinta parceria entre os dois.[739] A jornada dupla de interpretar as jovens antagonistas Paula (honesta e apaixonada) e Taís (egoísta e ambiciosa) ficou a cargo de Alessandra Negrini, tendo trabalhado previamente com o diretor Dennis Carvalho, em *Desejos de Mulher*, e com Linhares em *Meu Bem Querer* (além de uma ponta em *Celebridade*, num *flashback*, como a mãe de Laura):

"
Sinceramente, Paulinha... Eu nunca gostei de ter uma cópia minha andando por aí. É chato, desgasta minha imagem.
"

— Taís,
prestes a dopar Paula e
tomar o lugar da irmã

"A Cacau [Cláudia Abreu] ao lado do Fábio Assunção [o mocinho] era fascinante, mas não era uma novidade. A Negrini e ele fazem um casal novo, e está havendo química, [...] além de a Alessandra ser um vulcão de sensualidade"[740], antecipou Gilberto em entrevista, dois meses antes da estreia.

Rotulada como musa, Negrini recusava o título. Avessa à superexposição, nunca escondeu seu desinteresse por entrevistas nem por ser alvo dos *paparazzi*[741], que frequentemente seguem os famosos. Em contraste com a personagem, a atriz valorizava sua privacidade. Vivendo na periferia da sociedade carioca[742], Taís tinha como grande objetivo ascender socialmente. Desconhecia a existência da irmã gêmea até se deparar com Daniel (Assunção). Ao vê-la debaixo de um temporal, o mocinho apaixonado pensava estar reencontrando Paula, que não via desde que os dois se separaram nos capítulos iniciais, em decorrência de uma armação de Olavo (Wagner Moura). Depois que as irmãs idênticas finalmente se encontravam, num dos melhores capítulos da novela e que culminava no atropelamento de Taís em plena avenida Atlântica, a golpista vislumbrava uma oportunidade de tirar proveito das amizades e conexões da mocinha.

Para contrastar com o jeito discreto e sóbrio de Paula, *Taixxx* (assim mesmo, exagerando no carioquês) carregava na maquiagem e usava um moderno figurino assinado por Helena Gastal, além de um penteado bem mais liso que o de Paula.[743] E, graças à maquiagem de Fernando Torquatto, a atriz foi do tom branca-Londres para o dourada-Bahia[744]. O visual de Taís foi parar no topo das consultas na Central de Atendimento dos Telespectadores da emissora, com as noveleiras querendo saber onde encontrar os acessórios, peças e produtos usados pela beldade, como as botas pretas e os batons[745], quase sempre em tons de vermelho.

Ao contrário de outras malvadas da filmografia de Gilberto Braga, como Odete, Maria de Fátima e Laura, o destino raramente sorria para as artimanhas de Taís, e seus planos tinham vida efêmera: aceitou se passar por noiva de Hugo (Marcelo Laham), um gay que planejava herdar a herança do pai preconceituoso (Paulo Betti), mas a farsa foi relevada quando ela já estava vestida de noiva. Além disso, forjou a identidade de um designer de joias italiano, quando, na realidade, as peças eram produzidas por Evaldo (Flávio Bauraqui), um ourives humilde que foi assassinado pela carreirista depois de ameaçar denunciá-la por estelionato.

Outro dos pontos altos da interação entre as irmãs rivais, foram os capítulos em que Taís se passava por Paula, depois de pensar ter se livrado definitivamente da irmã boazinha. Para incrementar ainda mais a narrativa, Braga e Linhares armaram uma volta triunfante para a protagonista. Ciente de que Taís estava usurpando sua identidade, Paula decidia se passar pela farsante diante de todos: era Alessandra Negrini em cena, interpretando Paula que fingia ser Taís, confrontando Taís perplexa ao ver Paula se passando por ela. Por alguns momentos, as duas se transformaram numa espécie de "quadrigêmeas".[746] É ou não é a essência do folhetim?!

Na reta final, os autores decidiram adicionar um "quem matou", e a escolhida para encabeçar a pergunta da vez foi a gêmea má: apesar de metade do elenco ter motivos para acabar com a vilã[747], Taís acabou asfixiada ao inalar gás de cozinha, depois de ser dopada por Olavo (Wagner Moura), numa das mortes menos inspiradas do novelista (mas ainda superior ao "Quem matou Norma?", de *Insensato Coração*, e "Quem Matou Murilo?", de *Babilônia*, dois recursos caça-audiência que pouco suscitaram o espectador). Mas, àquela altura, Taís já havia deixado sua marca.

E quando indagada a respeito de substituir Cláudia Abreu — considerada uma das musas maiores do autor da novela —, Alessandra Negrini respondeu de maneira direta e incisiva, à imagem de sua vilã:

"As coisas acontecem como têm que acontecer. Dizem que os personagens é que escolhem seus intérpretes".[748]

Ao menos nesse aspecto, Taís não poderia ter feito escolha melhor.

Flora Pereira da Silva 84

Patrícia Pillar
A Favorita
(2008 - TV Globo)

Patrícia Pillar
como Flora
(Foto: Reprodução/
Fabrício Mota/Globo)

Na época em que começaram a surgir as notinhas que anunciavam Patrícia Pillar como uma das protagonistas de *Juízo Final*, posteriormente rebatizada de *A Favorita*, a atriz promovia o lançamento do documentário *Waldick, Sempre No Meu Coração*, no festival É Tudo Verdade[749]. O filme narrava a trajetória do cantor Waldick Soriano (famoso pelos versos "Eu não sou Cachorro, não!")[750] e possibilitou a Pillar atuar em outra veia criativa: a de diretora.

A novela de estreia de João Emanuel Carneiro no horário de maior prestígio da TV Globo depois de emplacar *Da Cor do Pecado* e *Cobras & Lagartos* às 19h, estreou cercada de mistérios. A proposta era instigar o espectador a desvendar um jogo de nuances: afinal, qual das duas mulheres estaria falando a verdade, Flora (Pillar) ou Donatela (Claudia Raia)? Quem era a verdadeira malvada da história?

Na fase inicial, as duas eram introduzidas de forma ambígua, com cada uma tentando provar, a seu modo, que não era uma assassina. A subjetividade do texto fazia alternar a balança da crença e descrença do público entre as rivais, que sustentavam versões diferentes para um crime ocorrido no passado: Flora havia sido condenada por matar Marcelo (Flávio Tolezani), marido de Donatela. Depois de amargar quase duas décadas atrás das grades, saía pela porta da frente da penitenciária decidida a retomar sua vida e reaproximar-se de sua filha Lara (Mariana Ximenes), que acabou sendo criada pela antiga melhor amiga:

> **"**
> **Você não tem coragem. Sabe por quê? Porque você não é uma assassina como eu.**
> **"**
>
> **– Flora,**
> ao confrontar Donatela e revelar-se a grande vilã

> **"A Flora busca justiça, quer provar a sua inocência e recuperar o amor de sua filha. Mas ela passou 18 anos presa e carrega isso", justificava Patrícia, na véspera da estreia.**[751]

Os números da audiência não impressionaram: o primeiro capítulo, que chegou a ser considerado "conservador",[752] marcou 34.6 pontos na grande São Paulo (contra os 40 de média da estreia da antecessora *Duas Caras*[753]), e a novela chegou a ser apelidada de "A Rejeitada"[754] por uma emissora concorrente. Atento ao Ibope que insistia em não reagir e ao resultado da pesquisa de opinião a partir do *group discussion** encomendado pela emissora, JEC (como é chamado pelos noveleiros nas redes sociais, por conta das iniciais do nome e sobrenome) abandonou a ambiguidade no texto e antecipou a reviravolta, evidenciando que Flora era a verdadeira criminosa da história. Apesar de colocar às claras e facilitar a "leitura" da audiência (que se dizia "confusa" e "sufocada" por ter que "pensar muito"), acabou frustrando a parcela dos espectadores que torcia pela ex-condenada em sua pose de injustiçada: "Uma parte dos espectadores viu a proposta como um jogo. Outra parte caiu na armadilha. Mas a novela foi lançada como um jogo. Não viu isso quem não

---

* O Grupo de Discussão é uma estratégia utilizada pela TV Globo para avaliar o nível de receptividade e a opinião do público em relação às suas novelas. Cada grupo é composto por espectadores anônimos, de diferentes faixas etárias, que representam uma amostra diversificada da audiência. A abordagem permite que a Globo compreenda melhor as preferências e expectativas de sua audiência, contribuindo para ajustes nas narrativas, desenvolvimento ou alteração no perfil de determinados personagens e outros aspectos da trama analisada. Essa interação direta com o público é uma estratégia que permite a emissora — e, consequentemente, escritores e diretores — a aprimorar a qualidade e o apelo de suas produções, de acordo com as preferências da audiência.

quis",[755] esclareceu. "O público e a Irene foram enganados pela Flora. Mas eu quis incomodar. Essa novela é uma grande provocação com o folhetim tradicional. [...] Agora, com as figuras da vilã e da mocinha definidas, acho que a novela vai ficar mais tradicional e popular. Não quero escrever uma trama elitista."[756]

Além de driblar o público, o novelista aplicou uma caneta na concorrente, marcando 46 pontos de média no capítulo 56, que, além da virada, terminava com Flora de arma na mão, assassinando Dr. Salvatore (Walmor Chagas) à sangue-frio e iniciando uma espécie de nova fase da trama, com Donatela tentando se reerguer. Depois disso, tanto Cláudia quanto Patrícia deitaram e rolaram, com Flora quase sempre por cima, dando um show de vilania. E não foram poucas as maldades cometidas pela loira com carinha de anjo: além do médico que atendeu Marcelo logo depois dos tiros e sabia que ela era a responsável pelo crime, Flora infiltrou-se no hospital onde Maíra (Juliana Paes) estava internada e, vestida de enfermeira, desligou os aparelhos que mantinham viva a jornalista que investigava a morte de Salvatore.

Mas proeza maior foi o plano macabro que ela arquitetou para eliminar o ex-sogro Gonçalo (Mauro Mendonça), o empresário que também estava prestes a delatar seus crimes: com a ajuda do comparsa Silveirinha (Ary Fontoura, impagável no papel do mordomo ardiloso), armou um cenário dantesco na mansão dos Fontini, com direito a muito sangue e um clima de filme de terror, fazendo o empresário acreditar que sua esposa Irene (Glória Menezes, encarnando uma ingênua de primeira) e a neta Lara haviam sido assassinadas. Desesperado ao se deparar com Flora vestindo um robe de seda manchado de sangue, Gonçalo sofria um ataque cardíaco fulminante e morria diante da vilã, enquanto ela confessava ter substituído os remédios dele por balinhas[757].

⊕

A escalada de Flora não seria a mesma sem a ajuda de dois cúmplices: o mordomo Silveirinha (Ary Fontoura) e Dodi (Murilo Benício, substituindo o ator Fábio Assunção como um malandro com pinta de bicheiro). Fontoura, que interpretou Silveirinha como um tipo misterioso na parte inicial, comemorou a cena em que o empregado revelava à Donatela, a quem serviu durante 20 anos, que detestava a patroa, cuspindo em sua cara[758] e a chamando de "porca". Já Benício, que emplacou no gosto popular ao dar um tempo nos personagens cômicos (como o que fez em *Pé Na Jaca*, seu trabalho anterior), divertia-se com o lado bronco do personagem: "Flora é o cérebro da ficção. Mas Dodi é uma dinamite. Quando necessário, a ignorância dele dá lugar à esperteza", esclareceu.[759] A dinâmica do trio proporcionou momentos bem-humorados: "Outro dia o Dodi disse para o Silveirinha que arrumaria um DVD pirata para ele. Um mocinho nunca diria isso. Mas vilões têm liberdade. Eles têm mais sal"[760], lembrou Murilo.

Mesmo com as vítimas se acumulando aos pés da assassina, o autor alegava que, apesar de psicopata, Flora não era uma *serial killer*, no sentido tradicional da palavra: "Ela não mata sem motivação, ela mata quem atrapalha o seu objetivo de tomar tudo da rival. É uma mulher esquizofrênica".[761]

E era na gênese da relação entre as duas ex-amigas, desde a época em que formavam a dupla sertaneja Faísca & Espoleta, que residia o que havia de melhor e mais criativo em *A Favorita* — especialmente na inveja cultivada por Flora, que inconscientemente sempre desejou o lugar da outra: "Donatela sempre foi a mais talentosa da dupla que elas formaram no passado, a mais famosa, a mais querida. [...] E a Donatela ainda se casou com o homem que a Flora queria"[762], lembrou Carneiro.

Mesmo desenvolvendo uma personagem intensa, o autor ainda criou momentos inusitados para sua vilã, como quando Flora decidiu reinventar sua carreira como cantora solo, ofendendo as subcelebridades pouco interessadas na sua apresentação, e ainda exigindo mais aplausos. Além disso, sua incursão para reconquistar a confiança de Lara exigia que ela passasse a fazer parte do mundo da filha, mesmo que isso significasse encarar, a contragosto, uma sessão de *A Doce Vida*. Após o filme, numa das conversas francas e recorrentes com Silveirinha, desabafou sobre a experiência: "Três horas vendo esse lixo. Não acontece nada!". Em sua espetacular ascensão, sobrou até para o Fellini!

Talvez por isso, ao ser questionada sobre por que rodou Waldick Soriano, é que a resposta de Patrícia Pillar, que na ocasião estava se referindo a si mesma, ressoa muito sobre a intensidade da vilã que viria a interpretar naquele mesmo ano de 2008: "Tenho um lado bolero, um lado cortar os pulsos, dançar junto. Não sou *blasé, light, cool.* Sou de arrebatamento."[763]

Não é uma delícia?!

85 Yvone Magalhães

Letícia Sabatella
Caminho das Índias
(2009 - TV Globo)

A malvada da primeira telenovela brasileira a conquistar o Emmy Internacional[764], Yvone (Letícia Sabatella) personificava a essência de uma "falsiane" muito antes da gíria ser popularizada na internet. Seria, no entanto, simplista categorizar aquela mulher, cuja beleza e sedução eram incontestáveis, meramente como uma falsa amiga ou uma loba em pele de cordeiro. Isso porque, conforme avançavam os capítulos de *Caminho das Índias*, Yvone revelava-se uma psicopata, ainda que não no sentido *sanguinário* da palavra:

> "Ela é uma psicopata, mas não mata ninguém. Usa as pessoas para servir aos seus propósitos, tem sede de poder", explicou a intérprete, às vésperas da estreia. "Não cria vínculos com ninguém, e age com uma filosofia justamente ao contrário da indiana. Yvone mata os outros emocionalmente, destrói sonhos."[765]

Autodeclarada a inventora do *merchandising* social nas novelas,[766] a autora Glória Perez destacou a importância de incluir uma personagem como aquela — uma mulher condenada por vários crimes como falsidade ideológica e estelionato e procurada pela Interpol —, no intuito de discutir sobre como criminosos se inserem dentro de um contexto de saúde mental. "Toda vez que os psi-

> " As pessoas que simulam a morte nunca se arrependem. Porque elas constatam aquilo que os mortos de verdade não têm como constatar: que não eram tão importantes nem tão amadas quanto supunham ser. "

— Yvone, estimulando Raul a forjar a própria morte

copatas cometem uma atrocidade, são postos no mesmo saco, como se fossem doentes mentais. E não são",[767] ponderou. A escolha tinha como objetivo contrastar a temática com outros transtornos psicológicos, como a esquizofrenia enfrentada pelo jovem Tarso, vivido por Bruno Gagliasso.

Apesar de críticas a respeito da voz infantil adotada por Sabatella[768] e de uma perceptível falta de química com seu colega de cena, Alexandre Borges,[769] Yvone seguiu em frente usando o seu poder de sedução, amparada pelos vestidos e saias de grife da figurinista Emília Duncan. Enquanto a composição não convencia a todos, o guarda-roupas da malvada se tornava o *must* das telespectadoras, junto com o batom rosa[770] e seus óculos escuros,[771] queridinhos entre as ligações recebidas na Central de Atendimento ao Telespectador da emissora.

Vindo de tipos mais suaves (como a romântica Ana, de *Desejo Proibido*, ou a noviça Lavínia, de *Páginas da Vida*), Sabatella foi convidada para a novela considerando a possibilidade de interpretar duas personagens: Yvone e um papel indiano: "Não sei que papel indiano eu poderia fazer, mas quando soube que o outro era daqui, soltei um 'puxa, não aguento mais interpretar mulheres que rezam. Estou fazendo uma atrás da outra'"[772], revelou a atriz. Sempre à frente de causas ecológicas e sociais (ela lançou seu primeiro documentário, *Hotxuá*, naquele mesmo ano) embarcou numa série de estudos e reflexões para viver a personagem: "Conversei muito com os amigos sobre como lidar com a existência do mal no mundo e dentro de nós"[773], contou.

Aliada ao misterioso Mike (Odilon Wagner), outro vigarista de fama internacional, Yvone se infiltrava na mansão dos Cadore com o objetivo de seduzir Raul (Alexandre Borges), marido de Silvia (Débora Bloch), uma amiga de adolescência. Com o *affair* aos seus pés, conseguia convencer o executivo a simular a própria morte para juntos, fugirem para Dubai com sua fortuna. Em terras estrangeiras, ela abandonava Raul à própria sorte, recauchutando o visual e partindo para sua próxima vítima ao som de *Halo*, um dos hits mais ouvidos da cantora norte-americana Beyoncé.

O golpe perpetrado na ficção aqueceu uma discussão a respeito das amigas-da-onça da vida real. Letícia, que enxergava sua personagem como uma "jogadora do mal", achava essencial aquela reflexão: "Já fui uma mulher de boa-fé como a Silvia, mas a falta de compaixão da Yvone está me tornando mais astuta."[774]

E como, em novela, uma boa vingança se torna um banquete saboreado por todo o Brasil, o público vibrou quando Silvia — que vivia seus dias de viuvez sem saber que também não era — finalmente conseguia seu acerto de contas: no banheiro de uma rodoviária, momentos antes de Yvone tentar fugir novamente do país, a ex-Sra. Cadore desferia tapas, socos e pontapés na estelionatária, aos berros de "monstro", "falsa" e "mau-caráter".[775] As prisões da vilã e do comparsa viriam na reta final, depois que a polícia ligava os pontos dos desvios de dinheiro da empresa de Cadore com as chantagens sofridas por Nanda (Maitê Proença), outra vítima dos golpistas. Mas Yvone nem chegou a esquentar o colchão da cela: contando com a cumplicidade de um carcereiro, escapou da penitenciária pela porta da frente e foi armar sua teia em outra freguesia.

No entanto, a responsável pela maior desforra contra a criminosa foi Melissa (Christiane Torloni). Ao descobrir que Yvone vinha se envolvendo com seu marido Ramiro Cadore (Humberto Martins), irmão de Raul, a socialite dava uma surra na rival, ainda maior que a de Silvia. A briga teve direito a tabefes desferidos com o mesmo anel que Ramirinho havia presenteado a amante.[776] Yvone perdeu o embate e acabou na lona com o rosto repleto de hematomas. Nas duas ocasiões, *Caminho das Índias* bateu recordes de Ibope, com médias de 52 (no embate com Silvia) e 41 pontos (na sala de massagem com Melissa), na grande São Paulo. *Atchá!*

---

* *Atcha* é uma expressão indiana de satisfação, transformada num dos bordões de *Caminho das Índias*, assim como *Are Baba, Baguan Kelie, Dahko, Tchalô*, e tantas outras.

2010

a

2010 a 2019

Depois da #AvenidaBrasil, curva acentuada à direita

2019

Éramos um Brasil emergente. Os investimentos externos em ascensão e a tão sonhada estabilidade econômica (apesar da alta carga fiscal[777]) forneceram os incentivos necessários para que o povo pudesse, finalmente, entrar no universo do consumo[778] e desfrutar do seu renovado poder de compra. A "nova classe C", influenciada pelos bons ventos que fizeram subir os níveis da empregabilidade e reduziram os impostos de produtos de grande apelo, como eletrodomésticos, eletroportáteis e veículos, foi a grande força protagonista do período.

Durante a fase prolífica, pelo menos duas obras de relevância significativa surgiram para capturar o contexto socioeconômico da época: *Cheias de Charme*, promotora de debates sobre a luta das classes sociais e a valorização da dignidade no trabalho das mulheres, e o fenômeno *Avenida Brasil*, que subverteu a representação dos estratos de classe e revelou a nova dinâmica da pirâmide social do país. Além de se transformar em um sucesso comercial, a novela também dominou a web e inspirou uma onda de criatividade, desde o mar de "oi oi ois" que inundava o Twitter, noite após noite. Durante a exibição da abertura ao som de uma versão adaptada de *Danza Kuduro* (mistura de reggaeton e música eletrônica) até o congelamento no final do capítulo, só dava ela na *timeline*.[779]

Memes, gifs, bordões e cenas antológicas... Nenhuma outra novela serviu tanto ao público da internet, que se esbaldou na experiência de publicar o seu próprio avatar congelado e compartilhar as próprias opiniões a respeito dos últimos acontecimentos da história entre a madrasta má e sua enteada determinada. De acordo com a pesquisa Social TV, levantada pelo Ibope, 43% dos internautas da época já afirmavam assistir à TV ao mesmo tempo em que navegavam na rede. Vários programas, especialmente as novelas, dominavam os assuntos mais comentados nas redes sociais, e a maioria das *hashtags* de microblogs como o Twitter referenciavam atrações da TV.[780]

No caso de *Avenida Brasil*, a repercussão não foi, obviamente, culpa da Rita, mas também da Carminha, Tufão e Jorginho, Nilo e mãe Lucida, Muricy, Leleco e Adauto, Cadinho e seu harém da zona sul.

e de uma série de outros personagens que terminaram abraçados pelo telespectador, naquela que se tornaria nossa última grande experiência coletiva do horário nobre até então.

É certo que *A Força do Querer* e *Pantanal*, dois sucessos da emissora exibidos anos depois, também fizeram barulho entre o público de casa e das redes, mas nenhuma conseguiu se igualar, em profusão e *hype*, à melhor novela de João Emanuel Carneiro. Isso porque, mesmo não tendo passado tanto tempo entre *Avenida* e outros sucessos que viriam, aquele Brasil de 2012 foi ficando rapidamente para trás.

Além do surgimento do Viva, em 2010, que passou a fazer a alegria dos saudosistas ao resgatar grandes novelas, minisséries e programas clássicos para a grade do canal a cabo, houve a ascensão das plataformas de *streaming*, um *game-changer* tecnológico iniciado com a Netflix, que chegou ao Brasil em setembro de 2011, quatro anos depois da empresa norte-americana apostar em um novo e arriscado modelo de negócio: permitir que usuários pudessem consumir filmes e séries diretamente de uma plataforma, consumidos em diferentes dispositivos (*smart TVs*, *smartphones* e *tablets*), dispensando os já tradicionais DVDs e os discos *blu-rays*, tecnologia lançada no início dos anos 2000. O lançamento do Globoplay, em 3 de novembro de 2015[781], passava a unir a comodidade do *streaming* aos benefícios de se consumir a programação da TV Globo para além dos conteúdos ao vivo (os canais de transmissão simultânea só seriam adicionados ao pacote em 1º de setembro de 2020[782]).

Essa inovação trouxe uma mudança drástica na maneira como costumávamos consumir, ao longo das últimas quatro décadas, o principal produto da emissora carioca. As telenovelas, juntamente aos seriados e demais obras de ficção que estavam na programação da Globo, passaram a ser adicionadas a um catálogo disponível na plataforma digital para ser visto a qualquer momento e lugar. Mesmo com essa nova forma de consumo, a importância da repercussão em tempo real de uma obra, assim como a relação dela com o público (seja o espectador do sofá ou aquele que assiste por meio do computador) continuaram sendo fatores cruciais na equação do retorno comercial.

No outro lado da moeda, tivemos *Babilônia*. A última novela escrita por Gilberto Braga em parceria com Ricardo Linhares e João Ximenes Braga, foi fortemente impactada pelo dedo em riste do espectador conservador, que utilizou as redes sociais para incendiar polêmicas a respeito de alguns personagens, em especial o casal vivido por Fernanda Montenegro e Nathalia Timberg. O beijo lésbico protagonizado pelas duas damas do teatro brasileiro no capítulo de estreia da novela resultou em uma insistente dor de cabeça aos autores e à equipe, que precisaram mudar os rumos da trama e nunca conseguiram retomar os trilhos. O "efeito *Babilônia*" tornou-se uma das primeiras evidências da força da internet transformada em palanque.[783] Mas não foi a única.

O que se viu, especialmente depois de 2015, foi um aumento exponencial nas publicações de comentários e ataques racistas, machistas, homofóbicos e de cunho conservador, aliados a uma das maiores vilãs da década: as *fake news*. Primeiro, as notícias falsas se espalharam como rastilhos de pólvora durante as disputas eleitorais nos EUA, em 2016, com milhares de americanos sendo expostos a inverdades e desinformações por meio de plataformas como o Twitter, Facebook e o Snapchat, num ritmo muito acelerado.[784]

A estratégia de propagar distorções e mentiras para manipular a opinião pública foi replicada aqui no Brasil, dominando o eleitorado nos meses que antecederam as eleições de 2018. A crise de credibilidade das agências de notícias ajudou no chamado efeito manada, e as tentativas de dialogar sobre a importância da educação política foram solenemente ignoradas por eleitores que se diziam satisfeitos com suas próprias fontes de informação: o *WhatsApp*, aplicativo de mensagens instantâneas que se transformou no principal veículo de disseminação de *fake news*.[785]

Outro levantamento, realizado pela agência de checagem de fatos Lupa, publicado dias antes do segundo turno, esclarecia que apenas 8% das imagens compartilhadas pelo app poderiam ser classificadas como verdadeiras.[786] Em resposta a um requerimento da chamada CPI das *Fake News*, o

WhatsApp baniu mais de 400 contas no país durante o período eleitoral[787]; no entanto, os robôs utilizados para o envio de mensagens em massa já haviam causado danos irreparáveis. Nem Renato Mendes, em seus tempos de *Revista Fama*, teria feito tanto estrago.

Em 2019, quando o antigo Projac já se chamava Estúdios Globo, éramos um país declinante. Novamente em frente à tevê, testemunhamos o início do mandato de um candidato da ala política de extrema-direita que chegou à Presidência realizando promessas de mudanças radicais e conservadoras e reformas profundas em diversas áreas e que suscitou expectativas e controvérsias de uma nação já polarizada ideológica e politicamente. Para muitos, a chegada do novo governo representava a possibilidade de uma guinada rumo ao progresso de um Brasil utópico e pautado nos valores cristãos, enquanto para outros, acarretava temores quanto à preservação dos direitos conquistados (especialmente dos grupos minorizados) e à manutenção e garantia da democracia. Vivemos um cenário de acirramento de tensões e descontentamento generalizado.

Diante daquela nova realidade de medo e incertezas, assistir a uma novela pela primeira vez parecia não ter o mesmo sabor de antes. O escapismo proporcionado pela tevê, antes um refúgio da realidade, foi permeado por uma sensação de inquietação. De repente, os dramas e as maldades fictícias na tela pareceram assustadoramente menos distantes e cada reviravolta na trama da novela era ofuscada por pautas descabidas dos noticiários.

Assim, chegamos à virada para 2020 em clima de fim de festa, ecoando o mesmo espírito crítico de Gilberto Braga, que anos antes declarou não aguentar mais o sentimento de impunidade.[788] Mas algumas surpresas ainda estavam reservadas para aquele 31 de dezembro de 2019, último capítulo da década, quando a Organização Mundial da Saúde foi alertada sobre uma nova doença que se espalhava rapidamente em uma província da China.

Mariana Ximenes
como Clara
(Foto: Reprodução/Globo)

86 Clara Miranda Medeiros

Mariana Ximenes
Passione
(2010 - TV Globo)

A inspiração para uma nova novela pode surgir de diversas fontes. Além dos filmes e de uma notícia inusitada no jornal, uma música inesquecível pode ser um bom estímulo. Foi o caso de *Passione*. Inspirado pela canção italiana *Malafemmena* — composta em 1951 por Antonio de Curtis, ator italiano conhecido como Totó —, Silvio de Abreu criou a história sobre um homem ingênuo e de bom coração, que se apaixonava por uma mulher com "cara de anjo", "doce como o açúcar", mas desonesta e "pior que uma víbora". O papel da dita cuja coube à Mariana Ximenes, que, já na primeira imagem caracterizada como a vilã, surgia numa "versão primavera europeia"[789], reforçada pelos traços angelicais da intérprete. Além do visual, por indicação do autor, ela mergulhou na filmografia de Bette Davis e em títulos estrelados por Brigitte Bardot[790] para ajudá-la a compor a jovem enfermeira particular de Eugênio Gouveia (Mauro Mendonça). Isso porque, apesar do semblante belo e delicado, Clara era vulgar e incapaz de amar. Essas características, aliadas à esperteza, eram o combustível para o estopim da novela.

Ao ouvir o patrão confessar, em seu leito de morte, que, no passado, entregara o primogênito recém-nascido a uma família de italianos, por saber que o bebê que Bete (Fernanda Montenegro) esperava era filho de outro homem, Clara via na história uma oportunidade de se dar bem.[791] Logo

"

Você está vivo, meu amor! Você não sabe como eu sofri quando errei aqueles tiros e acertei em você.

"

— **Clara,**
ao ver que Totó estava vivo

---

* Conforme mencionados em trechos da canção original de Totó: "Si tu peggio 'e 'na vipera, M'e 'ntussecata l'anema, Num pozzo cchiù campà" e "Si ddoce comme 'o zucchero, Però 'sta faccia d'angelo, Te serve pe' 'ngamà".

em seguida, estava embarcando para a Itália com seu parceiro no crime, Fred (Reynaldo Gianecchini, derrubando sua imagem de bom moço), com o objetivo de encontrar e seduzir Antônio Mattoli, o Totó (Tony Ramos), herdeiro desavisado, antes que Bete conseguisse localizar o tal filho perdido. Ardilosa, conseguia subir ao altar com o camponês e passava, então, a tramar a morte do novo marido.

Estreante em realizar maldades na ficção, Mariana confessou que levou certo tempo para se sentir confortável com o papel:

> **"Encontrar a personagem não foi fácil, porque tem registros que eu nunca tinha acionado, como o linguajar bagaceiro, o despudor com o corpo... Foi um processo bem difícil", declarou, revelando que a complexidade de Clara foi fator inspirador para o trabalho: "É uma personagem que tem muitas facetas e isso é muito instigante [...]. Ela passa por boa, singela, ingênua, depois é perversa, sensual, afetuosa com a irmã... É uma personagem que dá muitas possibilidades para uma atriz."[792]**

Outro elemento determinante na interpretação da atriz foi o clima de suspense imposto por Silvio de Abreu, que pouco abriu a respeito da história para o elenco. Ximenes, por exemplo, foi pega de surpresa quando, por volta do centésimo capítulo, a personagem deixava de ser malvada para encarar uma breve fase de vilã-arrependida. Capítulos mais tarde, mostraria novamente as garras, surpreendendo o público que torcia pela regeneração da *mallafemena* do horário nobre. Em entrevista, a atriz declarou fazer cada cena como se fosse única: "Optei por interpretar sem tomar partido, premeditar ou dar indícios de qualquer coisa, para que o Silvio pudesse dar o rumo que quisesse para a história."[793]

Além de Gemma (Aracy Balabanian), irmã de criação de Totó que sempre suspeitou das reais intenções da jovem, Clara também entrava em constante conflito com Valentina (Daisy Lúcidi), a avó por quem nutria um ódio monumental e a quem se referia como "velha porca". As cenas de discussões entre a dupla renderam momentos fortes, evidenciando uma química entre as atrizes e o talento da dupla — especialmente o de Lúcidi, vivendo uma avó perversa que vendeu as netas no passado em troca de dinheiro.

Além de um retorno triunfal de Totó, que revelava estar vivo para desmascarar a esposa, o grande trunfo do autor foi colocar nas mãos de sua grande vilã a arma do crime do maior suspense da novela: Clara mandou pro inferno a facadas, num quarto de motel, o pérfido Saulo (Werner Schunemann), filho de Eugênio, de quem ela era aliada e amante desde a época em que fora obrigada pela avó a se prostituir. Além do crime, a *schifosa* também foi a grande responsável pela morte de Eugênio, envenenando secretamente o patrão em conluio com Saulo, disposto a assumir os negócios dos Gouveia.[794]

Apesar de Mariana Ximenes acreditar que nada justificava aquelas maldades, uma vez que os problemas de infância da personagem poderiam ter contribuído para torná-la uma pessoa "desestruturada, mas não mau caráter"[795], Silvio foi mais benevolente com sua criação: no desfecho, a criminosa deu uma bela rasteira na polícia, simulou a própria morte e deixou o ex-comparsa amargando atrás das grades. E ressurgiu das cinzas na ultimíssima cena, em meio a uma paisagem paradisíaca em território estrangeiro e em plena atividade, certificando-se de que seu mais novo paciente milionário estivesse tendo um bom dia. Terminou num close que valorizou aqueles olhos azuis expressivos e o mesmo sorriso de Monalisa que a ajudou a ludibriar o noveleiro brasileiro.

Tem fogo que não precisa da gasolina para queimar.

87 Jacques Leclair

Alexandre Borges
Ti-Ti-Ti
(2010 - TV Globo)

Maior evento novelesco de 2010, *Ti-Ti-Ti* foi, para os apaixonados pelo gênero, o equivalente a um parque de diversões. Anunciado com ares de biscoito fino, tanto pelo elenco de primeira grandeza, quanto pela influência do original de Cassiano Gabus Mendes, o *remake* do clássico oitentista estreou carregado de referências. Não apenas as da primeira versão (considerada, por muitos, a maior canetada do novelista), como também bordões, recriações de cenas antológicas e participações especiais de figuras oriundas de outros títulos do mesmo autor. Uma das tramas era a de Marcela e Edgar (respectivamente, Isis Valverde e Caio Castro) emprestada de *Plumas & Paetês*, outro folhetim *Gabus-Mendista* das 19h a utilizar o cenário da moda como pano de fundo.[796]

A comédia rasgada abordava a rivalidade de dois arqui-inimigos de infância, André Spina e Ariclenes Martins, que se reencontravam na idade adulta. André (Alexandre Borges) abriu o seu próprio ateliê de costura na Zona Leste de São Paulo, dedicado aos vestidos de noiva e trajes de madrinhas de casamento, e criou a persona de Jacques Leclair, um estilista exagerado e presunçoso. Já Ari (Murilo Benício) fez péssimas escolhas profissionais, incluindo investir o dinheiro que ganhou na loteria quando jovem em projetos que deram errado, passando a sobreviver de bicos. O reencontro da dupla, ocorrido no capítulo de estreia, era o catalisador de uma grande armação de Ari. Munido das roupas de bonecas criadas por dona Cecília (Regina Braga), uma moradora de rua apelidada pelo malandro de "titia" — na realidade, Cecília era a

> **" Ah, Ariclenes... O que te mata é a tua inveja! "**
>
> – Jacques

mãe biológica de André —, ele decidia produzir os modelitos em tamanho real e criar a persona de Victor Valentim. Com a ajuda do filho, Luti (Humberto Carrão), e do amigo Chico (Rodrigo Lopéz), Ari surgia como um estilista espanhol com pinta de toureiro, que teria se instalado no Brasil para revolucionar o mundo da alta-costura. O objetivo maior, claro, era confrontar e aniquilar Jacques Leclair.

> **Substituindo Fábio Assunção no papel, Alexandre Borges entendia bem a malemolência e a ambição do personagem, que, apesar de divertido, era tão afiado quanto dissimulado: "Ele quer satisfazer totalmente suas clientes, inclusive sexualmente. Jacques é libidinoso em todos os sentidos, é andrógeno", definiu o ator: "Ele quer ser o maior estilista do país."[797]**

Com uma profusão de caras e bocas, voz estridente e um característico biquinho que se transformou em sua marca registrada, Jacques era como uma salamandra esguia, chamativa e pegajosa, movimentando-se como "um personagem de desenho animado"[798]. Apesar de sofrer com as maquinações constantes de Ari/Valentim, era ele o grande mestre das tesouradas vilanescas propulsoras da trama, contando com a inventividade e a cumplicidade da secretária Clotilde (Juliana Alves, perfeita como uma dissimulada apaixonada), uma aliada de peso que acabava conquistando a confiança e o coração do patrão canastrão. Também pesavam contra a salvação do modista seu senso de ética questionável, suas

Se Alexandre Borges conseguiu se divertir aos borbotões e conquistar a admiração do público, a história foi um pouco diferente com o intérprete que viveu a primeira versão de Jacques Leclair. Reginaldo Faria, que protagonizou a *Ti-Ti-Ti* de 1985 ao lado de Luis Gustavo, relatou que os telespectadores estranharam a composição cheia de trejeitos do vilão: "A coisa era vista com certa gozação. Algumas pessoas me chamavam de Jacques Leclair nas ruas de forma debochada. Fui muito provocado pelo público masculino", lembrou. "Muita gente não entendia que o Jacques era um personagem inventado pelo André Spina para conseguir o que queria e conquistar as mulheres. Mas algumas pessoas confundiram e acharam que o Reginaldo Faria também era afetado."[799]

atitudes machistas e decisões permeadas de mau-caratismo e, especialmente, aquelas relacionadas ao filho *bad boy* Pedro (Marco Pigossi).

Outro ponto positivo na composição inspirada do personagem era o figurino exagerado, que reforçava o âmago cafajeste do estilista. O visual, dividido entre a cafonagem e a soberba, era composto por camisas abertas de bicheiro, acessórios duvidosos, como sapatos de verniz, paletós com estampas de estofados, corrente de ouro com pingente em formato de tesourinha e os inseparáveis lencinhos que usava no pescoço (e que não dispensava nem nos seus momentos íntimos com Jaqueline[800]).

De acordo com a figurinista Marília Carneiro, Leclair era "uma mistura de Dener [Pamplona de Abreu, considerado o pioneiro da moda brasileira] com bicheiro. Tem a delicadeza do primeiro, mas ostenta como o outro."[801]

A novela foi um sucesso imediato e, logo nos capítulos iniciais, espantou o fantasma da comparação que tanto assombrava os *remakes*. O que se viu foi uma verdadeira pororoca criativa, na qual o texto iluminado de Maria Adelaide Amaral e Vincent Villari encontrou intérpretes completos em interpretações descontraídas, com destaque para Dira Paes, Nicette Bruno, Elizângela, Humberto Carrão, Rodrigo Lopéz, Mayana Neiva e Claudia Raia, esta última entregando um de seus melhores trabalhos na televisão. Em sua sexta dobradinha com Alexandre Borges[802], seu par romântico de outros carnavais da ficção, Cláudia criou uma Jaqueline Maldonado intensa e dramática, uma espécie de "viúva Porcina pop"[803].

A personagem caiu instantaneamente no gosto do brasileiro e acabou dividindo o protagonismo com a dupla de costureiros.

Ti-Ti-Ti atravessou toda a passarela em clima de sucesso *hors-concours* e terminou com os dois inimigos instituindo uma trégua, em nome do amor fraternal que sentiam por Cecília.[804] Jacques também se reconciliou com o passado ao reencontrar não apenas a mãe, mas também o seu pai, Cassiano (Nuno Leal Maia). Naquele grande desfile-homenagem a Gabus Mendes, o antagonista defendido com unhas, chiliques e dentes de Alexandre Borges foi uma perfeita caricatura em movimento, rendendo muito pano para a manga narrativa e fazendo público e elenco gargalharem. Além disso, a performance deu novo fôlego à carreira do ator, um ano antes dele interpretar o trígamo Cadinho de *Avenida Brasil*, outro trabalho muito lembrado pelo grande público e que carregava a mesma comicidade, tintas e tiques de Leclair. Quando o assunto é fazer rir, o equilíbrio entre a *décadence* e a *élégance* é o que faz toda a diferença.

Christiane Torloni
como Tereza Cristina
(Foto: Reprodução/Globo)

> **"**
>
> # O seu veneno é bálsamo. Causa, no máximo, ardência. Já o meu necrosa e mata em segundos, bebê.
>
> **"**
>
> — **Tereza Cristina**, expulsando a jornalista Marcela (Suzana Pires)

88 Tereza Cristina Buarque de Siqueira Velmont

Christiane Torloni
Fina Estampa
(2011 - TV Globo)

Nas primeiras chamadas de *Fina Estampa*, veiculadas semanas antes da estreia, um dos *jingles* criados especialmente para as vinhetas cantarolava o perfil da vilã interpretada por Christiane Torloni na novela: "Tereza Cristina, perua de nariz em pé, só faz aquilo que bem quer, vaidosa, fútil e perigosa". A descrição, apesar de ressoar *tacky** quando assistimos ao vídeo hoje, continua certeira.

Dotada de uma autoestima invejável, a esposa de Renê (Dalton Vigh) era uma *socialite* de berço, que herdou a fortuna dos pais e tinha verdadeiro horror de todos aqueles que julgava ser de "classe inferior" a dela. Especialmente se esse alguém fosse "a bigoduda" Griselda Pereira (Lilia Cabral), espécie de "marido de aluguel" que morava no Jardim Oceânico, na Barra da Tijuca, e que, depois de ganhar uma bolada na loteria, inventava de ser vizinha da megera no suntuoso Marapendi Dreams,[805] condomínio onde estava situada a mansão dos Le Velmont. Disputando o amor do chef de cozinha e às turras por conta da relação dos filhos de ambas, José Antenor (Caio Castro) e Patrícia (Adriana Birolli), as duas rivais protagonizaram alguns embates, quase sempre com a assinatura da direção vertiginosa de

---

* "Tacky" em inglês descreve algo barato, excessivamente ornamentado ou carente de elegância. Em obras audiovisuais, especialmente aquelas que não "envelhecem bem", o termo indica que elementos como figurinos, efeitos, estilo visual ou conteúdo podem parecer datados, ultrapassados ou pouco sofisticados com o tempo, sugerindo uma perda de relevância estética ou cultural ao longo dos anos.

Wolf Maia, caracterizada por zooms e chicotes[*] apressados, num dos últimos trabalhos do diretor na emissora.

É evidente que o talento de Torloni em incorporar uma dondoca carioca, que alternava o timbre da voz e parecia estar sempre pronta para o close, já chamava a atenção por si. Durante seus impropérios, emitia certas idiossincrasias que iam de Norma Desmond (a vilã louca de *Crepúsculo dos Deuses*) a Cruella de Vil (personagem extravagante da animação da Disney). Entretanto, é inegável que parte daquela repercussão estava intrinsecamente ligada às interações que ela mantinha com seu lacaio de estimação, Crodoaldo Valério (Marcelo Serrado).

Depois de Christiane Torloni virar meme com o seu "hoje é dia de Rock, bebê", dito em entrevista para o Canal Multishow durante o Rock In Rio 2011 (a frase passou a ser mencionada nas edições seguintes do evento[806]), Tereza Cristina passou a adotar o "bebê" como uma de suas marcas, usando o termo sempre que terminava certas frases.[807]

> **O servo e sua "Rainha do Nilo" — como ele costumava chamá-la, considerando-a uma espécie de Cleópatra moderna — formaram uma simbiose, aglutinando-se na memória do público por interagirem constantemente em cena.**

Beneficiando-se da recepção de Crô (um personagem exagerado, mas que mantinha os gestos contidos e um tom de voz sob controle, ao contrário do topete volumoso e do figurino que beirava a caricatura[808]), Tereza Cristina crescia conforme o telespectador a enxergava através do olhar do mordomo, adorador de sua malvada favorita como um autêntico *minion*.

---

[*] O "Chicote" é um rápido movimento de câmera que envolve uma panorâmica veloz de um objeto para outro. Em termos de direção, Wolf Maya frequentemente utilizava "chicotes" para transições rápidas entre personagens, indo de um close para um plano aproximado. Um bom exemplo ocorre na cena do casamento de Isabel em *Senhora do Destino* (2004), onde a câmera alterna entre as personagens de Carolina Dieckmann e Renata Sorrah, utilizando zooms e "chicotes".

⊕

Crô, o personagem de Marcelo Serrado, ganhou enorme destaque ao longo da trama e sagrou a carreira do ator. Depois da novela, Serrado protagonizou dois longas-metragens reprisando o papel (sem a participação de Torloni). O personagem se tornou até tema de fantasia de escola de samba no carnaval de 2013. No entanto, quando *Fina Estampa* foi reprisada em 2020, durante a pandemia, a trama do mordomo que funcionava como alívio cômico não foi bem recebida pelo público, especialmente sua relação com Baltazar (Alexandre Nero). A dinâmica do humor entre a dupla era sempre construída pelas ofensas verbais proferidas por Baltazar (que mantinha sua postura hostil), às quais Crô sempre respondia fazendo graça ou num tom de provocação sexual.

Socióloga de formação, a atriz captou a intencionalidade do autor em transformar a antagonista num recorte de suas antigas criações:

> **"Tenho a sensação de que o Aguinaldo Silva está fazendo um *pout-pourri* de alguns personagens dele neste trabalho", resumiu. "A Tereza Cristina não é totalmente má, feia ou bruxa. Ela tem humor, a dupla com o Crodoaldo dá esse tempero para ela."[809]**

O figurino assinado por Beth Filipecki e Renaldo Machado[810] foi outro acerto. A coleção de camisolas que valorizavam o corpo esguio e as longas pernas da Pitonisa de Tebas se tornaram as mais procuradas pelos telespectadores na época em que a novela esteve no ar. Mas nem só de desfiles de *lingeries* foi marcada a história da ricaça: provando que não estava para brincadeira, ela arregaçou as mangas da camisola e não hesitou em cometer alguns crimes, incluindo o assassinato da jornalista Marcela (Suzana Pires), asfixiada com um travesseiro depois que a ricaça invadiu o hospital usando uma peruca loira. Além disso, empurrou Mafioso (Luciano Chirolli), escada abaixo. Na cena, ela agradecia pela inspiração à Nazaré Tedesco, vilã de *Senhora do Destino*. Como reforço, ainda contava com a ajuda (e os músculos) do comparsa Ferdinand (Carlos Machado), também assassinado por ela, com um secador de cabelos dentro da banheira.

Após sequestrar Pereirão em uma tentativa final de eliminar sua arqui-inimiga (por quem admitiu nutrir uma antipatia gratuita), Tereza Cristina desaparecia no mar durante o naufrágio do barco em que estava com Pereirinha (José

Mayer), ex-marido trapaceiro da protagonista. Numa reviravolta digna de filme *trash*, ela ressurgia de susto na última cena: em pleno trânsito, com os cabelos tingidos de preto e branco, lançava uma gargalhada diabólica à Griselda, que terminava empunhando sua famosa chave-de-grifo.

Adriana Esteves
como Carmen Lúcia
(Foto: Reprodução/Alex
Carvalho/Globo)

89 Carminha

Adriana Esteves
Avenida Brasil
(2012 - TV Globo)

Espécie de divisor de águas na carreira de Adriana Esteves, sua Carmen Lucia Moreira de Souza foi o evento principal de uma novela que virou mania nacional. A atriz já havia mostrado talento e versatilidade em projetos anteriores, como a espevitada Sandrinha, de *Torre de Babel* (1998), e a dona de casa com faniquitos Celinha, do seriado *Toma Lá, Dá Cá* (2007-2009), mas nenhuma delas teve a mesma repercussão da madrasta má que interpretou em *Avenida Brasil*.

Em 19 de julho daquele 2012, data da exibição do centésimo capítulo, o brasileiro colou em frente à tevê para testemunhar o momento exato em que cairia a cara da milionária. Quando Carminha descobria que Nina (Débora Falabella), a jovem "prodígio da arte culinária" que elevou o paladar dos moradores da mansão no bairro do Divino desde que começou a comandar a cozinha (e a quem a socialite passou a tratar como uma confidente) era, na realidade, sua maior rival, a novela alcançava sua maior reviravolta. Nina era, na verdade, Rita, a menina pobre que Carminha despachou para um lixão anos antes, depois de aplicar um golpe no pai da criança.

> **"**
> # É tudo culpa da Rita!
> **"**
>
> – Carminha

Sentindo-se enganada, a esposa de Jorge Tufão (Murilo Benício) espumou de raiva, levando a audiência ao delírio. Também, pudera: ela foi, praticamente, a última a descobrir algo que o Brasil inteiro já sabia.

A tão esperada reviravolta assinalou o início de uma nova fase da história, onde o duelo escancarado das titãs, que se alternavam na dominância, rendeu momentos antológicos, como quando Nina era enterrada viva numa cova aberta do cemitério, as empregadas Zezé (Cacau Protásio) e Janaína (Cláudia Missura) flagraram a patroa em maus lençóis ou até a cena-coqueluche de Carminha servindo o jantar de Nina, aos gritos de "Me serve, vadia!". Mérito também de Débora Falabella, confortável como a mocinha vingativa, jogando de igual para igual com a rival, manipulando e armando estratagemas para expor de vez a malvada.

Escrita por João Emanuel Carneiro, em sua segunda incursão no horário nobre (a primeira foi *A Favorita*, de 2008, que demorou a fisgar a audiência, mas acabou virando cult na era do *streaming*), *Avenida* foi, de longe, o maior sucesso de repercussão entre as novelas das 21h da década. Fazendo uma espécie de "dobradinha" com *Cheias de Charme*, veiculada na mesma época, no horário das 19h, a novela mostrou um país conectado ao subúrbio carioca, com figuras marcantes, como o boa-vida Leleco (Marcos Caruso), o ingênuo Adauto (Juliano Cazarré), o carrasco Nilo (José de Abreu, com sua risada marcante) e o ex-jogador de futebol Tufão (Murilo Benício). Mas a agilidade e ferocidade de Adriana, que alternavas entre gritos de ataques de ódio e cenas em que precisava choramingar com a voz em falsete, foi o maior acerto na escalação de um time que liderou de ponta a ponta, capitaneado pelo diretor Ricardo Waddington.

Tanto que, hoje, é inconcebível imaginarmos que a atriz não era considerada a primeira opção para o papel. Para convencer a emissora, João Emanuel precisou "mexer alguns pauzinhos": "Eu me seduzi com a possibilidade de ela ser a Carminha e fiz uma pequena conspiração, porque a

Globo queria outra atriz", declarou o dramaturgo à *Folha de S. Paulo*[811]. Apesar de não revelar o nome, alguns veículos chegaram a indicar Alessandra Negrini como sendo a escolha original.[812]

> **Sucesso de público, crítica e, o mais importante em termos de vista comerciais, garantia de retorno para anunciantes publicitários (reforçando a influência da tevê aberta como meio de consumo), a novela foi febre também na internet. No antigo Twitter, era comum uma enxurrada de publicações com a hashtag '#OiOiOi', no momento da exibição da abertura do capítulo diário e, até hoje, figura entre os incontáveis memes compartilhados nas redes sociais.**

Pode ser que o fascínio do espectador pela vilã carismática, interpretada por uma atriz em plena forma, tenha influenciado o autor a ser mais generoso ao determinar o seu destino. Na reta final, o ator Juca de Oliveira entrou em cena e tomou as rédeas como Santiago, o pai malvado de Carminha. Sua presença ajudou o público a compreender melhor a psiquê da personagem (flertando até com questões relacionadas ao abuso sexual que ela teria sofrido do pai durante a infância). Assim que as armações e mentiras da perversa foram desmascaradas pela família Tufão e ela foi jogada na rua, sob os olhos atônitos dos moradores do Divino, Carneiro orquestrou uma espécie de redenção torta para Carminha:

primeiro, ao fazê-la matar Max (Marcello Novaes), seu grande amor e comparsa, para poupar a vida de Nina; e, finalmente, ao colocá-la trabalhando como uma das moradoras e catadoras no lixão.

Depois de tanto se engalfinharem, Nina e Carminha terminam lado a lado, preparando um café na casa em que a vilã passou a dividir com Lucinda (Vera Holtz), no aterro. A cena, aparentemente simples, é carregada de simbolismo, emoldurando um dos momentos de reconciliação mais bonitos da dramaturgia. Além do abraço que selava o perdão entre as duas, Carminha chorava ao conhecer o neto e ao perceber que Jorginho (Cauã Reymond), o filho que tanto amava e que sempre se esquivou de seu afeto, sinalizava uma aproximação, aceitando o amor da mãe.

Mais de uma década depois, Adriana Esteves segue orgulhosa e sem qualquer indisposição em falar sobre a personagem que, segundo a própria atriz, é "um presente para toda a vida": "Sentia a necessidade de corresponder à beleza daquele texto. Eu sabia que era uma joia, e eu precisava dar conta de realizar a história na mesma proporção que eu via."[813] Orgulhosa do trabalho, ela ainda afirmou que não mudaria "nem uma vírgula" da jornada da personagem.

A equação do sucesso nunca é tão simples de desvendar, mas a combinação de uma narrativa dinâmica, elenco afiado, texto inspirado e ganchos emblemáticos e eternizados na memória certamente fiz parte do cálculo do sucesso de *Avenida Brasil*. Como bem definiu o publicitário Washington Olivetto, foi "um jogo de futebol sem lateral ou jogada de meio de campo"[814] e repleta de lances de gol. E Carminha, que naquela partida emocionante fez o brasileiro torcer e vibrar como numa final de Copa do Mundo, foi a maior das artilheiras.

Chayene Sampaio 90

Cláudia Abreu
Cheias de Charme
(2012 - TV Globo)

Cláudia Abreu
como Chayene
(Foto: Reprodução/Globo)

Quando as gravações de *Cheias de Charme* começaram, durante um show do cantor Michel Teló numa casa noturna na Barra da Tijuca, a novela ainda era chamada de *Marias do lar* e sua grande antagonista chegou a ser grafada como *Cheyenne*[815] e *Chayenne*.[816] A ortografia era exótica, mas casava como uma luva de lantejoulas para a personagem que carregava uma extravagância efervescente única.

Chayene (com "a", "y" e só um "n") era uma usina elétrica de amoralidade e narcisismo. Tanto que, durante a escalação do elenco, era difícil imaginar Cláudia Abreu — na época, ainda muito associada à Laura, de *Celebridade* — interpretando uma espécie de Barbie do eletroforró e trajando figurinos que abusavam do dourado e do prateado, ricos em tons cintilantes e penas esvoaçantes. Como se isso não bastasse, a diva ainda era dada a ataques de estrelismo.

Mas a atriz, que recebeu a sinopse quando seu caçula Pedro Henrique estava com apenas dois meses, buscava justamente uma oportunidade de encarnar alguém oposta à sua personalidade. O convite, feito pelos autores Izabel de Oliveira e Filipe Miguez (estreantes como titulares) e pela diretora de núcleo Denise Saraceni, foi irrecusável.

"A Chayene é distante de tudo o que eu fiz e do que eu sou", definiu. "Eu tô em casa com um bebezinho e, de repente,

> **"**
> **Se é guerra que Roxette quer, é guerra que Roxana vai ter!**
> **"**
>
> — Chayene

**vou para o trabalho e baixa
uma pombagira. Parece
outra pessoa."[817]**

Abreu embarcou tanto na experiência que topou até adornar a pinta no canto direito da boca com uma pedrinha brilhante de *strass*.

Dona do sucesso *Xote das brabuleta*, a cantora piauiense (cujo nome de batismo era Jociléia Imbuzeiro Migon) subiu na carreira na base das tramoias, quando botou para correr a cantora titular do grupo Leite de Cobra, dando à coitada um chá de ferra-goela.[818] Inspirada nas artistas Joelma (da banda Calypso), Solange Almeida (na época vocalista da banda Aviões do Forró) e a paraense Gaby Amarantos (que cantava *Ex Mai Love*, a música de abertura da novela), ela fazia de tudo para se manter nos holofotes. Até que surgiam suas maiores adversárias, as Empreguetes, um trio inusitado formado pelas três Marias empregadas domésticas — a da Penha (Taís Araújo), a Aparecida (Isabelle Drummond) e a do Rosário (Leandra Leal) — que se tornava a nova sensação do cenário musical, depois de viralizarem com o single "Vida de Empreguete" (lançado simultaneamente na novela e no site da emissora). Em *Cheias de Charme*, a internet era também uma personagem[819].

E foi muito fogo saindo pelas ventas da musa *kitsch* de voz nasalada, que se achava toda-toda e tentava, a qualquer custo, aniquilar suas rivais protagonistas.

**"Chayene é mau-caráter,
grosseira, gosta de humilhar
as pessoas, não trabalha com o
limite da ética. Joga sopa na cara
da empregada, a chama de porca
e jumenta", destacou**

Cláudia, aproveitando também para defender a malvada: "Mas tem humor. Ela tem um pouco de novela mexicana, de Almodóvar... Pode tudo o que eu quiser botar de superlativo".[820] A atriz retomou as aulas de canto e trabalhou o sotaque piauiense nas sessões de prosódia.

Assessorada pelo empresário Tom Bastos (Bruno Mazzeo), um belo explorador de talentos, Chayene ainda engatava um namoro midiático com Fabian (Ricardo Tozzi), o "príncipe das domésticas" (uma mistura de caras, bocas e bicos do protagonista de *Zoolander*, interpretado por Ben Stiller[821], com o olhar sedutor do cantor Marcelo Augusto). Juntos, Fabian e Chayzinha — como era carinhosamente chamada por Laércio (Luiz Henrique Nogueira), seu eterno capacho — lançaram o hit malicioso "Se você me der", sempre com um pé firme no universo do techno forró e do brega pop. Não deu outra: a novela virou sucesso de público, com uma audiência estelar — marcou média de 34 pontos entre os dias 16 de abril e 15 de setembro, de acordo com o Painel Nacional da Televisão, e chegou a alcançar invejáveis 40 pontos no Ibope, no capítulo de 23 de julho de 2012, quando as Empreguetes finalmente alcançavam o estrelato[822].

Para além dos números, as meninas de *Cheias de Charme* estimularam uma discussão saudável e relevante a respeito da representatividade de uma classe, até então, renegada ao posto de coadjuvante das narrativas. A temática contribuiu para impulsionar a aprovação do chamado PEC das Domésticas, uma proposta de emenda que ampliava os direitos trabalhistas dos profissionais domésticos (como salário-maternidade, auxílio-

-doença e a aposentadoria por invalidez, entre outros)[823]. Em cena, as consequências das maldades de Chayene também tiveram uma função educativa: a Patroete foi condenada pela justiça a indenizar as empregadas Penha e Socorro (Titina Medeiros) pelas agressões sofridas, advertindo sobre as penalidades previstas para casos de assédio moral.[824]

Mesmo tramando maldades e fazendo da vida de todos um verdadeiro furacão, ela caiu no gosto da criançada. Seguindo o tom de brincadeira que dominou toda a história, o final da vilã, apesar de punitivo, evitou o baixo-astral[825]: terminou realizando uma turnê por creches, escolas e parques de diversões, fazendo a alegria dos amadinhos de Chay. E a nossa.

Maria Joaquina Medsen 91

Larissa Manoela
Carrossel
(2012 - SBT)

Larissa Manoela
como Maria Joaquina
(Foto: Reprodução/SBT)

Se você era criança no início dos anos 1990, época em que era comum os lares brasileiros contarem apenas com um aparelho de televisão, é muito provável que seus pais tenham sido compelidos a trocar de canal às oito horas da noite, para você acompanhar as emoções de *Carrossel*, no SBT. A simpática produção da Televisa, adaptada da telenovela argentina *Jacinta Pichimahuida, la Maestra que no se Olvida* (de 1966), era centrada numa turma de crianças do segundo ano do ensino fundamental, sempre acompanhados de perto pela professora Helena (Gabriela Rivero). Entre os pequenos, estava a extrovertida Valéria (Christel Klitbo), o simpático e humilde Cirilo (Pedro Javier Viveros) e a mimada e arrogante Maria Joaquina (Ludwika Paleta).

Considerada um fenômeno de audiência para a emissora de Silvio Santos, que passou de 10 pontos para até 27 pontos de média, em São Paulo[826], *Carrossel* abocanhou alguns pontos do *Jornal Nacional* e até da novela das 20h da época, *O Dono do Mundo*. Curiosamente, a novelinha infantil havia sido oferecida à Globo antes de ser comprada pelo SBT, pela bagatela de US$300 mil. Em termos de comparação de valores, a Globo desembolsou cerca de US$400 mil para utilizar um trecho de *O Grande Ditador*, filme de Charles Chaplin, para a abertura da novela de Gilberto Braga.[827]

Avançando 20 anos no tempo, em 2012 — e novamente no SBT —, estreava a adaptação brasileira do sucesso mexicano. Dadas as atualizações geracionais (especialmente o universo dos dispositivos digitais) e o reforço de algumas temáticas (como o *bullying* no ambiente escolar),

"
Nada muito simples pra não parecer pobre. Mas também nada muito caro pra não ser roubada.
"

— **Maria Joaquina**,
se arrumando para a escola

a dinâmica da narrativa se manteve: "Trataremos os temas com muita sutileza, nada que vá chocar os telespectadores"[830], explicou o diretor-geral Reynaldo Boury, durante o lançamento da novela.

Os perfis das crianças também permaneceram fiéis ao texto original: a apresentadora mirim Maísa deu vida à falante Valéria; o Cirilo interpretado pelo talentoso Jean Paulo Santos continuava caidinho pela Maria Joaquina vivida por Larissa Manoela, sendo constantemente humilhado pela esnobe por sua origem e cor de pele. Com uma arrogância vinda de berço, Maria Joaquina era uma aluna exemplar. Filha do Dr. Miguel (Fábio Di Martino), aspirava tornar-se médica como o pai. Na escola, fazia questão de ofender e diminuir a todos, além de denunciar as traquinagens dos colegas à professora Helena (Rosanne Mulholland). Aos poucos, a vilãzinha enfrentou a rejeição das outras crianças, passando por um desenvolvimento de caráter ao longo da história. Entrelaçadas às tramas estavam lições como amizade, ética, diversidade e inclusão e empatia.

Com apenas 11 anos, Larissa Manoela já demonstrava bagagem suficiente para interpretar a malvada-mirim. Natural de Guarapuava, no interior do Paraná, figurou anteriormente no elenco de *Corações Feridos*, também no SBT, na minissérie global *Dalva & Herivelto: Uma Canção de Amor*, e atuou ao lado de Selton Mello no longa-metragem *O Palhaço*.[831] Em *Carrossel*, levava tão a sério o papel que chegou a passar mal depois de gravar cenas em que sua personagem maltratava o garoto Cirilo:

"Tem cenas em que eu me envolvo demais para desempenhar bem meu papel. Porque quando atuo, imagino a mim mesma na cena", explicou a

atriz. "Mas, na vida real, a Larissa Manoela não se deixa influenciar por maldades."[834]

Assim como ocorreu em 1991, os adultos acabaram seduzidos pelo *zapping* dos pequenos.[835] *Carrossel* terminou com média geral de 12,3 pontos,[836] garantindo a vice-liderança da emissora, apesar de escolhas conservadoras no visual e na condução da trama. Dois exemplos disso foram o texto que ressoava antiquado ao tentar reforçar os valores familiares ou pouco natural ao trabalhar um vocabulário incompatível às idades das crianças e a adoção de gravatas e saias na altura do joelho para o uniforme das crianças,[837] destoando da realidade das escolas brasileiras.

Entretanto, é importante reconhecer que a representação de uma Maria Joaquina enquanto *persona* (uma criança deliberadamente má em conduta e comportamento) transcende eventuais imperfeições técnicas de produção, especialmente de uma emissora que, ao longo das duas últimas décadas, assumiu uma postura mais descompromissada com o gênero, investindo em narrativas para o público infantojuvenil, como é o caso do SBT.

⊕

Ao contrário do cinema, onde vários atores mirins encarnaram personagens perversos, como Harvey Stephens, em *A Profecia* (1976), e Macaulay Culkin, em *O Anjo Malvado* (1993), crianças malvadas seguem como um caso raro no universo das novelas. Em 2009, Klara Castanho, aos 9 anos, foi escalada para viver a pequena Rafaela, em *Viver a vida*, com a promessa de que a personagem aprontaria muito como vilãzinha. No entanto, logo que a entrou em cena, o Ministério Público do Trabalho do Rio de Janeiro notificou[832] o autor Manoel Carlos. Além de recomendar condições específicas para profissionais menores de 18 anos, o MP solicitou que o perfil fosse atenuado, com a justificativa de que o papel poderia "trazer prejuízos psicológicos à atriz, que pode não ter discernimento total entre ficção e realidade."[833] Em meio às discussões, o novelista optou por suavizar suas "maldades", e Rafaela passou a ser apenas uma menina esperta.

375

José Wilker
como Jesuíno
(Foto: Reprodução/SBT)

92 Coronel Jesuíno Mendonça

José Wilker
Gabriela
(2012 – TV Globo)

A persistência do machismo remonta à história. Entre tantos misóginos repulsivos da ficção, destaca-se o coronel Jesuíno Mendonça, desempenhado por José Wilker no *remake* de *Gabriela*, como um dos mais infames. Na Ilhéus de 1925, onde circulavam os coronéis, as beatas fofoqueiras e as "meninas" do Bataclan, Jesuíno era um casca-grossa repugnante. De aparência calma e voz grave, era propenso a rompantes de agressividade e de impropérios direcionados a frágil Dona Sinhazinha Mendonça (Maitê Proença). Religiosa e recatada, ela se apaixonava pelo jovem dentista, Osmundo (Erik Marmo), e acabava assassinada junto ao amante, depois que Jesuíno flagrava a traição da esposa.

A trama do vilão foi destaque em meio a uma adaptação convencional da obra de Jorge Amado e que não reverberou em audiência e repercussão como se esperava (a nova versão, escrita por Walcyr Carrasco, havia sido a segunda investida da TV no horário das 23h naquela década). Wilker, que já havia estado na mais famosa versão de *Gabriela* (a de 1975) na pele do idealista Mundinho Falcão, comemorou a repercussão:

> "
> # Deite que eu vou lhe usar.
> "
>
> – **Jesuíno**
> à sua esposa, Sinhazinha

"Fico contente com essa repercussão e acho que Jesuíno é uma das melhores coisas que fiz na TV. O melhor que pode acontecer a um ator é ver seu personagem ser apropriado pelos espectadores", celebrou,

em menção ao bordão que caiu na boca do brasileiro. "A frase ["Deite que vou lhe usar"] é do Walcyr, só falo do meu jeito"[838], esclareceu.

Na internet, era comum encontrar referências e memes com outras pérolas jocosas que evidenciavam como o coronel, temido por sua significativa influência política e econômica, tratava as mulheres. Entre elas, eram comuns expressões como "só não lhe dou na cara em respeito à sua idade", numa de suas discussões com Dona Dorotéia (Laura Cardoso), ou "mulher não casa para ser feliz, casa para obedecer o marido". Outra frase que se transformou em bordão foi o seu nada elegante e gutural "Agora, me dá licença que eu vou cagar".

Walcyr, por sua vez, defendia o texto, alegando que nos anos 20, que servia como pano de fundo social da obra, frases como as ditas pelo coronel eram usadas normalmente e que ele, como novelista, apenas reviveu alguns termos.[839] A trama de Jesuíno, lavando a honra como marido traído com o sangue de sua Sinhazinha, provocou discussões sobre violência doméstica, estupro conjugal e feminicídio e deixou o intérprete desconfortável durante as gravações de algumas cenas. Wilker foi, então, buscar explicações na pesquisa:

"Eu me dei ao trabalho de investigar até que ponto havia atualidade nisso e, infelizmente, ainda há quem trate a própria mulher como se fosse um utensílio de cozinha do qual se apropria como e quando quer, depois deixa de lado. Não tem

sentimento, é posse" analisou. **"Ainda que a lei tenha mudado, isso do homem ser o dono e o senhor não foi totalmente vencido pelas conquistas feministas".**

É relevante mencionar que a Lei Federal n.º 13.104, conhecida como Lei do Feminicídio, que categoriza o assassinato de mulheres como crime hediondo, só seria instituída no país três anos depois da exibição de *Gabriela*, em 2015. Se, fora da tela, crimes como esses persistem como uma realidade devastadora para milhares de mulheres — de acordo com o Monitor de Violência, uma mulher foi morta a cada seis horas pelo companheiro ou ex-companheiro no ano de 2022 —, a justiça na ficção é imposta até o último capítulo: Jesuíno terminou condenado à prisão, sendo o primeiro homem a receber sentença por cometer um crime no intuito de "fazer justiça com as próprias mãos."[840]

Para além da discrepância entre a morosidade das justiças (da realidade *vs.* da ficção) na punição dos agressores, é preciso também viabilizar medidas para evitar que mulheres continuem sendo vítimas dos coronéis Jesuínos da vida real.

Amora Campana 93

Sophie Charlotte
Sangue Bom
(2013 - TV Globo)

Sophie Charlotte
como Amora
(Foto: Reprodução/Globo)

Somente nos capítulos das primeiras semanas, as gravações de *Sangue Bom* mobilizaram uma equipe de 150 pessoas para produzir cerca de 400 cenas externas, em regiões pouco exploradas na TV, como Casa Verde, Imirim e Jardim São Bento.[841] Lançada com ares de uma nova *Malhação*, com seis jovens protagonistas conectados desde a infância e uma divulgação moderninha, a trama das 19h que Maria Adelaide Amaral e Vincent Villari escreveram depois do cartaz de *Ti-Ti-Ti* tinha, no romance entre Bento (Marco Pigossi) e a *it-girl* Amora (Sophie Charlotte), o grande chamariz para uma audiência remoçada.

Dividida entre o amor de infância pelo florista e o *lifestyle* que conquistara na vida adulta como influenciadora digital (a primeira das novelas), Amora era apenas uma menina órfã quando chegou descalça num lar de amparo a crianças abandonadas, vestindo trapos e pedindo por um sapato[842] — item que viria a se tornar uma das maiores obsessões da personagem. Adotada por Bárbara Ellen (Giulia Gam), uma atriz fútil, excêntrica e decadente, a jovem acabou influenciada pela personalidade ambiciosa da mãe de criação, diferentemente de Malu (Fernanda Vasconcellos), a única filha biológica de Bárbara, que se mostrava o oposto de Amora e com quem disputava o amor de Bento:

"Amora está cercada por pessoas, mas não cria vínculos amorosos com ninguém. A Malu é o oposto", definiu Charlotte,

> " Por que você não aproveita sua memória e talento pra dramatizar episódios irrelevantes e escreve um livro a meu respeito?! Eu tenho certeza que os meus fãs iriam adorar. "

— Amora, discutindo com Giane (Isabelle Drummond)

379

> que contou com as orientações da preparadora de elenco Kátia Achcar[843] assim que embarcou no projeto. "Essa é uma trama complexa, onde todos os personagens têm os seus motivos, e ninguém está 100% certo ou errado."[844]

A crítica a respeito da inversão de valores e o desejo de se manter em evidência, algo tão discutido ainda hoje, permeou o texto de *Sangue Bom*, especialmente a trama da antagonista de coração gélido. Deu tão certo que os autores elegeram a trama como "a novela da Amora."[845] Não apenas o figurino punk-chic montado por Helena Gastal, mas também os acessórios, bolsas, maquiagem, o *revival* do corte chanel clássico e até o esmalte preto nas unhas: tudo o que a influencer usava em cena virava sonho de consumo das telespectadoras,[846] levando sua inspiração fashionista para além da ficção, ainda que a maioria das peças fizesse parte dos *lookbooks* de *labels* como Tom Ford, Carolina Herrera, Raphael Falci e Vivaz.

Apaixonada por aromas, Sophie Charlotte escolheu *Candy*, da Prada, como "memória sensorial" da personagem. Mas, ao contrário de Amora, buscava usar o Instagram com certa moderação: "Uso as redes sociais com cuidado. Não quero que a imagem da atriz Sophie fique exposta demais a ponto de impedir o público de comprar a ideia de uma personagem minha"[847], justificou, nos tempos em que rede social era janela, e não porta.

Apesar de provocadora, a narrativa se mostrou menos inspirada que o *remake* de Cassiano Gabus Mendes, embora tenha encontrado o seu público, especialmente o da internet. No meio do vaivém dos casais e oscilações da antagonista entre demonstrações sinceras de afeto e momentos de vilania[848] — incluindo a sabotagem do buffet de Wilson (Marco Ricca) e a encenação de uma gravidez seguida de aborto[849] —, muitos torceram para que a bonitinha ordinária caísse na real e desbancasse a mocinha Malu, terminando nos braços de Bento, apesar de sua falta de escrúpulos contrastar tanto com a doçura do mocinho. E assim foi feito: o casal trocou olhares em meio a uma manifestação, sinalizando um recomeço e um final feliz para a vilã complexa e imprevisível, que veio para confundir.[850]

Matheus Solano
como Félix
(Foto: Reprodução/Globo)

94 Félix Khoury

Mateus Solano
Amor à Vida
(2013 – TV Globo)

Como justificar a defesa de alguém que, movido unicamente pela ambição, abandona um recém-nascido numa caçamba de lixo? Essa primeira atitude hedionda de Félix, antagonista de *Amor à Vida*, parecia ter selado o destino do personagem mais importante da novela de estreia de Walcyr Carrasco no horário das 21h da TV Globo.

Imbuído por inveja e rancor, o irmão da Paloma (Paolla Oliveira) roubava o bebê dos braços da mãe, deixando-a desacordada no banheiro de um bar, imediatamente após um parto realizado às pressas. Ciente de que a sobrinha se tornaria o novo foco de atenção da família Khoury, ele não hesitava em se livrar definitivamente da criança. A menina, no entanto, sobrevivia após ser encontrada por Bruno (Malvino Salvador), tornando-se o elo definitivo entre o pai de criação e sua mãe biológica, depois que os dois se apaixonavam.

Diante do choque pela crueldade do vilão, Walcyr estava ciente da polêmica ao criar um personagem homossexual do mal:

"
Eu salguei a Santa Ceia, só pode ser!
"

— Félix

"Félix é um gay enrustido porque no meu processo de criação ele surgiu assim, com sua amargura, seu humor ácido. Sei até que receberei críticas por criar um gay vilão, mas quando crio um personagem é como se fosse alguém que eu conheço intimamente."[851]

As críticas chegaram, mas não por conta da escolha do novelista em retratar um membro da comunidade LGBTQIAPN+ como força antagonista da narrativa: parte do público estranhou a aparente ingenuidade dos personagens em relação à sexualidade de Félix, definido como um homem que escondia "a homossexualidade em um casamento de fachada."[852]

Num enredo no qual predominavam personagens dicotômicos, mesmo os momentos mais desvelados de Félix, quando ele desmunhecava durante seus discursos efusivos, passavam desapercebidos pelos olhares da família, como César, o "papi-soberano" rígido e conservador, vivido por Antonio Fagundes. Nas redes sociais, eram frequentes os questionamentos sobre o assunto, como "Ele usa a expressão 'deu a Elza' e ninguém desconfia?" ou "Félix escolhe o sapato da mãe e eles acham natural?".[853] Mas, logo quando o casamento de fachada que Félix com a estilista Edith (Bárbara Paz) ruía durante um escândalo, a dinâmica era alterava. Com a revelação do filho, que se assumia gay diante da família ao ser exposto pela esposa Edith (Bárbara Paz), o líder do clã de descendentes de libaneses ficava possesso e ordenava que Félix voltasse para o armário: "Tenho a impressão de que a gente não viu muito isso na televisão, uma cena tão descaradamente exposta, a transparência da homofobia de um pai", declarou Antonio Fagundes, reconhecendo a importância de abordar o tema no horário nobre:

"Ouvimos falar disso, de pessoas que agridem homossexuais nas ruas. Mas Walcyr mostrou uma violência pior, que acontece dentro de casa, da família, e não envolve o físico. É uma

coisa psicológica, uma postura horrível de um pai com um filho."[854]

Aos 32 anos, Mateus Solano dividiu aquelas primeiras gravações intensas no Projac com os ensaios do espetáculo *Do Tamanho do Mundo*[855], apresentado no Espaço Tom Jobim, e confessou estar angustiado[856] antes da novela ir ao ar. Mas o frasismo virulento[857] do texto e a composição inspirada, do cabelo engomado aos mocassins, ajudaram o intérprete a entrar logo no espírito — e ele deitou e rolou em cena desde a estreia. A língua afiada de Félix caiu na boca do povo, transformando o vilão na diva dos bordões. Apelidado de "nova Carminha" pelos espectadores, em referência à vilã de Adriana Esteves em *Avenida Brasil*, o empresário estrategista e invejoso personificava o arquétipo de Caim, o irmão desleal, que de tudo fazia para forjar a imagem do bom filho — especialmente aos olhos da "mami-poderosa", Pilar (Susana Vieira).

E ele aprontou muitas! Em especial, quando o assunto era realizar o sonho dourado de ocupar o cargo de presidente do San Magno[858], hospital onde se desenrolava parte da trama. Ordenou, por exemplo, que o motorista Maciel (Kiko Pissolato) atropelasse Atílio (Luis Melo), depois do executivo descobrir que ele estava superfaturando materiais do hospital para embolsar a diferença. Em outra artimanha, conseguiu internar Paloma numa clínica psiquiátrica, onde a irmã recebeu tratamento de eletrochoque.

Sua alma sarcástica e direta, sempre temperada com humor, foi exatamente o que conquistou a simpatia do público, levando muitos a ficarem na torcida por uma redenção.

Depois de ser "deseducado" ao longo de toda a novela, mimado pela mãe e subjugado pelo pai, a regeneração começou a se desenhar quando ele foi obrigado a vender cachorro-quente com Márcia (Elizabeth Savalla), a ex-chacrete e sua antiga ama de leite. De shortinho, flor no cabelo e colar havaiano pendurado no pescoço, o vilão antes soturno soltou a franga, anunciando a plenos pulmões o "*hot dog* do Félix", num dos momentos mais divertidos de *Amor à Vida*. "Ele teve que aprender a dar valor às coisas certas"[859], refletiu Mateus.

Além dos momentos de humor, Walcyr pavimentou o caminho da redenção do antagonista por meio do amor. Depois de ganhar o perdão da irmã e da sobrinha "ratinha" (Klara Castanho), Félix entrou para a história ao protagonizar o primeiro beijo gay entre homens de uma novela da TV Globo. A cena de afeto marcou o último capítulo, quando os dois trocaram o gesto carinhoso momentos antes de Niko (Thiago Fragoso), apelidado afetuosamente de Carneirinho, sair para o trabalho. Já o pai, César, que mesmo depois de destilar tanto machismo, homofobia e antiética[860], terminou aos cuidados do filho. O empresário declarava seu amor, levando o vilão redimido às lágrimas diante do pôr-do-sol, num epílogo inspirado no clássico *Morte em Veneza*, de Luchino Visconti.

Nada mal para alguém que fez muito pior que salgar a Santa Ceia.

Drica Moraes
como Cora
(Foto: Reprodução/João
Cotta/Globo)

95 Cora dos Anjos Bastos

Marjorie Estiano / Drica Moraes
Império
(2014 - TV Globo)

"O que Janete Clair faria numa situação como essa?".

Foi o que pensou o autor Aguinaldo Silva,[861] ao se ver diante de um imprevisto (quase) sem precedentes, quando a novela que escrevia em 2014 estava prestes a completar cinco meses de exibição.

Espécie de releitura de *Suave Veneno* (ou, uma nova tentativa do autor em recriar a sua versão de *Rei Lear*[862]), o fio condutor de *Império* era a relação entre os membros da família Medeiros às voltas com a fortuna construída pelo patriarca José Alfredo (Chay Suede na primeira fase, Alexandre Nero na segunda), dono da cadeia de lojas Império das Joias. Ao redor daquele protagonista de temperamento difícil e cujo apelido era Comendador, orbitavam a esposa Maria Marta (Adriana Birolli/Lilia Cabral) e os herdeiros José Pedro (Caio Blat), Maria Clara (Andréia Horta) e João Lucas (Daniel Rocha).[863] O alarme de perigo era acionado quando a jovem Cristina (Leandra Leal) se aproximava de José Alfredo, afirmando ser a filha legítima que o milionário teve com o seu grande amor do passado.

A grande incentivadora dessa aproximação era Cora, tia da moça, que desejava abocanhar, por tabela, uma fatia da fortuna de José Alfredo, mesmo sabendo que a sobrinha poderia não ser filha do empresário das pedras preciosas. Na primeira fase, centrada na ascensão de José Alfredo e em sua história de amor com Eliane (Vanessa Giácomo/Malu Galli), Cora era vivida pela atriz Marjorie Estiano, que ficou incumbida de delinear as primeiras maldades da irmã invejosa e amargu-

> "
> Eu não vou passar o resto da minha vida pagando pelos seus pecados. Posso tirar proveito disso. E já sei o que eu vou fazer. Agora, e na hora da tua morte, amém!
> "
>
> — **Cora**, à irmã Eliane

rada. Encerrados os trabalhos, Marjorie foi dispensada e Drica Moraes assumiu a vilã na segunda fase, passada 20 anos depois da primeira:

> **"Não temos nada em comum", declarou Drica, sobre a personagem, durante o lançamento da novela à imprensa. "Ela é uma louca. Uma megera do Aguinaldo Silva. Sou grata por poder encarar essa maluca. [...] Ela tem um rancor. Uma luta pela sobrevivência que é mais patológica."**[864]

Com pose de tia ingênua e simplória, "dona Cobra" — como era apelidada pelas meninas do salão de Xana Summer (Aílton Graça) —, praticava maldades com tranquilidade e convicção,[865] como manda o figurino das grandes vilãs. Perita em manipulação e frieza, gargalhou no leito de morte da irmã[866], numa catarse que celebrava o sucesso de sua estratégia para afastar Eliane do comendador. Era evidente que sob a fachada do ódio nutrido por ele escondia-se, na verdade, uma paixão reprimida. Aliás, *reprimida* era o nome do meio da beata que, beirando os 50, mantinha-se pura e intocada. E por um bom período, a grande vilã que o autor prometeu pareceu ter ficado na promessa, com Cora resumindo-se em uma mulher tarada que cometia pequenas maldades,[867] com sua maior meta aparentando ser conquistar o comendador obcecado pelo Monte Roraima.

No final de novembro, o ritmo intenso das gravações (cerca de 12 horas por dia no antigo Projac) afetou a saúde de Drica Moraes. A atriz, que já havia vencido um quadro de leucemia mieloide aguda em 2011, apresentou um quadro de labirintite[868] e perda da voz. Seu afastamento,

⊕

Além de Tereza Cristina (Christiane Torloni), de *Fina Estampa*, Cora foi outra vilã de Aguinaldo Silva a "se inspirar" na *escadamaníaca* Nazaré (Renata Sorrah) para cometer um de seus crimes: empurrou Fernando (Erom Cordeiro) escadaria abaixo e contou com a ajuda de Jairo (Júlio Machado) para levar o corpo desacordado do advogado até o carro dele, empurrando o veículo de um penhasco.[869]

inicialmente temporário, levou autor e equipe de colaboradores a mudarem às pressas os capítulos já escritos,[870] além de buscar uma solução para manter a malvada no enredo, tentando diminuir ao máximo o impacto daquele contratempo.

A opção encontrada para substituir a veterana foi trazer de volta a versão remoçada da personagem. Marjorie Estiano foi chamada e aceitou de pronto o desafio: no capítulo 120, de 6 de dezembro, quando prestes a ter sua tão sonhada noite de amor com o comendador, Cora surgia rejuvenescida, botando em xeque a força do acordo ficcional[871] do público com a novela. Como a substituição precisou ser feita às pressas, Aguinaldo não deu maiores explicações, nem desenvolveu uma narrativa imaginativa para a tal substituição. Assim, os personagens continuaram interagindo com a vilã amargurada como se nada tivesse acontecido.

Parte do público criticou o "realismo fantástico", enquanto outros embarcaram e até se divertiram com a surpresa[872] daquele *pulo do tubarão*.* Alexandre Nero elogiou Silva pela rápida decisão, embora tenha chamado a solução de *nonsense*: "Creio cada vez mais que ele nasceu no país de Lewis Carroll", declarou o protagonista, referindo-se ao autor de *Alice no País das Maravilhas*.[873] A troca de atrizes no set, que seria temporária, acabou se mantendo até o desfecho da megera,

---

* A expressão "Pular o tubarão", originada na cultura televisiva, refere-se a um ponto onde uma narrativa episódica atinge um declínio perceptível em termos de qualidade, originalidade ou interesse do público. O termo tem suas raízes no episódio da série de TV americana *Happy Days* em que o personagem Fonzie (Henry Winkler) literalmente pulava sobre um tubarão enquanto esquiava. O momento – absurdo e pouco crível – tornou-se simbólico, marcando o início de um declínio notável na qualidade da série. Em relação às novelas, a expressão pode ser aplicada quando uma trama atinge um ponto onde as reviravoltas e soluções criativas tornam-se excessivamente forçadas, os personagens perdem profundidade ou quando a história perde a coesão, resultando numa queda de interesse por parte do público.

que morreu precocemente a três semanas antes do último capítulo, delirando com a visita do comendador no leito do hospital em que estava internada depois de salvar José Alfredo de um atentado durante um desfile de carnaval.[874]

Em 2021, quando *Império* era reprisada no horário nobre por conta da pandemia, Drica Moraes comentou sobre o drama que viveu ao precisar interromper o trabalho: "Na época, eu fiquei despedaçada porque foi um papel muito importante. Eu tinha tesão em fazer!". A atriz também relembrou o ritmo estafante das filmagens:

"Eu tinha que estar todos os dias em vários cenários para falar algo absurdo, me locomovia pela cidade cenográfica para dar milho aos pombos numa cena, dar uma gargalhada em outra... [...] Cora era absurda! Venho acompanhando a reprise e me vejo falando sozinha o tempo todo. Com caixa, mala, porta-retrato, cadeira, jornal, revista, álbum de fotografia, cheirando cuecas"[875], declarou, aos risos.

Em termos de criatividade, é legítimo ponderar que Janete Clair poderia até ter feito melhor. Mas Aguinaldo Silva, que precisou driblar os imprevistos e manter o acordo ficcional com a audiência e com a novela ainda no ar, saiu-se muito bem.

Emílio Dantas
como Rubinho
(Foto: Reprodução/Globo)

96 Rubinho

Emílio Dantas
A Força do Querer
(2017 - TV Globo)

Projetado nacionalmente depois de interpretar o cantor e compositor Cazuza nos palcos, no espetáculo *Cazuza – Pro Dia Nascer Feliz*, dirigido por João Fonseca[876], o carioca Emílio Dantas assumiu o papel de um vilão diferente em *A Força do Querer*: um traficante pai de família que, de estudante de Química que trabalhava como garçom, "evoluiu" para *maître* e traficante. Um perfil do tipo *slow burning* que decerto teria caído na canastrice na mão de alguém menos talentoso.

Por conta da personalidade expansiva da esposa Fabiana, Bibi para os íntimos, daria para arriscar que Rubinho era só mais um daqueles maridos pacatos mandados pela esposa quando, na realidade, foi ele quem sempre soube manipular a relação. De início, parecia só um homem boa-praça, que manobrava com graça as desconfianças da sogra, dona Aurora (Elizângela), que nunca escondeu certo sexto sentido em relação ao caráter do genro. Inclusive, essa desconfiança sobre o potencial vilanesco do personagem contaminou até o intérprete: quando a novela completava dois meses no ar, Emílio ainda tinha suas dúvidas sobre o poder de fogo de Rubinho. "Não sei se ele é vilão. É um irresponsável, um cara que tomou atitudes erradas. Vilã para mim é a Ritinha (Isis Valverde). Aquilo ali é um demônio!"[877], brincou.

Curiosamente, apontar o dedo a outro a fim de tirar a atenção de si fazia parte das táticas utilizada pelo personagem que, principalmente depois do capítulo 50, tornou-se o real motivo das situações de violência e do impasse moral que acometeu sua esposa. Motivada por questões

> **"**
> # Eu errei uma vez. No fundo, aprendi a ser bandido foi dentro da prisão.
> **"**
>
> – Rubinho

passionais, com a ética distorcida[878] e culpada até o pescoço por amar demais, Bibi enveredou numa espiral de crimes e contravenções, culminando na definitiva subida do casal delinquente para o morro do Beco, favela fictícia da novela. Depois, quando já havia se transformado na Baronesa do Pó, a beldade interpretada por Juliana Paes até poderia ser vista como a *Perigosa*, mas sempre foi Rubinho o verdadeiro bandido da sua história.

O pai de Dedé (João Bravo) ancorou boa parte das cenas de ação da novela, incluindo sua fuga cinematográfica de Bangu, quando emergiu vitorioso dos túneis para as ruas do centro do Rio, e o resgate do traficante Sabiá (Jonathan Azevedo, irretocável em cena), orquestrado por ele. Mas clímax mesmo eram suas interações com a policial Jeiza (Paolla Oliveira), que de tanto cruzar no caminho do criminoso acabou se tornando a sua maior opositora. Os momentos de conflito entre os dois, principalmente aqueles em que a mira da arma de um encontrava a do outro em meio às operações policiais, eram sempre tensionados no limite. Toda a vibração dramática das sequências de ação — com direito à correria pelas ruelas da favela Tavares Bastos, no Catete[879], e muitas armas de festim e pistolas de paintball[880] — eram reforçadas por uma edição de som e imagem ágil e inspirada e pela trilha sonora instrumental que acabou se tornando inconfundível, composta pelo produtor musical Mu Carvalho em parceria com Rodolpho Rebuzzi.[881]

Glória Perez, que se inspirou no caso real de Fabiana Escobar para criar a jornada de Bibi e Rubinho, viu a trama ser bem recebida pelo público, principalmente pela consonância com o momento econômico que atravessava o Brasil.

Um dos destaques de uma novela cheia deles foi acompanhar o deslumbramento do casal,

**especialmente dela, com o
lifestyle que o morro e o título
de "primeira-dama do tráfico"
poderiam lhe proporcionar
— com direito a camarote no
baile funk e sessão de fotos
"nadando" numa montanha de
dinheiro[882]. A dupla virou um
fenômeno elétrico de química
e repercussão, expondo uma
atração implícita pela subcultura
da ilegalidade e a potência e
alcance da nossa dramaturgia.[883]**

Quando a novela entrou na última semana, Rubinho ainda teve sua "hora da verdade" com a Perigosa. Os espectadores responsáveis pelos 45 pontos de audiência em São Paulo e 48 no Rio[884] (os outros estados não ficaram muito atrás disso) testemunharam o momento em que ele descobria que foi traído por Bibi antes mesmo de trocar a esposa pela novinha afrontosa Carine (Carla Diaz). Ambicionando tomar o morro para si, acabou vítima da própria ambição, executado por Sabiá no pé da escadaria da Cida.

Com Rubinho, constatamos mais uma vez que um grande vilão da ficção pode ser tão real quanto qualquer um de nós. E o mais inquietante de tudo é que ele pode estar aí, do seu lado, de mãos dadas com você.

Xeique Aziz Abdallah 97

Herson Capri
Órfãos da Terra
(2019 - TV Globo)

Herson Capri
como Aziz
(Foto: Reprodução/Paulo
Belote/Globo)

Lançada na faixa das 18h com ares de uma autêntica novela das 21h, *Órfãos da Terra* abordou os flagelos e dramas decorrentes da Primavera Árabe e a diáspora dos nascidos no Oriente Médio. Escrita pela dupla de roteiristas Thelma Guedes e Duca Rachid, em sua quinta parceria (sendo a melhor delas a inventiva *Cordel Encantado*), e respaldada por uma extensa pesquisa, a trama demostrou vigor e autenticidade ao entrelaçar conflitos verídicos com as artimanhas indispensáveis de um bom folhetim. As autoras elegeram a figura austera e despótica de um xeique árabe como elemento antagônico da história: Aziz Abdallah (Herson Capri) era um próspero empresário que alternava o figurino entre ternos e suéteres sóbrios, com as longas túnicas (conhecidas como *Kandoora* ou *Thobe*) e os tradicionais cocares de algodão (chamados de *Keffiyeh* ou *hatta*).

O libanês tornava-se obcecado em desvendar o paradeiro de sua nova esposa, Laila (Julia Dalavia), que havia aceitado o casamento apenas para salvar a vida do irmão, Kháled (Rodrigo Vidal). Depois de descobrir que Aziz havia armado para deixar sua família sem dinheiro, visando forçá-la a vê-lo como a única saída, Laila fugia para o Brasil. O vilão, então, mandava seu braço-direito, Jamil (Renato Góes), localizar a moça, mas o encontro entre os jovens fazia nascer uma grande paixão.

Antes de atravessar o atlântico e aterrissar em território brasileiro com o objetivo de recuperar a esposa e destruir o romance, Aziz lançou toda a fúria sobre sua primeira esposa, Soraia (Letícia Sabatella), que havia ajudado Laila a escapar

> **"Você vai ser um cão ingrato, Jamil? Vai morder a mão do homem que lhe deu a vida?"**
>
> — Aziz

do harém[885] do marido. Depois, ao flagrá-la nos braços de Hussein (Bruno Cabrerizo), um de seus capangas, não hesitava em matar o casal sem qualquer piedade. O crime ocorreu diante da filha primogênita, Dalila (Alice Wegmann), que suplicou ao pai para poupar a vida da mãe.

Herson, que recebeu reconhecimento imediato pela composição inspirada, refletiu sobre os desafios de encarnar um tipo tão controverso: "O Aziz é um vilão muito violento, e acredito que existam homens assim. Ele tem esse lado soturno e ao mesmo tempo destemperado, é profundamente autoritário"[886], definiu. Em entrevista ao programa *Encontro*, da TV Globo, o ator revelou que precisou trabalhar o sentimento de ódio dentro de si para "entrar no personagem":

> ## "O vilão faz a novela acontecer. Ele faz a maldade, faz tudo de errado para que a novela aconteça, então é um personagem importante, por isso é bom fazer", refletiu. "Mas, por outro lado, ele tem que trabalhar o ódio dentro dele [...]. Tem que puxar coisa ruim. Eu tive que trabalhar um pouco disso dentro de mim e, às vezes, machuca, chega doer fisicamente, porque maldade é maldade."[887]

Infelizmente, o arquivilão saiu precocemente de cena ao ser assassinado no capítulo 29 e sua morte misteriosa ajudou a desdobrar novos conflitos, especialmente os arquitetados por Dalila, herdeira das maquinações pérfidas do pai e da missão de destruir Laila (no enredo, a jovem vilã era, inicialmente, prometida a Jamil). Entretanto, apesar das autoras e da direção manterem uma expressiva qualidade de texto e de condução, aliadas a um elenco compacto, mas de alta qualidade, *Órfãos da Terra* nunca mais foi a mesma, perdendo um pouco daquela sua força e magnetismo sem a ferocidade da interpretação de Capri.

Além disso, as autoras precisaram driblar as críticas relacionadas à falta de fôlego narrativo e excessos de discursos didáticos por parte de uma imprensa[888] que nunca se rendeu completamente à qualidade inegável da narrativa. A revanche veio logo no ano seguinte, quando a novela conquistou o cobiçado prêmio Emmy Internacional. Mesmo sobre isso, não é difícil pressupor que a interpretação irretocável de Herson Capri, como uma autêntica personificação do poder, aliada às crueldades urdidas nas cenas daquela primeira fase excepcional da trama, tenham contribuído um bocado para que a obra inteiriça trouxesse o ouro para casa.

98 Josiane

Agatha Moreira
A Dona do Pedaço
(2019 - TV Globo)

É perfeitamente normal que alguns enredos se reciclem de tempos em tempos. Tramas presentes em clássicos literários, a exemplo de *O Conde de Monte-Cristo*, *A Visita da Velha Senhora* e *A Megera Domada*, e *plots* oriundos de filmes dos mais variados gêneros, como *Carrie, a Estranha*, *Candinho*, *Madame X* e até *Kill Bill*, têm servido como fonte de inspiração para produções televisivas. Curiosamente, tais influências convergiram na obra de um mesmo novelista: Walcyr Carrasco. Inclusive, o autor de *O Cravo e a Rosa*, *Chocolate com Pimenta*, *Êta Mundo Bom!* e *O Outro Lado do Paraíso*, já se inspirou no próprio trabalho para desenvolver uma nova sinopse, como ocorreu em *A Dona do Pedaço*.

Protagonizada por Juliana Paes, Agatha Moreira e Reynaldo Gianecchini, a novela girava em torno de um triângulo amoroso moralmente questionável envolvendo mãe, filha e um novo marido. Num enredo muito similar ao de *Verdades Secretas*, Josiane (Moreira) persuadia Régis (Gianecchini) a se casar com sua própria mãe (Paes), enquanto os dois mantinham um caso amoroso às escondidas. Paralelamente à trama da novela das 23h escrita pelo novelista quatro anos antes, a principal motivação da filha antagonista era ascender socialmente. O diferencial de Jô (como ela preferia ser chamada) ficava por conta de uma construção mais folhetinesca no perfil da personagem.

Ao contrário de Angel (Camila Queiroz), protagonista de *Verdades Secretas*, a filha de Da Paz repudiava o jeito simplório da mãe, mas dependia da fortuna proveniente da rede de confeitarias

> **"**
> # Me chama de Jô!
> **"**
>
> – Josiane

criada pela boleira para realizar o sonho de tornar-se uma influenciadora digital. Seu grande *role-model* era a *influencer* Vivi Guedes (Paolla Oliveira, num papel que viria a se tornar um dos maiores acertos da novela, especialmente do ponto de vista comercial[889]).

Ao contrário de outros parceiros do crime da ficção, era nítida uma falta de química entre Agatha e Gianecchini.[890] Mesmo interagindo em praticamente todos os capítulos, Jô e Regis pouco convenciam em cena. Falta de entrosamento à parte, a vilã chegou a matar na tentativa de esconder seu relacionamento amoroso com o padrasto *playboy*. Depois de eliminar um mordomo chantagista (Duio Botta), foi obrigada a fazer o mesmo com o namorado da vítima (Kainan Ferraz), que detinha fotografias comprometedoras. O rapaz abusava na ingenuidade (a de si mesmo e a do público[891]) ao concordar se encontrar com a arrivista no alto de um prédio, sendo empurrado para a morte.

Atenta à receptividade do público, Ágatha relatou em entrevista que, apesar dos crimes cometidos por sua personagem, nada mexeu tanto com suas emoções quanto as cenas em que Josiane maltratava a mãe:

> **"Quando a gente faz cena de emoção, pode buscar coisas que já sentiu. Mas, quando mata uma pessoa, nunca passou por aqui, não há como saber como agiria. Tudo que você cria é técnico", relatou. "Consigo virar a chave rápido, principalmente em cenas de morte."[892]**

Do ponto de vista narrativo, Walcyr escolheu fracionar o confronto entre Maria e sua filha, estendendo a virada de consciência da protagonista batalhadora, que testou a paciência da audiência com tamanha credulidade. Dessa forma, o público precisou acompanhar a ficha da boleira caindo à prestação, o que acabou por diluir seus embates com a antagonista.[893] A escolha diferiu do que foi observado, por exemplo, em *Vale Tudo*, outra obra com a qual *A Dona do Pedaço* foi frequentemente comparada enquanto esteve no ar, devido à semelhança com o fio narrativo centrado na rivalidade entre mãe honesta querendo vencer na vida *versus* filha desprovida de caráter.

Numa tentativa de capturar o reflexo da era atual, na qual a superficialidade das redes sociais suplanta e obscurece a autenticidade das relações presenciais, Josiane foi a vilã ideal para a audiência da internet.

Consciente das comparações com outros tipos antagônicos e analógicos (a exemplo de Maria de Fátima, seu paralelo mais frequente), o autor de *A Dona do Pedaço* escolheu apostar no inusitado ao selar o destino da malvada: ao deixar a prisão forjando uma conversão religiosa, fazia uma pose de arrependida e jurava ter abandonado o caminho da ambição. Tudo, no entanto, não passava de mais uma artimanha: ela não apenas se livrava de Regis ao arremessá-lo do alto do Minhocão, como embarcava numa missão evangélica de olho da herança de um missionarista endinheirado (Mateus Solano, em participação especial). No instante final, Jô ainda exibia um olhar demoníaco e tomado de escuridão de uma verdadeira possuída.

2020

a

2020 a 2024

Resgates, reprises e *remakes* na TV sob demanda

2024

Em 16 de março de 2020, quando as notícias a respeito do novo coronavírus se espalhavam tão rápido quanto a doença que não possuía remédio nem vacina, e o país contabilizava 234 casos de pessoas infectadas[894], a TV Globo comunicou em nota histórica, que as gravações de obras de dramaturgia seriam interrompidas e que os estúdios seriam esvaziados até segunda ordem, evitando uma onda de contaminação entre atores e equipes técnicas. Estavam, portanto, paralisadas as produções de oito novelas, cinco séries e uma minissérie[895] especialmente *Nos Tempos do Imperador* prestes a estrear às 18h, *Salve-se Quem Puder*, que vinha sendo exibida às 19h, e *Amor de Mãe*, às vésperas de completar quatro meses na faixa das 21h. A reta final de *Éramos Seis* não sofreu interrupções, já que as gravações da novela haviam sido finalizadas.

A emissora carioca, assim como outros canais de televisão e estúdios de cinema ao redor do mundo, passou a seguir as orientações da Organização Mundial da Saúde diante do estado de pandemia, decretado em 11 de março. O principal protocolo era a interrupção imediata do contato físico, como abraços, beijos e apertos de mão.

A quarentena imposta em prol da saúde e da vida impactou a rotina de todos, e a Covid-19 nos impôs dias de medo, insegurança e muito álcool em gel. Pela primeira vez na história, desde a fundação da emissora em 1965, o público brasileiro se viu sem a sua novela das 21h. Pelo menos sem uma inédita.

Entraram novamente em cena os repetecos de maldades e armações de Tereza Cristina (Christiane Torloni), Carolina Castilho (Juliana Paes), Thomas Johnson (Gabriel Braga Nunes), Rubinho (Emílio Dantas) e Cora (Marjorie Estiano/Drica Moraes), entre outros vilões de obras reeditadas para preencher as faixas noturnas: *Novo Mundo, Totalmente Demais, Fina Estampa, Flor do Caribe, Haja Coração, A Força do Querer, A Vida da Gente, Pega Pega* e *Império*. Com o agravamento da pandemia, as reprises acabaram sendo veiculadas até novembro, a

2021. A emissora tomou gosto pelo formato, abrindo um novo horário durante as tardes para exibir outras edições especiais e, desde dezembro de 2021, já retornaram à grade sucessos como *O Cravo e a Rosa*, *Chocolate com Pimenta*, *Mulheres de Areia* e *Cheias de Charme*. O tradicional *Vale a Pena Ver de Novo* segue firme na programação.

Durante a pandemia, além das reprises que dominavam a telinha, um dos maiores sonhos dos noveleiros se tornou realidade. Desde 25 de maio de 2020, a cada duas semanas, o Globoplay passou a disponibilizar aos assinantes uma novela clássica, desde tramas jamais reprisadas (como *Uga Uga*, *Pátria Minha* e *Um Anjo Caiu do Céu*) até títulos que já bateram ponto no *Vale a Pena* e no Canal Viva. Inicialmente, o chamado Projeto Resgate contabilizou cerca de 50 obras em processo de restauração, sendo a *A Favorita*, uma das novelas mais requisitadas pelo público nas redes sociais,[896] a primeira a puxar o bonde. No mesmo ano, foi lançado o Projeto Originalidade, que busca reinserir títulos já disponíveis na plataforma na resolução e formato de sua exibição original, incluindo as vinhetas de abertura e encerramento. Ao final de 2023, em outra iniciativa, a Globo anunciou o Fragmentos, projeto que recupera e disponibiliza capítulos de títulos que se encontravam incompletos no acervo da emissora. Tratava-se de novelas com até 20 capítulos preservados e que passaram a integrar o catálogo do Globoplay como forma de resgatar seu valor histórico e social.[897] O primeiro pacote, disponibilizado em janeiro de 2024, trouxe trechos de *O Rebu*, *Estúpido Cupido*, *Chega Mais* e *Coração Alado*.[898]

O aumento da oferta de obras, antes restritas à memória do telespectador mais velho e ao *Túnel do Tempo* do *Vídeo Show*, suscitou discussões sobre as temáticas e tramas presentes na teledramaturgia mais antiga. Internautas e espectadores da chamada "bolha noveleira"* usaram as redes para expor cenas com textos e situações marcadas pelo machismo, preconceito e misoginia. Diante desse contexto, a Globo passou a incluir

---

* A bolha noveleira refere-se aos entusiastas de novelas que se autodenominam fãs do gênero e frequentemente utilizam as redes sociais para compartilhar suas opiniões, interagir e discutir conteúdo relacionado à teledramaturgia. Esse fenômeno é um exemplo de bolha social, um padrão crescente formado por interações online que são reforçadas pelo compartilhamento de ideias comuns e interesses compartilhados.

mensagens informativas no início dos capítulos das obras reprisadas, alertando o público sobre possíveis representações negativas e estereótipos da época em que o título foi realizado.

O fato é que, de repente, somente naquele intervalo de três anos, o brasileiro se viu diante de um oceano de novelas. Isso sem contar as obras mexicanas, as mais antigas (como as imbatíveis *Maria do Bairro* e *A Usurpadora*) e as inéditas (a exemplo de *A Mulher do Diabo* e *Amar a Morte*), que passaram a integrar o listão e consumir altas horas de maratonas noveleiras. Além delas, produções da Turquia também passaram a fazer muitos telespectadores do *streaming* suspirarem em qualquer hora e lugar. Folhetins de sucesso do território eurasiático como *Mãe*, *Terra Amarga* e *Fatmagül* disputam a atenção com os clássicos nacionais. E isso apenas nos domínios da plataforma da Globo.

De olho no formato mais brasileiro de fazer ficção, plataformas estrangeiras como Netflix e Max (da Warner Bros. Discovery) realizaram investimentos massivos para produzir suas próprias novelas. Apesar da diferença na nomenclatura — a Netflix se referiu a elas como "séries de melodrama"[899], enquanto a Max preferiu o termo "telesséries" —, todos eles concordam quanto à duração das obras: devem ser substancialmente mais curtas do que as produzidas rotineiramente pelos canais abertos. Apesar de contar com a *expertise* de produtoras reconhecidas no mercado do audiovisual, as plataformas vêm enfrentando desafios na manutenção de seus projetos e parcerias. Um exemplo disso foi o Prime Video, da gigante Amazon, que em 2022 fechou parceria inédita com o SBT para a produção de *A Infância de Romeu e Julieta*,[900] mas o acordo foi encerrado após a baixa repercussão da novela. A receita parece simples, mas a mão do padeiro também ajuda o pão a crescer.

Atualmente, entre a gente noveleira, é comum ouvir que cada um está imerso em sua própria reprise particular. Embora a experiência coletiva na TV aberta ainda persista, é preciso reconhecer que ela está

sendo gradualmente dissipada devido a uma mudança nos nossos hábitos. Agora, quando nos interessamos por uma história, podemos optar por assisti-la mais tarde, quem sabe apenas no fim de semana, consumindo tudo de uma só vez e eliminando aquela antiga ansiedade que acometia o "telespectador raiz", aquele que não tinha escolha a não ser esperar até o dia seguinte para conferir as emoções do próximo capítulo.

A dinâmica familiar já não reserva mais o horário sagrado do sofá em frente ao aparelho de TV (que perdeu o *derrière* dos antigos modelos de tubo e hoje exibe uma silhueta finíssima). Antes rotineiro, o hábito de ver novela "ao vivo" vem se tornado cada vez menos urgente, enquanto o consumo da televisão sob demanda parece ser uma tendência irreversível,[901] ainda que lenta. De acordo com dados compilados pela Cross-Platform ViewTM do Kantar Ibope Media, a televisão linear, que inclui canais abertos e por assinatura, mantém sua posição de destaque na distribuição de conteúdo em vídeo a nível nacional, dominando com uma participação de 77% no *share*. Os 23% restantes são dedicados à audiência de vídeos online[902], como o *YouTube*. Além disso, 35% dos respondentes disseram que a televisão é sua principal fonte de entretenimento, e 71% afirmaram que costuma assistir à TV para relaxar.[903]

Novos tempos demandam métricas diferentes na hora de definir um sucesso com base nos números. Tomando como referência a maior produtora do gênero no país, uma novela veiculada no horário nobre das 21h raramente tem ultrapassado os 30 pontos de audiência na região da grande São Paulo, o principal termômetro do mercado publicitário. Apesar de ter superado em sete pontos a antecessora *Um Lugar ao Sol*, a nova versão de *Pantanal* encerrou com média geral de 29,6 no Ibope. Mesmo assim, a novela escrita por Bruno Luperi foi considerada um dos grandes sucessos da emissora nos últimos anos. Se olhássemos apenas para os números, os 100 pontos de audiência de *Selva de Pedra*, alcançados lá em 1972, soariam até como uma história de pescador. Ou como outra *fake news* do *WhatsApp*.

Por isso, nessa primeira metade da década, impulsionada pela boa repercussão de *Pantanal* e pela força do apelo nostálgico, a Globo tem optado por assumir menos riscos, preferido apostar em fórmulas já consagradas pelo grande público, ao mesmo tempo em que busca imprimir um ritmo mais similar ao dos seriados norte-americanos nas novas narrativas e que busca acomodar uma nova geração de artistas, especialmente atores, autores e colaboradores. Como resultado desse movimento, surgiu uma nova onda de *remakes*, com novas versões de histórias que foram bem recebidas pelo público durante suas exibições originais, e até sequências de obras recentes, a exemplo de *No Rancho Fundo*, situada no mesmo universo ficcional de *Mar do Sertão*.

Assim, uma nova adaptação de *Elas por Elas* foi escalada para as 18h e *Renascer*, outra reedição de uma trama de Benedito Ruy Barbosa, estreou com a missão de reconquistar aqueles com saudades de *Pantanal* depois do Jornal Nacional. Entretanto, como aconteceu nos anos 1990, a estratégia não garante necessariamente a repercussão e o sucesso esperados. Vale lembrar, especialmente para aqueles que consideram as refilmagens como falta de criatividade, que a obra original segue existindo e provavelmente já está disponível para ser consumida na íntegra, no *streaming*. É como bem lembrou José Lewgoy, que ao se pronunciar se teria ciúmes ao ver Cláudio Corrêa e Castro interpretando o seu antigo papel na segunda versão de *Anjo Mau*, em 1997: "*Remakes* são muito comuns", refletiu Lewgoy. "Imagine se Édipo só estreasse uma vez? E *Antígona*? Não veríamos nada!"[904]

Para 2025, a emissora carioca, que segue como líder de audiência (especialmente no gênero) aposta naquele que deve ser o *remake* mais desafiador e controverso já produzido por ela: o de *Vale Tudo*. O novo texto, escrito por Manuela Dias (de *Amor de mãe* e *Justiça*), promete reviver a discussão sobre o grau de honestidade do brasileiro. Assim como conhecemos as versões reavivadas de Tenório, Helena e Coronel Belarmino, a releitura da trama de Gilberto Braga, Aguinaldo Silva e Leonor Bassères vai nos colocar diante de uma versão 2.0 da vilã mais icônica de todos os tempos. Se Odete Roitman ainda possui espaço para reinar nos tempos modernos ou se vai acabar sendo aniquilada muito antes do final da novela, seja pela esmagadora força da opinião pública amplificada pelas redes sociais, ou por um roteiro que opta pelo caminho das críticas construtivas e do politicamente correto, só o tempo dirá.

O fato é que, querendo ou não – gostando ou não – o futuro já começou. E ele anda repetindo o passado.

Tenório Pereira Santos 99

Murilo Benício
Pantanal
(2022 - TV Globo)

Murilo Benício
como Tenório
(Foto: Reprodução/João
Miguel Júnior/Globo)

Em uma das melhores cenas da excelente nova versão de *Pantanal*, exibida no capítulo 31, o fazendeiro Tenório revelava à filha, Guta (Julia Dalavia), detalhes de sua vida no interior do Paraná e seus dias no cabo do guatambu.[905] Depois da morte dos pais, durante um acidente com boias-frias, o jovem Tenório teria prometido a si mesmo nunca mais passar fome na vida. No rosário de memórias, ocultou da jovem os crimes que perpetrou ao longo da ascensão capitaneada pelas posses ilegais de seus tempos como grileiro nas terras vermelhas. Recém-chegado à vizinhança onde vivia Zé Leôncio (Marcos Palmeira) e exibindo uma postura de fazendeiro, o Tenório do presente afirmava não sentir orgulho do passado, mas também não ter espaço para a vergonha.

Em outra cena comovente, exibida no capítulo 98, ele ouvia os violeiros cantarem *O Boinha*, composta por Sérgio Reis. "Quase tudo na vida é tragédia", replicou quando alguém questionou os versos tristes da música,[906] que contava a tragédia de um "boinha" (criança boia-fria) e de um "gato" (espécie de intermediário de mão de obra no meio rural). A canção narrava a vingança de um garoto (o "boinha") que se vingava do "gato" maldito, responsável pela morte dos seus pais. Instantes depois, quando sozinho, chorava ao associar a moda de viola ao próprio passado.

Essas e outras passagens da novela escrita por Bruno Luperi — seguindo fielmente a obra do avô, Benedito Ruy Barbosa — reforçam o fato de que, até hoje, poucos vilões foram tão pautados emocionalmente na realidade como Tenório. Na pele de Murilo Benício, o personagem machista

> "
> **Eu não tenho vergonha do dinheirinho que eu fiz. Porque eu não inventei as regras do jogo, eu só aprendi a jogar.**
> "

— Tenório

e opressor ganhou novas camadas de dramaticidade, gestualidade e caraterização aprimorada, além de uma maior intensidade de emoções se comparado à sua primeira versão, predominantemente uníssona, vivida pela brilhante Antônio Petrin.

Para ajudá-lo a compor aquele sujeito moralista e retrógrado, Benício recorreu à realidade:

> **"Busquei inspiração muito mais na vida real do que em mim. Ele é o tipo de homem de quem a gente está se desfazendo, mas persiste. Tem coisas que me sinto até mal quando digo", confessou o ator. "Acho que há uma urgência em falar do Tenório. No texto, o que mais pega são as frases machistas. Pensava: 'Caramba, em algum lugar uma mulher está sendo tratada desse jeito enquanto estou inventando esse cara'. Dava uma sensação ruim."[907]**

Um dos destaques das cenas do antagonista foi a química do ator com Isabel Teixeira, que roubou a cena ao criar uma Maria Bruaca inesquecível. Na primeira metade, enquanto ainda era submissa, as interações de marido e mulher eram sempre marcadas pelo machismo e opressão, além de uma constante subjugação emocional e psicológica que Tenório impunha à esposa — que armou sua revanche ao seduzir os jovens peões da região, tornando-se a grande *femme fatale* do mundo rural.[908]

Depois da descoberta das traições de sua Bruaca, Tenório a expulsava da fazenda e levava Zuleica (Aline Borges), sua segunda esposa, e os seus três filhos adolescentes, até então mantidos em segredo em São Paulo, para viverem todos juntos no Pantanal.

Entre seus atos de crueldade, foi um dos grandes responsáveis pela chacina que matou o irmão da protagonista, Juma Marruá (Alanis Guillen) e o pai de Muda (Bella Campos). Inconformado que a ex-esposa descontava no peão da fivela de respeito todo o seu desejo sexual reprimido,[909] também planejou a castração de Alcides (Juliano Cazarré), o empregado que, secretamente, buscava vingar a morte de sua família, outro dos crimes atribuídos ao vilão. A execução da vingança acabou sendo diferente da versão original, ainda que impregnada de brutalidade: em contraste com o que foi testemunhado pelo público em 1990, Tenório violentou sexualmente o peão durante horas. Embora não tenha sido explícita, a sessão de tortura foi preenchida por angustiantes sons de choro e desespero, sendo observada por Bruaca, que varou a madrugada em desalento do lado de fora do quarto, ouvindo os gritos do amante.

O respondão de queixo duro foi encontrar o seu fim na ponta da zagaia de Alcides, após atentar contra a vida do *flozô* Zaqueu. Ainda agonizando, acabou devorado pela sucuri mítica que rondava a novela. Já Murilo Benício, tetracampeão do troféu *Melhores do Ano* por sua interpretação como Tenório, ainda encontrou tempo para exercitar, em telas maiores, o mesmo olhar expressivo e potente que emprestou ao grande vilão da novela: *Pérola*, seu segundo longa-metragem como diretor, teve sua primeira exibição no Festival de Cinema do Rio, em 8 de outubro daquele ano, mesma data da exibição do último capítulo da novela.

100 Zoé da Cruz

Regina Casé
Todas as Flores
(2022 - Globoplay)

Entre o arrasa-quarteirão Tina Pepper, de *Cambalacho*, e a indefectível Dona Lourdes, de *Amor de Mãe*, duas das personagens mais populares de Regina Casé, foram mais de 30 anos de trabalhos na tevê e no cinema interpretando mulheres providas de graça e virtude. A quebra da unanimidade veio quando a atriz foi escalada para *Olho por Olho*, novela que João Emanuel Carneiro escrevia para o horário das 21h. Na trama reintitulada *Todas as Flores*, que acabou sendo realocada para o Globoplay, inaugurando o selo de novelas originais da plataforma e uma nova forma de consumir o formato[910], Regina encarnou Zoé, uma perua desprovida de qualquer escrúpulo.

A atriz chegou a prometer que sua primeira antagonista seria uma megera ainda pior que Carminha, de *Avenida Brasil*. Exageros à parte, a mãe de Maíra (Sophie Charlotte) e Vanessa (Letícia Colin), as duas grandes rivais na história, não era mesmo flor que se cheirasse:

> "A Zoé é uma surpresa pra mim. Nunca fiz uma vilã e nunca fiz uma rica", declarou Casé, em entrevista para o *Fantástico*, reconhecendo também que, apesar de sair da zona de conforto, ainda havia espaço para os traquejos de humor. "Ela comete barbaridades, mas é engraçada, carismática e animada."[911]

"
Eu nem sabia que existia gente assim!
"

– Zoé

No passado, Zoé abandonara Maíra ao descobrir que a filha biológica havia nascido cega. Mas o público nem precisou sofrer com as cenas do abandono, porque, logo nas primeiras cenas de um apressado capítulo de estreia, a mãe reaparecia na vida da moça, que vivia com o pai em Pirenópolis, com a desculpa de reatar os laços. Durante uma discussão, asfixiava Rivaldo (Chico Díaz) a poucos metros de Maíra. A partir daí, uma sucessão de cenas a jato delineava a gênese de *Todas as Flores*: a protagonista desembarcava no Rio de Janeiro, conhecia Vanessa e descobria sobre a leucemia enfrentada pela irmã. Em seguida, oferecia-se rapidamente para doar medula óssea, encarava a cirurgia e terminava se apaixonando por Rafael (Humberto Carrão), justamente seu futuro cunhado. Na verdade, a irmã em remissão era uma víbora perigosa em conluio com a mãe, que procurou Maíra apenas no intuito de persuadi-la a salvar a outra, planejando descartar a deficiente visual depois do procedimento.

Contudo, oportunismo não era o maior defeito da "loira cafona"[912] que desfilava com fios longos, unhas de acrigel e um figurino carregado de estampas[913]: Zoé era também uma criminosa capaz das piores atrocidades. Envolvida nas operações da organização de tráfico humano da novela (com direito a trabalho escravo, gravidez indesejada e venda dos bebês das jovens mantidas reféns na fazenda), ela conseguiu se livrar da morte encomendada por Débora (Barbara Reis) e, com a ajuda de Galo (Jackson Antunes), tornou-se líder da facção depois de matar a rival[914] a sangue-frio. Também foi capaz de roubar o filho de Maíra e entregar a criança para o tráfico de pessoas, além de assassinar Humberto (Fábio Assunção), seu amante e cúmplice de tantos anos, após uma disputa armada pela fortuna de R$40 milhões desviados da Rhodes.

Quase toda maldade tinha o dedo da Zoé. "*Eu nem sabia que existia gente assim*", como costumava dizer a própria.

Com concisos[915] 85 capítulos (um desejo antigo de João Emanuel em escrever uma trama mais enxuta), *Todas as Flores* foi lançada em pacotes semanais entre outubro de 2022 e junho de 2023, com um intervalo entre dezembro e abril. A escolha da troca da janela de exibição e da estratégia de lançamento favoreceu a novela do *streaming*, já que *Travessia* repercutiu abaixo do esperado na faixa nobre da Globo, fazendo com que muitos optassem por acompanhar as maquinações de Zoé no Globoplay.

Mas a primeira novela do *streaming* recebeu críticas com relação às inconsistências, especialmente em sua segunda metade, focada na vingança de Maíra, que "passou a enxergar e ficou burra"[916], e às limitações e vícios no texto do autor (principalmente as tramas paralelas sem fôlego e a falta de lógica em diversas situações). Prova de que nem sempre os menores frascos guardam os melhores perfumes.

Em meio a um emaranhado folhetinesco pouco verossímil, as interações da dupla de criminosas interpretadas por Colin (abusando do humor ácido com suas frases de ódio e preconceito) e Casé se tornaram o bálsamo da produção.

O final, também apontado como incoerente pelo público, frustrou as expectativas geradas ao longo de sua primeira parte.[917] Após confessar diversos crimes e cumprir uma pena curta, Zoé terminou livre e aplicando pequenos golpes nas ruas ao lado da filha mau-caráter. Mesmo diante do desfecho insatisfatório, é admirável a iniciativa da emissora em propor a uma intérprete tão popular como Regina Casé a oportunidade de ampliar o já vasto repertório e explorar novos horizontes artísticos. A atriz soube tatear possibilidades criativas e segurar as pontas com estilo e *fair play*, como sempre o fez. Mesmo quando nem tudo são flores.

Tony Ramos
como La Selva
(Foto: Reprodução/João
Miguel Júnior/Globo)

101 Antônio La Selva

Tony Ramos
Terra e Paixão
(2023 - TV Globo)

Para a maioria dos brasileiros, é um desafio associar a imagem de Tony Ramos a de um sujeito mau-caráter. Não que o ator careça de qualquer maior grau de talento para incorporar um homem digno das piores maldades em cena. Ao contrário: com mais de 50 anos de carreira, Antônio de Carvalho Barbosa tornou-se um dos artistas mais representativos e versáteis da nossa dramaturgia.

Acontece que o público, especialmente aquele que o acompanhou nos idos de 1970 e 1980, acostumou-se a vê-lo em papéis de protagonista. Foi assim com o desapegado Márcio Hayala, de *O Astro*, o obstinado André Cajarana, de *Pai Herói*, e os irmãos gêmeos, Quinzinho e João Victor, de *Baila Comigo*. Durante anos a fio e conforme os trabalhos iam se acumulando no currículo, a hegemonia de bom moço permaneceu soberana. Talvez por isso é que nas últimas décadas, autores passaram a convidar o intérprete para encarnar figuras amarguradas, corruptas e execráveis. Foi assim com o vingativo Clementino, de *Torre de Babel*, com os arrogantes empresários Antenor Cavalcanti, de *Paraíso Tropical*, e Carlos Braga, de *O Rebu*, e ainda com o criminoso Zé Maria, de *A Regra do Jogo*. Até o próprio diabo ele interpretou, com o nome sugestivo de Abel Zebu, na minissérie de humor *Vade Retro*! Mas nenhum deles obteve tanto êxito, nem se tornou tão familiar à audiência quanto Antônio La Selva, o vilão de *Terra e Paixão*.

A história, que girava "em torno da posse do chão e do poder do coração"[918], narrava as desventuras da viúva Aline (Bárbara Reis) em seu desejo por honrar a memória do falecido

> " A coisa mais importante pra mim é a família. "
>
> — La Selva

marido, morto por ordens de La Selva, e por tornar-se uma grande produtora rural (ainda que poucas vezes tenhamos visto a personagem, de fato, sujando as mãos com a terra). No meio da empreitada, ela entrava em conflito com o maior nome da produção rural de Nova Primavera, a cidade fictícia situada no Mato Grosso do Sul. Além da *Terra* no título, a *Paixão* ficava por conta do envolvimento de Aline com os dois filhos do seu rival latifundiário.

> **Para além de sua autoridade e arrogância[919], Antônio ansiava ampliar seus domínios agro a qualquer custo. Personificando a versão moderna dos coronéis, era impulsionado por uma ambição desmedida, aliada a práticas empresariais questionáveis e uma completa aversão a ser contrariado.**

Além de controlar suas vastas extensões da Fazenda La Selva, o agropecuarista exercia influência direta sobre a esposa, Irene (Glória Pires), e os filhos, Caio (Cauã Reymond), Daniel (Johnny Massaro) e Petra (Débora Ozório). Entre suas obsessões estava a sua necessidade incessante em definir um substituto no comando da fazenda, estimulando uma disputa em torno da sucessão dos negócios na fase inicial da novela. O termo "sucessão", repetido à exaustão nos primeiros meses de exibição e até criticado na internet, ampliou discussões ao expor a importância de empresários planejarem devidamente a transição de comando no cenário agro.[920]

Numa trama com uma quantidade expressiva de capítulos (foram 221, no total, algo atípico para a época) e marcada por diversas mudanças de enredo em busca de melhores índices de audiência, poucos personagens conseguiram manter sua essência inalterada. O personagem de Tony se destaca como uma dessas exceções, preservando sua identidade antagônica até o desfecho, mesmo ao incorporar nuances adicionais para dialogar melhor com o público. As cenas de humor, por exemplo, contribuíram. Foi o caso do seu envolvimento com a farsante Berenice (Thati Lopes), que herdou provisoriamente o bar de Cândida (Susana Vieira), que divertiu o público. A golpista apelidou o amante abonado de *Tonhão* e *sugar daddy*.

Outra estratégia de Walcyr Carrasco (que passou a dividir a autoria da novela com Thelma Guedes, escalada a colaborar na redação final do folhetim a partir do seu segundo mês de exibição)[921] foi ampliar as interações de La Selva e Ramiro (Amaury Lorenzo). Seu capataz bronco e violento era secretamente apaixonado por Kelvin (Diego Martins), o garçom do Naitendei. Em várias cenas, La Selva insinuava suas suspeitas a respeito da sexualidade do empregado, destilando frases preconceituosas, sempre amenizadas por uma trilha sonora que conferia um toque de humor à situação. O romance de Kelvin e Ramiro caiu no gosto do público, e a dupla ganhou espaço na trama — especialmente Amaury, que passou a protagonizar vários momentos de humor, inclusive ao lado do patrão criminoso. O ator chegou a utilizar o figurino de Tony Ramos nas cenas em que Ramiro sonhava estar casado com Kelvinho (Diego, por sua vez, trajou o figurino estonteante de Pires).[922]

O triunfo do casal LGBTQIAPN+ foi tão marcante que coube a Ramiro, no último capítulo, determinar o destino de La Selva. Depois de orquestrar sua fuga da prisão, o vilão tentou invadir o casamento de Aline e Caio com o intuito de eliminar a viuvinha (que, para se proteger de suas ameaças e tentativas de assassinato, chegou a se esconder num convento). Interpelado por Ramiro, Antônio ameaçou a vida de Kelvinho e acabou alvejado pelo antigo capanga. Tony, que alegou ter gravado quatro desfechos para o personagem[923], destacou as contradições do antagonista, em especial o seu apego à prole, mesmo em meio às crueldades que cometia:

> **"O que é determinante para o Antônio La Selva é a família, que também significa a continuidade do poder dele"[924], explicou.**

Sempre atento à recepção do público e extremamente consciente a respeito de cada trabalho, o ator elegeu o bandido de *Terra e Paixão* como "um dos cinco grandes personagens"[925] que já interpretou em quase 60 anos de carreira, entre as dezenas de boas-praças que sempre defendeu tão bem na ficção.

Isso, sim, é plantar e colher.

CRÉDITOS DE ENCERRAMENTO

À dona Márcia, cujo amor e apoio incondicionais me deram a força e a confiança para enfrentar as emoções de cada capítulo da minha história. Mãe, seu carinho e sua fé em mim são a base sólida que sustenta minhas palavras – da primeira à última. Te amo.

Ao Guilherme, cuja leitura crítica e revisão atenta e carinhosa não só fez toda a diferença em cada texto, como foi o combustível para que eu acreditasse no potencial deste livro. Seu amor, paciência e generosidade transformam minha vida todos os dias.

À Larissa, minha irmã do coração, que leu cada perfil com o entusiasmo de uma noveleira e me ouviu falar sem parar sobre todos esses personagens, durante um ano inteiro. Sou eternamente grato pelo tempo que você dedicou a este trabalho.

Um agradecimento especial ao querido Ary Coslov, que prontamente atendeu meu pedido e escreveu um prefácio com tanto carinho. Sua trajetória é uma verdadeira inspiração para todos que amam o gênero, e sua presença neste projeto tornou tudo ainda mais especial.

Sou grato pelas centenas de textos de alguns dos mais importantes nomes da cobertura do jornalismo e da crítica televisiva brasileira ao longo do tempo: Artur da Távola, Rose Esquenazi, Hildegard Angel, Carlos Swann, Lucia Carmen, Artur Xexéo, Léa Penteado, Márcia Cezimbra, Mara Bernardes, Ibrahim Sued, Tetê Nahaz, Eliane Martins, Sônia Apolinário, Lúcia Leme, Elena Corrêa, Lilian Fernandes, Simone Mousse, Amelia Gonzalez, Elizabete Antunes, Arnaldo Jabor, Paulo Ricardo Moreira, Zuenir Ventura, Cristina Padiglione, Zean Bravo, Patrícia Kogut e tantas outras e outros referidos neste livro. Seus conteúdos foram grandes inspirações, me ajudando a compreender ainda mais a importância, profundidade e repercussão dos personagens resgatados nesta incursão.

Meu reconhecimento sincero se estende também à oportunidade de consultar, do conforto do meu sofá, os acervos online de instituições como *O Globo*, *Folha de S. Paulo*, portais como o *Memória Globo* e a *Hemeroteca Digital* (da Fundação Biblioteca Nacional) e o site do *Projeto TV-Pesquisa* (sob os cuidados da PUC do Rio de Janeiro). Todos esses veículos foram fundamentais para a pesquisa, trazendo informações e documentos históricos que enriqueceram enormemente cada página.

Minha admiração ao Nilson Xavier e ao seu *teledramaturgia.com.br*, nossa fonte mais confiável de referências sobre novelas. Ao longo de mais de um ano de pesquisa, escrita e revisão, pelo menos uma aba do site permaneceu aberta, rendendo consultas que sempre contribuíram muito para a realização do projeto.

Para além de satisfazer nossa sede de noveleiros e noveleiras, e de nos alimentar com o sentimento da nostalgia, os acervos locais e digitais são fundamentais para a preservação da nossa memória televisiva. É por meio da memória que preservamos nossa identidade, corrigimos rotas ao aprender com os erros e cultivamos nosso senso de pertencimento. Não existe nostalgia sem memória.

Todos os esforços foram feitos para dar o devido crédito às referências contidas neste livro. Eventuais omissões não são intencionais e serão devidamente solucionadas nas eventuais próximas edições, desde que os responsáveis entrem em contato com o autor.

REFERÊNCIAS

1   BASTIDORES de 2-5499 Ocupado. *Teledramaturgia*, [s. l.], [20--]. Disponível em: https://teledramaturgia.com.br/2-5499-ocupado/. Acesso em: 14 mar. 2024.

2   XEXÉO, Artur. Ana Rosa, 40 anos depois. *O Globo*, 2 mar. 2003.

3   TÁVOLA, Artur da. O teleteatro e a luta Tupi x Excelsior. *O Globo*, 19 nov. 1986.

4   TÁVOLA, Artur da. O teleteatro cresce nos anos 60. *O Globo*, 11 out. 1986.

5   ANÚNCIO da Revista Intervalo. *O Globo*, 10 jan. 1963.

6   BEUTTENMULLER, Alberto. Das lágrimas ao protesto. *Jornal do Brasil*, 13 fev. 1979.

7   LAGE, Míriam. O homem brasileiro na pele do Sinhozinho. *Jornal do Brasil*, 11 ago. 1985.

8   MARIAS, Karina. Primeira vilã da TV diz que apanhava na rua, mas que personagem era santa perto de Carminha. *Folha de S. Paulo*, 22 dez. 2019.

9   MARIAS, Karina. Primeira vilã da TV diz que apanhava na rua, mas que personagem era santa perto de Carminha. *Folha de S. Paulo*, 22 dez.2019.

10   STERNHEIM, Alfredo. *Arlete Montenegro: fé, amor e emoção*. São Paulo: Imprensa Oficial do Estado de São Paulo, 2008. (Coleção Aplauso).

11   MARIAS, Karina. Primeira vilã da TV diz que apanhava na rua, mas que personagem era santa perto de Carminha. *Folha de S. Paulo*, 22 dez. 2019.

12   STERNHEIM, Alfredo. *Arlete Montenegro: fé, amor e emoção*. São Paulo: Imprensa Oficial do Estado de São Paulo, 2008. (Coleção Aplauso).

13   STERNHEIM, Alfredo. Ninguém gosta de mim: Elísio de Albuquerque paga os pecados de D. Rafael. *Revista Intervalo*, ed. 154, 19 a 25 dez. 1965. p. 8.

14   BASTIDORES de O Direito de Nascer. *Teledramaturgia*, [s. l.], [20--]. Disponível em: http://teledramaturgia.com.br/o-direito-de-nascer-1964/. Acesso em: 13 nov. 2023.

15   SENNA, Paulo. O Primeiro Sucesso. *O Globo*, 3 dez. 2000.

16   SENNA, Paulo. O dramalhão que emocionou o país. *Jornal do Brasil*, 4 ago. 1991.

17   SENNA, Paulo. Nos anos 60, partos iluminados com lanternas. *Jornal do Brasil*, 13 maio 2001.

18   SENNA, Paulo. O dramalhão que emocionou o país. *Jornal do Brasil*, 4 ago. 1991.

19   SENNA, Paulo. Ninguém gosta de mim. *Revista Intervalo*, ed. 154, 19 a 25 dez. 1965. p. 8.

20   SENNA, Paulo. III Festival Regional de Teatro Amador de Santos e Litoral encerra-se amanhã. *Jornal A Tribuna*, 30 out. 1960.

21 SENNA, Paulo. Por trás das câmeras com "O Direito de Nascer". *Revista Intervalo*, ed. 121, 2 a 8 maio 1965. p. 17.

22 KALILI, Narciso. "Roquette Pinto" Exclusivo: porque êles foram premiados. *Revista Intervalo*, ed. 113, 7 a 13 mar. 1965. p. 35.

23 KALILI, Narciso. Por trás das câmeras com "O Direito de Nascer". *Revista Intervalo*, ed. 121, 2 a 8 maio 1965. p. 17.

24 KALILI, Narciso. Povo mudou "O Direito de Nascer". *Revista Intervalo*, ed. 117, 4 a 10 abr. 1965. p. 7.

25 POLITO, Reinaldo. "O Direito de Nascer", 50 anos: memória de um garoto que conheceu os astros. *Uol Economia*, [s. l.], 13 ago. 2015. Disponível em: https://economia.uol.com.br/blogs-e-coluna/coluna/reinaldo-polito/mobile/2015/08/13/o-direito-de-nascer-50-anos-memoria-de-um-garoto-que-conheceu-os-astros.htm. Acesso em: 15 nov. 2023.

26 STERNHEIM, Alfredo. Ninguém gosta de mim: Elísio de Albuquerque paga os pecados de D. Rafael. *Revista Intervalo*, ed. 154, 19 a 25 dez. 1965. p. 8.

27 MARIETA Severo conta como era fazer televisão da década de 60. Programa Encontro com Fátima Bernardes. *Globoplay*, [202-]. Disponível em: https://globoplay.globo.com/v/2173430/. Acesso em: 14 maio 2024.

28 ESQUENAZI, Rose. Maldades do Rato de Marieta Severo. *Jornal do Brasil*, 20 out. 1991.

29 ESQUENAZI, Rose. Maldades do Rato de Marieta Severo. *Jornal do Brasil*, 20 out. 1991.

30 ESQUENAZI, Rose. Alguns tópicos da noite escura. *Jornal dos Spots*, 1 fev. 1967.

31 ESQUENAZI, Rose. Omar Ben Azir recebido com honras de Chefe Árabe. *Revista Intervalo*, ed. 200, 6 a 12 nov. 1966. p. 39.

32 ESQUENAZI, Rose. Maldades do Rato de Marieta Severo. *Jornal do Brasil*, 20 out. 1991.

33 ESQUENAZI, Rose. A consolidação da TV no País. *Memórias da Ditadura*, [s. l.], [20--]. Disponível em: https://memoriasdaditadura.org.br/a-consolidacao-da-tv-no-pais/. Acesso em: 15 mar. 2024.

34 ESQUENAZI, Rose. Às três horas de hoje, uma nova TV. colorida. *Jornal O Globo*, 31 mar. 1972.

35 ESQUENAZI, Rose. Carioca vai ver hoje a primeira imagem da televisão a cores. *Jornal O Globo*, 19 fev. 1972.

36 TÁVOLA, Artur da. Receptores de TV: um só já não chega. *O Globo*, 21 nov. 1986.

37 TÁVOLA, Artur da. Pai Herói, último capítulo, a emoção de sempre. Quem resiste ao fascínio do final feliz?. *O Globo*, 18 ago. 1979.

38 XEXÉO, Artur. A dona dos 100% de ibope. *O Globo*, 29 out. 2005.

39   BEUTTENMULLER, Alberto. Das lágrimas ao protesto. *Jornal do Brasil*, 13 fev. 1979.

40   ESQUENAZI, Rose. A consolidação da TV no País. *Memórias da Ditadura*, [s. l.], [20--]. Disponível em: https://memoriasdaditadura.org.br/a-consolida-cao-da-tv-no-pais/. Acesso em: 15 mar. 2024.

41   "IRMÃOS Coragem": A primeira superprodução. *O Estadão*, 25 jun. 2000. Disponível em: https://www.estadao.com.br/amp/cultura/irmaos-coragem--a-primeira-superproducao/. Acesso em: 12 nov. 2023.

42   "IRMÃOS Coragem": A primeira superprodução. *O Estadão*, 25 jun. 2000. Disponível em: https://www.estadao.com.br/amp/cultura/irmaos-coragem--a-primeira-superproducao/. Acesso em: 12 nov. 2023.

43   TV Globo constrói cidade do interior para novela. *O Globo*, 8 jun. 1970.

44   IRMÃOS Coragem. *Teledramaturgia*, [s. l.], [20--]. Disponível em: http://tele-dramaturgia.com.br/irmaos-coragem-1970/. Acesso em: 12 nov. 2023.

45   LIMA, Roni. "Irmãos Coragem" tem final incerto. *Folha de S. Paulo*, TV Folha, 18 jun. 1995. Disponível em: https://www1.folha.uol.com.br/fsp/1995/6/18/tv_folha/11.html. Acesso em: 12 nov. 2023.

46   JERÔNIMO sensacional fez o gol da vitória. *Revista Intervalo*, ed. 442, 22 a 28 jun. 1971. p. 8-9.

47   MAIS um momento de estréia na vida de Francisco Cuoco. *O Globo*, 10 abr. 1972.

48   MAIS um momento de estréia na vida de Francisco Cuoco". *O Globo*, 10 abr. 1972.

49   TUMSCITZ, Gilberto. Na Guerra com Dorotéia. *O Globo*, 21 set. 1972.

50   TUMSCITZ, Gilberto. Cena aberta. *O Globo*, 30 set. 1972.

51   VOCÊ sabia? A primeira versão de Selva de Pedra teve 100% de audiência. Programa Vídeo Show. *Globoplay*, 23 dez. 2012. Disponível em: https://globo-play.globo.com/v/1870989/. Acesso em: 20 set. 2023.

52   TÁVOLA, Artur da. Dina Sfat e as mil faces da personagem "Fernanda". *O Globo*, 18 set. 1972.

53   TÁVOLA, Artur da. Fernanda - Vingança, amor e loucura. *O Globo*, 19 set. 1972.

54   TÁVOLA, Artur da. Fernanda - Vingança, amor e loucura. *O Globo*, 19 set. 1972.

55   TÁVOLA, Artur da. Dina Sfat e as mil faces da personagem "Fernanda". *O Globo*, 18 set. 1972.

56   BÔSCOLI, Ronaldo. Ioná Magalhães, A Estrela Volta. *Revista Manchete*, ed. n. 1.330, 15 out. 1977.

57   CLARK, Thereza. Atriz de papéis populares. *O Dia*, 11 out. 1992.

58   RITO, Regina. Uma rosa para Ioná. *Revista Cartaz*, 14 set. 1972.

59 PROGRAMA Damas da TV: Yoná Magalhães. *Globoplay*, 18 set. 2013. Disponível em: https://globoplay.globo.com/v/9010404/?s=0s. Acesso em: 14 mar. 2023.

60 CALDAS, Gracinha. Abram alas para Serafina. *Revista Cartaz*, 12 out. 1972.

61 SILVA, Augusto César Costa e. Os grilos dos filhos de Nara. *Revista Cartaz*, 16 nov. 1972.

62 SILVA, Augusto César Costa e. SHIRLEY = Serafina. *Revista Veja*, 28 out. 1972.

63 ESQUENAZI, Rose. Uma rosa para Serafina. *Jornal do Brasil*, 18 fev. 1995.

64 CARDOSO, Gracinha. A gamação do Dr. Claude. *Revista Cartaz*, 7 dez. 1972.

65 CARDOSO, Gracinha. "Uma rosa" chega ao fim liderando a audiência. *O Globo*, 1 jul. 1973.

66 O AUTOR, romancista, teatrólogo e contista Dias Gomes foi imortalizado como membro da Academia Brasileira de Letras em 1991, aos 68 anos. *Academia Brasileira de Letras*, [s. l.], [20--]. Disponível em: https://www.academia.org.br/academicos/dias-gomes. Acesso em: 10 nov. 2023.

67 SUCUPIRA sofre e ri com seu filho bem-amado. *O Globo*, 21 jan. 1973.

68 TRAMA Principal de O Bem-Amado. *Memória Globo*, [s. l.], [20--]. Disponível em: https://memoriaglobo.globo.com/entretenimento/novelas/o-bem-amado/noticia/trama-principal.ghtml. Acesso em: 24 set. 2023.

69 SERRA, Cristina. Odorico Paraguaçu e o Viagra de nossos desapetrechados militares. *Folha de S. Paulo*, 18 abr. 2022. Disponível em: https://www1.folha.uol.com.br/colunas/cristina-serra/2022/04/odorico-paraguacu-e-o-viagra-de-nossos-desapetrechados-militares.shtml. Acesso em: 12 nov. 2023.

70 DEPOIMENTO - Walther Negrão: Cavalo de Aço (1973). *Globoplay*, [s. l.], [20--]. Disponível em: https://globoplay.globo.com/v/4067264/. Acesso em: 14 maio 2024.

71 COLUNA Zoom. *O Globo*, 22 jan. 1973.

72 ANÚNCIO publicitário de ¼ de página. *O Globo*, 17 jan. 1973.

73 COLUNA Zoom. *O Globo*, 5 jan. 1973.

74 O CAVALO de Aço: Amor, aventura e luta pela terra. *O Globo*, 14 jan. 1973.

75 COLUNA Zoom. *O Globo*, 4 dez. 1972.

76 O CAVALO de Aço: Amor, aventura e luta pela terra. *O Globo*, 14 jan. 1973.

77 COLUNA Hoje na TV. Resumo do capítulo de Cavalo de Aço. 6 jun. 1973.

78 COLUNA Hoje na TV. Resumo do capítulo de Cavalo de Aço. 9 jun. 1973.

79 TÁVOLA, Artur da. A morte de seu Max. *O Globo*, 16 ago. 1973.

80 COLUNA Zoom. *O Globo*, 11 jun. 1973.

81   ZIEMBINSKI: – Max retrata uma certa casta de gente. *O Globo*, 12 ago. 1973.

82   COLUNA Hoje na TV. Informação sobre a reapresentação do penúltimo capítulo de Cavalo de Aço. 16 jun. 1973.

83   TÁVOLA, Artur da. O novo e o inverossímil. *O Globo*, 15 ago. 1973.

84   DEPOIMENTO - Carlos Vereza: Censura. *Globoplay*, [s. l.], [20--]. Disponível em: https://globoplay.globo.com/v/7580179/. Acesso em: 27 nov. 2023.

85   BASTIDORES de Cavalo de Aço. *Teledramaturgia*, [s. l.], [20--]. Disponível em: http://teledramaturgia.com.br/cavalo-de-aco/. Acesso em: 27 nov. 2023.

86   SILVEIRA, Helena. Mercado adulto para novelas. *Folha de S. Paulo*, 23 ago. 1974.

87   SILVEIRA, Helena. "Os Inocentes" foi uma loucura. *Revista Amiga TV*, 18 set. 1974.

88   BASTIDORES de Os Inocentes. *Teledramaturgia*, [s. l.], [20--]. Disponível em: http://teledramaturgia.com.br/os-inocentes/. Acesso em: 21 ago. 2023.

89   A VIAGEM. *Teledramaturgia*, [s. l.], [20--]. Disponível em: http://teledramaturgia. com.br/a-viagem-1975/. Acesso em: 21 ago. 2023.

90   SILVEIRA, Helena. Anos dourados de Hollywood e de nossas novelas... *Folha de S. Paulo*, 16 mar. 1974.

91   OS INOCENTES. *Banco de Conteúdos Culturais da Cinemateca Brasileira*, [s. l.], [20--]. Disponível em: http://www.bcc.org.br/filmes/443775. Acesso em: 21 ago. 2023.

92   SILVEIRA, Helena. "Os Inocentes" foi uma loucura. *Revista Amiga TV*, 18 set. 1974.

93   NAGLE, Leda. De hoje em diante, e sempre às 19h, um anjo mau em sua casa. *O Globo*, 2 fev. 1976.

94   NAGLE, Leda. De hoje em diante, e sempre às 19h, um anjo mau em sua casa. *O Globo*, 2 fev. 1976.

95   TÁVOLA, Artur da. Na casa de Estela. *O Globo*, 23 ago. 1976.

96   NAGLE, Leda. De hoje em diante, e sempre às 19h, um anjo mau em sua casa. *O Globo*, 2 fev. 1976.

97   VOCÊ Sabia?: Censura decretou a morte da babá Nice em "Anjo Mau". *Rede Globo*, 19 jun. 2011. Disponível em: http://redeglobo.globo.com/novidades/ novelas/noticia/2011/06/voce-sabia-censura-decretou-morte-da-baba- -nice-em-anjo-mau.html. Acesso em: 23 ago. 2023.

98   PRIMEIRA versão de "Anjo Mau" estreia no Globoplay; relembre novela com Susana Vieira e José Wilker. *Rede Globo*, 19 jun. 2022. Disponível em: https:// g1.globo.com/pop-arte/tv-e-series/noticia/2022/10/24/primeira-versao- -de-anjo-mau-estreia-no-globoplay-relembre-novela-com-susana-viei- ra-e-jose-wilker.ghtml. Acesso em: 21 ago. 2023.

99   PRIMEIRA versão de "Anjo Mau" estreia no Globoplay; relembre novela com Susana Vieira e José Wilker. *Rede Globo*, 19 jun. 2022. Disponível em: https://

g1.globo.com/pop-arte/tv-e-series/noticia/2022/10/24/primeira-versao-
-de-anjo-mau-estreia-no-globoplay-relembre-novela-com-susana-viei-
ra-e-jose-wilker.ghtml. Acesso em: 21 ago. 2023.

100 MOLINERO, Bruno. Entenda como o grito anti-Bolsonaro se encontrou no verso "ano passado eu morri". *Folha*, maio 2021. Disponível em: https://www1.folha. uol.com.br/ilustrada/2021/05/entenda-como-o-grito-anti-bolsonaro-se-en-controu-no-verso-ano-passado-eu-morri.shtml. Acesso em: 21 ago. 2023.

101 VIANNA, Luiz Fernando. Cartas na mesa, fim de jogo. *O Globo*, 29 jun. 1993.

102 TÁVOLA, Artur da. A figura densa do ator Rubens de Falco. *O Globo*, 17 jun. 1986.

103 JALK, Ana Maria. Tranqüilidade, alegria e amor na opção por morar sozinho. *O Globo*, 1 nov. 1987.

104 JORDÃO, Claudia. Leôncio está de volta. *Isto É – Gente*, 23 set. 2004.

105 GUIMARÃES, Bernardo. Escrava Isaura. *Acervo Biblioteca Nacional*, [20--]. p. 17. Disponível em: https://objdigital.bn.br/objdigital2/acervo_digital/div_obrasraras/or43590/or43590.pdf. Acesso em: 30 jul. 2023.

106 JORDÃO, Claudia. Leôncio está de volta. *Isto É – Gente*, 23 set. 2004.

107 BORGES, Robinson. "Escrava Isaura", 25 anos depois. *Valor Econômico*, 11 maio 2001.

108 BLACK version. *O Globo*, 1 jun. 1976.

109 LÉA Garcia lembra de agressão sofrida por causa de sua vilã, em "Escrava Isaura". Programa Conversa com Bial. *Globoplay*, 13 maio 2022. Disponível em: https://globoplay.globo.com/v/10575334/. Acesso em: 28 jul. 2023.

110 TÁVOLA, Artur da. Escrava Isaura: A branca de alma negra. *O Globo*, 2 fev. 1977.

111 TÁVOLA, Artur da. E lá se foi o velho Salomão Hayala. *O Globo*, 28 jan. 1978.

112 DESCUBRA as principais diferenças entre as duas versões da novela O Astro. *Gshow*, 20 out. 2011. Disponível em: https://Gshow.globo.com/novelas/o-astro/fique-por-dentro/noticia/2011/10/descubra-principais-diferencas-entre--duas-versoes-da-novela-o-astro.html. Acesso em: 20 maio 2023.

113 TÁVOLA, Artur da. E lá se foi o velho Salomão Hayala. *O Globo*, 28 jan. 1978.

114 ELE sempre soube que era o assassino. *O Globo*, 6 jul. 1978.

115 LUISI, o "Felipe": - Fingi de inocente o tempo todo. *O Globo*, 6 jul. 1978.

116 PENTEADO, Lea. Ninguém pode me acusar de ter escondido o assassino. *O Globo*, 9 jul. 1978.

117 TÁVOLA, Artur da. Elas voltaram como revelações. *O Globo*, 8 mar. 1981.

118 JOANA Fomm. *Memória Globo*, 29 out. 2021. Disponível em: https://memoria-globo.globo.com/perfil/joana-fomm/noticia/joana-fomm.ghtml. Acesso em: 27 jan. 2024.

119   JOANA Fomm relembra sua Yolanda, de "Dancin' Days". Programa Vídeo Show. *Globoplay*, [20--]. Disponível em: https://globoplay.globo.com/v/2186477/. Acesso em: 28 jan. 2024.

120   ANGEL, Hildegard. Norma Bengell se desentende com Daniel Filho e sai do elenco de "Dancing Days". *O Globo*, 4 jul. 1978.

121   SIGAUD, Perla. Quando a realidade vai de encontro à fantasia. *O Globo*, 29 jul. 1978.

122   JOANA Fomm relembra sua Yolanda, de "Dancin' Days". Programa Vídeo Show. *Globoplay*, [20--]. Disponível em: https://globoplay.globo.com/v/2186477/. Acesso em: 28 jan. 2024.

123   ANGEL, Hildegard. Atores de "Dancin'days" vão com fome a um prato de comida. *O Globo*, 13 de jan. 1979.

124   CARNEIRO, Marília; MÜHLHAUS, Carla. *Marília Carneiro no Camarim das Oito*. Rio de Janeiro: Senac Rio e Aeroplano Editora, 2003.

125   ESQUENAZI, Rose. Um reencontro 12 anos depois. *Jornal do Brasil*, 9 fev. 1992.

126   ANGEL, Hildegard. Fim de Yolanda pode ser fazendo feira. *O Globo*, 13 dez. 1978.

127   DANCIN' Days. *Revista Amiga TV*, 19 jan. 1979.

128   DANCIN' Days: Briga entre Júlia e Yolanda. *Globoplay*, [20--]. Disponível em: https://globoplay.globo.com/v/2460001/. Acesso em: 27 jan. 2024.

129   CAROLINA Nabuco, a inspiradora de Daphne du Maurier. *O Globo*, 9 out. 1978.

130   MANOEL Carlos, não um adaptador. Um recriador. *O Globo*, 9 out. 1978.

131   A SUCESSORA. Teledramaturgia, [20--]. Disponível em: http://teledramaturgia. com.br/a-sucessora/. Acesso em: 1 out. 2023.

132   SENNA, Paulo. "A Sucessora" (1978). *O Globo*, 17 abr. 2005.

133   ANGEL, Hildegard. Juliana não deixa Nathalia ir à praia. *O Globo*, 22 jan. 1979.

134   ANGEL, Hildegard. Juliana não deixa Nathalia ir à praia. *O Globo*, 5 fev. 1979.

135   TRAMA principal de Pai Herói. *Memória Globo*, 29 out. 2021. Disponível em: https://memoriaglobo.globo.com/entretenimento/novelas/pai-heroi/noticia/ trama-principal.ghtml. Acesso em: 4 dez. 2023.

136   "PAI Herói": A fuga do vilão Bruno Baldaracci. *Globoplay*, [20--]. Disponível em: https://globoplay.globo.com/v/2745189/. Acesso em: 4 dez. 2023.

137   DUTRA, Maria Helena. Herói, só Paulo Autran. *Jornal do Brasil*, 2 abr. 1979.

138   BASTIDORES de Os Gigantes. *Teledramaturgia*, [s. l.], [20--]. Disponível em: http://teledramaturgia.com.br/os-gigantes/. Acesso em: 4 dez. 2023.

139   ANGEL, Hildegard. Autran, um ator nada exibido. *O Globo*, 30 nov. 1979.

140   TÁVOLA, Artur da. Isso de representar. *O Globo*, 12 ago. 1979.

141 TÁVOLA, Artur da. Você tem apreciado Paulo Autran em "Pai herói"?. *O Globo*, 14 fev. 1979.

142 TRAMAS paralelas de Pai Herói. *Memória Globo*, 29 out. 2021. Disponível em: https://memoriaglobo.globo.com/entretenimento/novelas/pai-heroi/noticia/tramas-paralelas.ghtml. Acesso em: 5 dez. 2023.

143 TÁVOLA, Artur da. Você tem apreciado Paulo Autran em "Pai herói"?. *O Globo*, 14 fev. 1979.

144 TÁVOLA, Artur da. O público quer conhecer-se via televisão. *O Globo*, 18 ago. 1986.

145 "VILÃO número um", do cinema brasileiro, José Lewgoy fez mais de cem filmes. *Acervo O Globo*, 6 fev. 2018. Disponível em: https://acervo.oglobo.globo.com/em-destaque/vilao-numero-um-do-cinema-brasileiro-jose-lewgoy-fez--mais-de-cem-filmes-22372309. Acesso em: 19 mar. 2024.

146 MIGLIACCIO, Marcelo. Na TV, José Lewgoy resistiu aos clichês. *Folha de S. Paulo*, 11 nov. 2003. Disponível em: https://www1.folha.uol.com.br/folha/ilustrada/ult90u30636.shtml. Acesso em: 19 mar. 2024.

147 NAHAZ, Tetê. Gilberto está feliz. *O Globo*, 6 jan. 1989.

148 BASTIDORES de Cambalacho. *Teledramaturgia*, [s. l.], [20--]. Disponível em: https://teledramaturgia.com.br/cambalacho/comment-page-1/. Acesso em: 19 mar. 2024.

149 TÁVOLA, Artur da. Novela toca em mais problema que parece. *O Globo*, 30 set. 1983.

150 POR que não há risco de confisco da poupança?. *Gov.br.*, 12 jul. 2023. Disponível em: https://www.gov.br/secom/pt-br/fatos/brasil-contra-fake/noticias/2023/3/por-que-nao-ha-risco-de-confisco-da-poupanca#:~:text=Em%2016%20de%20mar%C3%A7o%20de,nos%20bancos%20por%2018%20meses. Acesso em: 20 mar. 2024.

151 BERNARDO, André. "Entre infartos, falências e suicídios: os 30 anos do confisco da poupança". *Uol*, [s. l.], 17 mar. 2020. Disponível em: https://economia.uol.com.br/noticias/bbc/2020/03/17/entre-infartos-falencias-e-suicidios-os--30-anos-do-confisco-da-poupanca.htm. Acesso em: 20 mar. 2024.

152 ANDRADE, Patrícia. Braçadas em um mar de euforias. *O Globo*, 23 jan. 1993.

153 NÚCLEOS de Água Viva. *Teledramaturgia*, [s. l.], [20--]. Disponível em: https://teledramaturgia.com.br/agua-viva/. Acesso em: 8 mar. 2024.

154 SWANN, Carlos. A vez da megera. *O Globo*, 29 mar. 1980.

155 TÁVOLA, Artur da. Olhai os olhos na tv. *O Globo*, 30 mar. 1980.

156 BASTIDORES de Água Viva. *Teledramaturgia*, [s. l.], [20--]. Disponível em: https://teledramaturgia.com.br/agua-viva/. Acesso em: 8 mar. 2024.

157 ANGEL, Hildegard. Coluna Por Dentro da TV. *O Globo*, 29 jan. 1980.

158   ANGEL, Hildegard. Nova festa para "Água viva". *O Globo*, 19 jan. 1980.

159   LUCIA, Carmen. Conflitos de amor, tramas variadas. E um visual esmerado. *O Globo*, 4 fev. 1980.

160   SERRA, Amanda. "O público só não aceita quando faço papel de pobre", diz Beatriz Segall. *Uol*, [s. l.], 13 nov. 2014. Disponível em: https://televisao.uol.com.br/noticias/redacao/2014/11/13/o-publico-so-nao-aceita-quando-faco-papel-de-pobre-diz-beatriz-segall.htm. Acesso em: 7 mar. 2024.

161   BEATRIZ Segall: Atraindo o ódio do público, sem tem nada em comum com Lourdes Mesquita. *O Globo*, 23 mar. 1980.

162   TÁVOLA, Artur da. Saindo da Lourdes para chegar ao arquétipo da mãe-terrível. *O Globo*, 22 mar. 1980.

163   BEATRIZ Segall: Atraindo o ódio do público, sem tem nada em comum com Lourdes Mesquita". *O Globo*, 23 mar. 1980.

164   TÁVOLA, Artur da. Lurdes. *O Globo*, 20 mar. 1980.

165   TÁVOLA, Artur da. A senhora Beatriz Segall. *O Globo*, 24 mar. 1980.

166   NA 15ª novela, a mesma ansiedade de uma estreante. *O Globo*, 10 ago. 1980.

167   PENTEADO, Lea. Janete Clair faz mais uma das suas: uma novela cheia de amor e suspense. *O Globo*, 11 ago. 1980.

168   ANGEL, Hildegard. Sem título. *O Globo*, 14 jun. 1980.

169   CASAMENTO de Juca e Camila vai ser assim!. *O Globo*, 7 set. 1980.

170   PENTEADO, Lea. Janete Clair faz mais uma das suas: uma novela cheia de amor e suspense. *O Globo*, 11 ago. 1980.

171   VOCÊ também entregaria seu próprio marido à polícia?. *O Globo*, 1 fev. 1981.

172   AQUI, O Grande Salto. *O Globo*, 8 jun. 1980.

173   ARAGÃO, Diana. Em "Coração alado", por enquanto, só o visual é novidade. *Jornal do Brasil*, 17 ago. 1980.

174   CARTADA decisiva no jogo do amor. *O Globo*, 23 nov. 1980.

175   TÁVOLA, Arthur da. Os diabinhos de Débora. *O Globo*, 15 fev. 1981.

176   CORAÇÃO Alado - Penúltimo Capítulo. *Globoplay*, [20--]. Disponível em: https://globoplay.globo.com/v/12282610/ . Acesso em: 12 fev. 2024.

177   PORNOVÍDEO: Masturbação aterrissa no "Coração Alado". *Revista Veja*, ed. 653, 11 a 17 mar. 1981. p. 114.

178   PORNOVÍDEO: Masturbação aterrissa no "Coração Alado". *Revista Veja*, ed. 653, 11 a 17 mar. 1981. p. 114.

179   PORNOVÍDEO: Masturbação aterrissa no "Coração Alado". *Revista Veja*, ed. 653, 11 a 17 mar. 1981. p. 114.

180   DAMAS da TV - Débora Duarte. *Globoplay*, 1 jan. 2014. Disponível em: https://globoplay.globo.com/v/9010379/. Acesso em: 12 fev. 2024.

181   CEZIMBRA, Márcia. A fera radical. *Jornal do Brasil*, 17 mar. 1988.

182   DAMAS da TV - Débora Duarte. *Globoplay*, 1 jan. 2014. Disponível em: https://globoplay.globo.com/v/9010379/. Acesso em: 12 fev. 2024.

183   A CLASSE operária entre o inferno e o paraíso. *Folha de S. Paulo*, 28 set. 1981.

184   40 ANOS do filme "Eles não usam black-tie", de Leon Hirszman. [*S. l.: s. n.*], 28 set. 2021. Publicado pelo canal FCA PUCMinas. Disponível em: https://www.youtube.com/watch?v=jH9uKhdFtu8. Acesso em: 21 jan. 2024.

185   PERSONAGENS de Brilhante. *Memória Globo*, [20--]. Disponível em: https://memoriaglobo.globo.com/entretenimento/novelas/baila-comigo/noticia/curiosidades.ghtml. Acesso em: 22 jan. 2024.

186   ENTRE o refinado e o popular, a busca do equilíbrio. *O Globo*, 27 set. 1981.

187   BRILHANTE: Chica conversa veladamente sobre a homossexualidade de Inácio. *Globoplay*, [20--]. Disponível em: https://globoplay.globo.com/v/3978291/. Acesso em: 21 jan. 2024.

188   THOMÉ, Márcia. O poder de Chica Newman questionado. *O Globo*, 17 jan. 1982.

189   ARAGÃO, Diana. O depoimento de Gilberto Braga. *Jornal do Brasil*, 14 mar. 1982.

190   MARTINS, Eliane. Chica e Carlos Juntos (é a vitória do amor). *Revista Amiga TV*, 07 abr. 1982.

191   MARTINS, Eliane. Chica e Carlos Juntos (é a vitória do amor). *Revista Amiga TV*, 07 abr. 1982.

192   BRILHANTE: Chica se desculpa com Inácio. Globoplay. Disponível em: https://globoplay.globo.com/v/3978319/. Acesso em: 21 jan. 2024.

193   UMA NOVELA divertida que pode até chegar à loucura!. *O Globo*, 25 out. 1981.

194   ARQUIVO. *O Globo*, 24 jan. 1982.

195   BASTIDORES de Jogo da Vida. Teledramaturgia, [20--]. Disponível em: https://teledramaturgia.com.br/jogo-da-vida/. Acesso em: 13 fev. 2024.

196   JOGO da vida: Principais personagens. *O Globo*, 25 out. 1981.

197   JUNTOS, 18 anos depois. *O Globo*, 17 jan. 1982.

198   TÁVOLA, Artur da. Jogo da vida' - Primeiras impressões. *O Globo*, 08 nov. 1981.

199   NEM tão angelical. *O Globo*, 21 fev. 1982.

200   UM 'bang-bang' muito bem-humorado. *O Globo*, 13 dez. 1981.

201   MAIS uma de Loreta. *O Globo*, 07 mar. 1982.

202   REVISTA da tevê. *O Globo*, 04 abr. 1982.

203 MARINHO, Flavio. Ingleses e paulistas animam a semana. *O Globo*, 27 set. 1981.

204 GRANDE final. *O Globo*, 25 abr. 1982.

205 GRANDE final. *O Globo*, 25 abr. 1982.

206 TÁVOLA, Artur da. A obra, criticando pelo riso. *O Globo*, 09 maio 1982.

207 UMA NOVELA divertida que pode até chegar à loucura!. *O Globo*, 25 out. 1981.

208 LUCÉLIA Santos: "Se não fosse minha carreira, teria outro filho agora". *O Globo*, 10 abr. 1983.

209 COMO nos velhos tempos. *O Globo*, 14 ago. 1983.

210 JOGO rápido. *O Globo*, 21 ago. 1983.

211 TÁVOLA, Arthur da. O mistério de cada brilho. *O Globo*, 19 jun. 1983.

212 TÁVOLA, Artur da. Sai uma, entra outra. *O Globo*, 31 jul. 1983.

213 A GUERRA continua. *O Globo*, 19 jun. 1983.

214 UMA guerra com armas muito originais. *O Globo*, 23 out. 1983.

215 TÁVOLA, Artur da. Da ternura da escrava à cara dura da Carola. Jornal O Globo. Publicada em 11 dez. 1983.

216 REAÇÃO. *O Globo*, 24 jul. 1983.

217 BERNARDES, Mara. Carolina pede perdão. *O Globo*, 11 dez. 1983.

218 UM CORTE e... Surge uma nova Lucélia Santos. Publicado em 26 fev. 1984.

219 PRÓXIMA novela das seis: amanhã, as primeiras gravações. *O Globo*, 19 fev. 1984.

220 PÃO duro, Nonô Correia guardava um tesouro, em Amor com Amor se Paga, de 1984. *Globoplay*, 6 dez. 2012. Disponível em: https://globoplay.globo.com/v/2280128/. Acesso em: 29 dez. 2023.

221 UM RECORDE nas primeiras gravações da próxima novela das seis. *O Globo*, 26 fev. 1984.

222 MARINHO, Flavio. De "Vargas" a "Rei Lear", Um Festival de despedidas. *O Globo*, 13 fev. 1984.

223 ARY Fontoura - Sem tempo para desfrutar o sucesso de ser Nonô Correia. *O Globo*, 17 jun. 1984.

224 ANGEL, Hildegard. Coluna Por Dentro da TV. *O Globo*, 31 maio 1984.

225 CUNHA, Gustavo. Ary Fontoura lembra passado inusitado: ator já foi cantor em cabaré, engraxate e cozinheiro. *Extra*, 28 fev. 2016. Disponível em: https://extra.globo.com/tv-e-lazer/novela-eta-mundo-bom/ary-fontoura-lembra-passado-inusitado-ator-ja-foi-cantor-em-cabare-engraxate-cozinheiro-18762519.html. Acesso em: 30 dez. 2023.

226 UMA ADOLESCENTE aos 58 anos. *O Globo*, 06 maio 1984.

227 NONÔ Correia, pela primeira vez, não faz economia. *O Globo*, 02 set. 1984.

228 ARY Fontoura - Sem tempo para desfrutar o sucesso de ser Nonô Correia. *O Globo*, 17 jun. 1984.

229 TÁVOLA, Artur da. Moderno e arcaico na Asa Branda de Dias. *O Globo*, 15 jul. 2023.

230 RESGATANDO o País real, esquecido. *O Globo*, 1º ago. 1985.

231 CONFORME definia anúncio publicitário de divulgação de Roque Santeiro. *O Globo*, 23 jun. 1985.

232 VOCÊ Sabia?: Sinhozinho Malta fez venda de perucas aumentar em 80%. Rede Globo. Publicado em 24 dez. 2011. Disponível em: http://redeglobo.globo. com/novidades/noticia/2011/12/voce-sabia-sinhozinho-malta-fez-venda- -de-perucas-aumentar-em-80.html. Acesso em: 03 set. 2023.

233 LAGE, Míriam. O homem brasileiro na pele do Sinhozinho. *Jornal do Brasil*, 11 ago. 1985.

234 UM mito domina uma cidade e comanda suas paixões. *O Globo*, 23 jun. 1985.

235 LAGE, Míriam. O homem brasileiro na pele do Sinhozinho. *Jornal do Brasil*, 11 ago. 1985.

236 BERNARDES, Mara. Sinhozinho decide matar o mito de Asa Branca. *O Globo*, 1º dez. 1985.

237 DIAS Gomes: o criador retoma sua novela. *O Globo*, 25 nov. 1985.

238 NO perigoso jogo de poder, vale tudo, da sedução ao assassinato. *O Globo*, 24 ago. 1986.

239 DA antipatia ao amor. *O Globo*, 21 set. 1986.

240 TÁVOLA, Artur Da. As sutis nuances de Mário Liberato. *O Globo*, 21 set. 1986.

241 BERNARDES, Mara. Mário Liberado desfecha seu golpe contra Renato Villar. *O Globo*, 07 dez. 1986.

242 BERNARDES, Mara. Uma união sem amor que começa gerando violência. *O Globo*, 18 jan. 1987.

243 BERNARDES, Mara. Sonhos simples e distantes das ambições do controverso Mário Liberato. *O Globo*, 09 nov. 1986.

244 BERNARDES, Mara. No meio do suspense, o humor. *O Globo*, 1º fev. 1987.

245 SOUZA, Vera Lúcia de. Cecil, Mário. O astral de fim de século. *O Globo*, 03 mar. 1987.

246 RIVAIS se enfrentam por dinheiro e amor. *O Globo*, 27 abr. 1986.

247 A FELIZ estreia como "maldita" em "Cambalacho". *O Globo*, 23 mar. 1986.

248   A ARTE do trambique com muito humor... e amor. *O Globo*, 09 mar. 1986.

249   NATÁLIA do Valle: Na pele de Andréia, astúcia e sedução. *O Globo*, 23 mar. 1986.

250   ANGEL, Hildegard. Coluna Por Dentro da TV. *O Globo*, 24 jun. 1986.

251   BERNARDES, Mara. Na corrida pelos 100 milhões de dólares, uma morte trágica. *O Globo*, 21 set. 1986.

252   TÁVOLA, Artur da. Cambalacho: Tema vasto, novela rica de situações. *O Globo*, 05 out. 1986.

253   TÁVOLA, Artur da. O teleteatro cresce nos anos 60. *O Globo*, 11 out. 1986.

254   ADAPTADO do original The Children's Hour, de Lillian Hellman. Programa exibido em 29 dez. 1963. Fonte: Relação de Teleteatros apresentados pela TV Tupi. p. 278, Item 1304. Disponível em: http://www.arquiamigos.org.br/info/info28/img/TVTupi-teleteatros.pdf. Acesso em: 2 jan. 2024.

255   PACE, Eliana. Geórgia Gomide: uma atriz brasileira. Coleção Aplauso. Imprensa Oficial do Estado de São Paulo. Publicado em 2008.

256   QUEM é quem. *O Globo*, 05 out. 1986.

257   UM INÍCIO bem-humorado. *O Globo*, 07 set. 1986.

258   ANGEL, Hildegard. Dando santinhos. *O Globo*, 04 abr. 1987.

259   MATTEUCCI, Lenora. Sempre firme na corda bamba. *O Globo*, 23 nov. 1986.

260   MATTEUCCI, Lenora. Sempre firme na corda bamba. *O Globo*, 23 nov. 1986.

261   BERNARDES, Mara. A farsa milionária. *O Globo*, 04 jan. 1987.

262   ANGEL, Hildegard. Coluna Por Dentro da TV. *O Globo*, 23 jan. 1987.

263   FILHO, Eugenio Lyra. Hipertensão - Divertida viagem ao país do faz-de-conta. *O Globo*, 19 abr. 1987.

264   SUED, Ibrahim. Pai e filho querem a mesma mulher na novela das seis. *O Globo*, 13 jan. 1987.

265   BERNARDES, Mara. Opondo ternura à violência para criar um vilão. *O Globo*, 19 jul. 1987.

266   LYRA FILHO, Eugênio. O Talento e o carisma de Joana e Montserrat. *O Globo*, 28 jun. 1987.

267   OLIVEIRA, Vitor de. Série Memória Afetiva - 10 (ou mais) vilãs memoráveis - anos 80. Blog Eu Prefiro Melão. Publicado em 11 jan. 2011. Disponível em: https://euprefiromelao.blogspot.com/2011/01/serie-memoria-afetiva-10-vilas.html. Acesso em: 02 jan. 2024.

268   FUNDAÇÃO Nacional de Artes. Programa Sábado, domingo e Segunda. Disponível em: https://sistema.funarte.gov.br/tainacan/acervo-sergio-britto-digital/programa-sabado-domingo-e-segunda/. Acesso em: 02 jan. 2024.

269 APRENDA rindo que é possível ser feliz em qualquer idade. *O Globo*, 08 nov. 1987.

270 BERNARDES, Mara. Confusões de um triângulo amoroso. *O Globo*, 31 jan. 1988.

271 CHAVES, Débora. Cristina Pereira desafia a ditadura da beleza. *Jornal do Brasil*, 22 ago. 1982.

272 O VESTIDO vermelho de Fedora em Sassaricando. Programa Vídeo Show. *Globoplay*, 21 mar. 2011. Disponível em: https://globoplay.globo.com/v/1437379/. Acesso em: 02 jan. 2024.

273 SASSARICANDO: Morte de Teodora. *Globoplay*, [20--]. Disponível em: https://globoplay.globo.com/v/5070005/. Acesso em: 2 jan. 2024.

274 ENFIM, o poder!. *O Globo*, 08 maio 1988.

275 BERNARDES, Mara. Confusões de um triângulo amoroso. *O Globo*, 31 jan. 1988.

276 ABIRACHED, Milton. Destruindo corações. *O Globo*, 23 fev. 1988.

277 JUSTA, Álvaro; LIMA, Luiz Octávio; QUENTAL, Paula. Os piratas do riso resistem ao ataque. *O Globo*, 09 maio 1988.

278 O GOSTO da vitoria na hora da morte. *O Globo*, 16 out. 1988.

279 RIECHE, Eduardo. Yara Amaral, a operária do teatro. Grupo Editorial Zit, 2017.

280 A VERDADEIRA Fera Radical. *O Globo*, 25 set. 1988.

281 SALLES, Luiza Elisa de. Estréia Radical. *O Globo*, 28 mar. 1988.

282 OSTROVSKY, Ingo. A UDR das seis. *Jornal do Brasil*, 0 abr. 1988.

283 SENNA, Paulo. Fera Radical, de 1988. *O Globo*, 13 out. 2002.

284 YARA Amaral previu seu fim no mar. *O Globo*, 02 jan. 1989.

285 PERSONAGENS de Fera Radical. *Memória Globo*, [20--]. Disponível em: https://memoriaglobo.globo.com/entretenimento/novelas/fera-radical/noticia/personagens.ghtml. Acesso em: 24 set. 2023.

286 LEME, Lucia. Sacudidelas globais. *O Globo*, 09 jun. 1988.

287 FONSECA, Rodrigo. A retomada de uma velha paquera com a direção. *O Globo*, 19 fev. 2011.

288 BERNARDES, Mara. Dos tipos carismáticos a um ambicioso egoísta. *O Globo*, 22 maio 1988.

289 BRAGA, Gilberto; SILVA, Aguinaldo; BASSÈRES, Leonor. Sede de poder ilimitada. *O Globo*, 22 maio 1988.

290 JAIME, Leo. A face má do galã. *O Globo*, 9 jul. 1988.

291 VALE Tudo - Capítulo 130. *Globoplay*, [20--]. Disponível em: https://globoplay.globo.com/v/7981049/. Acesso em: 31 mar. 2024.

292 ABIRACHED, Milton. Quem não matou?. *O Globo*, 30 nov. 1988.

293 O "SIM" de Marco Aurélio e Leila. *O Globo*, 25 set. 1988.

294 ENTRE ricos e vilões. *O Globo*, 09 out. 1988.

295 ISENSEE, Filipe; CUNHA, Gustavo. Reginaldo Faria lembra o desfecho marcante de "Vale Tudo": "A cena da banana foi a mais contundente". *Extra*, 7 out. 2015. Disponível em: https://extra.globo.com/tv-e-lazer/reginaldo-faria-lembra--desfecho-marcante-de-vale-tudo-cena-da-banana-foi-mais-contun-dente-17706122.html. Acesso em: 07 fev. 2024.

296 CHACEL, Cristina. Crise econômica chega à novela das oito. *O Globo*, 31 jul. 1988.

297 DUMAR, Deborah. Vale-tudo na novela das oito. *O Globo*, 27 abr. 1988.

298 CEZIMBRA, Márcia. As duas faces do sucesso. *Jornal do Brasil*, 21 maio 1988.

299 VAREJÃO, Claudia. No ar, mais uma ficção realista de Aguinaldo. *O Globo*, 19 maio 1988.

300 SPITZ, Eva. Olha só a nova Regina. *O Globo*, 20 abr. 1988.

301 CELESTINO, Helena. NOVELA "Vale tudo" vira febre na ilha de Fidel. Jornal O Globo Publicado em 22 mar. 1993.

302 UM PLANO diabólico afasta Ivan de Raquel. *O Globo*, 17 jul. 1988.

303 CHANTAGEM. *O Globo*, 28 ago. 1988.

304 FARSA. *O Globo*, 04 set. 1988.

305 VILÃ já não assusta. Jornal O Dia. Publicado em 16 out. 1988.

306 PEDROSO, João Carlos. O fim de Fátima. *O Globo*, 1º nov. 1988.

307 PEDROSO, João Carlos. O fim de Fátima. *O Globo*, 1º nov. 1988.

308 PRADO, Alex Fernando. Oposto de Fátima. *O Globo*, 22 out. 1988.

309 BERNARDES, Mara. A difícil arte de fazer o mal. *O Globo*, 27 nov. 1988.

310 VILÃ já não assusta. Jornal O Dia. Publicado em 16 out. 1988.

311 VALE Tudo: Raquel rasga o vestido de noiva de Maria de Fátima. *Globoplay*, [20--]. Disponível em: https://globoplay.globo.com/v/2674233/. Acesso em: 10 fev. 2024.

312 DE madame a gata borralheira. *O Globo*, 06 nov. 1988.

313 A ÚLTIMA porta se fecha para Fátima. *O Globo*, 13 nov. 1988.

314 VALE Tudo: Maria de Fátima é presa pela morte de Odete Roitman. Programa Vídeo Show. *Globoplay*, [20--]. Disponível em: https://globoplay.globo.com/v/2432991/. Acesso em: 10 fev. 2004.

315 ALONSO, Paulo. Vale tudo nos salões do Copa. *O Globo*, 02 jan. 1989.

316 AGORA, a verdade de cada um. *O Globo*, 1º jan. 1989.

317 PESSOA, Isa. Três em um. *O Globo*, 05 nov. 1988.

318 SPITZ, Eva. Beatriz à vontade. *O Globo*, 19 set. 1988.

319 BERNARDES, Mara. Com Odete, a arte da maldade. *O Globo*, 16 out. 1988.

320 SALLES, Luzia Elisa de. Odete sem ódio. *O Globo*, 09 ago. 1988.

321 SALLES, Luzia Elisa de. Odete sem ódio. *O Globo*, 09 ago. 1988.

322 NAHAZ, Tetê. Nova Raquel é curtição. *O Globo*, 16 ago. 1988.

323 MAIONESE envenenada! Relembre cena de Vale Tudo. *Globoplay*, [20--]. Disponível em: https://globoplay.globo.com/v/4278235/. Acesso em: 12 mar. 2024.

324 AGORA, a verdade de cada um. *O Globo*, 1º jan. 1989.

325 O ÚLTIMO dia de Odete. *O Globo*, 24 dez. 1998.

326 PEDRO Paulo: "Poliana podia ser o assassino". *O Globo*, 03 jan. 1989.

327 NAHAZ, Tetê. Nova Raquel é curtição. *O Globo*, 16 ago. 1988.

328 ABIRACHED, Milton. Quem não matou?. *O Globo*, 30 nov. 1988.

329 MILLEN, Manya. Assassino foge da imprensa. *O Globo*, 06 jan. 1989.

330 ABEL, Ana. A vez dos vilões. *O Globo*, 18 dez. 1988.

331 NAHAZ, Tetê. Agruras de Beatriz Segall. *O Globo*, 06 jan. 1989.

332 VEJA os bastidores do assassinato de Odete Roitman. Globoplay. Disponível em: https://globoplay.globo.com/v/2435142/. Acesso em: 11 mar. 2024.

333 MILLEN, Manya. Assassino foge da imprensa. *O Globo*, 06 jan. 1989.

334 NEVES, Tânia. Três tiros e uma suspeita. *O Globo*, 23 dez. 1988.

335 LEME, Lúcia. Recorde na TV. *O Globo*, 18 nov. 1988.

336 BERNARDES, Mara. Odete Roitman morta: Quem é o assassino?. *O Globo*, 04 dez. 1988.

337 NAHAZ, Tetê. A volta de Vera. *O Globo*, 10 nov. 1988.

338 INDECISA. *Jornal do Brasil*, 18 nov. 1988.

339 ALMEIDA, Miguel de. Lauro vira a mesa. *O Globo*, 07 jan. 1989.

340 FRANCO, Fernanda. Tráfico e Prisão. Começa "O Resgate". *O Globo*, 27 nov. 1988.

341 CRISE. *Jornal do Brasil*, 09 nov. 1988.

342 ELENCO da novela está definido. Jornal O Dia. Publicado em 04 dez. 1988.

343 MILLEN, Manya. Galã caboclo. *O Globo*, 20 jan. 1989.

344 SANT'ANNA, Ivan. Meu Clássico. *O Globo*, 09 dez. 2000.

345 LUIS Gustavo. *Memória Globo*, 28 out. 2021. Disponível em: https://memoria-globo.globo.com/perfil/luis-gustavo/noticia/luis-gustavo.ghtml. Acesso em: 30 dez. 2023.

346 O SALVADOR da Pátria: Juca Pirama. *Globoplay*, [20--]. Disponível em: https://globoplay.globo.com/v/2671834/. Acesso em: 30 dez. 2023.

347 O SALVADOR da Pátria - Capítulo 15. *Globoplay*, 24 jan. 1989. Disponível em https://globoplay.globo.com/v/9446185/?s=0s. Acesso em: 30 dez. 2023.

348 BERNARDES, Mara. Severo e Sassá na luta pelo poder. Publicado em 23 jul. 1989.

349 RODRIGUES, Macedo. Encurralada. *O Globo*, 02 ago. 1989.

350 ASSASSINATO de PC Farias. *Memória Globo*, 28 out. 2021. Disponível em: https://memoriaglobo.globo.com/jornalismo/coberturas/assassinato-de-pc-farias/noticia/assassinato-de-pc-farias.ghtml. Acesso em: 30 dez. 2023.

351 OLIVEIRA SOBRINHO, José Bonifácio de. O Livro do Boni. Editora Casa da Palavra. Publicado em 2011.

352 A MAGIA do século XVIII em 1989. *O Globo*, 12 fev. 1989.

353 KAPLAN, Sheila. Caretas de rei. *O Globo*, 18 fev. 1989.

354 LIMA, Denise. Brasil, a novela. *O Globo*, 13 fev. 1989.

355 BERNARDES, Mara. Bruxarias de um jovem ator. *O Globo*, 21 maio 1989.

356 MARTINS, Christina. Luta pelo poder. *O Globo*, 26 jun. 1989.

357 MARTINS, Christina. Luta pelo poder. *O Globo*, 26 jun. 1989.

358 REVISTA da Tevê. *O Globo*, 26 mar. 1989.

359 KAPLAN, Sheila. Caretas de rei. *O Globo*, 18 fev. 1989.

360 BERNARDES, Mara. Bruxarias de um jovem ator. *O Globo*, 21 maio 1989.

361 VIEIRA, Gustavo. Lente Xereta. *O Globo*, 21 abr. 1989.

362 ALONSO, Paulo. Tereza Rachel, uma "rainha" sempre querida por seu público. *O Globo*, 26 jun. 1989.

363 BERNARDES, Mara; SALLES, Marcos. Diversão com a Rainha má e bufona. *O Globo*, 19 fev. 1989.

364 NEVES, Tânia. Banquete real. *O Globo*, 10 ago. 1989.

365 BERNARDES, Mara; SALLES, Marcos. Diversão com a Rainha má e bufona. *O Globo*, 19 fev. 1989.

366 REVISTA da Tevê. *O Globo*, 02 abr. 1989.

367 MAUAD, Isabel Cristina. A Rainha Pornô. *O Globo*, 27 mar. 1989.

368 MAIS um Conselheiro Corrupto. *O Globo*, 28 maio 1989.

369 RODRIGUES, Macedo. Cômica Baronesa. *O Globo*, 07 jul. 1989.

370 BERNARDES, Mara. Dercy, a Baronesa devassa. *O Globo*, 09 jul. 1989.

371 TEREZA Rachel: uma rainha no reino da TV. *O Globo*, 09 jul. 1989.

372 NAHAZ, Tetê. Linguagem dos surdos. *O Globo*, 27 jun. 1989.

373 MÁGICA de verdade. *O Globo*, 09 jul. 1989.

374 RODRIGUES, Macedo. Ilusão de Ótica. *O Globo*, 12 ago. 1989.

375 MILLEN, Manya. Bruxa cômica. *O Globo*, 03 nov. 1989.

376 NAHAZ, Tetê. Entretanto.... *O Globo*, 05 dez. 1989.

377 MARTINS, Eliane. A difícil arte de virar megera e fazer sucesso. *O Globo*, 18 mar. 1990.

378 BANHEIRA, Sushi Erótico, PCC: a guerra de audiência entre Faustão e Gugu. *Uol*,08 out. 2023. Disponível em: https://www.uol.com.br/splash/noticias/2023/10/08/faustao-x-gugu-como-era-a-guerra-pela-audiencia-aos-domingos-na-televisao.htm. Acesso em: 27 mar. 2024.

379 TODO dia é dia de agenda cultural na Globo. *Jornal do Brasil*, 26 mar. 1994.

380 ARRUDA, Lilian. "Barrados" ganha sua versão rap. *O Globo*, 03 dez. 1994.

381 DAPIEVE, Arthur. Maria Regina - Ou, "Por que a maldade dá tanto ibope no Brasil". *O Globo*, 27 ago. 1999.

382 SONHOS para todo o Brasil através da TV. *O Globo*, 20 jul. 1995.

383 CARNEIRO, Marcelo. A prioridade é para as produções da Globo. *O Globo*, 13 out. 1990.

384 REDE Globo inaugura o Projac. *O Globo*, 03 out. 1995.

385 GLOBO finaliza maiores estúdios do mundo. *Folha de S. Paulo*. Publicado em 28 abr. 1995. Disponível em: https://www1.folha.uol.com.br/fsp/1995/4/28/ilustrada/5.html. Acesso em: 26 mar. 2024.

386 LIMA, Andréa de. Novela mexicana amplia seu sucesso. *Folha de S. Paulo*, 05 set. 1999. Disponível em: https://www1.folha.uol.com.br/fsp/tvfolha/tv05099916.htm. Acesso em: 27 mar. 2024.

387 BASTIDORES de Chiquititas. Teledramaturgia, [20--]. Disponível em: https://teledramaturgia.com.br/chiquititas-1997/. Acesso em: 27 mar. 2024.

388 ARRUDA, Lilian; MAGALHÃES, Simone. "Faroeste-feijoada" no horário das seis. *O Globo*, 02 out. 1994.

389 CEZIMBRA, Marcia. O Brasil inteiro vai novamente dançar. *O Globo*, 14 set. 1997.

390 FRAGA, Plínio. Para Glória, novelas vão mal. *Folha de S. Paulo*, 18 out. 1992.

391 A LUTA de duas leoas poderosas. *O Globo*, 1º abr. 1990.

392 MARTINS, Eliane. A "negociata" é casar. *O Globo*, 27 maio 1990.

393 LIMA, Denise. A corrida do ouro recomeça. *O Globo*, 27 dez. 1989.

394 LENCASTRE, Carla. Chorando se foi.... *O Globo*, 12 dez. 1990.

395 CORDOVIL, Luciléa. A vilã de Rainha da Sucata. Jornal O Dia. Publicado em 22 abr. 1990.

396 MARTINS, Eliane. As dificuldades e o orgulho de ser vilã. *O Globo*, 26 ago. 1990.

397 MALAVOLTA, Luiz Antonio. O trágico fim de uma megera. *O Globo*, 08 out. 1990.

398 MALAVOLTA, Luiz Antonio. O trágico fim de uma megera. *O Globo*, 08 out. 1990.

399 MARTINS, Eliane. Laurinha, má até o fim. *O Globo*, 07 out. 1990.

400 MARTINS, Eliane. Laurinha, má até o fim. *O Globo*, 07 out. 1990.

401 NEPOMUCENO, Rosa. Cinema no horário nobre. *O Globo*, 16 jun. 1990.

402 DIA de festa e elogios. *O Globo*, 08 abr. 1990.

403 RAINHA da Sucata. *Teledramaturgia*, [20--]. Disponível em: http://teledrama-turgia.com.br/rainha-da-sucata/. Acesso em: 05 dez. 2023.

404 MILLEN, Manya. O fantasma de Heleninha. *O Globo*, 07 maio 1990.

405 COLUNA A Semana. *O Globo*, 27 maio 1990.

406 E O TIRO saiu pela culatra. *O Globo*, 02 set. 1990.

407 DANIEL Filho, um vilão assumido. *Jornal O Dia*, 02 set. 1990.

408 HORRORES do passado. *O Globo*, 07 out. 1990.

409 DANIEL Filho, um vilão assumido. *Jornal O Dia*, 02 set. 1990.

410 MUNIZ, Hélio. A musa da Boca do lixo. *O Globo*, 11 jul. 1990.

411 MUNIZ, Hélio. A musa da Boca do lixo. *O Globo*, 11 jul. 1990.

412 NAHAZ, Tetê. Luta em Amor e ódio. *O Globo*, 28 set. 1990.

413 MARTINS, Eliane. Do sucesso na moda à estaca zero na TV. *O Globo*, 04 nov. 1990.

414 EU quero melão! Relembre frase clássica de Dom Lázaro, em Meu Bem, Meu Mal. Programa Vídeo Show. *Globoplay*, 18 out. 2012. Disponível em: https://globoplay.globo.com/v/2196270/ Acesso em: 15 set. 2023.

415 LEME, Lúcia. Xuxa convida Silvia Pfeifer. *O Globo*, 03 maio 1991.

416 MARTINS, Eliane. O destino dos personagens. *O Globo*, 05 maio 1991.

417 UM Fagundes Nova-iorquino. *O Globo*, 17 maio 1991.

418 ALMEIDA, Livia de. Um escritor de bem com a tradição. *O Globo*, 27 fev. 1991.

419 MUNIZ, Helio. Triunfo de Felipe Roitman. *O Globo*, 29 maio 1991.

420 MARTINS, Eliane; MAGALHÃES, Simone. O "pavão" arrogante está de volta. *O Globo*, 15 dez. 1991.

421 LEME, Lúcia. O "carrossel" de Gilberto. *O Globo*, 04 jan. 1992.

422 TERROR é o molho da trama. *O Globo*, 14 jul. 1991.

423 JACAREPAGUÁ escolhe a Garota Vamp. *O Globo*, 23 jan. 1992.

424 NEY Latorraca revela que custou a aceitar papel em Vamp. Programa Conversa com Bial. *Globoplay*, 02 abr. 2021. Disponível em https://globoplay.globo.com/v/9405179/. Acesso em: 30 maio 2023.

425 APOLINÁRIO, Sônia. Ney Latorraca vai virar cachorro em Vamp. *Folha de S. Paulo*, 28 jun. 1991.

426 MUSICAL Vamp com Cláudia Ohana e Ney Latorraca, estreia em São Paulo. *G1*, 15 set. 2017. Disponível em: https://g1.globo.com/sao-paulo/blog/o-que-fazer-em-sao-paulo/post/musical-vamp-com-claudia-ohana-e-ney-latorraca-estreia-em-sao-paulo.html. Acesso em: 15 abr. 2024.

427 À VONTADE no papel de Vlad. *O Globo*, 14 jul. 1991.

428 MARTINS, Eliane. As muitas batalhas do bem contra o mal. *O Globo*, 02 fev. 1992.

429 HENRIQUE, Cláudio. O "big-bang" da televisão. *O Globo*, 20 dez. 1991.

430 O DESAFIO de viver a ciumenta Débora. *O Globo*, 20 out. 1991.

431 FERNANDES, Cristina. No Rio, festa com os índices de audiência. *O Globo*, 09 out. 1991.

432 O DESAFIO de viver a ciumenta Débora. *O Globo*, 20 out. 1991.

433 HENRIQUE, Cláudio. O "big-bang" da televisão. *O Globo*, 20 dez. 1991.

434 SOUZA, Ana Cláudia. Débora em busca de maturidade. *Jornal do Brasil*, 24 nov. 1991.

435 CORAJOSA. *O Globo*, 1º dez. 1991.

436 ESQUENAZI, Rose. Crueldade de Débora é o novo desafio de Viviane. *Jornal do Brasil*, 09 fev. 1992.

437 FELICIDADE. *Teledramaturgia*, [20--]. Disponível em: http://teledramaturgia.com.br/felicidade/. Acesso em: 19 dez. 2023.

438 PERSONAGENS de Pedra sobre Pedra. *Memória Globo*, 29 out. 2021. Disponível em: https://memoriaglobo.globo.com/entretenimento/novelas/pedra-sobre-pedra/noticia/personagens.ghtml. Acesso em: 08 dez. 2023.

439 A SAGA de Resplendor. *O Globo*, 05 jan. 1992.

440 FERREIRA, Adriana. Caras e bocas de um forasteiro. *O Globo*, 10 fev. 1992.

441 MARTINS, Eliane; SALLES, Marcos. Os crimes de dois vilões adoráveis. *O Globo*, 19 jul. 1992.

442 MARTINS, Eliane. Morte em Resplendor. *O Globo*, 19 jan. 1992.

443 ANDRADE, Patrícia. O mistério paira sobre Resplendor. *O Globo*,

444 ANDRADE, Patrícia. Resplendor ganha um "Felipe Barreto" de saias. *O Globo*, 22 jan. 1992.

445 LEME, Lúcia. Sem título. *O Globo*, 19 mar. 1992.

446 BASTIDORES de Despedida de Solteiro. *Memória Globo*, 29 out. 2021. Disponível em: https://memoriaglobo.globo.com/entretenimento/novelas/despedida--de-solteiro/noticia/bastidores.ghtml. Acesso em: 15 jan. 2024.

447 BEM-VINDOS, "muchachos". *O Globo*, 19 abr. 1992.

448 UM CRIME transformando vidas da noite para o dia. *O Globo*, 31 maio 1992.

449 MARTINS, Eliane. Sérgio Santarém, um vilão vitorioso. *O Globo*, 14 jun. 1992.

450 MARTINS, Eliane. Sérgio Santarém, um vilão vitorioso. *O Globo*, 14 jun. 1992.

451 PINTO, Marcus Barros. Lucinha Lins: na novela e na vida, mãe em dois estilos. *O Globo*, 11 out. 1992.

452 SÉRGIO acaba em Carandiru. *O Globo*, 10 jan. 1993.

453 SÉRGIO acaba em Carandiru. *O Globo*, 10 jan. 1993.

454 VIVEIROS, Virgínia. Sérgio Santarém vai, enfim, para a cadeia. *O Globo*, 13 jan. 1993.

455 REVEJA o último capítulo de Despedida de solteiro (1993) no Túnel do Tempo. *Globoplay*, 29 jan. 2013. Disponível em: https://globoplay.globo.com/v/2374098/. Acesso em: 15 jan. 2024.

456 TRAPALHADAS celestiais. *O Globo*, 30 ago. 1992.

457 FERREIRA, Adriana. Com jeito de "Sessão da tarde". *O Globo*, 31 ago. 1992.

458 BARBIERI, Cristiane. Reverso da fortuna, um "Deus nos acuda". *O Globo*, 16 jun. 1992.

459 MARTINS, Eliane. De cabelos brancos, mas ainda um galã. *O Globo*, 26 jul. 1992.

460 QUEM é quem. *O Globo*, 30 ago. 1992.

461 MAGALHÃES, Tânia. Uma secretária obcecada pelo poder. Jornal O Dia. Publicado em 13 set. 1992.

462 TAVARES, Helena. Novela imita a realidade e coloca as secretárias no centro do poder. *Jornal do Brasil*, 12 set. 1992.

463 MAGALHÃES, Simone. A carta que anda de mão em mão. *O Globo*, 10 jan. 1993.

464 MAGALHÃES, Tânia. Danilo dispara contra Elvira. Jornal O Dia. Publicado em 13 dez. 1992.

465 MAGALHÃES, Simone. Elvira escapa da morte e se casa com Otto. *O Globo*, 20 dez. 1992.

466 EM busca do Otto perdido. *O Globo*, 17 jan. 1993.

467 CUOCO, recuperado, volta à novela. *O Globo*, 24 jan. 1993.

468 COHEN, Sandra. Fase mítica atrai Marieta. *O Globo*, 28 maio 1993.

469 A LEOA entra em cena. *O Globo*, 29 nov. 1992.

470 A LEOA entra em cena. *O Globo*, 29 nov. 1992.

471 VIVEIROS, Virginia. Briga em família no fim da tarde. *O Globo*, 24 jan. 1993.

472 VIVEIROS, Virginia. Mulheres brigam pela areia. *O Globo*, 15 jan. 1993.

473 VIVEIROS, Virginia. Duas noivas para uma só cerimônia. *O Globo*, 10 jan. 1993.

474 VIVEIROS, Virginia. Núpcias em clima de velório. *O Globo*, 28 fev. 1993.

475 VIVEIROS, Virgínia. Tecnologia para duplicar Glória. *O Globo*, 06 dez. 1992.

476 VIVEIROS, Virginia. A volta da megera. *O Globo*, 16 maio 1993.

477 VIVEIROS, Virgínia. Raquel vira fantasma para assustar Da Lua. *O Globo*, 27 jun. 1993.

478 ANDRADE, Patrícia. Coluna TV. *O Globo*, 17 ago. 1993.

479 ARNAUD, Deyse. Hollywood na novela das seis. *O Globo*, 07 dez. 1992.

480 ANDRADE, Patrícia. Missão cumprida. *O Globo*, 29 ago. 1993.

481 VIVEIROS, Virginia; PINTO, Marcus Barros. Seis vezes gênio do mal. *O Globo*, 31 jan. 1993.

482 O ESPANTALHO. *Teledramaturgia*, [20--]. Disponível em: http://teledramaturgia. com.br/o-espantalho/. Acesso em: 28 nov. 2003.

483 VIVEIROS, Virginia; PINTO, Marcus Barros. Seis vezes gênio do mal. *O Globo*, 31 jan. 1993.

484 VIVEIROS, Virginia. Duas noivas para uma só cerimônia. *O Globo*, 10 jan. 1993.

485 TAVARES, Helena. Um vilão que ninguém detesta. *Jornal do Brasil*, 7 ago. 1993.

486 VIVEIROS, Virginia. "Strip-tease" de presente de aniversário para o pai. *O Globo*, 1º nov. 1992.

442

487 VIVEIROS, Virginia. Fantasiada para matar. *O Globo*, 05 set. 1993.

488 RENASCER: bordão clássico do vilão de José Wilker surgiu de improviso. *Gshow*, 8 nov. 2023. Disponível em: https://Gshow.globo.com/novelas/renascer/noticia/renascer-bordao-classico-do-vilao-de-jose-wilker-surgiu-de-improviso. ghtml. Acesso em: 17 fev. 2024.

489 APOLINÁRIO, Sônia. Diretor de "Renascer" não quer naturalismo. *O Globo*, 10 mar. 1993.

490 LIMA, Eduardo Souza. A estranha preguiça de Wilker. *O Globo*, 10 abr. 1993.

491 ENTREVISTA com José Wilker. *Jornal do Brasil*, 20 mar. 1993.

492 MOURA, Júlio. Wilker e Falabella montam "Mephisto". *O Globo*, 29 jan. 1993.

493 MOURA, Júlio. Um demônio expressionista. 5 fev. 1993.

494 RENASCER - Capítulo 2. *Globoplay*, 9 mar. 1993. Disponível em: https://globoplay.globo.com/v/9818682/. Acesso em: 17 fev. 2024.

495 ENTREVISTA com José Wilker. *Jornal do Brasil*, 20 mar. 1993.

496 ENTREVISTA com José Wilker. *Jornal do Brasil*, 20 mar. 1993.

497 ENTREVISTA com José Wilker. *Jornal do Brasil*, 20 mar. 1993.

498 MAGALHÃES, Simone. A viagem para o sobrenatural. *O Globo*, 12 mar. 1994.

499 MAGALHÃES, Simone. Vingança, duelos e espíritos às sete. *O Globo*, 3 abr. 1994.

500 MAGALHÃES, Simone. A luz num pântano de dor e sofrimento. *O Globo*, 28 maio 1994.

501 NÚCLEOS de A Viagem. *Teledramaturgia*, [20--]. Disponível em: https://teledramaturgia.com.br/a-viagem-1994/. Acesso em: 06 fev. 2024.

502 SEGREDOS unem Cacau e Guiga. *O Globo*, 14 ago. 1994.

503 SEGREDOS unem Cacau e Guiga. *O Globo*, 14 ago. 1994.

504 MAGALHÃES, Simone. Termina a viagem de Dinah e Otávio. *O Globo*, 04 out. 1994.

505 MATIAS, Karina. Com volta de "A Viagem", Guilherme Fontes cita memes: "Alexandre é o conselheiro do Bolsonaro". Folha de S. Paulo. Publicado em 21 dez. 2020. Disponível em: https://f5.folha.uol.com.br/televisao/2020/12/com-volta-de-a-viagem-guilherme-fontes-cita-memes-alexandre-e-o--conselheiro-do-bolsonaro.shtml. Acesso em: 06 fev. 2024.

506 VIVEIROS, Virginia. O vilão seduz o mocinho. *O Globo*, 22 maio 1994.

507 HADDAD, Naief. Selton Mello lança biografia e conta como superou trauma com a balança. *Folha de S. Paulo*, 23 dez. 2023. Disponível em: https://www1.folha.uol.com.br/ilustrada/2023/12/selton-melo-lanca-biografia-e-conta-como-superou-trauma-com-o-seu-corpo-e-a-balanca.shtml#:~:text=Selton%20

Mello%20est%C3%A1%20prestes%20a,sim%20o%20tempo%20de%20carreira. Acesso em: 23 jan. 2024.

508 VIVEIROS, Virginia. O vilão seduz o mocinho. *O Globo*, 22 maio 1994.

509 VIVEIROS, Virginia. O vilão seduz o mocinho. *O Globo*, 22 maio 1994.

510 ANDRADE, Patrícia. Um duelo de gatos em "Tropicaliente". *O Globo*, 17 maio 1994.

511 SELTON já começa a gravar a das oito. *O Globo*, 11 dez. 1994.

512 MARTINO, Telmo. Decisão de repartir o cabelo. *O Globo*, 23 nov. 1994.

513 ARRUDA, Lilian. Açucena escolhe Franchico. *O Globo*, 11 dez. 1994.

514 PÁTRIA Minha: Racismo entre patrão e empregado. *Globoplay*, 5 abr. 2017. Disponível em: https://globoplay.globo.com/v/3503445/. Acesso em: 18 ago. 2023.

515 ANDRADE, Patrícia. A maldade do trio Roitman. *O Globo*, 18 jul. 1994.

516 APOLINÁRIO, Sônia. Eternamente apaixonado... por novelas. *O Globo*, 12 jun. 1994.

517 ALZER, Luiz André; ANDRADE, Patrícia. Vale tudo pela pátria. *O Globo*, 20 abr. 1994.

518 APOLINÁRIO, Sônia. Segredos e romances à vista. *O Globo*, 14 ago. 1994.

519 NICÁCIO, Jomar. Preconceito explode em "Pátria Minha". *O Globo*, 30 out. 1994.

520 ARRUDA, Lilian. A face ressentida de um herói nacional. *O Globo*, 20 nov. 1994.

521 LIMA, Roni. Aracy Balabanian faz sucesso na pele da implacável Filomena. *Folha de S. Paulo*, 04 jun. 1995.

522 LIMA, Roni. Aracy Balabanian faz sucesso na pele da implacável Filomena. *Folha de S. Paulo*, 04 jun. 1995.

523 APOLINÁRIO, Sônia. Atriz defende sua poderosa chefona. Jornal O Estado de S. Paulo. Publicado em 1º out. 1995.

524 APOLINÁRIO, Sônia. Atriz defende sua poderosa chefona. Jornal O Estado de S. Paulo. Publicado em 1º out. 1995.

525 TRAMA policial: hora certa para estrear como vilã. *O Globo*, 15 mar. 1995.

526 ANTENORE, Armando. Feministas condenam agressão a Isabela. *Folha de S. Paulo*, 22 out. 1995.

527 SOUTO, Luíza. "Espancada porque traiu": Ohana comenta violências de A Próxima Vítima. Site UOL Universal. Disponível em: https://www.uol.com.br/universa/noticias/redacao/2022/09/30/claudia-ohana-sobre-violencia-em-a-proxima-vitima-hoje-nao-escreveriam.htm. Publicado em 30 set. 2022. Acesso em: 09 jul. 2023.

528 LIMA, Roni. Globo quer recuperar audiência com novela. *Folha de S. Paulo*, 13 mar. 1995.

529   FERNANDES, Lilian. Final de "A Próxima Vítima" pode ser ao vivo. *O Globo*, 08 out. 1995.

530   É hoje. *Jornal do Brasil*, 03 nov. 1995.

531   ANDRADE, Patrícia; REIS, Renata. Claudia Raia entra no final de "Próxima Vítima". *O Globo*, 02 nov. 1995.

532   REIS, Renata. Dia de agarrar o vilão. *O Globo*, 03 nov. 1995.

533   ESTREIA a novela que substitui "A Próxima Vítima" na Rede Globo. *Folha de S. Paulo*, 7 nov. 1995.

534   COURI, Daniel. A trilha não oficial de A Gata Comeu e outras novelas. Site Porcos, Elegantes e Doninhas. Disponível em: http://porcoselefantesedoninhas. blogspot.com/2016/11/a-trilha-nao-oficial-de-gata-comeu-e.html. Acesso em: 09 ago. 2023.

535   BRAVO, Zean. Lilia Cabral volta ao ar em "Fuzuê" e relembra personagem em "História de amor": "Pude mostrar um outro lado". Extra. Publicado em 07 jun. 2023. Disponível em: https://extra.globo.com/blogs/telinha/post/2023/06/ lilia-cabral-volta-ao-ar-em-fuzue-e-relembra-personagem-em-historia- -de-amor-pude-mostrar-um-outro-lado.ghtml. Acesso em: 17 set. 2023.

536   SHEILA, a vilã de "História de Amor". *O Globo*, 27 ago. 1995.

537   FERNANDES, Lilian. Paula volta e Sheila ataca. *O Globo*, 20 ago. 1995.

538   RODÍZIO amoroso em "História de amor". *O Globo*, 15 out. 1995.

539   SCHWARTSMAN, Annette. Osmar Prado vira Hitler e assina contrato com o SBT. *Folha de S. Paulo*, 28 nov. 1993.

540   MICHELAZZO, Luiz Augusto. Osmar Prado fará seu primeiro vilão. *O Globo*, 30 abr. 1995.

541   SINOPSE de Sangue do Meu Sangue. *Teledramaturgia*, [20--]. Disponível em: https://teledramaturgia.com.br/sangue-do-meu-sangue-1995/. Acesso em: 14 jan. 2024.

542   COSTA, Luiz. Astro do SBT solta o verbo em defesa do "Sangue do meu San- gue". *Jornal O Estado de S. Paulo*, 17 set. 1995.

543   RIBEIRO, Marili. Vilão bota a novela no bolso. *Jornal do Brasil*, 05 ago. 1995.

544   SCALZO, Mariana. SBT completa 14 anos tentando recuperar audiência de novela. *Jornal Folha de São Paulo*, 20 ago. 1995.

545   MOUSSE, Simone. Sinto prazer nas cenas de açoite. *O Globo*, 08 out. 2006.

546   BASTIDORES de Sangue do Meu Sangue. *Teledramaturgia*, [20--]. Disponível em: https://teledramaturgia.com.br/sangue-do-meu-sangue-1995/. Acesso em: 14 jan. 2024.

547   COSTA, Luiz. Astro do SBT solta o verbo em defesa do "Sangue do meu San- gue". *Jornal O Estado de S. Paulo*, 17 set. 1995.

548 COSTA, Luiz. Astro do SBT solta o verbo em defesa do "Sangue do meu Sangue". *Jornal O Estado de S. Paulo*, 17 set. 1995.

549 A DESCOBERTA de uma vilã perfeita. *O Globo*, 06 out. 1996.

550 SOUZA, Ana Claudia; JARDIM, Vera. Drica Moraes (Manchete) e Cristiana Oliveira (Globo) brilham com papéis fora de seu perfil tradicional. *Jornal do Brasil*, 12 out. 1996.

551 É RUIM, hein! *Jornal do Brasil*, 17 maio 1997.

552 SOUZA, Ana Claudia; JARDIM, Vera. Drica Moraes (Manchete) e Cristiana Oliveira (Globo) brilham com papéis fora de seu perfil tradicional. *Jornal do Brasil*, 12 out. 1996.

553 CORRÊA, Elena. A mais nova versão de "Xica da Silva". *O Globo*, 15 set. 1996.

554 ANDRADE, Patrícia; REIS, Renata. "Xica" em alta. *O Globo*, 19 set. 1996.

555 DRICA Moraes além da comédia. *Jornal do Brasil*, 16 jan. 1997.

556 HELIODORA, Barbara. Humor e decadência. *O Globo*, 09 set. 1995.

557 SALSA e Merengue. *Teledramaturgia*, [20--]. Disponível em: https://teledramaturgia.com.br/salsa-e-merengue/. Acesso em: 21 ago. 2023.

558 PERSONAGENS de Salsa e Merengue. *Memória Globo*. Disponível em: https://memoriaglobo.globo.com/entretenimento/novelas/salsa-e-merengue/noticia/personagens.ghtml. Acesso em: 25 jan. 2024.

559 KOGUT, Patrícia. Nota Dez. *O Globo*, 30 mar. 1997.

560 FERREIRA, Mauro. Bodas de ouro de uma verdadeira diva. *O Globo*, 16 fev. 1997.

561 KOGUT, Patrícia. Nota Dez. *O Globo*, 15 nov. 1996.

562 PATERNIDADES vêm à tona em "Salsa e merengue". *O Globo*, 24 nov. 1996.

563 GUILHERME pede perdão a Bárbara e morre do coração. *O Globo*, 12 jan. 1997.

564 FERREIRA, Mauro. Bodas de ouro de uma verdadeira diva. *O Globo*, 16 fev. 1997.

565 PERRONE, Ana Cristina. Diferente, mas com um sabor muito especial. *O Globo*, 27 abr. 1997.

566 FERREIRA, Mauro. Bodas de ouro de uma verdadeira diva. *O Globo*, 16 fev. 1997.

567 INTRATOR, Simone. Paisagens indomadas. *O Globo*, 20 fev. 1997.

568 ÍRIS e Alice partem para Greenville. Fina Estampa - Edição Especial. *Globoplay*, 16 set. 2020. Disponível em: https://globoplay.globo.com/v/8862522/. Acesso em: 18 set. 2023.

569 SENNA, Paulo. Eva Wilma dá olé em "A Indomada". *Jornal do Brasil*, 29 jul. 1997.

570 NO universo greenvillense vale tudo.... *O Globo*, 03 ago. 1997.

571 STEEN, Edla Van. Eva Wilma, Arte e Vida. Coleção Aplauso. *Imprensa Oficial do Estado de São Paulo*, 2006.

572 ALTIVA faz cair um raio, mas Dinorah consegue se casar. *O Globo*, 15 jun. 1997.

573 JUNQUEIRA, Eduardo. Na hora de adeus. *Revista Veja*, 27 ago. 1997.

574 PELA felicidade geral de Greenville. *O Globo*, 14 set. 1997.

575 HORA de pegar lupa e seguir as pistas. *O Globo*, 25 maio 1997.

576 O AMOR explode na noite de lua dupla. *O Globo*, 13 abr. 1997.

577 HORA de pegar lupa e seguir as pistas. *O Globo*, 25 maio 1997.

578 CEZIMBRA, Marcia. As manias da mulher malvada. *O Globo*, 09 nov. 1997.

579 CEZIMBRA, Marcia. As manias da mulher malvada. *O Globo*, 09 nov. 1997.

580 CORRÊA, Helena; ANTUNES, Elizabete. Cresce o ódio de Branca em "Por Amor". *O Globo*, 14 dez. 1997.

581 VALLADARES, Ricardo. A Malvada da Hora. *Revista Veja*, 25 mar. 1998.

582 FERNANDES, Lilian. Em busca da fórmula da felicidade. *O Globo*, 03 maio 1998.

583 AS DONAS do tablado. *O Globo*, 24 jan. 1998.

584 "DONA da história" com 20%. *O Globo*, 20 mar. 1998.

585 TARTAGLIA, Cesar; NEVES, Tania. Coluna Pessoas. *O Globo*, 02 fev. 1998.

586 OLIVEIRA, Roberta. Andréa Beltrão: "Aos 20 anos, eu era complicada e problemática". *O Globo*, 13 mar. 1998.

587 UM leve toque dos clássicos do cinema. *O Globo*, 29 mar. 1998.

588 MALVADAS, sim, mas cheias de charme. *O Globo*, 19 jul. 1998.

589 CORRÊA, Elena. Era uma vez... uma vilã radicalmente chique. *O Globo*, 29 mar. 1998.

590 SILVA, Beatriz Coelho. Entra a mãe e a madrasta. *Jornal O Estado de S. Paulo*, 10 maio 1998.

591 CORRÊA, Elena. Era uma vez... uma vilã radicalmente chique. *O Globo*, 29 mar. 1998.

592 PAIXÕES desenfreadas no entardecer. *O Globo*, 14 jun. 1998.

593 DUARTE, Leneide. Juntos 24 horas. *O Globo*, 26 abr. 1998.

594 TRAGÉDIA concebida para surpreender. *O Globo*, 12 jul. 1998.

595 FERNANDES, Lilian. Fria, calculista e apaixonada. *O Globo*, 30 ago. 1998.

596 DANTAS, Rui. Flor do mal. *Folha de S. Paulo*, 10 jan. 1999. Disponível em: https://www1.folha.uol.com.br/fsp/tvfolha/tv10019911.htm. Acesso em: 06 nov. 2023.

597 FUJA da raia. *Revista Veja*, 04 nov. 1998.

598 JUNTAS no topo. *Jornal O Estado de S. Paulo*, 20 dez. 1998.

599 REIS, Renata. Musa em horário integral. *O Globo*, 17 nov. 1994.

600 ANDRADE, Patrícia; KOGUT, Patrícia. Palavra final. *O Globo*, 16 dez. 1998.

601 FERNANDES, Lilian. Total obsessão por folhetins. *O Globo*, 22 nov. 1998.

602 FERNANDES, Lilian, A vida começa aos 50. *O Globo*, 17 jan. 1999.

603 CAMACHO, Marcelo. Vilã recauchutada. *Revista Veja*, 24 mar. 1999.

604 WALDOMIRO e Lavínia juntos. *O Globo*, 07 mar. 1999.

605 FINAL de "Babilônia": Beatriz e Inês caem juntas de precipício. *Gshow*, 28 ago. 2015. Disponível em: https://Gshow.globo.com/tv/noticia/2015/08/final-de-babilonia-beatriz-e-ines-caem-juntas-de-precipicio.html. Acesso em: 11 jan. 2024.

606 CONFIRA como será a morte de Gilda e Gaspar, em Amor Perfeito. *Gshow*, 21 set. 2023. Disponível em: https://Gshow.globo.com/novelas/amor-perfeito/vem-por-ai/noticia/confira-como-sera-a-morte-de-gilda-e-gaspar-em-amor-perfeito-cena-vai-ao-ar-no-capitulo-desta-quinta-feira-21.ghtml. Acesso em: 11 jan. 2024.

607 REGINA atropela Adelmo por acidente. *O Globo*, 31 jan. 1999.

608 DANTAS, Rui. "Suave" sofre queda histórica. *Folha de S. Paulo*, 31 jan. 1999. Disponível em: https://www1.folha.uol.com.br/fsp/tvfolha/tv31019910.htm. Acesso em: 06 nov. 2023.

609 VALLADARES, Ricardo. O diabo das 8. *Revista Veja*, 11 ago. 1999.

610 FIM da caça aos diamantes. *O Globo*, 22 ago. 1999.

611 SEQÜÊNCIA emocionante de perseguição à vilã da história. *O Globo*, 12 set. 1999.

612 FORÇA de um Desejo - Capítulo 149. *Globoplay*, 29 out. 1999. Disponível em: https://globoplay.globo.com/v/11501596/. Acesso em: 16 nov. 2023.

613 GILBERTO Braga faz trama ingênua. *Folha de S. Paulo*, 07 mar. 1999.

614 CORRÊA, Elena. TUDO para viver "A Força de um Desejo". *O Globo*, 18 abr. 1999.

615 A MEGERA vai ficar com a faca e o queijo na mão. *O Globo*, 12 set. 1999.

616 PROGRAMA As Vilãs que Amamos - Nathalia Timberg. Temporada 1: Episódio 7. Globoplay. Disponível em: https://globoplay.globo.com/v/8814596/?s=0s. Acesso em: 16 nov. 2023.

617 CORRÊA, Elena. A força do talento de uma especialista em Megeras. *O Globo*, 06 jun. 1999.

618 CORRÊA, Elena. Alice com vocação para viver no país das maldades. *O Globo*, 15 ago. 1999.

619 DUARTE, Patrícia; CORDEIRO, Roberto; TAVES, Rodrigo França; RODRIGUES, Elaine. R$ 6 bi contra o bug do milênio. *O Globo*, 19 dez. 1999.

620 ANDRADE, Naiara. No ar em "O Clone", Dalton Vigh recorda fascínio que Said exercia sobre as mulheres: "Ouvi muito 'Inshallah' nas ruas". *Extra*, 14 out. 2021. Disponível em: https://extra.globo.com/tv-e-lazer/no-ar-em-clone-dalton--vigh-recorda-fascinio-que-said-exercia-sobre-as-mulheres-ouvi-muito--inshallah-nas-ruas-25235512.html. Acesso em: 31 mar. 2024.

621 O BOLSO já não dói tanto quanto antigamente.... *O Globo*, 16 jun. 2003.

622 CURIOSIDADES de Esperança. *Memória Globo*, 28 out. 2021. Disponível em: https://memoriaglobo.globo.com/entretenimento/novelas/esperanca/noticia/curiosidades.ghtml. Acesso em: 31 mar. 2024.

623 FRANÇA, Mirelle de; ORDOÑEZ, Ramona. Cresce oferta de pacotes de telecomunicações. *O Globo*, 25 mar. 2007.

624 TAVARES, Mônica. Rede nacional para a nova TV. *O Globo*, 02 dez. 2007.

625 TAVARES, Mônica; ROSA, Bruno. TV Globo inicia transmissão digital no Rio. *O Globo*, 15 jun. 2008.

626 BESSA, Geraldo. Tecnologia HD muda forma de fazer novelas. *Terra*, 11 mar. 2011. Disponível em: https://www.terra.com.br/diversao/tv/tecnologia-hd-muda--forma-de-fazer-novelas,be4bc63c8b15a310VgnCLD200000bbcceb0aRCRD.html. Acesso em: 1º abr. 2024.

627 FERNANDES, Lilian. Bonitinha e ordinária. *O Globo*, 16 jul. 2000.

628 CALDEIRA, Flavia Lopes. História e humor à vista. *O Globo*, 16 abr. 2000.

629 ROSALEM, Viviane. Deborah Secco: Com charme de anjo mau. *Revista ISTO É - Gente*, 10 ago. 2000.

630 FERNANDES, Lilian. Crônica da vida cotidiana. *O Globo*, 04 jun. 2000.

631 FERNANDES, Lilian. Bonitinha e ordinária. *O Globo*, 16 jul. 2000.

632 GONZALEZ, Amelia; CORRÊA, Elena. Coluna Controle Remoto. *O Globo*, 17 set. 2000.

633 ÍRIS chama Camila de Judas e é atacada: "Vou desgraçar sua vida". *Gshow*, 08 dez. 2020. Disponível em: https://Gshow.globo.com/novelas/noticia/iris-chama-camila-de-judas-e-e-atacada-vou-desgracar-sua-vida.ghtml. Acesso em: 16 nov. 2023.

634 CALDEIRA, Flavia Lopes. As dores e os louros da vilã. *O Globo*, 14 jan. 2001.

635 CALDEIRA, Flavia Lopes. As dores e os louros da vilã. *O Globo*, 14 jan. 2001.

636 FERNANDES, Lilian. Sal Grosso para combater assassinatos em série. *O Globo*, 27 maio 2001.

637 FERNANDES, Lilian. É o fim das maldades. *O Globo*, 16 set. 2001.

638 FERNANDES, Lilian. E ele ainda se acha comum. *O Globo*, 18 nov. 2001.

639 FERNANDES, Lilian. E ele ainda se acha comum. *O Globo*, 18 nov. 2001.

640 FERNANDES, Lilian. Azar na ficção, sorte na vida. *O Globo*, 26 maio 2002.

641 MOREIRA, Paulo Ricardo. Vilões sofrem por amor, mas não se redimem. *O Globo*, 03 fev. 2002.

642 PERSONAGENS de O Clone. *Memória Globo*, 25 jan. 2022. Disponível em: https://memoriaglobo.globo.com/entretenimento/novelas/o-clone/noticia/personagens.ghtml. Acesso em: 20 nov. 2023.

643 FERNANDES, Lilian. No Projac, o Marrocos do século IX e São Cristóvão. *O Globo*, 23 set. 2001.

644 FERNANDES, Lilian. E Jade não será jogada ao vento. *O Globo*, 09 jun. 2002.

645 MOREIRA, Paulo Moreira. Dois amores, uma polêmica. *O Globo*, 20 jan. 2002.

646 FERNANDES, Lilian. Azar na ficção, sorte na vida. *O Globo*, 26 maio 2002.

647 FERNANDES, Lilian. Azar na ficção, sorte na vida. *O Globo*, 26 maio 2002.

648 GREGÓRIO, Léo. Regiane Alves diz que chorava lendo as falar de Dóris, vilã que maltratava os avós em "Mulheres Apaixonadas". *Revista Quem*, 27 jun. 2023. Disponível em: https://revistaquem.globo.com/entretenimento/tv-e-novelas/noticia/2023/06/regiane-alves-diz-que-chorava-lendo-texto-de-doris-a--vila-que-maltratava-os-avos-em-mulheres-apaixonadas.ghtml. Acesso em: 11 ago. 2023.

649 GONZALEZ, Amelia. A malvadinha do Brasil. *O Globo*, 19 abr. 2003.

650 REGIANE Alves relembra surra no elevador e confusões por conta de Dóris em "Mulheres Apaixonadas". *Gshow*, 29 out. 2020. Disponível em: https://Gshow.globo.com/Famosos/noticia/regiane-alves-relembra-surra-no-elevador-e--confusoes-por-conta-de-doris-em-mulheres-apaixonadas.ghtml. Acesso em: 10 ago. 2023.

651 MARINHO, Antônio. Síndrome de Dóris. *O Globo*, 24 ago. 2023.

652 PEÑA, Bernardo de la. Ministro ataca Estatuto do Idoso. *O Globo*, 02 out. 2003.

653 OLIVEIRA, Roberta. Uma trajetória coroada de prêmios. *O Globo*, 27 abr. 2003.

654 ANTUNES, Elizabete. Autógrafos diante do espelho. *O Globo*, 09 mar. 2003.

655 FERNANDES, Lilian. Ele tem cara de boa-praça, mas pode ser perigoso. *O Globo*, 27 abr. 2003.

656 REIS, Leila. "Pedem para eu parar de bater na Raquel". *Jornal O Estado de S. Paulo*, 05 jul. 2003.

657 FERNANDES, Lilian. O "inimigo público". *O Globo*, 13 jul. 2003.

658   NUNES, Elizabete. Terra de sol, mar, gente bonita e furacões. *O Globo*, 11 maio 2003.

659   GOIS, Ancelmo. Sem título. *O Globo*, 09 mar. 2003.

660   MOUSSE, Simone. Marcos Pasquim em dose tripla. *O Globo*, 23 nov. 2003.

661   ANTUNES, Elizabete. Troca de alfinetes numa trama calorosa. *O Globo*, 15 jul. 2003.

662   KOGUT, Patrícia. Esteves. *O Globo*, 1º mar. 2003.

663   MOUSSE, Simone. Só dá ele em "Kubanacan". *O Globo*, 22 jun. 2003.

664   GONZALEZ, Amelia. Nova trama das sete é boa, mas parece com "Uga uga". *O Globo*, 07 maio 2003.

665   BREVE, Giovanna. Marcos Pasquim diz que Kubanacan inovou a TV ao trazer multiverso. *Omelete*, 17 fev. 2023. Disponível em: https://www.omelete.com.br/series-tv/marcos-pasquim-kubanacan-multiverso. Acesso em: 06 mar. 2024.

666   ANTUNES, Elizabete. Os personagens da nova novela da 19h da Rede Globo. *O Globo*, 04 maio 2003.

667   MOREIRA, Paulo Ricardo. A festa que rola nos bastidores. *O Globo*, 28 dez. 2003.

668   CHOCOLATE com Pimenta. *Teledramaturgia*, [20--]. Disponível em: http://teledramaturgia.com.br/chocolate-com-pimenta/. Acesso em: 15 jul. 2023.

669   REIS, Leila. A Juventude é um bem, mas a maturidade também. *Jornal O Estado de S. Paulo*, 23 out. 2003.

670   MOUSSE, Simone. Novela das 6 com ibope nobre. *O Globo*, 12 out. 2003.

671   JEZEBEL, a Vingança. *Jornal O Estado de S. Paulo*, 04 maio 2004.

672   ANDRADE, Patrícia. Vera e Felipe são retirados de "Pátria Minha". *O Globo*, 13 jan. 1995.

673   ANTUNES, Elizabete. Seu nome é Laura MacGyver. *O Globo*, 23 nov. 2003.

674   GONZALEZ, Amelia. Ele só não diz quem matou. *O Globo*, 07 jul. 2004.

675   CELEBRIDADE: A vitória de Laura. Globoplay. Disponível em: https://globoplay.globo.com/v/2518251/. Acesso em: 22 abr. 2024.

676   JABOR, Arnaldo. Os psicopatas chiques estão chegando. *O Globo*, 1º jul. 2004.

677   PAVLOVA, Adriana; CORRÊA, Helena; ANTUNES, Elizabete. Quando duas mulheres brigam. *O Globo*, 1º maio 2004.

678   REIS, João Paulo. Fábio Assunção define Renato Mendes, seu personagem em Celebridade: "Um babaca que eu gosto". *Site Observatório da TV*, 18 fev. 2018. Disponível em: https://observatoriodatv.uol.com.br/entrevista/fabio-assuncao-define-personalidade-de-ramiro-de-onde-nascem-os--fortes-o-cabra-e-ruim. Acesso em: 08 jun. 2023.

679 BERNARDO, André. Estou me divertindo. *Jornal Zero Hora*, 11 abr. 2004.

680 KOGUT, Patrícia. A dona do estilo" *O Globo*, 6 dez. 2003.

681 OLIVEIRA, Roberta. À procura do par perfeito. *O Globo*, 16 nov. 2003.

682 MOREIRA, Paulo Ricardo. Sem medo de ousar. *O Globo*, 25 abr. 2004.

683 VALLADARES, Ricardo. A novela dos mulherões. *Revista Veja*, 04 ago. 2004.

684 MANSUR, Nina Arcoverde. Sempre quis fazer a vilã. *ISTO É – Gente*, 22 jan. 2004.

685 GONZALEZ, Amelia. Elenco é o ponto forte da nova trama. *O Globo*, 28 jan. 2003.

686 GIOVANNA Antonelli relembra "O Clone" e fala de poção mágica que ganhou no Marrocos: "Guardo até hoje". *Gshow*, 07 out. 2021. Disponível em https://Gshow.globo.com/programas/encontro-com-fatima-bernardes/noticia/giovanna-antonelli-relembra-o-clone-e-fala-de-pocao-magica-que-ganhou-no-marrocos-guardo-ate-hoje.ghtml. Acesso em: 30 ago. 2023.

687 PACHECO, Paulo. "Nazaré confusa" vira meme mundial e diverte Sorrah: "Acho bem engraçado". *Uol*, 14 out. 2016. Disponível em: https://tvefamosos.uol.com.br/noticias/redacao/2016/10/14/nazare-confusa-vira-meme-mundial-e-diverte-sorrah-acho-bem-engracado.htm. Acesso em: 11 de ago. 2023.

688 OLIVEIRA, Roberta. O Outro lado do drama de "Medéia". *O Globo*, 22 abr. 2004.

689 CORRÊA, Elena. A dose agora é de maldade. *O Globo*, 05 set. 2004.

690 ASTUTO, Bruno. Susana Vieira diz que faria papel de Renata Sorrah em Senhora do Destino. *Época*, jul. 2016. Disponível em: https://epoca.oglobo.globo.com/colunas-e-blogs/bruno-astuto/noticia/2016/07/susana-vieira-diz-que-faria-papel-de-renata-sorrah-em-senhora-do-destino.html. Acesso em: 11 ago. 2023.

691 MOREIRA, Paulo Ricardo. Alma Lavada. *O Globo*, 31 out. 2004.

692 MOREIRA, Paulo Ricardo. Um Amargo Reencontro. *O Globo*, 11 jul. 2004.

693 MOREIRA, Paulo Ricardo. Senhoras do bem e do mal. *O Globo*, 06 mar. 2005.

694 XEXÉO, Artur. A arrasadora Renata. *O Globo*, 09 jan. 2005.

695 MOREIRA, Paulo Ricardo. Senhoras do bem e do mal. *O Globo*, 06 mar. 2005.

696 ALMA Gêmea. *Teledramaturgia*, [20--]. Disponível em: http://teledramaturgia.com.br/alma-gemea/. Acesso em: 02 out. 2023.

697 MOUSSE, Simone. Ibope do outro mundo. *O Globo*, 27 nov. 2023.

698 MOREIRA, Paulo Ricardo. Amor além da morte. *O Globo*, 1º maio 2005.

699 MOREIRA, Paulo Ricardo. Malvada inspirada em Bette Davis. *O Globo*, 24 jul. 2005.

700 MOREIRA, Paulo Ricardo. De musa a "loura-má". *O Globo*, 11 set. 2005.

701 MOUSSE, Simone. Flashes na noiva de roxo. *O Globo*, 06 nov. 2005.

702 MOUSSE, Simone. Natal romântico e revelador em Roseiral. *O Globo*, 25 dez. 2005.

703 MOUSSE, Simone. O amor vence no fim, nesta ou em outra vida. *O Globo*, 05 mar. 2023.

704 BOTTA, Mariana. Eu odeio, quer dizer, eu amo a Cristina. *Jornal Zero Hora*, 19 fev. 2006.

705 MOUSSE, Simone. A megera de vermelho. *O Globo*, 05 fev. 2006.

706 MOREIRA, Paulo Ricardo. Malvada que vai deixar saudades. *O Globo*, 18 dez. 2005.

707 MOREIRA, Paulo Ricardo. Malvada que vai deixar saudades. *O Globo*, 18 dez. 2005.

708 GLÓRIA Pires é afastada de novela por hepatite. *Jornal O Estado de S. Paulo*, 17 jan. 2006.

709 VENTURA, Zuenir. No país de Bia Falcão. *O Globo*, 12 jul. 2006.

710 OLIVEIRA, Diogo de. Más intenções. *Jornal Zero Hora*, 23 jul. 2006.

711 ANTUNES, Elizabete. Eu quero é ser feliz. *O Globo*, 21 maio 2006.

712 ANTUNES, Elizabete. Boa audiência de volta. *O Globo*, 06 ago. 2006.

713 ANTUNES, Elizabete. O salvador da pátria. *O Globo*, 25 ago. 2006.

714 ORSINI, Elisabeth. Carolina Dieckmann: psicanalista é bom mas sem vício. *O Globo*, 05 fev. 2006.

715 GONZALEZ, Amelia; ANTUNES, Elizabete. Seu veneno será cruel. *O Globo*, 23 abr. 2006.

716 MOUSSE, Simone. Por quê? Porque é novela, oras bolas.... *O Globo*, 28 maio 2006.

717 ALENCAR, Juliana. Miggiorin vira metrossexual em "Cobras e Lagartos". *Jornal Folha de S. Paulo*, 03 maio 2006. Disponível em: https://www1.folha.uol.com.br/folha/ilustrada/ult90u60123.shtml. Acesso em: 20 nov. 2023.

718 FRANCISCO Cuoco adotará visual de Giorgio Armani na próxima novela das 7. *Uol*, 03 abr. 2006. Disponível em: https://televisao.uol.com.br/ultimas-noticias/2006/04/03/francisco-cuoco-adotara-visual-de-giorgio-armani-na-proxima-novela-das-7.jhtm. Acesso em: 20 nov. 2023.

719 SEDENTARISMO ativo. *Jornal Zero Hora*, 03 set. 2006.

720 SEDENTARISMO ativo. *Jornal Zero Hora*, 03 set. 2006.

721 ANTUNES, Elizabete. Nem surtada ela perde as botas de salto alto. *O Globo*, 16 jul. 2006.

722 ANTUNES, Elizabete. Vai pegar fogo. *O Globo*, 12 nov. 2006.

723 ANTUNES, Elizabete. "Boa audiência de volta". *O Globo*, 06 ago. 2006.

724 PERSONAGENS de "Páginas da Vida". *Memória Globo*, 15 fev. 2022. Disponível em: https://memoriaglobo.globo.com/entretenimento/novelas/paginas-da--vida/noticia/personagens.ghtml. Acesso em: 11 jan. 2024.

725 CORRÊA, Elena. A morte de Nanda. *O Globo*, 30 jul. 2006.

726 MOREIRA, Paulo Ricardo. Dupla dinâmica. *O Globo*, 24 dez. 2006.

727 KOGUT, Patrícia. Lília Cabral faz da Marta uma mulher de verdade. *O Globo*, 28 out. 2006.

728 CORRÊA, Elena. A mocinha que virou a fantasminha camarada. *O Globo*, 13 ago. 2006.

729 CORRÊA, Elena. Os opostos que se atraem. *O Globo*, 03 set. 2006.

730 ADEUS! Nanda morre logo após o parto dos bebês – Páginas da Vida – Melhor do Dia. Canal Viva no Youtube. Publicado em 17 dez. 2021. Disponível em: https://www.youtube.com/watch?v=bdNqOdNb3DM. Acesso em: 11 jan. 2024.

731 MOREIRA, Paulo Ricardo. Quanto vale um neto?. *O Globo*, 22 out. 2006.

732 KOGUT, Patrícia. Imagem boa. *O Globo*, 11 jan. 2024.

733 GALLO, Renata. "Desbanquei a Fernandona". *Jornal O Estado de S. Paulo*, 20 ago. 2006.

734 VENTURA, Mauro. Na tela, os dois lados de um mesmo drama. *O Globo*, 15 jun. 2006.

735 SARMENTO, Claudia. Paixão e Traição em Copacabana. *O Globo*, 20 jan. 2007.

736 QUE gente má!. *Jornal Zero Hora*, 18 mar. 2007.

737 PERSONAGENS de Paraíso Tropical. Site Memória Globo. Disponível em: https://memoriaglobo.globo.com/entretenimento/novelas/paraiso-tropical/noticia/personagens.ghtml. Acesso em: 20 jul. 2023.

738 SARMENTO, Claudia. Wagner Moura, Camila Pitanga. *O Globo*, 22 dez. 2007.

739 SARMENTO, Claudia. Um salto de trapézio sem rede de proteção. *O Globo*, 20 jan. 2007.

740 SARMENTO, Claudia. Paixão e traição em Copacabana. *O Globo*, 20 jan. 2007.

741 MOUSSE, Simone. A antinamoradinha. *O Globo*, 04 mar. 2007.

742 SARMENTO, Claudia. Vilões cruéis numa trama urbana. *O Globo*, 20 jan. 2007.

743 KOGUT, Patrícia. Gêmeas quase opostas no "Paraíso". *O Globo*, 06 nov. 2006.

744 KOGUT, Patrícia. Pegar uma cor. *O Globo*, 28 nov. 2006.

745 SANTOS, Joaquim Ferreira dos. Vilã dá o exemplo. *O Globo*, 17 abr. 2007.

746 KOGUT, Patrícia. Alessandra Negrini vira o jogo em Paraíso Tropical. *O Globo*, 22 ago. 2007.

747 MOUSSE, Simone. Quem vai Matar?. *O Globo*, 12 ago. 2007.

748 MOUSSE, Simone. A antinamoradinha. *O Globo*, 4 mar. 2007.

749 VELASCO, Suzana. Retratos brasileiros. *O Globo*, 31 mar. 2008.

750 FONSECA, Rodrigo. Dirigir, um passo além da Interpretação. *O Globo*, 23 mar. 2008.

751 BRAVO, Zean. Quem está dizendo a verdade?. *O Globo*, 1 jun. 2008.

752 CASTRO, Daniel. É o fim da hegemonia das novelas globais. *Folha de S. Paulo*, 4 jun. 2008. Disponível em: https://oglobo.globo.com/cultura/estreia-de-duas-caras-marca-media-de-40-pontos-no-ibope-para-globo-4150644. Acesso em: 9 nov. 2023.

753 ANTUNES, Elizabete. Estreia de "Duas caras" marca média de 40 pontos no Ibope para a Globo. *O Globo*, 2 out. 2007. Disponível em: https://oglobo.globo.com/cultura/estreia-de-duas-caras-marca-media-de-40-pontos-no-ibope-para-globo-4150644. Acesso em: 9 nov. 2023.

754 CASTRO, Daniel. É o fim da hegemonia das novelas globais. *Folha de S. Paulo*, 4 jun. 2008. Disponível em: https://oglobo.globo.com/cultura/estreia-de-duas-caras-marca-media-de-40-pontos-no-ibope-para-globo-4150644. Acesso em: 9 dez. 2023.

755 KOGUT, Patrícia. Jogando com a platéia. *O Globo*, 17 ago. 2008.

756 ANTUNES, Elizabete. "A favorita": novos personagens e mais crimes. *O Globo*, 10 ago. 2008.

757 MOUSSE, Simone. A próxima vítima. *O Globo*, 7 dez. 2008.

758 SARMENTO, Claudia. Um mordomo acima de qualquer suspeita. *O Globo*, 02 ago. 2008.

759 FONSECA, Rodrigo. A explosão do bandido mané. *O Globo*, 28 set. 2008.

760 FONSECA, Rodrigo. A explosão do bandido mané. *O Globo*, 28 set. 2008.

761 ANTUNES, Elizabete. "A favorita": novos personagens e mais crimes. *O Globo*, 10 ago. 2008.

762 ANTUNES, Elizabete. "A favorita": novos personagens e mais crimes. *O Globo*, 10 ago. 2008.

763 VENTURA, Mauro. Dois Capuccinos e a conta... com Patrícia Pillar. *O Globo*, 23 mar. 2008.

764 "CAMINHO das Índias" leva Emmy Internacional de melhor telenovela. *G1*, 24 nov. 2009.

765 MOUSSE, Simone. História de amor sem beijo na boca. *O Globo*, 11 jan. 2009.

766   MOUSSE, Simone. Namastê. *O Globo*, 2 jan. 2009.

767   MOUSSE, Simone. Namastê. *O Globo*, 2 jan. 2009.

768   KOGUT, Patrícia. Nota Zero. *O Globo*, 15 mar. 2009.

769   KOGUT, Patrícia. Nota Zero. *O Globo*, 11 fev. 2009.

770   KOGUT, Patrícia. Gostam. *O Globo*, 18 abr. 2009.

771   KOGUT, Patrícia. Os mais pedidos. 16 maio 2009.

772   MAIO, Márcio. Cada dia mais vilã. *Jornal Zero Hora*, 5 maio 2009.

773   MARTHE, Marcelo. Vã psiquiatria. *Revista Veja*, 19 ago. 2009.

774   ORSINI, Bety. Mui amiga. *O Globo*, 14 mar. 2009.

775   SILVIA dá surra em Yvone e impede que ela fuja do Brasil - Caminho das Índias. [*S. l.: s. n.*], 02 mar. 2023. Publicado pelo Canal Viva. Disponível em: https://www.youtube.com/watch?v=omuYaG3xzvY. Acesso em: 20 fev. 2024.

776   CAMINHO das Índias: Yvone apanha de Melissa. *Globoplay*, [20--]. Disponível em: https://globoplay.globo.com/v/2822759/. Acesso em: 20 fev. 2024.

777   CÉZARI, Marcos. Brasil é o emergente com mais carga fiscal. *Folha de S. Paulo*, 18 dez. 2010. Disponível em: https://m.folha.uol.com.br/mercado/2010/12/847826-brasil-e-o-emergente-com-mais-carga-fiscal.shtml. Acesso em: 2 abr. 2024.

778   ANO de ouro para a classe C, 2010 consolida crescimento que deve continuar em 2011. *Uol*, 27 dez. 2010. Disponível em: https://economia.uol.com.br/noticias/infomoney/2010/12/27/ano-de-ouro-para-a-classe-c-2010-consolida-crescimento-que-continuara-em-2011.htm. Acesso em: 2 abr. 2024.

779   MOREIRA, Fabiano. Avenida Brasil 2.0. *O Globo*, 12 out. 2012.

780   ABOS, Marcia; BRITTO, Thaís. O novo jeito de ver TV. *O Globo*, 29 jul. 2012.

781   GLOBO Play leva programas da TV a celulares e tablets. *O Globo*, 27 out. 2015.

782   STYCER, Maurício. Globo incorpora canais Globosat ao vivo em novo serviço de streaming. *Uol*, 31 ago. 2020. Disponível em: https://www.uol.com.br/splash/colunas/mauricio-stycer/2020/08/31/globo-incorpora-canais-globosat-ao--vivo-em-novo-servico-de-streaming.htm. Acesso em: 02 abr 2024.

783   A INFLUÊNCIA do mundo virtual no real. *O Globo*, 27 dez. 2015.

784   BATISTA, Henrique Gomes. Armadilhas políticas. *O Globo*, 15 dez. 2017.

785   WHATSAPP diz como tenta combater fake news no Brasil. Época Negócios, 19 out. 2018. Disponível em: https://epocanegocios.globo.com/Tecnologia/noticia/2018/10/whatsapp-diz-como-tenta-combater-fake-news-no-brasil.html. Acesso em: 2 abr. 2024.

786 PESQUISA constata apenas 8% de imagens verdadeiras em grupos de WhatsApp. *Época Negócios. Agência Brasil*, 17 out. 2018. Disponível em: https://epocanegocios.globo.com/Brasil/noticia/2018/10/pesquisa-constata-apenas-8-de-imagens-verdadeiras-em-grupos-de-whatsapp.html. Acesso em: 2 abr. 2024.

787 GRILLO, Marco. WhatsApp baniu 400 mil contas nas eleições 2018. *O Globo*, 19 nov. 2019.

788 BRAVO, Zean. Seria arrogante achar que sou o maioral. *O Globo*, 31 maio 2015.

789 GOIS, Ancelmo. Sem título. *O Globo*, 16 abr. 2010.

790 CURIOSIDADES de Passione. *Memória Globo*, 28 out. 2021. Disponível em: https://memoriaglobo.globo.com/entretenimento/novelas/passione/noticia/curiosidades.ghtml. Acesso em: 14 jan. 2024.

791 FRAJDENRAJCH, Clarissa. Com um toque de mistério. *O Globo*, 16 maio 2010.

792 VILLALBA, Patrícia. A Clara é uma excelente atriz. *O Estado de S. Paulo*, 22 ago. 2010.

793 VILLALBA, Patrícia. Ela é uma pistoleira. *O Estado de S. Paulo*, 23 dez. 2010.

794 CLARA foi cúmplice e assassina de Saulo em "Passione". *G1*, 14 jan. 2011. Disponível em: https://g1.globo.com/pop-arte/noticia/2011/01/clara-foi-cumplice-e-assassina-de-saulo-em-passione.html. Acesso em: 15 jan. 2024.

795 VILLALBA, Patrícia. A Clara é uma excelente atriz. *O Estado de S. Paulo*, 22 ago. 2010.

796 BRAVO, Zean. Burburinho Fashion. *O Globo*, 18 jul. 2010.

797 BRAVO, Zean. Burburinho Fashion. *O Globo*, 18 jul. 2010.

798 XEXÉO, Artur. Uma senhora atriz. *O Globo*, 12 set. 2010.

799 BRAVO, Zean. Burburinho Fashion. *O Globo*, 18 jul. 2010.

800 PARA Alexandre Borges, lencinho é amuleto de Jacques Leclair. *Gshow*, 2 set. 2010. Disponível em: https://Gshow.globo.com/novelas/ti-ti-ti/bastidores/noticia/2010/09/para-alexandre-borges-lencinho-e-amuleto-de-jacques-leclair.html. Acesso em: 21 fev. 2024.

801 FRAJDENRAJCH, Clarissa. No alvo da moda. *O Globo*, 12 set. 2010.

802 PAR romântico pela sexta vez. *Jornal Zero Hora*, 20 jun. 2010.

803 ABALOU Paris em chamas. *O Globo*, 28 ago. 2010.

804 BRAVO, Zean. Últimos babados. *O Globo*, 13 mar. 2011.

805 GRISELDA compra mansão e Tereza Cristina promete acabar com a "audácia" da rival. *Gshow*, 24 abr. 2020. Disponível em: https://Gshow.globo.com/novelas/fina-estampa/vem-por-ai/noticia/griselda-compra-mansao-e-te-

reza-cristina-promete-acabar-com-audacia-da-rival.ghtml. Acesso em: 22 jan. 2024.

806 ANGEL, Carmem. Hoje é dia de rock, bebê: Christiane Torloni diz ser 'roqueira raiz' e vai ao show de Guns N' Roses. *O Globo*, 03 set. 2022. Disponível em: https://oglobo.globo.com/cultura/musica/noticia/2022/09/hoje-e-dia-de--rock-bebe-christiane-torloni-diz-ser-roqueira-raiz-e-vai-ao-show-de--guns-n-roses.ghtml. Acesso em: 22 jan. 2024.

807 MACHADO, Guilherme. "Fina Estampa": Como "Hoje é dia de rock, bebê" virou bordão da vilã. *Uol*, 04 abr. 2020. Disponível em: https://tvefamosos.uol.com.br/noticias/redacao/2020/04/04/fina-estampa-como-hoje-e-dia-de-rock-bebe-virou-bordao-da-vila.htm. Acesso em: 23 jan. 2024.

808 KOGUT, Patrícia. Marcelo Serrado, o Crô. *O Globo*, 28 ago. 2011.

809 RACY, Sonia. Sem fé a pessoa se torna muito só, diz Christiane Torloni. *O Estado de S. Paulo*, 07 nov. 2011.

810 JIMENEZ, Keila. Globo produz a fantástica coleção de camisolas de Tereza Cristina. *Folha de S. Paulo*, 25 dez. 2011.

811 ADRIANA Esteves quase não fez a vilã Carminha em "Avenida Brasil"; entenda. *Folha de S. Paulo*, 30 jun. 2023. Disponível em: https://www1.folha.uol.com.br/ilustrada/2023/06/adriana-esteves-quase-nao-fez-a-vila-carminha-em-a-venida-brasil-entenda.shtml?origin. Acesso em: 25 jun. 2024.

812 GLOBO vetou Alessandra Negrini no papel de Carminha em "Avenida Brasil". *Folha de S. Paulo*, 19 abr. 2012. Disponível em: https://f5.folha.uol.com.br/televisao/1078076-globo-vetou-alessandra-negrini-no-papel-de-carminha-em-avenida-brasil.shtml. Acesso em: 26 jun. 2024.

813 ADRIANA Esteves sobre Carminha, de Avenida Brasil: "Presente para toda a vida". *O Tempo*, 18 out. 2022. Disponível em: https://www.otempo.com.br/entretenimento/adriana-esteves-sobre-carminha-de-avenida-brasil-presente-para-toda-a-vida-1.2752084. Acesso em: 26 jun. 2024.

814 SANTOS, Joaquim Ferreira dos. Da Barba do Nilo ao Nu da Suelen. *O Globo*, 16 out. 2012.

815 KOGUT, Patrícia. Primeiro a gente foge, depois a gente vê. *O Globo*, 7 fev. 2012.

816 KOGUT, Patrícia. Casa real. *O Globo*, 15 mar. 2012.

817 BRAVO, Zean. Uma volta com muito Glamour. *O Globo*, 15 abr. 2012.

818 PERSONAGENS de Cheias de Charme. *Memória Globo*, [20--]. Disponível em: https://memoriaglobo.globo.com/entretenimento/novelas/cheias-de--charme/noticia/galeria-de-personagens.ghtml. Acesso em: 9 out. 2023.

819 BRAVO, Zean. A fábula pop se despede. *O Globo*, 23 set. 2012.

820 BRAVO, Zean. Uma volta com muito Glamour. *O Globo*, 15 abr. 2012.

821 MEDINA, Esther. "Cheias de charme": Caras e bocas de Fabian são inspiradas em protagonista do filme "Zoolander", revela Ricardo Tozzi. *Extra*, 30 jun. 2012. Disponível em: https://extra.globo.com/tv-e-lazer/cheias-de-charme-caras-bocas-de-fabian-sao-inspiradas-em-protagonista-do-filme-zoolander-revela-ricardo-tozzi-5352919.html. Acesso em: 9 out. 2023.

822 FIM de "Cheias de Charme" atinge 32 pontos de audiência e supera três novelas anteriores. *Uol*, 28 set. 2012. Disponível em: https://televisao.uol.com. br/noticias/redacao/2012/09/28/capitulo-final-de-cheias-de-charme-alcanca-32-pontos-no-ibope-e-bate-tres-antecessoras.htm. Acesso em: 9 out. 2023.

823 *Globo Cidadania*, 2012. Disponível em: http://redeglobo.globo.com/globocidadania/nas-novelas/noticia/2012/10/cheias-de-charme-valorizou-o-trabalho-das-empregadas-domesticas.html. Acesso em: 9 out. 2023.

824 CHEIAS de Charme valorizou o trabalho das empregadas domésticas. *Globo Cidadania*, 10 out. 2012. Disponível em: http://redeglobo.globo.com/globocidadania/nas-novelas/noticia/2012/10/cheias-de-charme-valorizou-o-trabalho-das-empregadas-domesticas.html. Acesso em: 9 out. 2023.

825 BRAVO, Zean. A fábula pop se despede. *O Globo*, 23 set. 2012.

826 APOLINÁRIO, Sônia. Globo recusou "Carrossel", novela que ameaça o "Jornal Nacional". *Folha de S. Paulo*, 29 jun. 1991.

827 APOLINÁRIO, Sônia. Globo recusou "Carrossel", novela que ameaça o "Jornal Nacional". *Folha de S. Paulo*, 29 jun. 1991.

828 TRILHA sonora de Carrossel. *Teledramaturgia*, [s. l.], [20--]. Disponível em: https://teledramaturgia.c. Acesso em: 29 jan. 2024.

829 CARDOSO, Mônica. Depois do sucesso com produtos de "Carrossel", SBT mira em "Chaves". *Folha de S. Paulo*, 19 abr. 2013. Disponível em: https://f5.folha. uol.com.br/televisao/1265311-depois-do-sucesso-com-produtos-de-carrossel-sbt-mira-em-chaves.shtml. Acesso em: 29 jan. 2024.

830 CONTREIRAS, Tatiana. De volta à escola. *O Globo*, 20 maio 2012.

831 CASTRO, Natalia. O céu é o limite. *O Globo*, 26 ago. 2012.

832 MOREIRA, Paulo Ricardo. MP notifica autor. *Jornal do Brasil*, 08 out. 2009.

833 MATTOS, Laura. Lei é omissa sobre atuação de menor em TV e cinema. *Folha de S. Paulo*, 21 mar. 2010.

834 CASTRO, Natalia. O céu é o limite. *O Globo*, 26 ago. 2012.

835 PADIGLIONE, Cristina. Escolinha do Silvio. *Folha de S. Paulo*, 20 maio 2012.

836 JIMENEZ, Keila. Adeus. *Folha de S. Paulo*, 30 jul. 2013.

837 BASTIDORES de Carrossel. *Teledramaturgia*, [s. l.], [20--]. Disponível em: https://teledramaturgia.com.br/carrossel-2012/. Acesso em: 28 jan. 2024.

838 PAIXÃO, Sara. "Gabriela": José Wilker fala do sucesso do bordão "Deite que vou lhe usar". *Extra*, 6 set. 2012. Disponível em: https://extra.globo.com/tv-e-lazer/gabriela-jose-wilker-fala-do-sucesso-do-bordao-deite-que-vou-lhe-usar-6007123.html. Acesso em: 31 dez. 2023.

839 PAIXÃO, Sara. "Gabriela": José Wilker fala do sucesso do bordão "Deite que vou lhe usar". *Extra*, 6 set. 2012. Disponível em: https://extra.globo.com/tv-e-lazer/gabriela-jose-wilker-fala-do-sucesso-do-bordao-deite-que-vou-lhe-usar-6007123.html. Acesso em: 31 dez. 2023.

840 PERSONAGENS de Gabriela. *Memória Globo*, [20--]. Disponível em: https://memoriaglobo.globo.com/entretenimento/novelas/gabriela-2a-versao/noticia/galeria-de-personagens.ghtml. Acesso em: 31 dez. 2023.

841 ABOS, Márcia. Outra visão de São Paulo. *O Globo*, 3 mar. 2013.

842 TRAMA principal de Sangue Bom. *Memória Globo*, 28 out. 2021. Disponível em: https://memoriaglobo.globo.com/entretenimento/novelas/sangue-bom/noticia/trama-principal.ghtml. Acesso em: 21 fev. 2024.

843 KOGUT, Patrícia. Entre amigas. *O Globo*, 16 fev. 2013.

844 BRAVO, Zean. Seis vidas cruzadas. *O Globo*, 28 abr. 2013.

845 SOUTO, Luíza. Crítica do último capítulo de "Sangue Bom": vilã se regenera e ganha chance de recomeçar. *Extra*, 1 nov. 2013. Disponível em: fev.https://extra.globo.com/tv-e-lazer/critica-do-ultimo-capitulo-de-sangue-bom-vila-se-regenera-ganha-chance-de-recomecar-10665291.html. Acesso em: 21 fev. 2024.

846 FIGURINO de Amora, em "Sangue Bom", é um sucesso na Globo. *Caras*, 11 jun. 2013. Disponível em: https://caras.uol.com.br/fashion/figurino-amora-sophie-charlotte-sangue-bom-um-sucesso-na-globo.phtml. Acesso em: 21 fev. 2024.

847 DALBONI, Melina. Sensorial. *O Globo*, 1 jun. 2013.

848 BRITTO, Thaís. A redenção (ou não) de Amora em "Sangue Bom". *O Globo*, 23 out. 2013.

849 KOGUT, Patrícia. Longas demais, as novelas sofrem com a reiteração. *O Globo*, 14 out. 2013.

850 MARTHE, Marcelo. Sapatadas no lugar-comum. *Veja*, 9 out. 2013.

851 BRAVO, Zean. "Pretendo ser real". *O Globo*, 19 maio 2013.

852 PERSONAGENS de Amor à Vida. *Memória Globo*, [s. l.], [20--]. Disponível em: https://memoriaglobo.globo.com/entretenimento/novelas/amor-a-vida/noticia/personagens.ghtml. Acesso em: 1 dez. 2023.

853 KOGUT, Patrícia. Maior audiência da TV, novela das 21h precisa se explicar mil vezes. *O Globo*, 29 maio 2013.

854 CONTREIRAS, Tatiana. Todo Poderoso. *O Globo*, 25 ago. 2013.

855 REIS, Luiz Felipe. 5 minutos com Mateus Solano. *O Globo*, 08 maio 2013.

856 BRAVO, Zean. A cara da maldade. *O Globo*, 02 jun. 2013.

857 KOGUT, Patrícia. "Amor à Vida" tem drama e ação. *O Globo*, 22 maio 2013.

858 ISENSEE, Filipe. "Amor à vida": Félix vira presidente do San Magno e passa a ser chefe de César. *Extra*, [s. l.], 26 set. 2013. Disponível em: https://extra.globo.com/tv-e-lazer/amor-vida-felix-vira-presidente-do-san-magno-passa-ser--chefe-de-cesar-10149406.html. Acesso em: 1 dez. 2023.

859 CASTRO, Natalia. Conto de fadas moderno. *O Globo*, 26 jan. 2014.

860 CASTRO, Natalia. O futuro do escritor depois do fim. *O Globo*, 31 jan. 2014.

861 XEXÉO, Artur. A nova Cora de "Império". *O Globo*, 10 dez. 2014.

862 BASTIDORES de Suave Veneno. *Teledramaturgia*, [s. l.], [20--]. Disponível em: https://teledramaturgia.com.br/suave-veneno/. Acesso em: 31 jan. 2024.

863 PERSONAGENS de Império. *Teledramaturgia*, [s. l.], [20--]. Disponível em: https://teledramaturgia.com.br/imperio/#tab-109f6f4ef170de1bdf2. Acesso em: 30 jan. 2024.

864 CASTRO, Natalia; CARAUTA, Nilton. Novas emoções. *O Globo*, 6 jul. 2014.

865 KOGUT, Patrícia. Cora de "Império" e por que o público prefere os vilões. *O Globo*, 30 jul. 2014.

866 IMPÉRIO: Conheça Cora em dois minutos. [S. l.: s. n.], 10 nov. 2014. Publicado pelo canal TV Globo no Youtube. Disponível em: https://www.youtube.com/watch?v=br4th6S0pMQ. Acesso em: 30 jan. 2024.

867 KOGUT, Patrícia. Nota Zero. *O Globo*, 12 set. 2014.

868 KOGUT, Patrícia. Já volta. *O Globo*, 01 dez. 2014.

869 BRAVO, Zean. Saída trágica de "Império". *O Globo*, 02 nov. 2014.

870 KOGUT, Patrícia. Sem voz. *O Globo*, 05 dez. 2014.

871 KOGUT, Patrícia. A chegada de Marjorie Estiano a 'Império' e o acordo ficcional". *O Globo*, 06 dez. 2014.

872 BOERE, Natália. Surpresa!. *O Globo*, 14 dez. 2024.

873 REIS, Fernanda. Vilã de "Império" rejuvenesce 13 anos em troca improvisada. *Folha de S. Paulo*, 09 dez. 2014.

874 CORA salva a vida de José Alfredo. *Globoplay*, [20--]. Disponível em: https://globoplay.globo.com/v/9946422/. Acesso em: 31 jan. 2024.

875 CARDOSO, Isabella. Drica Moraes relembra como foi deixar o elenco de "Império" por problemas de saúde: "Fiquei despedaçada". *Extra*, [s. l.], 31 jul. 2021. Disponível em: https://extra.globo.com/tv-e-lazer/drica-moraes-relem-

bra-como-foi-deixar-elenco-de-imperio-por-problemas-de-saude-fiquei-
-despedacada-25134439.html. Acesso em: 1 fev. 2024.

876 BRAVO, Zean. Emílio Dantas emociona público por semelhança com Cazuza em "Vai na fé". *O Globo*, 13 jun. 2023. Disponível em: https://oglobo.globo.com/cultura/noticia/2023/06/emilio-dantas-emociona-publico-por-semelhanca-com-cazuza-em-vai-na-fe.ghtml. Acesso em: 2 set. 2023.

877 BRAVO, Zean. Emilio Dantas: Traficante de "A Força do querer" será preso. *O Globo*, 4 jun. 2017.

878 BRAVO, Zean. Bandida. *O Globo*, 2 abr. 2017.

879 KOGUT, Patrícia. Amor Bandido. *O Globo*, 4 jul. 2017.

880 KOGUT, Patrícia. Ficção e Realidade. *O Globo*, 29 ago. 2017.

881 KOGUT, Patrícia. Mú Carvalho comemora 43 anos do grupo A Cor do Som e lança trilha instrumental de "A força do querer". *Extra*, [s. l.], 13 out. 2020. Disponível em https://extra.globo.com/tv-e-lazer/musica/mu-carvalho-comemora-43-anos-do-grupo-cor-do-som-lanca-trilha-instrumental-de-forca-do-querer-24745547.html. Acesso em: 2 set. 2023.

882 KOGUT, Patrícia. A força da imagem da montanha de dinheiro. *O Globo*, 10 set. 2017.

883 BRAVO, Zean. A força de um novelão. *O Globo*, 7 set. 2017.

884 KOGUT, Patrícia. Chave de ouro. *O Globo*, 18 out. 2017.

885 GÓIS, Ancelmo. Fuga do harém. *O Globo*, 17 jan. 2019.

886 BARROS, Luiza. O drama dos refugiados chega à TV em "Órfãos da terra", das 18h. *O Globo*, 20 jan. 2019.

887 BARROS, Luiza. Herson Capri fala sobre os desafios de viver o vilão Aziz em "Órfãos da Terra": "Ás vezes, machuca". Programa Encontro com Fátima Bernardes. *Gshow*, 25 abr. 2019. Disponível em: https://Gshow.globo.com/programas/encontro-com-fatima-bernardes/noticia/herson-capri-fala-sobre-os-desafios-de-viver-o-vilao-aziz-em-orfaos-da-terra-as-vezes-machuca.ghtml. Acesso em: 31 dez. 2023.

888 KOGUT, Patrícia. Quando chega a hora da "barriga". *O Globo*, 23 jun. 2019.

889 ANDRADE, Vinícius. Sucesso de Vivi Guedes transforma A Dona do Pedaço no shopping center da Globo. *Notícias da TV*, [s. l.], 18 out. 2019. Disponível em: https://noticiasdatv.uol.com.br/noticia/novelas/sucesso-de-vivi-guedes-transforma-dona-do-pedaco-no-shopping-center-da-globo-30204. Acesso em: 29 fev. 2024.

890 KOGUT, Patrícia. Nota Zero. *O Globo*, 6 jun. 2019.

891 VICENTINI, Rodolfo. "A Dona do Pedaço": Web critica cena em que Josiane faz sua 2ª vítima. *TV Famosos*, [s. l.], 12 ago. 2019. Disponível em: https://tvefamosos.

uol.com.br/noticias/redacao/2019/08/12/a-dona-do-pedaco-josiane-faz-
-sua-2-vitima-e-web-critica-efeitos-visuais.htm. Acesso em: 01 mar. 2024.

892 FORTUNA, Maria. Fico abismada com as pessoas detonando as outras. *O Globo*, 22 nov. 2019.

893 KOGUT, Patrícia. Nova etapa na virada de Maria da Paz. *O Globo*, 21 ago. 2019.

894 PASSOS, Larissa. Brasil tem 234 casos confirmados de novo coronavírus; transmissão comunitária no DF é revisada. *G1*, [s. l.], 16 mar. 2020. Disponível em: https://g1.globo.com/bemestar/coronavirus/noticia/2020/03/16/bra-sil-tem-234-casos-confirmados-de-novo-coronavirus-diz-ministerio.ghtml. Acesso em: 03 abr. 2024.

895 STRAZZA, Pedro. Crise do coronavírus deixa Globo sem novela das 9 pela primeira vez na história. *B9*, [s. l.], 16 mar. 2020. Disponível em: https://www.b9.com.br/122967/crise-do-coronavirus-deixa-globo-sem-novela-das-9-pe-la-primeira-vez-na-historia/. Acesso em: 3 abr. 2024.

896 BRUNO, Leonardo. A pedidos, "A favorita" chega ao streaming. *O Globo*, 21 maio 2020.

897 GLOBOPLAY anuncia projeto Fragmentos, que recupera e disponibiliza capítulos de novelas que marcaram época. *Gshow*, [s. l.], 1 dez. 2023. Disponível em: https://Gshow.globo.com/novelas/mundo-de-novela/noticia/globoplay-anuncia-projeto-fragmentos-e-disponibiliza-capitulos-de-no-velas-que-marcaram-epoca.ghtml. Acesso em: 04 abr. 2024.

898 GLOBOPLAY: Projeto Fragmentos relança capítulos de novelas dos anos 1970 e 1980; veja as tramas disponíveis. *Gshow*, [s. l.], 22 jan. 2024. Disponível em: https://Gshow.globo.com/novelas/mundo-de-novela/noticia/globoplay-
-anuncia-projeto-fragmentos-e-disponibiliza-capitulos-de-novelas-que-
-marcaram-epoca.ghtml. Acesso em: 04 abr. 2024.

899 ZANETTI, Laysa. "Séries de melodrama"? Por que a Netflix não chama "Pedaço de Mim" de novela. *Terra*, [s. l.], 1 fev. 2024. Disponível em: https://www.terra.com.br/diversao/entre-telas/series-de-melodrama-por-que-netflix-nao-chama-
-pedaco-de-mim-de-novela,e9aded781445a4c51a5f264aa5fb563ey2d4edaf.html. Acesso em: 04 abr. 2024.

900 BREVE, Giovanna. Prime Vídeo e SBT anunciam acordo para produção de novelas. *Omelete*, [s. l.], 13 out. 2022. Disponível em: https://www.omelete.com.br/series-tv/prime-video-sbt-acordo-novelas#:~:text=O%20Prime%20Video%20e%20o,que%20nascem%20em%20fam%C3%ADlias%20rivais. Acesso em: 04 abr. 2024.

901 PADIGLIONE, Cristina. Netflix faz novelas e Globo investe no streaming na briga pelo público brasileiro. *Folha de S. Paulo*, 28 ago. 2021. Disponível em: https://f5.folha.uol.com.br/colunistas/cristina-padiglione/2021/07/folego-
-da-netflix-gera-dilema-para-globo.shtml. Acesso em: 04 abr. 2024.

902 DATA Stories #36 - Aquarelas de Vídeo do Brasil. *Kantar IBOPE Media*, [s. l.], 21 jul. 2023. Disponível em: https://kantaribopemedia.com/conteudo/estudo/data-stories-36-aquarelas-de-video-do-brasil/. Acesso em: 05 abr. 2024.

903 DATA Stories #38 - Tendências e previsões para o vídeo. *Kantar IBOPE Media*, [s. l.], 7 dez. 2023. Disponível em: https://kantaribopemedia.com/conteudo/estudo/data-stories-38-tendencias-e-previsoes-para-o-video/. Acesso em: 05 abr. 2024.

904 CEZIMBRA, Marcia. O Brasil inteiro vai novamente dançar. *O Globo*, 14 set. 1997.

905 PANTANAL - Capítulo 31. *Globoplay*, 02 maio 2022. Disponível em: https://globoplay.globo.com/v/10537242/. Acesso em: 04 fev. 2024.

906 PANTANAL - Capítulo 98. *Globoplay*, 16 jul. 2022. Disponível em: https://globoplay.globo.com/v/10771220/. Acesso em: 04 fev. 2024.

907 FORTUNA, Maria. "Não preciso ser um rosto bonito, sou ator com história". *O Globo*, 12 abr. 2022.

908 KOGUT, Patrícia. O grande fenômeno "Pantanal". *O Globo*, 17 jun. 2022.

909 "PANTANAL": Saiba quem é quem na novela das 21h da Globo. *Folha de S. Paulo*, 23 mar. 2022. Disponível em: https://f5.folha.uol.com.br/televisao/2022/03/pantanal-saiba-quem-e-quem-na-novela-das-21h-da-globo.shtml. Acesso em: 04 fev. 2024.

910 KOGUT, Patrícia. "Todas as flores" faz História e inaugura uma nova forma de ver novela. *O Globo*, 14 dez. 2022. Disponível em: https://oglobo.globo.com/kogut/critica/2022/12/todas-as-flores-faz-historia-e-inaugura-uma-nova--forma-de-ver-novela.ghtml. Acesso em: 27 fev. 2024.

911 "ZOÉ é uma surpresa, porque nunca fiz uma vilã", diz Regina Casé sobre Todas as Flores. Programa Fantástico. *Globoplay*, [s. l.], [20--]. Disponível em: https://globoplay.globo.com/v/11040719/. Acesso em: 26 fev. 2024.

912 DUVANEL, Talita. "Espectador é igual criança. Tem que se ligar nele, ou o perde". *O Globo*, 16 out. 2022.

913 FERREIRA, Marcelo Antônio. Figurinista explica looks de personagens de Letícia Colin e Regina Casé em Todas as Flores: "Irreverentes". *Gshow*, [s. l.], 17 nov. 2022. Disponível em: https://Gshow.globo.com/novelas/todas-as-flores/noticia/figurinista-explica-looks-de-personagens-de-leticia-colin-e-regi-na-case-em-todas-as-flores-irreverentes.ghtml. Acesso em: 26 fev. 2024.

914 ZOÉ engana Débora e mata a rival. *Globoplay*, [s. l.], [20--]. Disponível em: https://globoplay.globo.com/v/11593530/. Acesso em: 26 fev. 2024.

915 DVANEL, Talita. Perfume clássico com novo aroma. *O Globo*, 16 out. 2022.

916 PEREIRA, Márcia. Final de Todas as Flores decepciona com furos, mocinha burra e trapalhadas. *Folha de S. Paulo*, 01 jun. 2023.

917 PADIGLIONE, Cristina. "Todas as flores" acabou como paródia de si mesma. *Folha de S. Paulo*, 2 jun. 2023.

918   TEIXEIRA, Mari. Entre o chão e o coração. *O Globo*, 07 maio 2023.

919   PERSONAGENS de Terra e Paixão. *Teledramaturgia*, [s. l.], [20--]. Disponível em: https://teledramaturgia.com.br/terra-e-paixao/. Acesso em: 05 mar. 2024.

920   ZAMPIERI, Maria Emília. "Terra e paixão" expõe o dilema da sucessão familiar no agro. *O Globo*, 15 ago. 2023.

921   PADIGLIONE, Cristina. Morte de Daniel e nova autora: a reviravolta de "Terra e Paixão" por ibope. *Uol*, [s. l.], 4 jul. 2023. Disponível em: https://www.uol.com.br/splash/noticias/2023/07/04/o-que-esta-por-tras-da-chegada-de-thelma-guedes-a-terra-e-paixao.htm. Acesso em: 05 mar. 2024.

922   SANTIAGO, Anna Luíza. Irene e Antônio, são vocês?. *O Globo*, 15 ago. 2023.

923   FIM de "Terra e Paixão" não está definido; Tony Ramos gravou 4 desfechos. *Uol*, [s. l.], 17 jan. 2024. Disponível em: https://www.uol.com.br/splash/noticias/estadao-conteudo/2024/01/17/final-de-terra-e-paixao-sera-decidido-na-hora-pela-globo-tony-ramos-gravou-4-desfechos.htm. Acesso em: 05 mar. 2024.

924   SAFNER, Cadu; FALCÃO, Diego. Tony Ramos encerra Terra e Paixão e coloca La Selva no topo dos seus 60 anos de carreira. *Portal Leo Dias*, [s. l.], 16 jan.2024. Disponível em: https://portalleodias.com/tv/tony-ramos-encerra-terra-e-paixao-e-coloca-la-selva-no-topo-da-carreir. Acesso em: 05 mar. 2024.

925   SAFNER, Cadu; FALCÃO, Diego. Tony Ramos encerra Terra e Paixão e coloca La Selva no topo dos seus 60 anos de carreira. *Portal Leo Dias*, [s. l.], 16 jan. 2024. Disponível em: https://portalleodias.com/tv/tony-ramos-encerra-terra-e-paixao-e-coloca-la-selva-no-topo-da-carreir. Acesso em: 05 mar. 2024.